놀이의 이해와 지도
-출생에서부터 8세까지-

Supporting Play
-Birth through Age Eight-

Dorothy Justus Sluss 지음
김미숙 · 박숙영 · 최민숙 · 최은미 옮김

박학사 THOMSON™

Printed in Korea
1 2 3 4 09 08 07 06

For more information contact Thomson Learning Asia,
5 Shenton Way #01-01 UIC Building Singapore 068808,
or find us on the Internet at
http://www.thomsonlearningasia.com

For permission to use material from this text or product, contact us by
- telephone: (65) 6410 1200
- fax: (65) 6410 1208
- web: http://www.thomsonrights.com

When ordering this edition, please use ISBN 981-265-853-X

Supporting Play: Birth through Age Eight
1st Edition

Dorothy Justus Sluss, Ph.D Clemson University

이 책은 사랑, 지원, 안락한 양식을 제공해 준
사랑하는 Roger에게 바친다.
특히 결혼과 책 마감일에 맞추기 위해 배려를 아끼지 않은
Jim과 Amy에게 감사를 전한다.

역자 서문

역자들은 이 책을 번역하면서 유아 및 아동의 발달에 있어서 놀이에 대한 중요성과 그 필요성을 다시 한 번 깨달을 수 있었다. 21세기 급격한 사회의 변화라는 무대 위에 서 있는 유아 및 아동들은 다양한 경험을 하게 될 것이다. 심한 경쟁사회 아래 학습이 무엇보다 강조되고 있는 현 시점에서 유아 및 아동들의 정서는 외면당하는 일이 많아지고 있고, 창의성 또한 퇴보되어 가는 교육 현장을 자주 발견하곤 한다.

이 책은 유아 및 아동들의 인지, 정서, 신체적 발달에 있어서 촉매자 역할을 할 수 있는 놀이에 대한 이론은 물론 실제를 겸하여 기술하고 있고, 다양한 정보를 제공하여 심화활동을 할 수 있도록 배려하고 있다. 이 책에서 다루어진 놀이의 이론과 실제에 대한 다양한 정보가 각 교육 현장에 있는 교사에게는 물론 대학에서 유아교사나 특수교사가 되려는 목표를 두고 공부하고 있는 모든 학생들에게 실질적인 도움이 될 것이라 생각한다.

이 책은 전체 10장으로 구성되어 있다. 1장은 모든 아동을 위한 놀이의 가치, 정의, 그리고 놀이의 여러 가지 면을, 2장은 놀이 학문의 역사를 살펴볼 수 있도록 구성되었다. 3장은 신체적 · 사회적 · 인지적 · 정서적 영역의 발달에서 놀이의 혜택을 제공한다. 4장에서 7장까지는 교수학을 중심으로 집필되었는데, 이들의 장은 태어나서 2살까지, 취학 전, 유치원, 그리고 초등학교 저학년으로 구분되어 구성되었다. 8장과 9장은 통합과 실외 놀이라는 두 영역에 대해서 특별히 살펴볼 수 있고, 10장은 현재의 논쟁, 경향, 연구에 대하여 할애되었다.

특히 이 책은 각 장의 첫 페이지에 개관과 학습 목표가 나오고, 두 번째 페이지에 놀이 조망과 놀이 자극으로 문제 제기를 하여 독자들로 하여금 각 장의 내용에 호기심을 불러일으킬 수 있도록 하였다. 그리고 각 장의 마지막 페이지에 놀이 조망의 반추, 요약, 그리고 핵심 용어로 다시 한 번 그 장을 정리할 수 있도록 구성되었다. 또한 유효한 웹사이트와 과학기술자원을 제공하여 독자들이 심화 활동을 할 수 있도록 하였고, 활동 부분에 여러 가지 구체적 활동 영역을 제기하여 실제적 경험을 실행할 수 있도록 하였다.

이와 같은 책의 구성은 놀이에 대한 초보적인 지식을 가진 사람에서 좀더 놀이에 대하여 심화하고 싶은 사람에게까지 적절히 활용할 수 있는 배려를 하였다고 할 수 있다.

놀이는 유아와 아동들의 일이라고 할 수 있을 만큼 중요한 활동이다. 그럼에도 불구하고 유아와 아동들의 발달을 위한 여러 가지 활동에서 놀이의 역할이 줄어들고 있다. 확산적이고 창의적인 사고를 가로막는 교육 방법은 유아와 아동들로 하여금 획일적이고 규준적인 사고에 머물러 있게 하고 있다. 교육자들은 미래 사회의 주역이 될 아이들이 자신의 꿈을 갖고 그 꿈을 실행하기 위하여 자신의 인생을 계획하고 추진해가는 행복한 인간으로 육성할 의무가 있다.

이 세상에 실력 있고 똑똑한 사람이 많은 것도 좋지만 자신에게 부여된 인생을 즐겁고 행복하게 이끌어가는 사람은 더 많아야 한다. 그리하면 지역사회는 물론 국가, 더 나아가서 세계가 다양한 인생 목표를 가진 인간들이 조화를 이루면서 아름다운 세계를 만들 것이다. 막 무엇인가 배우려는 유아나 아동들에게 이러한 목표를 이루게 할 적절한 도구는 놀이임을 강조하고 싶다. 놀이를 통하여 유아 및 아동들은 많은 경험을 하고 다양한 삶의 방법을 익히게 된다.

이 책은 유아나 아동들에게 중요하게 사용되는 놀이에 대한 올바른 이해와 활용 방법은 물론 환경적 구성을 익히고 실천할 수 있도록 구성되었다. 따라서 놀이에 대한 중요성과 필요성을 느끼는 교육자와 교육자를 희망하는 학생들에게 놀이에 대한 모든 궁금증을 해결해 주리라 생각된다. 역자들은 독자들이 이 책을 통하여 놀이의 중요성을 다시 한번 인식하고 교육 현장에서 실천할 수 있는 좋은 교육자가 많이 나오길 바란다.

이 책을 펴기까지 도움을 준 많은 사람들과 박학사의 구본하 사장님, 그리고 편집에서 책의 구성에 모든 노력을 아끼지 않은 편집자에게 진심으로 감사를 전한다.

2006년 3월

역자 대표 김미숙

저자 서문

놀이의 필요성

대부분의 유아들은 놀이를 즐거워하고, 어떤 놀이는 자연스럽게 이루어진다. 이는 유아교육의 선구자들에 의해 알려지게 되었다. 유아교육가들은 유년기 때 놀이를 기초 프로그램으로 구성한다. 21세기 동안 놀이는 여러 가지 측면에서 다양한 훈련을 통하여 검토되어 왔다. 오늘날, 우리는 다른 어느 때보다도 유아를 위한 놀이의 혜택과 가치에 관해 좀더 많이 알고 있다. 놀이는 인지, 사회, 정서, 그리고 신체 영역을 발달시킨다. 학습을 위한 매개물로서 놀이는 Piaget, Vygotsky, Bruner, Sutton-Smith, Smilansky, Pelligrini, Reifle, Smith와 같은 학자들에 의해 확립되면서 지지되었다. 놀이는 총체적이고 즐거움이라는 행복한 느낌을 만들어낸다. 이 책은 놀이에 관하여 좀더 알기를 원하고, 놀이가 기초된 프로그램을 이행하려는 교사들의 작업을 지원하기 위하여 집필되었다. 이 책을 다음과 같은 독자들이 읽기를 원한다.

- 유아 프로그램에 있는 대학생과 졸업생
- 유아교육자, 관리자 그리고 학교 교사
- 가정교사
- 유아의 부모

대부분의 미국 아동들은 역사상 다른 어떤 시대보다 많은 수가 취학 전 학교에 소속되어 있다. 5세 이하 아동의 약 60%가 한 주에 평균 30시간 동안 부모가 아닌 누군가에 의해 돌보아지고 있다. 전통적인 간호학교는 기초교과 학습에 초점을 맞추어 변화되면서 놀이는 취학 전 학교의 교실에서 위험에 처해 있지만, 아직까지 놀이는 아동 학습의 방법이 되고 있다. 또한 놀이는 5세 이상의 아동에게도 위험에 놓여 있다. 많은 유치원 프로그램은 놀이의 정당화를 위해 노력 분투하고 있다. 초등학교 저학년 프로그램조차 기초교과 학습에 초점을 맞추는 것에 의해 영향을 받고 있다. 몇몇 초등학교 저학년 프로그램은 휴식 시간을 없애고 있고, 다른 몇몇 학교에서는 매일의 마지막 15분으로 휴식을 제한하고 있다.

우리는 놀이에 대한 혜택에 관해서는 많이 알고 있지만 교사들은 오늘날 성취 기본 사회에서 놀이를 정당화하려는 것이 도전적으로 나타나는 것은 역설적이라 할 수 있다. 이 책은 놀이 기초 프로그램의 이행을 위한 기초를 제공하고 서로 다른 수준의 성취를 할 수 있는 방법의 예를 제공하여 상황을 설명하고자 집필되었다. 연구의 중심이라 할 수 있는 놀이와 놀이 이론에 대한 대부분은 졸업생을 위하여 구성되었다. 교육과정은 수학과 읽고 쓰기와 같은 내용 영역의 용어로 대학생을 위하여 교육적 교수법에 초점을 맞추어진 경향이 있다. 이 책은 서로 다른 발전 수준에 프로그램 실제가 결합될 수 있는 놀이를 위하여 견고한 이론적 기초를 제공할 수 있도록 구성되었다.

이 책의 전개: 교수법으로서 놀이

나는 아들과 함께 노는 시간에 아이처럼 놀면서 나의 열정을 쏟아 왔다. 나에게 놀이는 삶 그 자체이다. 놀이를 위한 나의 열정은 교실에서 성취되었다. 한 학급의 교사로서 놀이가 기초된 프로그램을 실행했다. 아동들이 자연스럽게 놀이를 하고 놀이를 통하여 배우는 것은 당연한 것처럼 보이나 그때 우리는 교수 방법으로서 놀이를 활용하는 것이다. 다른 교사 연구자처럼 나는 성공과 실패의 신호를 관찰하였다. 매년 성공한 학생은 나의 프로그램의 기본에 놓여 있는 놀이를 통하여 해결하려는 힘이 강해졌다. 나와 함께한 교사, 교육가, 보고자, 무수히 많은 학생의 교사들은 유익하고 적절함을 모두 나타내면서 실행할 수 있는 것이 무엇인지 나에게 증명해 주었다. 여전히 나는 부모와 몇몇 관리자에게 놀이 사용을 지지하고 있다. 경험적 지원을 발견하는 것은 어렵다. 한 학급의 교사로서 나는 놀이에 대한 책, 교육과정에 관한 책, 유형에 관한 책을 찾을 수 있었다. 놀이를 이해하고 학습 활동을 발전시키기 위한 안내를 발견할 수 있었다. 나는 연수회에서 나누어주는 것, 잡지 논문을 모았고, 놀이에 대한 이론적 근거를 발전시켰다.

아동들이 교실에서 학습하는데 이끌어내는 방법과 의료적 프로그램에 관한 나의 관심은 유아가 세계관을 형성하는 방법에 집중되었다. Cosby Rogers와 Janet Sawyers와 함께한 연구에서는 학습과 창의성에 놀이가 중요한 역할을 한다는 나의 관점을 강화시켜 주었다. 처음에는 Piaget, Kami, Kohlberg, DeVries, Fostnot에 의해 영향을 받았고, Vygotsky, Bruner, Gardner, Vivian Paley, Tharp, Gillimore의 연구는 나의 지식을 성장시켰다. 이탈리아에 있는 Reggio Emilia의 학교는 합리적인 활동으로 진실로 가치화된 놀이가 포함된 프로그램을 나에게 소개해 주었다. 교사와 부모들은 아동의 놀이와 발견을 즐거워한다. 나는 놀이에 대한 모든 것을 읽고 연구했다. 아동들이 놀이를 통하여 학습한다면 교수법으로서 놀이를 활용하는 것은 당연한 것이다.

놀이가 교수법이면 놀이는 교육과정 발달을 안내하기 위하여 활용될 각각의 연령 수준에 좌우된다. 즉, 영유아는 실제 놀이를 통하여 세계를 탐험하고, 그때 운영되는 실제 놀이는 영아와 걸음마기 유아를 위한 프로그램의 목표가 된다. 마찬가지로 흉내 내기는 취학 전 학교와 유치원 연령에서 두드러지는데, 이때 극적, 혹은 사회적 놀이가 교육과정의 중요한 일부가 된다. 초등학교 1학년 연령의 지배 놀이는 규칙이 있는 게임이 포함되는데 이때 이러한 것들이 교육과정에 포함된다. 이러한 것들은 논리적이고 완전히 정당화된 것처럼 보이나 프로그램 발전에 기여할 만한 이러한 접근을 활용하는 교재는 없다. 이 책은 이러한 결핍을 채워준다.

이 책의 편성

이 책은 놀이는 교수법이라는 전제 아래 편성되었다. 출생 연령 8세 이하의 모든 연령을 포함한 놀이의 관점을 제공한다. 그리고 연령의 용어와 발달적 수준에서 정보를 분리하여 놀이에 대한 관점을 제공한다. 이러한 분리는 각각의 발달적 수준에 대한 놀이의 총체적 특성의 이해를 기르기 위해 구성되었다.

1장은 모든 아동을 위한 놀이의 가치, 놀이의 정의, 그리고 놀이의 여러 가지 면을 고려한다. 이 장은 놀이에 대한 단계를 설정하고 교육과정의 출처로서 놀이의 다양한 면을 설정한다. 2장은 놀이 학문의 역사를 살펴본다. 이는 연구 주제로 놀이를 선택한 유아교육의 역사와 유사하다. 놀이에 대한 연구의 역사를 아는 것은 놀이를 토대로 한 프로그램을 실행하기 위해 기초를 제공한다. 3장은 신체적 · 사회적 · 인지적 · 정서적 영역의 발달에 영향을 미치는 놀이의 혜택을 살펴본다. 이 3장은 지식의 견고한 중심을 제공한다.

교수학은 4장에서 7장까지이다. 이 장들은 태어나서 2세까지, 취학 전, 유치원, 그리고 초등학교 저학년이라는 일반적으로 수용되는 연령 범위로 구분되었다. 4장은 영아와 걸음마기 유아를 위한 놀이가 기초된 프로그램을 확립하는데 할애되었다. 5장은 취학 전 아동을 위한 발달 프로그램에 초점을 둔다. 6장은 오로지 유치원에 중점을 두었고 학교에서 처음 맞는 날에 대한 설정이 마지막에 포함된다. 7장은 초등학교 저학년 아동을 위하여 구성되었고, 특별한 내용 영역에 정보가 포함된다.

8장과 9장은 통합과 실외 놀이라는 두 영역에 대해서 특별히 살펴본다. 8장은 영아-걸음마기 유아, 취학 전, 그리고 초등학교 수준에 통합을 도울 수 있는 정보를 포함한다. 실외 놀이는 9장에서 집중적으로 다룬다. 놀이, 놀이터, 그리고 안전에 대한 정보를 각 연령 수준에 적용할 수 있다.

10장은 현재의 논쟁, 경향, 연구를 위하여 할애된다. 주요하게 다루어진 영역은 과학기술, 대중매체, 폭력 그리고 장난감이다. 놀이를 옹호하는 전문가들 또한 검토된다.

이 책의 특징

각 장은 다음과 같은 특징을 가지고 있다.

학습 개요

학습 개요는 각 장의 주요한 특징을 간단한 개요로 제공한다. 이는 각 장의 영감, 형식, 특징에 대한 선택을 인용하여 각 장의 시작 부분에 있다. 이 개관으로 각 장의 내용을 독자들이 읽고 미리 준비할 수 있다.

학습 목표

장의 목표는 개관 후에 있다. 목표와 목적은 학습 요목을 포함하며 실제 목표 중심으로 구성되었다. 교수자의 지도서에는 이러한 요소가 표함된다.

놀이 조망

학생들을 위하여 일상에서 가져올 수 있는 주제로 간단한 예를 들어 각 장을 전개한다. 이 예는 각 장의 시작에 토의되는 작은 사례 연구이고 각 장의 마지막에 놀이 조망의 반추에서 설명된다.

놀이 자극

놀이 옹호 혹은 자극은 놀이 조망에 대한 답으로 각 장 시작에 설명된다. 독자들이 이 책에 있는 사례 연구와 새로운 주제를 연결해 보라.

놀이 조망의 반추

각 장의 마지막 부분에 제시된 놀이 조망의 반추는 각 장의 앞에서 시작되었던 놀이 조망에서 일어났던 관계를 설명하고, 용어의 정보도 각 장에서 찾을 수 있다.

요 약

목적에서 야기되는 점들을 각 장의 마지막 부분에 나오는 요약에 넣어 두었다. 이는 주제에 대한 학생들의 이해를 도와주고 확인시켜 줄 수 있다.

핵심 용어

내용을 이해하기 위하여 필요한 용어는 복습을 위하여 각 장의 마지막 부분에 굵은 활자화하여 목록화했다. 이 책 말미의 용어 해설에 정의해 두었다.

유효한 웹사이트와 과학기술자원

관련된 웹사이트와 유용한 컴퓨터 프로그램이 각 장에 포함되어 있다.

활 동

각 장의 마지막에 몇몇 활동의 유형이 있다.

1. 교실에서의 활동

협력 학습에 기초된 활동으로서 활동 참여를 요구하면서 활용가능하다.

2. 연구와 탐문

연구와 탐문 기술을 성장시키기 위한 활동은 각 장에 고안되었다. 이는 이 책에서 좀더 심화하려는데 흥미가 있는 학생을 위하여 특별히 도움이 될 것이다.

3. 봉사 학습

이 영역에 지원을 통하여 학습을 확장하는 경험은 각 장의 마지막 부분에 포함되었다. 학교와 사회 기능과의 상호작용은 특히 이러한 경험이 중요하다.

4. 가족 연계

가족과의 관계를 세우는 활동이 포함되어 있다. 이런 활동은 가족과 학생을 연결한다.

5. 놀이 옹호

옹호활동은 활동 인지(1장)와 행동 발달(10장)에서 시작된다. 활동은 집단 소개에서 사회 활동 여러 영역의 범위까지 포함하고 있다.

이 책의 사용 방법

이 책은 놀이를 이해할 수 있는 정보와 놀이 기초 교육과정의 수행을 포함한다. 1장과 2장은 놀이의 개관을 제공하고, 3장은 인간의 성장과 발달을 위한 놀이의 혜택을 탐구한다. 4장에서 7장까지는 영아-걸음마기 유아 기관, 유치원교실, 초등학교 저학년에서 프로그램을 설정하기 위한 기초를 제공하고, 8장은 특별한 요구를 필요로 하는 아동을 위하여 기술되었다. 실외 놀이는 9장에 있다. 10장은 영아, 걸음마기 유아, 유치원, 초등학교 저학년 아동을 가르치기 위한 예비 학생 모두에게 필요하다. 10장에는 독특한 욕구를 가진 아동을 위한 특별한 영역도 있다. 교수자를 위한 주제는 아래의 목록과 같다.

교수자의 안내

교수자의 안내는 각 장에서 활동과 지원 교재를 포함한다. 이 안내의 독특한 특징은 학습을 구조화하기 위한 안내로서 활용할 수 있는 포괄적인 요목이 포함되어 있다. 슬라이드를 위한 매체와 사례 연구도 포함되어 있다.

검사 은행

컴퓨터화된 질문 은행이 이 책의 활용을 위하여 사용된다.

온라인 안내

지원된 놀이: 출생에서 8세까지를 소개하는 온라인 안내는 인터넷에서 유아교육을 연결하면 된다. 온라인 안내는 지원놀이에 대한 이해를 돕기 위한 많은 설명이 포함된다.

- 자주하는 질문(FAQ's)
- 웹 링크
- 파워포인트 슬라이드
- 사례 연구
- 독서 목록
- 장난감과 매체 출처

여러분은 www.earlychilded.delamar.com이라는 온라인 안내에서 찾을 수 있다.

전체 학습 꾸러미

이 책과 지원회 및 인터넷 주소를 학생, 교사, 전문가, 부모에게 제공함으로서 강력한 도구로 사용될 것이다. 이 책은 유아에서 초등학교 아동을 위하여 놀이 기초 접근을 제공하려는 특징이 있다. 이 책과 지원되는 매체를 사용하려는 사람들은 태어나서 8살까지의 유아를 위한 놀이 프로그램에 대한 이해와 발전을 위한 기초를 가지게 될 것이다.

저자 소개

Dorothy Louise Justus Sluss 박사는 Clemson 대학교의 유아교육과 부교수이다. 그녀는 25년 넘게 유아교육에 몸 담아왔다. 그녀의 첫 경력은 공립학교에서 이루어졌으며, 고등 교육이 두 번째 경력이 된다. 공립학교 교사로서 그녀는 유치원, 초등학교 저학년을 가르쳤고, 4살 유아를 위한 프로그램을 시작하기도 했다. 그녀는 버지니아 유아교육협회의 부회장으로 선출되었고 교실에서 유아를 옹호하는 다수의 조직에서 일하였다.

그녀의 두 번째 경력은 고등 교육에서 이루어졌다. 그녀는 동부 Tennessee 주립 대학교에서 TIES(Towards Inclusion in Early childhood) 프로젝트의 연구자로서 유아교육 프로그램의 대학생과 대학원생에 대한 코디네이터 역할을 담당했다. 그리고 Mountain View Elementary Professional Development 학교를 시작했다. 그녀는 과거 놀이연구협회(TASP)의 회장을 역임했고, 현재 TASP 뉴스레터의 편집위원이다. 그녀는 NAEYC 놀이를 위해 과거 5년간 NAEYC의 실제적 정책 관심 그룹으로서 연구 포럼을 시작하여 의장직을 맡고 있다.

최근, Sluss 박사는 조기교육 프로그램의 코디네이터로 봉사하고 있는 Clemson 대학교 교육과의 Eugene T. Moore 교육과 교수와 협력하고 있다. 그녀는 남부 캐롤라이나 유아교육협회의 회원이고 유아를 위한 한 명의 옹호자로서 봉사를 계속하고 있다. 그녀는 유아교육에서 NAEYC 승인을 받은 대학생 프로그램을 발전시켰다. 그리고 *Child Education*, *Young Children*, *Journal of Research in Early Childhood Education*, *The Allen Review*, *Journal of the National Association of Childhood Teacher Educators*를 출

판했다.

감사의 말

이 책은 유아와 그들 가족과 함께 수년 동안 작업한 결과물이다. 모든 좋은 생각들을 현실화시키는데 상당 부분이 이 책을 지원해 주었다. 특별한 감사를 지원과 지식 그리고 인내로 도와 준 Bruce Shewin에게 돌린다. 그리고 Lindsey P., Ivy Ip에게 감사하고 이 책을 만들어 준 Delmar의 멋진 사람들에게도 감사를 전한다.

나의 놀이 연구는 매우 특별한 사람들과 만나면서 시작되었다. 특별히 놀이의 학문적 연구에 영감을 주고 충고를 아끼지 않은 Cosby Rogers 박사와 연구를 위한 나의 의문에 늘 격려해 주고 풍요롭게 해 주고 확장시켜 준 Janet Sawyers 박사에게도 감사를 전한다. Rebecca Isbell 박사는 나의 놀이 연구를 촉진시키는 데 특별한 역할을 담당해 주었고, Laurelle Phillips 박사는 내가 가능하다고 믿는 것보다 더 많이 블록 놀이에 관하여 알려 주어 도전하게 해 주었다. 나의 놀이 연구를 환영해 주고 아낌없이 지원해 준 ETSU 아동연구기관, Beverly Dugger, Connie Rogers, Lynn Lodien, Su Sorenson, Mary Mryon, Penny에게 감사하고, 특히 좋은 글로 나를 다시 일깨워 준 E. Herbert Thompson 교수에게 감사를 전한다.

특별한 감사를 Yale(5장)에서 그들의 새로운 프로젝트를 공유하게 해 준 Dorothy Singer와 Harvey Bellin에게, 환경적 구안에 도움을 준 Arizona주의 Britta Pells과 Pradnya Patet 박사에게, 초등학교에서 놀이에 대한 수필을 써 준 Paul Pritchard 박사에게, Ounce 척도를 발달시키고 4장에 실을 수 있게 허락해 준 Erikson 협회의 회장인 Samule Meisels 박사, 그리고 『나는 사실을 알기를 원하고, 나는 유치원에서 배웠다』라는 시를 재인쇄해 준 Robert Fulghum에게 감사를 전한다.

교수회, 임원, 그리고 남캘로리나의 대학 사람들과 특히 Clemson 초등학교 관계자, West End 초등학교, Ravenel 초등학교의 관계자에게도 감사를 전하고 싶다. 이렇게 우수한 학교들은 그들의 우수성을 친절하게도 나에게 공유하게 허락해 주었다. 이러한 진행 가운데 나를 지지해 주고 격려해 준 Clemson에 있는 모든 나의 동료들에게도 진심을 다해 감사의 말을 전하고 싶다.

나는 아래의 평론가들에게 감사를 전하고 싶고, 도움이 되는 제안과 구조주의적 비판을 제공해 준 Thomson Delmar Learning의 적극적인 도움에도 감사를 전한다.

Jennifer Aldrich, Ed.D.
Central Missouri State University
Warrensburg, MO

Rhonda Clements, Ed.D.
Hofstra University
Hempstead, NY

Sue Grossman, Ph.D.
Eastern, Michigan Universty
Ypsilanti, MI

Joan Isenberg, Ed.D.
George Mason University
Fairfax, VA

Jennifer Johnson, M.Ed.
Vance-Granville Community College
Henderson, NC

Cosby Rogers, Ph.D.
Virginia Tech (emerita)
Blacksburg, VA

John Sutterby, MA
University of Texas - Brownsville
Brownsville, TX

Cheryl Van Hook, Ph.D.
Ohio University
Athens, OH

Dorothy Louise Justus Sluss

차 례

CHAPTER 10 최신 동향과 이슈 371

CHAPTER

1

놀이의 가치

나는 놀이가 사랑하고 일하는 것만큼이나 근본적인 인간의 성향이라고 믿는다.

— David Elkind, 2003

학습 개요

놀이의 가치가 이 장의 초점이 될 것이다. 놀이는 다각적인 관점에서 정의될 것이다. 놀이는 또 특별한 요구가 있는 아동들과 다양한 문화의 아동들을 포함한 다양한 그룹들 사이에서 검토될 것이다.

학습 목표

이 장을 읽은 후, 여러분은 아래와 같은 목표를 성취할 수 있다:

- 유아들을 위한 놀이의 가치를 음미한다.
- 놀이를 정의하는 특성들을 확인한다.
- 놀이와 탐색을 구별한다.
- 다른 문화 그룹에서 온 아동들의 놀이의 차이를 인식한다.
- 관찰 가능한 놀이 행동을 분류하는 두 가지 방안을 기술한다.
- 놀이에 미치는 맥락의 영향을 설명한다.
- 현재 미국에서 놀이에 장애가 되는 것들을 확인한다.
- 교실에서 놀이 지원 방안들을 논의한다.

놀이 조망

Felicia는 조심스럽게 미끄럼틀 계단을 올라갔다. 그녀는 꼭대기에 올라와 크게 웃으면서 미끄럼틀을 타고 내려왔다. 그녀는 바닥에 닿으면, 다시 계단으로 달려가 계단을 오르고, 미끄럼틀을 타고 내려왔다. 그녀는 그녀의 아빠가 "Felicia 갈 시간이구나, 아가야."라고 말하며 개입할 때까지 미끄럼틀을 탔다. Felicia는 계단의 꼭대기로 달려가서 "내가 옆으로 내려가는 것 좀 봐!"라고 소리쳤다. 그녀는 한 번 더 내려왔고 다시 타게 해달라고 간청했다.

놀이 자극

Felicia의 행동은 지칠 때까지 놀아 보았거나, 다른 사람들이 지칠 때까지 노는 것을 지켜보았던 것을 기억하는 많은 성인들에게 친숙한 것이다. 아동들은 놀이를 위한 자극이나 동기가 거의 필요하지 않지만, 미끄럼틀은 Felicia의 놀이를 자극하는 역할을 했다. 그녀의 놀이는 놀이를 자극하기 위해 설계된 맥락 안에 그녀를 데리고 간 그녀의 아버지에 의해서 더 지원되었다. Felicia의 놀이는 가까운 곳에 놀이터가 있는 지역에 살고 이 놀이터로 그들을 데리고 갈 부모들이나 다른 성인들이 있는 유아들에 의해 나타나는 전형적인 놀이 행동이다. 아동들의 놀이를 관찰하는 성인들은 이런 모순된 행동들을 빈번하게 목격한다. 아동들은 너무 지쳐서 서있기조차 힘들 때에도 멈추지 않는다. 이 즐거움, 이 기쁨은 유아들을 위한 놀이의 가장 중요한 부분이다. 그러나 이것이 가치 있는 것인가?

미국에서 놀이의 가치

> 우리는 유아들의 교사로서 놀이를 작업 — 학문적 가르침 — 으로 변형시키려는 압력에 저항해야 할 필요가 있다.
>
> — David Elkind, 2003

아동의 삶에서 놀이의 역할을 이해하기 위해서는 놀이 그 자체에 관한 지식이 필요하다. 미국은 놀이와 애정/미움의 관계를 갖고 있는데 그것은 이 나라의 건국에 그 뿌리를 두고 있다. "우리의 문화처럼 일과 성취에 대한 신교도적 윤리 위에 세워진 문화에서, 놀이는 문제를 제시한다"(Bronfenbrenner, 1979). 우리는 놀이를 놀이가 아닌 것이나 일과 구별하고 놀이보다 일

모든 아동들은 놀이를 한다.

에 더 가치를 부여한다. 이것은 20년 이상 관심사가 되어 왔다. 유명한 심리학자인 David Elkind는『재촉 받는 아동들(The Hurried Child)』(1981)에서 놀이보다 일을 가치 있게 생각하는 것에 대한 그의 염려를 처음으로 표현하였다. 그는 미국 아동들은 아동기 동안 놀이를 위한 시간이 거의 주어지지 않은 채 재촉 받고 있음을 지적하였다. 그는 아동들이 아동기를 즐기며 여행할 시간을 할애 받지 못하고 있음을 진술했던『잘못된 교육(Miseducation)』(1987)에서 다시 관심을 표명하였다. 아동의 매일 매일의 승리를 위한 지침에서 놀이는 계획되어 있지 않다. 좀더 최근에 그는, 아동들에게 놀이가 허용되어야 한다는 그의 관심과 미국 사회는 놀이 그 자체를 위한 놀이－놀이의 기쁨을 위한－를 아동들에게 허용할 것이라는 그의 희망도 모두 표명했다(Elkind, 2003). 놀이를 위한 놀이의 가치에 대하여 교사들과 부모들에게 주는 그의 충고는 1981년에 처음 전해졌을 때처럼 오늘날에 있어서도 중요하다.

평판이 좋은 출판사와 학계에서 놀이에 관한 문헌의 확산은 학자, 옹호자, 교육자, 부모들의 놀이에 대한 관심을 반영한다(Krin & Cole, 2001). 이 책은 유아교육의 놀이 지원을 제공함으로써 이 메시지를 널리 퍼뜨리는 역할을 한다.

세계 사회에서 놀이의 가치

> 놀이는 반드시 우리의 삶이 진실되도록 지원한다.
>
> —Joseph Levy, 1978

전 세계의 아동들은 놀이를 한다. 놀이는 다른 문화에서는 다르게 보일 수도 있으나, 모든 아동들은 놀이를 한다(Edwards, 2000; Sutton-Smith, 1997). 노르웨이의 아동들은 눈에서 놀이를 하고, 이탈리아의 아동들은 광장에서 놀이를 하며, 일본의 아동들은 아동의 날에 연을 갖고 놀이를 한다. 더욱이, 노르웨이, 이탈리아, 일본의 아동들은 그들과 가장 가까운 사람들과 논다. 그들은 입과 그들의 환경에 있는 도구를 사용하여 낼 수 있는 소리를 이용하여 놀이를 한다. 세계의 모든 아동들은 전형적으로 물, 모래, 진흙, 막대기나 뼈—그들의 특정 지역에서 제공되는 자연물은 무엇이든지—를 가지고 노는 것을 즐긴다(Rogers, 2003).

놀이는 아프리카의 k!ung 부족을 제외한 모든 문화에서 발견된다. 다른 아프리카 부족에서의 놀이의 예가 David Lancy에 의해서 보고되었다(1996). 그는 놀이를 하지 않는 사람들과 대조적으로 아프리카의 Kpelle 족의 유아들은 놀이를 위해 따로 정해 놓은 특별한 장소인 **어머니 놀이터**(mother-ground)가 있다는 것을 발견했다. 그들은 성인이 일하는 동안 이 장소에서 논다. 나이가 든 아동들은 일을 하도록 요구되지만, 흔히 일과 놀이 간의 경계가 분명하지 않다. 정보를 더 얻기 위해서는 Lancy(1996)의 『Playing on the mother-ground』를 참고하라.

놀이에 관한 그들의 비교문화 연구에서 Whiting과 Edwards(1988)는 아동들이 그들의 시간 중 80%를 놀이나 사회적 상호작용으로 보낸다는 것을 발견했다. 최근 Edwards(2000)는 1950년대에 이루어진 최초의 연구인 B. B. Whiting(1963)의 『여섯 문화: 아동 양육에 관한 연구(Six Cultures: Studies of Child Rearing)』들과 후속 연구들(Whiting & Edwards, 1988)의 모든 자료들을 재분석했다. 그녀의 분석 결과는 Sutton-Smith(1998)가 최초의 자료를 검토하고 만든 가설을 지지한다:

> 첫째, 문화적 규범은 놀이가 자극될 것인지, 혹은 놀이가 소홀히 여겨질 것인지 그 여부를 결정짓는다(성인들이 놀이를 좋은 것으로 생각하는지, 아니면

아동들의 시간낭비로 생각하는지에 따라서). 둘째, 규범은 부모 중재가 보수적으로 전통을 보수하는 역할을 할 것인지, 아니면 소녀・소년들의 독립심과 자율성을 부추기고 촉진시키는 역할을 할 것인지를 결정짓는다. 셋째, 경제적・역사적 조건들은 놀이의 신체적・지적 자극 모두를 위한 중요한 자원이다(Edwards, 2000, pp. 321-322).

이 결과에서 놀이는 보편적인 것으로 보인다. 전 세계의 비산업화된 국가나 산업화된 국가 모두의 아동들에게서 놀이는 삶의 자연스러운 부분이다.

놀이는 사회적・문화적 요인들이 놀이에 부정적으로 영향을 미칠 때만 줄어든다. Sally Jenkinson(2001)은 그녀의 저서인 『The Genius of Play: Celebrating the Spirit of Childhood』에서 David Elkind가 미국을 위해 외쳤던 것과 같은 경고를 영국을 위해 외쳤다. 그녀는 놀이에 특성이 있다는 것을 주목했다. 그녀는 "아동기의 손실은 방심한 사이에 대중매체와 그에 수반된 상업 시장의 보급이 부분적인 역할을 했으며, 오늘날의 세계에서는 아동이 성인의 감독 없이 놀 수 있는 기회가 거의 없다는 사실에 의해 더 복잡해졌다"고 진술했다(p. 6). 이 말은 Elkind가 표현한 염려들과 매우 유사하다. 그녀만 염려하는 것은 아니다. 2002년 간행된 ≪Times Educational Supplement≫의 기사에서, Stephanie Northern이라는 리포터는 아동들의 놀이에서 사회적・문화적 요인들의 영향을 길게 논의했다. 영국은 국가 차원의 놀이터 프로그램을 갖고 있으며 사람들은 아동들에 대해 말할 때 놀이라는 단어를 빈번하게 사용하기 때문에 같은 염려들 중의 일부가 영국에서 일어나고 있다는 것은 흥미로운 일이다.

세상의 놀이 상태의 측면에서, 전 세계의 아동들은 놀이를 하며, 그들은 다차원적이고 다양한 맥락의 상황에서 발생하는 방식으로 놀이를 한다. 아동 보호 책임을 맡은 사람들은 놀이의 많은 면을 인식하고 가치 있게 여기는 데 좀더 주의해야 하고 민감해야 한다.

차별화된 동물과 인간의 놀이

놀이는 전 세계적으로 인간뿐만 아니라 동물에게서도 발견된 현상이다. 아동들과 어린 동물들은 모두 놀이를 한다. 동물 놀이 학자로 인정받은 Robert

Fagen은 "… 놀이는 지구의 수백만 종(種)들 중 극소수에게서만 일어난다. 동물 놀이는 인식하기 쉽다. 일정한 동작의 특성과 신호 유형은 다른 동물들의 놀이는 물론 고양이, 개, 인간 아동들의 친숙한 놀이 행동을 특징짓는다. 포유류와 새, 아마도 약간의 물고기와 파충류가 놀이를 하는 것으로 알려진 유일한 동물의 종류"라는 것을 주목했다(Fagen, 1995). 놀이는 다른 생명체(life forms)보다 높은 수준의 지능을 지닌 동물과 인간 사이에서 발생한다. 일부 학자들은 동물과 인간 놀이 간의 공통점을 검토해 왔다. Gregory Baten(1972)의 수달의 놀이에 관한 연구는 인간이 놀이하는 동안 사용하는 신호들에 관한 연구에 정보를 제공해 주었다. 동물들은 높은 수준의 사고 기술을 지니고 있지 않기 때문에 동물 놀이와 인간 놀이가 같은 범주에 포함될 때 문제가 발생한다. 일부 유사한 점들이 있음에도 불구하고, 동물과 아동의 놀이를 논의할 때 과잉 일반화하지 않는 것이 중요하다.

인간 놀이 학자는 놀이가 다중적인 목적을 제공한다고 보는 반면, 동물 놀이 학자는 일반적으로 놀이를 생존을 위해 필연적인 적응 행동으로 본다. 놀이에 관한 연구에서는 카메룬의 커다란 유인원들(the great apes)을 포함시키고 싶어 함에도 불구하고, 인간 놀이는 독자적인 것임을 인정하는 것은 중요하다. 인간은 "… 요인을 놀이가 시작되기 전 그곳에 없었던 상황에" 이르게 한다(Bronfenbrenner, 1979). 이 요인으로는 장난감, 규칙, 마음의 산물(the products of the mind)이 포함된다. 동물 놀이에 더 관심이 있는 사람들은 Bekoff와 Jamison(1966)의 『동물 인지에 관한 읽을거리(Readings in Animal Cognition)』를 보기를 원할 수도 있다.

놀이 동기

놀이는 유아의 삶에 자연스러운 일부분처럼 보인다. 아동들이 놀이를 하는 이유에 관심을 둔 연구들은 유아들과 그들의 놀이를 지켜본다. 그렇다면, 일부 아동들은 왜 놀이에 실패하는가? 살인자로 판결된 26명에 관한 연구에서 90% 이상이 아동일 때 비정상적인 놀이 유형을 보였고, 연구의 참여자들 중에 자발적인 놀이를 회상하는 사람은 아무도 없었다. 이 연구를 수행했던 Stuart Brown 박사(1995)도 역시 잘 발달된 인지처리기술을 지닌 사람들은 상당히 많은 자발적인 놀이에 참여해 왔었다는 것을 발견했다. 상관관계가 인과관계를 의미하는 것은 아니지만, 다소 흥미로운 유형들을 제안한다. 아동들이 다른 사람들을 모방할 때, 그들은 이미 성취해온 것을 다시 안전하게 산출해낸다. 놀이는 위험 수반을 요구하고 기쁨을 포함한다. 이것은 헛된 삶으로 귀착되게 하는 것이 위험 수반의 무능력 때문인지, 아니면 기쁨의 결핍 때문인지를 생각하게 한다. 이런 선상의 사고는 놀이는 위험 수반을 위한 안전한 장소를 제공하고 사적 · 전문적으로 성공을 위해 반드시 필요한 특성인 융통성과 상호성을 초래한다는 결론으로 유도한다. 인간행동의 다른 측면들은 놀이에 관한 좀더 철저한 지식과 인간의 놀이 동기에 의해서 더 잘 이해될 수도 있다.

놀이 정의

> 여러 가지 면에서, "놀이"는 심리적 현상 영역에서의 어릿광대이다. 그것은 명확한 표현을 교묘하게 피해 왔으며, 때때로 우리와 숨바꼭질하는 것처럼 보인다. 우리는 놀이를 중요하지 않은 장난꾸러기로 생각하고 염두해 두지 않거나, 놀이를 알아내기 위해 더 열심히 노력하는 반응을 한다.
>
> —Brian Vandenberg, 1982

"놀이란 무엇인가?"라는 질문은 간단한 것처럼 보인다. 하지만 그 질문은 일관된 간단한 답을 갖고 있지 않다. 모든 사람은 놀이를 볼 때 그것이 놀이임을 인식한다. 양육자가 "그만 놀고 집중해라." "그만 놀고 저녁을 먹어라." "그만 놀고 이야기를 들어라."라고 말할 때, 양육자의 소리를 들어 보라. 그러나 놀이는 정의하기 어렵고 심지어 일부 학자들은 놀이를 정의하는 우리의 능력도 의심쩍어한다(Bergen, 1988; Schlosberg, 1947). 놀이에 관해 어떤 학자는 "그보다 더 잘못-정의되고, 겉잡을 수 없으며, 논쟁적이고, 유행을 타지 않는" 것으로 입증되어온 행동적 개념은 없다고 진술하였다(Wilson, 1975). 다른 학자들은 우리는 놀이를 정의할 수 있고 반드시 정의해야 한다고 믿는다. Klugman(1995)은 놀이에 관한 정의는 그 분야를 향상시킬 것이며 아래 제시된 매개변수에 맞아야 한다고 믿는다(p. 196).

- 놀이에 관한 정의는 출생에서 8세 아동들에게 적용한다.
- 놀이에 관한 정의는 많이 알고 있는 전문인들에게, 놀이를 배우지 않은 그 분야의 학생들에게, 그리고 그 분야 밖의 다른 사람들에게 분명하게 말할 수 있을 만큼 충분히 명확해야 한다.
- 놀이에 관한 정의는 놀이의 다른 관찰 가능한 형태, 기능, 가치를 분명하게 기술해야 한다.
- 놀이에 관한 정의는 놀이 분야가 놀이의 형태, 기능, 중요성에 관하여 하나의 강력한 소리로 말하는 것을 허용해야 한다.
- 놀이에 관한 정의는 다른 문화 그룹을 위한 놀이의 다른 형태의 중요성을 인식해야 한다.

놀이에 관한 최초의 정의들 중 하나는 유치원 창설자인 Friedrich Froebel에 의해 제공되었다. 그는 "놀이 자체는 아동의 영혼에 무엇이 있는가에 대한 자유로운 표현이기 때문에 놀이는 아동기의 인간 발달의 최고 표현이다."라고 진술했다(1887). Froebel의 정의 이후로 문헌에 놀이에 대한 정의가 충분히 공급되어 왔다. Merriam-Webster 대학생용 사전(2003)은 놀이에 대한 50개 이상의 정의를 싣고 있다. 연구 분야는 한 층 더 많은 양을 첨가시킨다. 정의는 아동들에 의해 공표된 것에서부터 연구 목적을 위해 학자들에 의해 개발되어온 것에까지 퍼져 있는 관점을 포함한다. 발달되어온 정의의 표본들은 표 1-1에 축약되어 있다.

가장 존중되고 가장 많이 사용되는 놀이에 관한 정의의 기초는 John Huizinga(1955)의 작업이 토대가 되었고, Rubin, Fein, Vandenberg(1983)에 의해 더 발달되었다. 그들은 놀이를 행동적 성향으로, 관찰 가능한 행동으로, 그리고 맥락으로 보았다. Rubin, Fein, Vandenberg는 놀이의 성향에 여섯 가지 요인을 포함시켰다. 이 요인들은 수정되어 왔고 일상적으로 놀이의 특성으로 수용되었다(Fromberg, 2002; Klein, Wirth, & Linas, 2003). 놀이에 대한 그들의 정의에서 관찰 가능한 행동과 맥락을 포함하는 학자들은 거의 없지만, 이 요인들은 Rubin, Fein, Vandenberg(1983)에 의해 발달된 정의에 포함되었고 이 책에서 사용된 놀이의 정의에도 포함될 것이다. 놀이는 "… 서술 가능하고 재생산 가능한 맥락에서 발생하고, 관찰 가능한 다양한 행동이라는 점에서 분명한 행동 성향이다"(p. 698). 비록 성향이 정의에

표 1-1 놀이에 대한 정의

학자	정의
Froebel	"놀이는 이 단계에 있는 인간의 가장 순수하고 가장 정신적인 활동이며, 동시에 인간과 모든 사물의 내부에 숨겨진 자연적인 삶의 전체로서 전형적인 인간의 삶이다."(1887, p. 55)
Freud	"아동들은 실제 생활에서 그들에게 큰 인상을 주어온 모든 것을 반복하고, 그렇게 함으로써 인상의 강도를 재산출해내고… 자신들이 그 상황의 지배자가 되도록 만든다."(1961, p. 11)
Erikson	"자라나는 아동의 놀이는 … 역할과 비전에 의해 지배되고 안내되는 존재 안에서 상상의 선택의 여지를 주는 경험을 위한 훈련기반이다."(1977, p. 78)
Vygotsky	"놀이는 근접 발달 영역을 만들어낸다. 놀이에서 아동은 항상 일상적인 행동을 넘어서고, 평균 연령을 넘어서는 행동을 한다; 놀이에서는 마치 실제의 자신보다 머리 하나가 더 큰 것 같다."(1978, p. 102)
Piaget	"모방은 그 자신을 위한 동화의 지속인 반면, 지능에 관한 모든 활동은 동화와 조절 간의 평형이다. 놀이는 본질적으로 조절이거나, 동화가 조절보다 우선되는 것이라고 할 수도 있다."(1962a, p. 87)
Sutton-Smith	"놀이자 자신인 아동에 의해 주어진 놀이의 정의는 일반적으로 재미있고, 실외에서 행해지며, 친구들과 있고, 자유롭게 선택하고, 일하지 않고, …인 체하며, 환타지 극을 연기하고, 게임에 집중한다. 성인들이 그들의 진보적 수사법과 함께 마음에 두고 있는 성장의 종류에 대한 강조가 거의 없거나 없다."(1997, p. 49)
Caplan & Caplan	"연구의 최고 형태는 본질적으로 놀이이다."(1973, p. 129-130)
Bredekamp & Copple	"놀이는 영아의 감각 운동지능에서 유아원기의 전조작기의 사고로, 초등학교 저학년에게서 보이는 구체적 조작기의 사고까지의 발달적 순차에 따른 아동의 진보를 가능하게 한다. … 인지 발달에서의 놀이 역할에 부가해서, 놀이는 아동들의 신체적 · 정서적 · 사회적 발달에 중요한 기능을 제공하기도 한다. … 그러므로 아동이 시작하고, 아동이 주도하며, 교사가 지원하는 놀이는 발달적으로 적합한 실제의 중요한 구성 요인이다."(1997, p. 3)
Klugman	"놀이는 아동들이 그들 자신, 그들의 환경, 그 환경 안의 다른 사람들과 이 모든 것들 간의 상호관계를 통한 중요한 상호적인 과정이다. 놀이는 본능적이고, 자기 선택적이며, 능동적이고, 마음이 포함되고, 개인 권력에 집중한다. 그것은 호기심을 자아내고 마음을 사로잡으며 자주 부족한 정신적 그리고/혹은 신체적 기술의 연습을 포함한다. 놀이는 놀이자를 몰두하게 하고 충만하게 한다. 진정한 놀이는 놀이자의 입장에서의 선택을 포함하며 자기-보존이 될 수 있다. 놀이는 다양한 형태를 취한다. 그 일부는 탐색적 · 기능적 · 구성적 · 상징적, 그리고 규칙이 있는 게임이다."(1995, p. 196)
Ablon	"수용된 규칙에 따라서 특정 시간과 제한된 장소에서 발생하는 자유로운 범위의 자발적인 활동. 놀이는 긴장과 기쁨의 감정들과 일상적인 삶과는 다르다는 깨달음을 수반한다."(2001, p. 357)

사용됨에도 불구하고, 특성이라는 용어는 현재 문헌들에서 일반적으로 발견되며 분명하게 하기 위한 목적으로 이 책에서도 사용될 것이다.

놀이의 특성

1. 놀이는 자발적인 것이다.

놀이는 본능적으로 동기가 부여된다. 아동들은 그들이 원하기 때문에 놀이를 한다. 성인은 놀이를 돕고 지원하지만, 동기는 아동에게서 나온다. 성인은 아동이 놀이를 하도록 만들 수 없다. 놀이를 요구하고 선택하는 것은 아동이다. 유아교사들은 아동들이 "그녀가 나와 놀게 해 주세요."라고 말하는 것을 빈번하게 듣는다. 하지만 교사는 자신이 아동을 놀게 만들 수 없다는 것을 안다. 놀이를 하고자 하는 충동은 아동에게서 비롯된다.

2. 놀이는 능동적인 참여를 요구한다.

놀이는 의미 있는 것이며 아동의 능동적인 참여를 요구한다. 집 놀이 영역의 주변에 앉아 있는 아동은 놀이를 하고 있는 것이 아니라 바라보고 있는 것이다. 참여한 아동들만이 놀이를 하고 있는 것이다. 아동들은 놀이에 능동적으로 참여하고 완전히 빨려든다. 멀리서 바라보는 아동들은 그 그룹에 참여하려고 노력하고 있는 중일 수도 있다. 바라보기만 하고 절대로 참여하지 않는 연령이 높은 유아원 시기의 아동과 초등학교 저학년 아동에게 특별한 관심이 주어져야 한다. 그들은 놀이하지 않기를 선택한 것인가? 혹은 다른 이유들이 있는가? 민감하고 반응적인 교사는 이에 대한 답을 구하려고 노력할 것이다.

3. 놀이는 상징적이다.

놀이는 상징이나 가장 놀이를 포함한다. 놀이는 사실 그대로가 아니고 "마치" 그 활동이 실제인 것처럼 수행한다. 버스를 타고 있다고 가장하기 위해 의자를 사용하는 아동은 의자를 상징물로 사용하고 있는 것이다. 두 아동이 잡고 있는 상자 안에서 점프하면서 자신이 배 안에 있는 것임을 선언하는 아

놀이는 능동적 참여를 요구한다.

동은 사회적 가장 놀이를 하고 있다는 의미이다.

4. 놀이는 외부 규칙으로부터 자유롭다.

놀이의 규칙은 아동에 의해서 만들어진다. 그들은 어떤 놀이를 하고, 누가 놀이를 하며, 무슨 말을 하고, 어떻게 말할 것인가를 결정한다. 그들은 받아들일 수 있는 행동과 받아들일 수 없는 행동을 결정하고 그 대본이 어떻게 전개될 것인지를 감독한다(Fein, 1981). 아동은 연기자임과 동시에 감독이기도 하다.

5. 놀이는 성과보다는 오히려 행위에 초점을 둔다.

과정은 결과보다 더 중요하다. 이것이 놀이가 일과 구별되는 것이다. 놀이는 일시적인 것으로 아동이 다른 목표와 방향을 선택했을 때, 놀이가 즉각적으로 변하는 것을 의미한다. 아동이 병원 놀이에서 소방서 놀이로 이동할 때, 즉흥적인 것이 발생한다. 놀이에서 중요한 것은 행위이다(Landreth, 1993).

6. 놀이는 즐거운 것이다.

놀이는 긍정적인 정서를 산출한다. 놀이는 놀이하는 아동에 의해 지배된다. 그들은 "그 대상물이 무엇을 할 것인가"보다는 "내가 이 대상물로 무엇을 할 수 있을까?"를 묻는다(Rubin, Fein, & Vandenberg, 1983). 그들은 통제하고 있다. 아동은 즐거움을 나타낼 때 크게 웃거나, 미소 짓거나, 혹은 기뻐서 비명을 지를 수도 있다. 그들은 또한 매우 심각하게 보일 수도 있으나 그들의 얼굴에 매우 만족스러운 표정을 지닌다. 아동은 놀이를 즐긴다. Freud (1959)와 Piaget(1962a)는 모두 놀이에서의 기쁨을 인정하였다. 하지만, 일부 학자들은 놀이에 즐거움을 포함시키는 것에 관해 즐겁지 않은 놀이도 있다는 이유로 논쟁한다. Sutton-Smith는 이것을 "잔인한 놀이(cruel play)"라고 부른다. 예를 들어, 아동들이 멕시코와 미국 사이의 경계 영역에서 「One Potato, Two Potato or Knuckles」과 같은 게임을 할 때 그들의 손이 얼얼해질 때까지 놀이를 할 것이다. 놀이의 기쁨은 그들이 무리하게 놀이하도록 강요한다. 유아에게 놀이는 즐거운 것이고, 놀이를 정의할 때 포함되어야 할 것이다.

놀이와 탐색

놀이와 **탐색**은 흔히 서로 교환 가능한 것으로 간주된다. 하지만 놀이와 탐색은 분명히 다르다. 탐색은 놀이 전에 발생한다. 탐색은 아동이 새로운 대상물에 노출되어 그것을 알아내려고 노력할 때 발생하는 것으로 정의되어 왔다. 그녀는 "이 대상물의 속성은 무엇일까?"를 질문한다. 놀이를 하는 동안 그녀는 "내가 그 대상물을 가지고 무엇을 할 수 있나?"를 질문한다(Pelligrini & Boyd, 1993, p. 108).

탐색은 처음 두 해 동안에 일어나는 지배적인 활동이다. 영아는 대부분의 시간을 탐색에 참여하며 보낸다. 유아원기 유아들은 많은 시간을 가장 놀이에 사용하는 반면 걸음마기 유아는 반 정도의 시간을 탐색으로 사용한다. 아동이 성장하고 발달하면서, 탐색은 줄어들고 놀이는 증가한다. 아동이 탐색할 때, 정신 구조들은 아동의 마음이 새로운 정보를 동화시키기 위한 신경로(neurological pathways)를 산출해내기에 적합하게 된다. 하지만 놀이는 아동이 현실을 기존의 구조들에 맞추도록 허용한다. 삶의 처음 두 해 동안 연습 놀이(practice play)가 반복해서 발생할 때 신경로는 강화된다. 다시 말해서 탐색을 하는 동안 아동들은 데이터를 수집하고, 놀이하는 동안 그들은 그 놀이와 탐색은 아동의 삶의 첫 두 해를 지배한다.

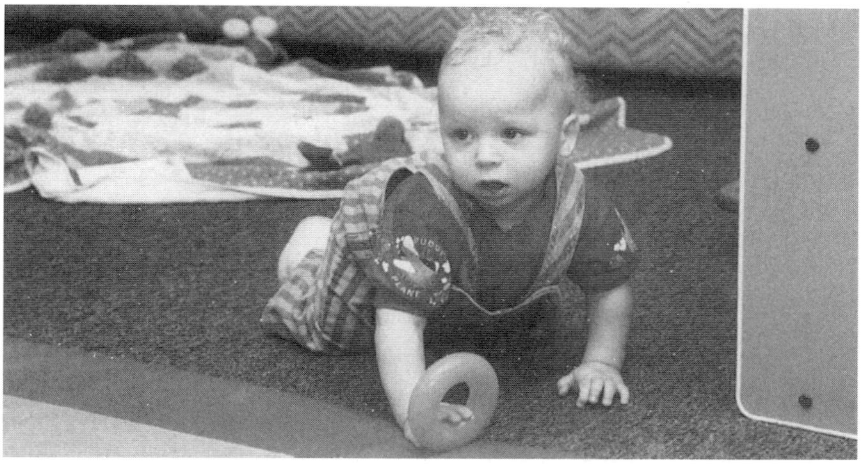

것을 가지고 놀며 시간을 보낸다. Hughes와 Hutt(1979)는 놀이와 탐색 간의 세 가지 주요 영역을 확인하였다.

놀이	**탐색**
긍정적인 정서	중립적인 정서(진지한)
창의적인 조합/즉흥적인	전형적인 행동들
즉흥적인 행동, 다양한 심장 박동률	진지하고, 심장 박동률이 안정되고, 명백하게 집중하는

놀이 또는 장난?

놀이는 관찰 가능한 행동으로 나타나는 맥락에서 발생하는 행동 성향으로 정의되어 왔다. 앞에서 논의된 것처럼, 놀이는 인식되고 확인될 수 있는 행위나 행동을 포함한다. 예를 들어, 우리는 식품점 놀이를 하면서 크게 기뻐하며 웃는 한 아동을 관찰할 수 있다. 특성들로는 긍정적인 정서나 본능적 동기를 포함할 수 있다; 맥락은 친숙한 쇼핑 경험이다; 그리고 관찰 가능한 행동은 협력적인 단체 상황이나 사회극 놀이에서의 가장 놀이 또는 상징 놀이이다. 이것이 놀이이다.

장난(playfulness)은 놀이와 똑같지 않다. 장난은 관찰 가능한 행동을 포함하지 않는다. 장난은 성격 특징이나 내적 성향으로서 가장 잘 기술된다

(Barnett, 1990; Liberman, 1965; Rogers, Impara, Frary, Harris, Meeks, Semanic-Lauth, & Reynolds, 1998). 장난의 구성 요인은 자발성, 개방성, 의사소통, 호기심, 정서적 표현, 즐거움, 유머를 포함한다. 이 특징들은 고유한 문화적 행동을 통해 나타날 수도 있다. 예를 들어, 일본 아동과 미국 아동 간의 장난에 관한 한 연구에서 미국 아동이 31 항목의 연구 도구에서 훨씬 더 장난스러운 것으로 밝혀졌다(Rogers, Impara, Frary, Harris, Meeks, Semanic-Lauth, & Reynolds, 1998). 그 이유는 두 문화 간의 차이점에 의해 설명될 수 있다(Tobin, Wu, & Davidson, 1989).

Einstein은 장난과 놀이 참여 모두를 했던 사람의 예다. Einstein이 여덟 살이었을 때, 그의 삼촌은 항상 북쪽을 가리키고 있는 바늘이 있는 나침반을 그에게 보여 주었다. 나침반을 대상으로 한 그의 놀이는 일평생 지속되었던 보이지 않은 힘을 갖은 매력의 자극제가 되었다. 그는 또한 동등하게 장난스러웠다. Eric Erikson은 그가 아동의 눈으로 세상을 바라보는 것을 절대로 멈추지 않았기 때문에 그를 '승리를 거둔 아동'이라고 불렀다(Rogers & Sluss, 1999).

관찰 가능한 행동

한 아동이 존재하고, 행하고, 발달하는 모든 것은 놀이를 통해 증명될 수 있다.

— Gary Landreth와 Linda Homeyer, 1998

놀이를 하는 동안에 관찰될 수 있는 행동은 특성과 똑같지 않다. 관찰 가능한 행동은 관찰, 묘사, 분류될 수 있는 행동을 포함한다. 오늘날 놀이 분류법은 언어, 동작, 자료뿐만 아니라 인지 및 사회 영역을 반영한다. 지금은 고전으로 간주되는 두 가지 분류법은 Mildred Parten(1932)과 Jean Piaget (1962a)에 의해 발달되었다. 사회적 유형에 대한 Parten의 연구는 놀이터에서 수행되었고 연구와 실제에 지속적으로 사용된다. Piaget의 놀이 단계는 그의 지능의 단계를 반영한다. 비록 Piaget의 연구가 그의 자녀들을 대상으로 수행되었음에도 불구하고, 유럽 및 다른 문화 집단 모두의 지지를 받아왔다(Hale-Benson 1986; Kagan, 1977; Shore, 1997). 먼저 우리는 Piaget의 연구로부터 시작한다.

인지 발달

놀이는 아동의 사회적 삶과 구성적인 활동을 촉진하는 강력한 형태의 활동이다.

—Jean Piaget, 1980

Piaget(1962b)는 그의 연구에서 놀이 행동을 세 단계로 기술한다. 그는 연령이 높아짐에 따라 놀이가 더 복합적인 놀이로 된다는 것을 발견하였고 연습 놀이, 상징 놀이 및 규칙을 지닌 게임을 포함한 세 가지 주요 단계로 놀이를 분류하였다. 이 단계들은 이 절에서 자세하게 기술된다.

단계 I. 연습 놀이(출생~2세)

삶의 첫 두 해 동안 발생하는 놀이는 **연습 놀이**(practice play) 혹은 **감각 운동**[1968년 Smilansky에 의해 **기능 놀이**(functional play)로 불리기도 했던]으로 불린다. 2세 영아들은 욕조에 한 개의 신발을 떨어뜨리고, 물이 튀는 것을 바라보고, 또 다른 신발을 욕조에 넣기 위해 돌아온다. 그녀는 연습 놀이를 하고 있는 중이다. 연습 놀이는 "… 이미 숙련된 기술의 즐거운 반복; 줄넘기, 신발 끈을 매고 풀기, 자전거 타기"를 포함한다(Rogers & Sawyers, 1988). 아동은 통제권을 갖고 활동하는 순수한 기쁨과 즐거움을 위해 연습 놀이에 참여한다. Piaget는 그의 자녀를 관찰하는 동안 수집했던 예를 사용했다:

> 2년 8개월에, 그녀는 양동이를 모래로 채우고, 그것을 뒤엎고, 그녀의 삽으로 모래 파이를 부수고 다시 시작하는 이 놀이를 한 시간 이상 지속하였다. … 이것은 결과를 보기 위한 실험들인 것이다(Piaget, 1962a, p. 115).

2세 영아들은 일반적으로 연습 놀이를 좋아한다. 기능 놀이는 다른 대상물을 사용하고 다른 문화에서 이루어지므로 다르게 보일 수도 있지만, 대부분의 2세 영아들은 반복 놀이를 즐긴다. 한 계단을 쉽게 오를 수 있는 아동이 분명한 이유 없이 오르내리기를 시작할 때 지켜보라. 그 아동은 계단을 오르고 내리면서 크게 웃는다. 그렇게 행동하는 것이 놀이의 준거를 충족시키는 것이다. 아동은 새로운 자료들을 동화시키거나 학습하는 것이 아니다. 그 아동은 계단을 오르는 방법을 안다. 그 활동은 그녀의 통제 하에 있으며 만족을 준다. 이것이 연습 놀이의 정의에 부합된다. Piaget는 연습 놀이의 세 수

준을 기술한다: 단순 연습 놀이, 우연한 조합, 의도적인 조합. 비록 기능 놀이가 삶의 첫 18개월을 지배하지만, 전반적인 삶을 통해 일어난다.

A. 단순 연습 놀이. **단순 연습 놀이**(mere practice play)는 아동이 단지 즐거움만을 위해 한 행동을 반복하고 있을 때 일어나는 것으로, 신체적·정신적 활동들을 포함할 수 있다. 예를 들어, 선반에서 페이퍼 타월을 잡아당기는 걸음마기 유아는 단지 그 페이퍼 타월이 떨어지는 것을 지켜보기 위해서 그렇게 행동한다. 그녀는 떨어진 횟수가 아닌 단지 떨어지는 것을 지켜보는 과정에 주의를 기울인다.

B. 우연한 조합. 연습 놀이의 두 번째 수준은 **우연한 조합**(fortuitous combinations)으로 불린다. 아동은 단순 연습 놀이에 참여하고 그 과정에 활동들을 함께 결합시키는 새로운 방안을 발견한다. 기존의 오래 된 도식이 새롭게 사용된다. Piaget는 오늘날에도 여전히 교실에서 관찰되는 행동을 기술하였다.

> 4년 2개월에, Y는 집짓기 나무 상자를 마루에 쏟아 붓고 다시 상자에 집어넣기 시작했다. 그 후 그는 한 나무를 또 다른 나무를 향해 밀어서, 한 번에 가능한 한 많이 이동시키면서 즐겼다. 그리고 나서 그는 집짓기 나무 하나를 다른 나무 위에 올려놓고 모두를 밀어서 이동시켰다(1962a, p. 116).

블록을 가지고 노는 아동을 지켜본 사람은 누구나 이 행동을 관찰해 왔다. 아동은 연습하기를 시작한 후 좀더 흥미롭게 노는 방식을 찾아낸다. 한 구조물을 만들어낸 후에 블록들을 부수어버리는 것도 역시 이런 부류에 해당된다. 성인이 "정리할 시간!"이라고 말할 때, 아동들을 지켜보라. 그들은 실제로 블록 구조물을 구성할 때와 마찬가지로 매우 흥미로운 전략을 개발한다.

C. 의도적인 조합. 연습 놀이의 세 번째 수준은 **의도적인 조합**(intentional combinations)이라고 불린다. 이것은 가장 복합적인 놀이이며 새로운 행동들이 신중하게 결합될 때 발생한다. 조합이 일어날 때 놀이는 다음의 세 가지 방향 중 하나를 따르게 될 것이다: (1) 아동은 상징을 부가하고 가장이 일어날 것이다. (2) 사회적 상호작용은 규칙이 있는 게임으로 이르게 될 것이다. (3) 실제적인 적응이 발생하고 놀이는 중지된다. 블록을 차례로 쌓고 있는 아동이 "실은 이건 벽이야. 땅달보(Humpty-Dumpty)는 벽에 앉을 수 있

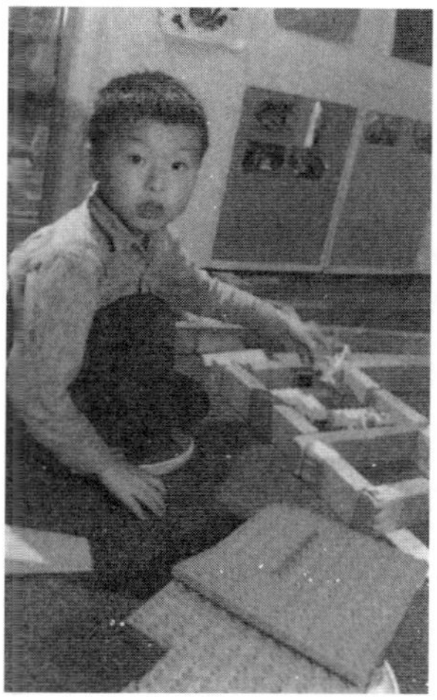
그성 놀이는 기능 놀이와 상징 놀이 므두를 포함한다.

다."라고 말했을 때, 연습 놀이에서 상징 놀이로 이동한다. 그 아동은 의도적인 조합에 참여해 왔으며 상징 또는 사회적 가장 놀이로 이동한다.

D. 구성 놀이. 구성 놀이는 일부 학자들(Rubin, Fein, & Vandenberg, 1983)에 의해서 Piaget의 분류법에 포함된다. Smilansky (1968)에 의해 구성 놀이로 기술된 놀이 행동을 Piaget(1962a)는 의도적 조합으로 보았고 통합된 놀이 수준이 아닌 구성적 연습 놀이로 동일시했다.

구성 놀이(constructive play)는 아동이 무언가를 새로이 만들고 구성하기 위해 자료를 사용할 때 발생한다. 구성을 위해 사용되는 자료로는 블록, 페인트, 찰흙, Play-Doh®(밀가루 반죽)와 같은 항목을 포함한다. 유아원과 유치원 아동들은 반 이상의 시간을 구성 놀이로 보낸다. 구성 놀이는 단순한 것에서 복잡한 것으로 이동한다. 다른 수준의 구성 놀이는 블록 놀이와 미술 작업을 위해 새로이 만들어져 왔다.

Smilansky의 다른 관찰 가능한 놀이 행동들인 기능 놀이, 극 놀이 및 규칙이 있는 게임은 Piaget의 단계와 유사하다. 비록 순수한 Piaget 학자는 구성 놀이를 독립된 범주로 사용하는 것에 동조하지 않음에도 불구하고, 구성 놀이에 관한 Smilansky의 관점은 연구 문헌에서 놀이의 수준으로서 일반적으로 받아들여져 왔다(Christie & Johnsen, 1987). 이 책의 나머지 부분에서 인지 놀이 단계는 구성 놀이를 놀이 단계에서 독립된 범주로 포함할 것이다.

단계 II. 상징 놀이(2~7세)

상징 놀이는 가장 놀이를 하는 동안 아동이 한 사물을 또 다른 사물로 상징하기 위해 사용할 때 발생한다. Rogers와 Sawyers (1988)는 그것을 이런 방식으로 기술한다:

> … 상징 놀이에서 대상물(signifier)은 실제물(the signified)과 분리된다. **상징 놀이**는 대체 물건이나 행위의 사용을 통해 표상적인 사고의 시작을 표시한다 (1988, p. 17).

대상물은 상징화된 것을 환기시키는 상징 혹은 대체 물건이다. 한 아동이 블록을 잡고 엄마에게 전화를 거는 것처럼 가장할 때 그 블록은 전화—실제물을 대체하는 상징이기 때문에 대체물이다. Howes(1992)는 "사회적 가장 놀이는 걸음마기에서 아동기 중반까지의 사회적 상호작용 기술과 우정 모두의 형성에서 현저하게 나타나지만, 이 기간을 통과하면서 사회적 가장 놀이의 형태와 기능 모두에서 변화가 있다"(p. 3). 연습 놀이처럼 상징 놀이도 다른 윤리적 단체와 문화에서 다르게 나타날 수 있다.

상징 놀이의 수준(Piaget, 1962a). 상징 놀이에 관한 Piaget의 관점은 Smilansky(1990)가 극 놀이라고 칭한 것, Vygotsky(1978)가 가장 놀이라고 칭한 것, 그리고 Pelligrini와 Boyd(1993)가 환타지로 언급한 것과 유사한 것이다. 상징에 관한 Piaget의 연구는 아직도 존중되고 많은 연구를 위한 토대로서의 역할을 한다.

I 수준(출생～2세) 감각 운동 놀이가 첫 두 해에 지배적이지만 아동들은 2～3세 정도에서 상징 놀이에 참여하기 시작한다. 상징 놀이는 "… 새로운 대상물에 상징 도식의 투사"(Piaget, 1962a, p. 121)로 시작한다. 유아들이 실제로 자거나 먹지 않지만, 처음으로 자거나 먹는 것처럼 가장하기 시작할 때, 상징의 사용이 발달하고 있는 것이다. 아동은 그녀가 자는 것처럼 가장할 때 웃을 것이고 성인의 반응에 기뻐할 것이다.

II 수준(2～7세) 두 번째 수준의 상징 놀이는 "한 사물을 또 다른 사물과의 단순한 동일시"로 발생한다(Piaget, 1962a, p. 123). II 수준의 초기에 아동은 실제를 반영하는 소품으로부터 도움을 얻는다. 2～3세까지의 기간 동안, 모형 전화기, 학교 버스, 인형은 상징 놀이나 가장을 자극한다.

3～4세 사이에, 아동은 실제에 더 가까운 접근으로 참여하기 시작한다. 소품은 놀이의 중요한 부분이다. 아동의 상징을 사용하는 능력이 향상되어감에 따라, 아동이 더 개방된 소품을 그들의 실제 생활의 대응물과 유사하게 만들기 위해 시도하면서 더 많은 가장을 자극한다. 이 시기에 상자는 자동차, 버스, 혹은 로켓선박(rocket ship)으로 취급될 수 있다. 자료는 그들의 정신적 구성을 위한 비계로서의 역할을 한다. 2세들의 놀이는 복제된 휴대전화에 의해 강화되는 반면, 4세들은 상자를 이용하여 실제에 더 가까운 접근을 창출해낼 수 있다. 아동은 상자가 더 실제적으로 보이도록 만들기 위해 상자에 페인트칠을 하거나 자료들을 덧붙이려고 노력하는 데 시간을 소비할

인지 발달은 아동이 현실을 모방하기 위해 상징을 사용할 때 일어난다.

수도 있지만, 자신이 하고 있는 것에 대한 분명한 아이디어를 갖고 있다. 많은 성인들은 아동이 서로 비슷해 보이는 블록들을 가지고 놀이를 하는 동안 "비행기 날개는 여기에 두자."라고 말하는 것을 듣고 놀라워했다. 성인은 아동이 정신적으로 구성하고 있는 것을 보지 못하지만, 아동은 비행기가 어떻게 보여야 하는지에 대한 아이디어를 갖고 있다.

가장 놀이는 가정에서의 경험들을 학교로 가져오기 위한 도관을 제공한다. 아동들은 집 영역에서 그들의 놀이에 엄마나 아빠와 같은 친숙한 역할을 가정한다. 다른 문화나 인종의 아동들이 교실에 합류했을 때 놀이는 풍부해지고 확장된다. Karen Evans(2001)는 단체로 그녀의 반에 들어왔던 lu Mien 아동들에 대한 이야기를 공유하였다. 놀이 센터에서 그들은 집에 갖고 있는 것과 비슷해 보이는 신전을 지었다. 그 교실에는 몇몇의 lu Mien 아동들이 있었으며 그들은 친숙한 것을 낯선 학교 상황으로 가져옴으로써 편안함을 느꼈다. 민감한 교사들은 유아들을 위하여 이 경험을 확장시킬 수 있다.

Piaget는 상징 놀이의 두 번째 수준을 (a) 질서정연, (b) 실제의 정확한 모방, (c) 역할의 분화와 보완적 조정을 갖춘 집단적 상징성으로 더 분화시켰다. 다시, 다른 문화들에 대한 민감성이 요구된다. 아동들이 실제를 재창출해내기 위한 시도를 할 때, 독특한 사회 문화적 역사를 지닌 아동들은 조정이 어렵다고 판단할 수도 있다. 이런 차이에 민감한 교사들은 아동의 단체 놀이 상황으로의 전이를 촉진시킬 수 있다.

(a) 질서정연은 놀이를 하는 동안 자료들을 질서정연하게 배치하는 것을 언급하는 것으로, 예를 들어 아동이 스푼을 그것의 "알맞은" 장소인 식탁 위의 개인 매트 위에 놓았을 때를 말한다. 질서는 집 없는 아동들에게 안정감을 제공한다.

(b) 실제의 정확한 모방은 삶을 모방하는 놀이를 언급한다. 캐비아를 포함한 가족 저녁 식사에 참석해온 아동은 그녀가 특정 방식으로 캐비아를 먹고 있는 것을 가장하기를 원할 수도 있다. 그녀는 자신의 시각을 통해 실제를 다시 만들어내기를 원한다. 그녀의 놀이 친구는 그녀의 실제를 이해하지 못할 수도 있고 그 변화는 다른 상황을 만들어낼 수

도 있다. 극단적인 예로, 비디오나 노골적인 성 행위를 관찰해온 아동들은 그들의 실제를 모방하기 위한 시도를 할 수도 있다. 놀이가 폭력적이거나 공격적으로 변화될 때 교사들은 민감하면서도 적절하게 중재해야 한다.

(c) 역할의 분화와 보완적 조정을 갖춘 집단적 상징성은 아동들이 여러 다른 역할들을 가정하는 것에 일치할 때 발생한다. 그들은 역할을 조정하고 변화시킬 때 현실에서 빌릴 수도 있다. 이것은 언제든지 발생할 수도 있지만, 일반적으로 유치원 반의 학년 말경에 일어난다. 다른 방식으로 놀이를 하는 1년의 기간 후에 유치원 아동들은 버스 놀이를 하기로 결정할 수도 있고, 견학을 가기 위해 운전을 하는 것으로 연기할 수도 있다. 그들은 버스 운전사나 교사와 같은 역할을 배정할 것이다. 즉흥적인 놀이는 아동들이 역할을 바꾸고 장면을 바꾸면서 재빨리 발생한다. 놀이 주제를 유지하는 것은 중요하고 그렇게 할 수 없는 아동은 놀이에서 배제되는 자신을 발견할 수도 있다.

단계 III. 규칙이 있는 게임(7~11, 12세)

Piaget는 이 단계를 더 발달한 복합적인 단계로 보았다. 아동들이 발달의 구체적 조작 단계로 이동할 때, 그들은 **규칙이 있는 게임**에 더 흥미를 보인다. 역할이 분명하게 규정되고, 규칙은 명확해지고, 현실은 근접하게 모방된다. 게임, 보드 게임, 카드, 또는 컴퓨터 게임에 참여하는 것은 이 연령 그룹에게 더 흥미롭고 흥분되는 것이다. 2~3학년 아동들은 게임에 대한 그들의 흥미를 발달시키기 시작하고, 이 관심은 교육을 장려하기 위해 사용될 수 있다. 초등학교 저학년을 위한 접근의 유용성은 7장에서 재고될 것이다.

Piaget의 단계는 수많은 놀이 연구를 위한 토대를 형성해 왔다. 표 1-2는 Piaget의 단계가 아동의 놀이에 관한 기록을 제공하기 위해 어떻게 사용될 수 있는지를 보여 준다.

사회성 발달

사회성 발달을 반영하는 관찰 가능한 행동은 Mildred Parten에 의해 처음 확인되었다. 유명한 연구에서, Parten(1932)은 실외 놀이를 하는 동안 아동들의 사회 놀이 행동을 기술하였다. 그녀는 사회적 놀이를 여섯 가지 범주로

표 1-2 Piaget의 놀이 척도

관 찰	첫 번째 관찰	두 번째 관찰	세 번째 관찰
연습 놀이 같은 놀이를 계속해서 반복하는 놀이			
상징 놀이: 구성적인 어떤 것을 새롭게 만들어내는 놀이			
상징 놀이: 극적인 가장하는 놀이			
상징 놀이: 사회극적인 단체로 가장하는 놀이			
규칙을 지닌 게임 게임 하는 놀이			

일화

출처: Piaget(1962a)와 Smilansky(1968)에서 각색됨.

분류하였다: 비참여 행동, 방관자 행동, 단독 놀이, 병행 놀이, 연합 놀이, 협동 놀이. 처음 둘은 놀이가 아니며 마지막 셋은 더 복합적인 사회적 참여를 포함한다. 본래 이 행동들은 발달적인 것으로 간주되었으나 몇몇 사람들에 의해서 지금은 다른 유형의 놀이 기술로 생각된다(Isenberg & Jalongo, 2001). 이 단계들은 다른 문화에서는 다르게 보일 수도 있다. 그들 문화의 구성원인 또래들과 놀고 있는 아동들을 지켜보는 것은 놀이하는 동안 발생하는 사회적 상호작용에 대한 정보를 제공해 줄 수 있다.

비참여 행동

비참여 행동(unoccupied behavior)에서 아동은 놀지도 않고 목적을 갖고 있는 것처럼 보이지도 않는다. 아동은 자신의 몸을 가지고 놀거나, 우두커니 서있거나, 목적 없이 걸어 다니며 놀 것이다. 어떤 부모들은 그들의 자녀들이 이 행동을 보일 때 걱정하지만, 이 행동은 유아들에게 특이한 것이 아니다. 그리고 이 행동이 좀더 연령이 높은 아동들에게서 드물게 관찰될 때에도 염려할 필요가 없다. 만일 이 행동이 정기적으로 발생한다면, 성인들은 빈둥거리는 행동의 원인을 발견해내기 위해 조사해야 할 것이다.

방관자 행동

방관자 행동(onlooker behavior)은 아동 자신이 관찰하고 있는 것을 바라보고, 의문점을 물어 보고, 다른 아동들에게 말할 때 발생하지만, 놀이에 가담하려 들지 않는다. 그녀는 리포터의 기술을 사용한다 – 그녀는 관찰하지만 참여하지는 않는다. 이 단계는 아동이 활동을 선택하고 그녀가 좀더 편안해질 때 또 다른 수준으로 쉽게 이동할 수 있도록 해 준다. 다른 인종이나 문화그룹에서 온 아동들은 놀이에 참여하기 전에 바라보는 것이 더 편안하다고 느낄 수 있다.

단독 놀이

단독 놀이(solitary play) 동안 아동은 혼자서 독립적으로 논다. 그녀는 다른 아동들과 가까이 있을 수도 있지만 그들의 활동을 알아채지 못한다. 단독 놀이는 아동들이 장난감에 매료되고 몰두하게 되는 것으로서 삶의 첫 두 해 동안 지배적으로 일어난다. 연령이 높은 아동들도 혼자 있거나 혼자 놀이하는 즐거움을 찾는 방법으로서 단독 놀이를 사용할 수도 있다. 여덟 살의 아동이 블록을 가지고 혼자 노는 것을 지켜보라. 그녀의 놀이는 매우 복합적이지만 놀이하는 동안 사적인 자유와 자신의 방향을 선택하는 자유를 추구할 수도 있다. 우리는 실제로 알 수 없다. 비록 그녀의 행동은 관찰 가능한 것일지라도 그녀의 사고는 관찰 가능한 것이 아니다. 그녀는 다른 사람들과 관계없이 혼자 놀이를 한다. 최근 연구들은 이것은 협동 놀이보다 더 높은 수준의 놀이를 반영할 수도 있다는 것을 지적한다(Frost, Wortham, & Reifel, 2001).

병행 놀이

아동이 **병행 놀이**(parallel play)에 참여하고 있을 때, 다른 아동들 옆에서 놀지만 그들과 대화를 하지는 않는다. 아동은 비슷한 장난감들을 선택할 수도 있으나, 그 영역에 있는 다른 아동들의 놀이에 참여하지는 않는다. 이 놀이는 유아원기 아동들의 전형적인 놀이이며 단체놀이를 위한 전조로서의 역할을 제공할 수도 있다. 다른 아동이 하는 것을 반영할 수도 있지만, 말은 절대로 한마디도 하지 않는 이런 종류의 놀이를 지켜보는 것은 흥미로운 것이다.

이 아동들은 지금 연합 놀이를 하고 있는 중이다.

연합 놀이

연합 놀이(associative play) 동안 아동은 다른 아동들과 놀 것이다. 대화는 놀이 재료들을 빌리거나 빌려줄 때 이루어질 것이다. 그들은 블록을 가지고 놀 수 있지만, 단체 조직을 형성하려는 시도는 하지 않는다. 그들은 그들 자신의 방식으로 작업하는 것에 만족해한다. 그들은 집 영역에 있을 수 있으나 그들 자신의 대본을 갖고 있다. 이 놀이는 협동 놀이 단계를 준비하게 한다.

협동 놀이

협동 놀이(cooperative play)는 아동이 목표를 공유해온 그룹에서 놀이할 때 일어난다. 이것은 협상, 노동의 분배, 차별화된 역할 맡기, 놀이 주제의 조직을 포함하는 복합적인 사회적 조직을 수반한다. 이것은 대개 매우 세련된 놀이를 초래하고 유치원과 초등학교 저학년에서 나타난다. 원래 가장 높은 수준의 놀이로 간주되었던 이 놀이는 생각 없이 다른 사람들의 지도력을 추종하는 덜 성숙된 아동들을 허용할 수도 있다. 그룹에서 이 역할은 자기가 선택한 단독 놀이나 연합 놀이보다 더 낮은 성숙도를 요구할 수도 있다.

놀이에서 아동들을 바라보는 것은 아동의 프로필을 발달시키는 데 도움이

표 1-3 사회 놀이 척도

관 찰	첫 번째 관찰	두 번째 관찰	세 번째 관찰
비참여 행동 놀이에 연루되지 않고, 방 주변을 배회한다.			
방관자 행동 관찰은 하지만 놀지는 않고 단지 바라만 보고 있다.			
단독 놀이 혼자 논다.			
병행 놀이 다른 아동들 곁에서 논다.			
연합 놀이 다른 아동들과 논다			
협동 놀이 그룹으로 함께 논다			
기타			

일화

출처: Parten(1932)에서 각색됨.

될 수 있는 아동들에 대한 정보의 자원을 제공한다. 놀이 동안에 이루어지는 사회적 상호작용의 기록에 유용한 차트가 표 1-3에 포함되어 있다.

놀이의 맥락

놀이의 특성과 놀이와 연합된 관찰 가능한 행동은 **맥락**에 의해 영향을 받는다. 즉, 문화, 성, 나이와 같은 요인은 아동들의 놀이에 영향을 미친다. "맥락은 아동과 환경 간의 교류로 개념화될 수 있다"(Pelligrini & Boyd, 1993).

Bronfenbrenner(2000)의 생태학적 모델은 골격 조직을 위한 체계적인 접근을 제공한다(Pelligrini & Boyd, 1993). 생태학적 체계는 미시 체계, 중간 체계, 외체계, 거시 체계, 시간 체계를 포함한다. 이 체계들은 영아, 유아, 초등학교 저학년 아동의 놀이에 미치는 영향의 측면에서 설명된다.

미시 체계

미시 체계(microsystem)는 개인을 둘러싼 체계들이고 중간 체계와 외체계에 포함되어 있다. 아동의 놀이에 영향을 미치는 요인은 가족, 학교, 학교 방과 후 프로그램, 이웃, 다른 지역사회 사건들을 포함한다. 예를 들어, 영아들은 그들 삶의 첫 두 해 동안 놀이와 탐색에 우선적으로 참여한다. 영아 놀이에 영향을 미치는 미시 체계의 요인들은 부모(들)와 아동, 유아교사와 아동, 교회 그룹, 이웃 간의 관계를 포함한다. 영아 놀이는 그들을 보호하는 성인들에 의해 영향을 받게 될 것이다. 유아들도 역시 성인들에 의해 영향을 받게 될 것이다. 놀이를 위한 장난감과 자료도 역시 그들의 가장 놀이에 영향을 줄 것이다. 초등학교 저학년 아동들은 또래, 성인, 부모, 이웃에 의해 영향을 받는다. 이 시기에 또래는 큰 영향력을 지니고 있으며, 실내와 실외 모두에서 일어나는 그들의 놀이에 영향을 줄 수 있다. 친구들은 아동이 컴퓨터 게임을 하거나 실외에서 거친 신체 놀이(rough-and-tumble play)를 하는 선택을 하는데 영향을 미친다. 일반적으로 놀이를 바꾸는 요인 중의 많은 요인은 미시 체계 안에 있다.

거시 체계

거시 체계(macrosystem)는 보다 광범위한 체계와 문화의 이념으로 구성된다. 이것은 전통, 신념, 가치를 포함한다. 예를 들어, 미국인들은 유럽인들과 비닐 쇼핑백의 사용을 다르게 생각한다. 미국에서 쇼핑을 하는 사람들은 그들의 식료품을 구입하고 그 식료품 가게에서 그들이 구입한 것을 집으로 담아갈 수 있는 용기나 백을 공급해 줄 것이라고 당연하게 생각한다. 많은 유럽 국가들에서는 쇼핑한 사람 자신이 구입한 것을 담기 위한 쇼핑백을 제공하는 것을 당연하게 생각한다. 문화와 전통도 놀이에 영향을 미친다. 예를 들어, 놀이에 영향을 미치는 애착 유형은 전 세계의 문화마다 서로 다르다. 어떤 문화에서는 아기를 안고 있는데 많은 시간을 소비하고, 어떤 문화에서는 그렇지 않다. 어떤 문화는 아동들이 독립적으로 탐색하고 놀이를 하도록 장려하는 전통을 지니고 있는 반면, 다른 문화는 성인 곁에 가까이 머물러 있는 것에 가치를 부여한다. 이 가치는 놀이에 영향을 미친다.

미국에서 어떤 아동들은 필요할 때 그들을 도와주고 보살펴줄 누군가로 경찰관을 보도록 사회화되어 있다. 탄압적인 사회에서 성장해온 아동들은 경찰관이 학교에 방문했을 때 숨을 수도 있고, 경찰관 역할 놀이를 포함하는 놀이 활동에 참여하길 원하지 않을 수도 있다. 미국에 사는 아동은 매체 폭력에 노출되고 전쟁 장난감을 접해 왔다. 스칸디나비아의 일부 나라들에서는 매체 폭력이 제한되어 있고 전쟁 장난감은 금지되어 있다. 폭력에 대한 그룹의 태도는 아동의 놀이를 형성한다.

외체계

외체계(exosystem)는 최소한의 통제력을 갖는 체계들을 포함한다. 사회경제적 요인뿐만 아니라 지방정부에 의해 확립된 정책들을 포함한다. 예를 들어, 교육위원회가 한 체계에서 쉬는 시간(recess)을 없애는 정책을 만들었을 때, 그것은 놀이에 영향을 미친다. 같은 방식으로, 아동들의 사회 경제적 상황도 그들의 놀이에 영향을 미친다. 장난감을 이용하는 기회가 있었던 아동들은 이용이 제한되어 왔던 아동들과 다른 방식으로 놀이를 할 수 있다. 기금의 이용 가능성은 장난감의 수, 박물관 방문, 여행에 영향을 미치며, 이것은 놀이에 영향을 미친다.

중간 체계

중간 체계(mesosystem)는 두 체계들 간의 상호작용을 포함한다. 정부 결정이나 자연재해 때문에 집을 떠나지 않을 수 없는 아동은 새 영역에 강제로 이주될 수 있다. 아동은 새 유아원에서 말을 못할 수도 있다. 이 요인들의 상호작용은 놀이를 변화시킨다.

시간 체계

시간 체계(chronosystem)는 시간을 통해 개별 아동에게 미치는 사회 문화적 요인들의 영향이다. 예를 들어, 4세와 8세 유아들의 놀이에 미치는 컴퓨터의 영향은 무엇인가? 시간에 따른 변화를 바라보는 것은 부가적인 통찰력을 제공한다.

성인 상호작용

성인들은 그들이 맥락이 되는 요인들의 중요성을 이해할 때 놀이 촉진의 중요한 역할을 취할 수 있다. 아프리카, 인도, 또는 일본의 아동들은 그들의 가치와 신념을 반영하고 가정이라는 미시 체계에서 잘 수용되는 놀이 행동을 드러낼 수 있다. 그들은 주류의 유아원 상황에서 잘 수용될 수도 있고 수용되지 않을 수도 있다. 다른 문화의 놀이에 관한 이해는 아동의 모국의 문화에서는 어떻게 놀이가 일어나는가에 관한 지식을 요구한다. 같은 방식으로, 아시아 배경을 지닌 아동들은 놀이를 하는 동안 다른 관찰 가능한 행동을 드러낼 수 있다. 문화적 영향은 놀이 행동에 작용한다. 부가적인 정보는 Tobin, Wu, Davidson(1989)을 참고하라. 관찰 가능한 행동에서 맥락의 영향을 이해하는 유아교육자들은 다양한 집단이 모인 교실에서 놀이를 좀더 촉진시킬 수 있는 능력이 있다.

일부 성인 행동은 놀이를 장려하거나 촉진시키는 반면, 다른 성인 행동은 놀이를 방해하거나 멈추게 한다. 대부분의 문화에서 놀이를 지원하는 몇 가지 요인들은 다음과 같다:

1. 건전하고 안전한 놀이 장소
2. 기본적인 생리적 욕구의 충족을 보증하는 스케줄
3. 친숙한 또래, 자료, 혹은 다른 문화적으로 관련된 자료의 배열
4. 놀이를 지원하지만 방해하지는 않는 성인 행동
5. 놀이가 일어날 수 있다는 성인과 아동 간의 동의. 이곳이 심리적으로 안전한 놀이 장소라는 것을 나타내기 위한 신호들이 자주 사용된다.

미국에서 아동들의 놀이를 확장시킬 수 있는 구체적인 행동들이 Klein, Wirth, Linas(2003, pp. 40-41)에 의해 제시되어 왔다.

1. 놀이의 과정(목표보다는)에 집중하라. 아동 놀이의 확장을 돕는 탐색적인 질문들을 하라.
2. 아동들의 놀이나 관심을 정교화시키고 증가시켜라. 의견을 말하고 새롭고 다양한 자료들을 제공하라.
3. 아동들의 놀이와 행위에 표출하는 정서를 반추하라. 이것은 아동들의

기분을 나타내고 확인하게 한다.
4. 문제를 규정하라. 아동들이 협상기술을 배우도록 도와주라. 아동들이 대안을 생각하도록 장려하라.
5. 탐색과 놀이를 장려하는 다양한 자료들을 제공하라.
6. 놀이를 위한 개방적인 자료들을 제공하라.

놀이 이슈와 동향

놀이는 아동의 삶이고 아동이 사는 세상을 이해하는 수단이다.

—Susan Isaacs, 1933

놀이는 다양한 문화에서 그룹들과 하위 그룹들에 의해서 가치가 다르게 매겨진다. 미국의 중류층에서 놀이는 호의적으로 생각된다. 많은 중류층 부모들은 놀이를 교육적인 활동으로 보고 교육적인 장난감들에 상당한 돈을 소비한다. 노동자 계층 부모들은 놀이를 하찮은 것으로 생각할 수 있다. 생존을 위해 투쟁하고 있는 부모들은 놀이를 장려할 시간이나 에너지가 없을 수도 있다. 다른 나라의 시민의 관점도 역시 사회 문화적 요인들에 의해 변화된다. 예를 들어, 스칸디나비아의 나라들은 놀이를 중요시 여기며 풍부한 놀이터를 갖고 있다. 동시에 프라하와 모스크바의 시민들은 그들의 국가 경제와 기반 시설을 구축하기 위해 노력하고 있다. 또 다른 예는 남유럽에서 발견될 수 있다. 놀이는 이탈리아 Reggio Emilia의 학교에도 보급되어 있다. 이탈리아 Reggio Emilia의 학교들은 영아와 유아들을 위한 그들의 뛰어난 프로그램들로 인정받아 왔다(New, 2003). 그들은 배움을 위한 아동의 언어를 이해하기 위해 상당히 노력해 왔다. 동시에 무장 갈등을 경험하고 있는 나라들에서 아동들은 놀이의 기회가 거의 없을 수도 있다. 다른 문화에서 온 부모들의 아동들은 다른 조망들을 가질 수도 있음을 이해하는 것은 놀이 중심 프로그램을 창출해내는 데 필수적이다.

특별한 요구가 있는 아동들

놀이는 장애나 지체가 있는 아동들에게도 똑같이 중요한 것으로 인식된다

(Cook, Tessier, & Klein, 2000). 특별한 요구가 있는 아동들 간에 놀이를 장려하는 프로그램들이 개발되어 왔다(Bricker & Woods Cripe, 1992). 모든 아동들에게 사용될 수 있는 놀이 중심 평가 접근이 개발되어 왔다. 특수아동협회/유아분과(Council for Exceptional Children/Division of Early Childhood; CEC/DEC)와 전국유아교육협회(NAEYC)는 모든 아동들에게 유익한 지침서를 개발하기 위해 협력해 왔다(Wolery & Bredekamp, 1994). 이 움직임은 교실 놀이에 영향을 미쳐 왔고 그 결과는 8장에서 심층적으로 탐색될 것이다.

과학 기술

과학 기술의 진보는 일부 유아원과 초등학교 저학년 교실에서의 놀이를 변화시켜 왔다. 그 변화는 매우 긍정적인 것에서부터 긍정적이지 못한 것까지 그 범위가 다양하다. 예를 들어, 일부 교실에서 아동들은 친구와 앉아서 가장 최근 비디오 프로그램과 상호작용하며, 의문점에 대한 답을 구하기 위해 상호작용을 멈추고 웹서핑을 한 후, 다시 비디오 프로그램으로 돌아온다. 그들은 이용 가능한 과학 기술로 책과 레포트를 새롭게 만들어내고 지구촌의 다른 아동들과 의사소통을 한다. 일부 교실들은 블록이 아닌, 블록에 대한 컴퓨터 프로그램들을 갖추고 있다. 놀이에 미치는 과학 기술의 영향에 대한 수많은 염려가 있으며 이것은 10장에서 심층적으로 논의될 것이다.

놀이 장애물

유아들의 삶에서 놀이의 가치는 전 세계의 기관들에 의해 인정되어 왔다. 아동 권리에 대한 국제연합대회(United Nations Convention on the Rights of the Child, 1989)는 놀이를 인간 존재의 필수적인 부분으로 인식했다. 전 세계의 아동들은 언어와 방식은 다르지만, 그들은 모두 놀이를 한다. 놀이에 관한 아동의 권리가 위험에 처해 있다는 염려는 10년 전에 국제아동놀이권리협회(International Association for the Child's Right to Play)에 의해 국제적 수준으로 표명되었다(Guddemi & Jambor, 1992). 불행하게, 이 상황은 거의 변화되지 못했다. 오늘날 놀이에 대한 네 가지 장애물은 다음과 같다.

1. 가난과 폭력

그들 자신의 삶과 가족들을 부양하기 위해 일하고 있는 가난한 아동들은 놀이를 위한 시간이나 에너지가 없다. 어느 곳에서나 가난은 놀이보다는 씨뿌리기나 아동 양육과 같은 생활 부양 활동들을 위한 요구로 이끈다. 빈민가의 마구잡이식 폭력 행위들은 아동들에게 안전하지 못한 상황을 만든다. 아동들이 보이지도 들리지도 않을 때 거리는 적막하다.

2. 변화하는 문화적 가치

후진국들과 고도로 산업화된 국가들 모두 일은 가치가 있고 놀이는 하찮은 것으로 본다. 후진국의 많은 아동들은 흔히 놀이가 아니라, 일을 하도록 요구된다. 같은 방식으로, 고도로 산업화된 국가에서는 아동들이 사회와 경쟁의 장(marketplace)에 기여하도록 더 잘 준비시킬 교육을 받고 활동에 참여하도록 요구된다. 정규적으로 순회하며 미의 제전에 참여하는 유아기 아동들은 놀이를 할 기회를 갖지 못할 수도 있다.

대중매체도 역시 아동들의 놀이를 변화시켜 왔다. 전형적으로 미국의 아동들은 1주일에 35시간 이상을 텔레비전, 영화, 비디오 게임, 또는 컴퓨터 스크린 앞에서 보낸다(Levin, 2003). 브라질에서 온 교사단체가 함께 방문했을 때, 저자는 그들은 텔레비전의 침입으로부터 면해 있을 수도 있을 것이라고 생각하면서 그 나라의 놀이 수준에 대하여 문의했다. 그들의 반응은 놀랄 만한 것이었다. 그들은 미국의 교사나 부모들과 같은 염려를 표출했다. 그들은 아동들이 하루 종일 학교에 있으며 방과 후에는 텔레비전 앞에 있거나 비디오 게임을 하며 논다고 말했다. 그들은 도시의 아동들보다 시골 마을의 아동들이 더 놀 수 있을 것이라고 생각했다. 그 대답은 미국에서 한 그룹의 교사들이 저자에게 한 답과 매우 유사한 것으로 초현실적인 것으로 보인다.

3. 불충분한 공간

놀이를 위한 장소가 일부 이웃들에서 사라지고 있다. 단지 공간의 부족뿐만 아니라 공간의 질도 관심의 대상이다. 건전하고 안전한 규준을 정한 놀이터 규정을 갖추고 있는 나라는 미국, 캐나다, 스칸디나비아, 독일, 네덜란드, 영국, 오스트레일리아, 뉴질랜드 정도이다. 싱가포르, 홍콩, 말레이시아는 놀이터를 규제하기 위한 노력들을 시작해 왔다(Christiansen, 1997).

평가 척도 보고서를 사용하면, 안전한 놀이터를 위한 국가 프로그램(National Program for Playground Safety)은 미국의 놀이터를 'C'로 평가했다. 해마다 놀이터에서 200,000건 이상의 부상이 발생한다(Tinsworth & McDonald, 2001). 개별적인 주들의 평가에 대한 정보는 안전한 놀이터를 위한 국가 프로그램(National Program for Playground Safety)을 위한 웹사이트를 참고하라.

4. 학문에 대한 지나친 강조

일부 학교들은 그들의 교육과정에서 휴식 시간을 삭제했다. 보다 적은 수의 유치원 학급들이 놀이를 위해 준비되어 있고 너무 많은 유치원 학급들은 1학년 교실처럼 보인다. 이런 풀뿌리(grassroot) 노력은 현 상황의 변화를 시도하고 있지만 더 많은 지원이 요구된다. 국제아동놀이권리협회(International Play Association for the Child's Right to Play), 놀이연구협회(The Association for the Study of Play), 전국유아교육협회(NAEYC)와 같은 조직들과 그들의 관심그룹, 놀이, 정책, 실제는 유아들의 삶에서 놀이의 질과 양의 차이를 만들기 위해 노력하고 있는 전문적인 단체들이다.

놀이를 위한 지원

> 인류는 아동에게 반드시 주어야 할 최상의 것을 빚지고 있다.
>
> —아동의 권리에 대한 UN 선언, 1959
>
> Marcy Guddemi & Tom Jambor, 1990

놀이를 위한 지원은 1989년 11월 20일에 개최된 UN의 국제연합총회(General Assembly of the United Nations)에 의해 승인된 아동 권리 협약(Convention of the Right of the Child) 31조에서 발견될 수 있다.

1. 관계자들은 휴식하고 여유를 즐기며, 아동의 연령에 적합한 놀이와 레크리에이션 활동에 참여하고, 문화적 삶과 예술에 자유롭게 참여하는 아동의 권리를 인식해야 할 것이다.
2. 관계자들은 문화적·예술적 삶에 충분히 참여하는 아동의 권리를 존중, 향상시켜야 하고 문화적이고, 예술적이며, 기분이 전환되고, 여유로운 활동을 위한 적합하고 동등한 기회들을 격려해야 할 것이다.

미국에서 31조는 전국유아교육협회(NAEYC)에 의해 지원되었다. 이 협회는 미국에서 가장 큰 아동 보육 제공자들과 교육자들의 조직이다. 120,000 이상의 회원을 갖춘 이 협회는 아동 옹호 단체로서 지속적으로 성장과 기능을 하고 있다.

놀이 연구

아마도 가장 강력한 놀이 지원은 연구에서 발견될 수 있을 것이다. 일반적으로 놀이에 관한 연구들은 두 개의 범주로 분류된다. 한 관점은 놀이는 진보되고 발달에 기여한다는 것이다. 이 관점을 옹호하는 사람들은 놀이는 인간 성장과 발달에 필수적인 것임을 믿는다(Piaget, 1962b; Scales, Almy, Nicolopoulou, & Ervin-Tripp, 1991; Vygotsky, 1978). 또 다른 관점은 총체적 접근으로서의 놀이에 관한 연구를 권장한다. 이 관점을 지지하는 사람들은 놀이는 그 자체만으로도 가치가 있는 것으로 믿는다(Erikson, 1940). 그들은 놀이는 "과거의 측면들을 다시 체험하고, 현재를 나타내고 다시 새롭게 하며, 미래를 예측하는 모범적인 상황"을 창안해낸다는 것을 믿는다(Erikson, 1977). 이 관점을 지지하는 사람들은 놀이를 정신(mind), 육체(body), 영혼(spirit)이 하나가 되게 하는 통합 과정으로 보는 관점을 옹호한다(Levy, 1978).

학습촉진을 위해 놀이를 사용하는 아이디어는 Froebel(1887)로부터 비롯되었으며 아직도 유아원기의 발달을 촉진하는 방안으로 사용된다(Trawick-Smith, 1994; Van Hoorn, Nourot, Scales, & Arward, 1993). 이 교재는 유사한 사고의 맥을 사용하고 놀이를 진보에 유용한 것으로 간주한다. 놀이는 생래적이고 총체적인 것으로, 성장, 발달, 사회에 유익한 것으로, 그리고 유아교육에서 학습을 위한 자극물로서 검토될 것이다. Sutton-Smith (1998)와 Elkind(2003)의 조언을 유의하면서, 놀이를 낭만적으로 묘사하거나 모든 교육적 고난을 위한 완벽한 답으로 보지 않으려는 특별한 노력이 기울여질 것이다. 오히려, 유아교육은 계획되거나 계획되지 않은 놀이 모두를 위한 여지(room)를 갖고 있다. 만일 아동들이 그들의 나이와 수준에 지배적인 놀이를 통해 가장 잘 배운다면, 성인들은 이것을 학습을 위한 도구로 사용해야 할 것이다. 놀이와 탐구-중심 학습은 연습지 기술과 과잉 훈련보다 분명하게 더 나은 조합이다. 이 교재의 목적은 놀이를 학습 수단으로 보고 아동 삶의 질을 향상시키는 자연적인 활동으로 받아들이는 놀이의 관점을 장려하기 위한 것이다. 교실은 둘 모두를 위한 공간을 갖추고 아동들은 구조화되거나 비구조화된 놀이 모두에 참여하기 위한 시간이 필요하다.

놀이 조망의 반추

이 장의 시작 부분의 삽화는 성인이 지켜보는 동안 즐겁게 미끄럼틀을 타는 한 아동을 묘사한다. 미끄럼틀은 자극의 역할을 제공한다. 이 장을 읽은 후, 여러분은 머리가 좋은 다른 동물들과 마찬가지로 아동들도 놀이를 한다는 것을 깨달을 수 있다. 아동들은 놀이에 관한 생래적인 욕구를 지닌 것이 분명하다. 아동의 얼굴에 비치는 기쁨은 즐거움을 포함한 놀이의 특성을 반영한다. 관찰 가능한 행동들은 성인이 미시적 상황에서 모니터하거나 안내하는 역할을 제공하는 동안 아동은 단독 놀이를 한다는 것을 제시해 주었다. 또한 흥미로운 것은 외체계의 요인들이 놀이를 지원하기 위해 함께 작업하고 있다는 것을 제시한다(이 시나리오에서 분명히 보이는 놀이를 위한 지원으로). 지역사회는 놀이를 위한 장소를 제공함으로써 놀이를 지원하고 가족은 놀이를 감독하고 안전을 확보하기 위한 시간을 제공함으로써 놀이를 지원한다. 놀이에 부여된 가치는 아동의 표현에서 분명하게 나타난다.

요약

이 장에서는 놀이에 대한 개요가 제공되었고 이는 교실에서 이루어지는 놀이에 관한 연구의 기반이 된다. 두 가지 중요한 영향력이 놀이에 관한 연구에 정보를 제공한다: 하나는 놀이를 진보로 생각하는 연구이다. 놀이는 인간 성장과 발달에 기여하고 촉진시킨다. 두 번째 영향력은 놀이를 그 자체만으로도 가치로운 것으로 본다. 둘 모두 보람 있고 가치 있는 것으로 본다. 놀이는 성향, 맥락, 관찰 가능한 행동의 측면에서 정의되었다. 놀이의 성향이나 특성은 1) 자발적이고, 2) 능동적 참여를 요구하며, 3) 상징적이고, 4) 외부 규칙으로부터 자유롭고, 5) 결과보다 행위에 초점을 두고, 6) 즐거운 것을 포함한다. 놀이를 위한 맥락은 미시 체계, 거시 체계, 외체계, 중간 체계, 시간 체계를 포함한다. 관찰 가능한 행동들은 인지 영역과 사회 영역에서의 놀이를 포함한다. 탐색, 놀이, 장난의 속성에 관한 지식은 놀이 분위기를 장려하는 교육자의 능력을 향상시킨다. 놀이는 전 세계에서 발생하고 개별 문화의 독특한 특성들을 반영한다. 놀이 장애물들이 존재함에도 불구하고, 옹호 단체들은 이 장벽들을 극복할 수 있다. 이 책의 사용을 통해 옹호 노력들이 증진될 수 있다.

핵심 용어

감각 운동 놀이	거시 체계	구성 놀이
규칙이 있는 게임	기능 놀이	단독 놀이
단순 연습 놀이	맥락	미시 체계
방관자 행동	병행 놀이	비참여 행동
상징 놀이	시간 체계	연습 놀이
연합 놀이	외체계	우연한 조합
의도적 조합	장난	중간 체계
탐색	협동 놀이	

유용한 웹사이트와 과학 기술 자원

- **국제놀이협회**(International Play Association; IPA/USA)
  http://www.ipa.org 국제놀이협회는 아동의 놀이 권리를 보호하기 위해서 헌신하는 국제단체이다. 한 분과가 미국에서 활동 중이고 웹사이트에서 찾을 수 있다. 그들은 모든 아동들의 휴식 시간을 위해 매우 능동적인 옹호 운동 조직을 지니고 있다.

- **전국유아교육협회**(National Association for the Education of Young Children; NAEYC)
  http://www.naeyc.org 전국유아교육협회는 세계에서 가장 큰 유아교육자들의 단체이다. 그 웹사이트는 몇 개의 가치 있는 사이트와 연결되어 있다. 학회들과 주의 지부들이 이 사이트에 소재해 있다. 이 사이트에 가입하는 방법과 ≪Young Children≫이라는 잡지를 받을 수 있는 정보를 포함하고 있다.

◆ **전국레코텍센터(National Lekotek Center)**

http://www.lekotek.org 전국레코텍센터는 특별한 요구가 있는 아동들이 이용하기 쉬운 놀이를 만든다. 아동과 가족을 위한 놀이와 학습 센터들은 전국에 산재해 있다.

◆ **국제연합아동기금(United Nations Intergency Childrne's Emergency Fund; UNICEF)**

http://www.unicef.org 국제연합아동기금은 전 세계 아동들의 건강과 삶의 질을 지원하고 향상시켜 주기 위해 구성된 조직이다. 유엔의 일부인 국제연합아동기금은 전 세계 아동들을 위한 봉사를 제공한다.

활동

1. 교실에서의 활동

A. 놀이나 탐색을 묘사하는 만화를 새롭게 고안해 보라. 여러분은 그것이 놀이라는 것을 어떻게 변별해낼 수 있는가? 여러분은 탐색을 어떻게 구별할 수 있는가? 여러분은 그 둘에 대한 여러분의 지식을 놀이를 장려하기 위해 어떻게 사용할 수 있는가?

B. 러시아 가문의 두 아동이 유치원 학급에 들어갔다. 유치원 교사인 Mary는 그들의 놀이를 관찰하였다. 그녀는 그들이 서로 함께 놀고, 집 영역에서 놀며, 다른 아동들과는 상호작용을 하지 않는다는 것에 주목하였다. 맥락에 관한 여러분의 지식을 토대로 어떤 체계 요인들이 그들의 놀이에 영향을 미치고 있는가? 여러분의 답을 설명하라.

1. 미시 체계
2. 거시 체계
3. 외체계
4. 중간 체계

5. 시간 체계

2. 연구와 탐문

A. 여러분이 좋아하는 놀이에 관한 기억을 적어 보라. 고령의 친척이나 이웃에게 그녀가 좋아하는 놀이 경험을 회상해 보도록 요청해 보라. 그것들은 어떻게 유사하고 어떻게 다른가? 그들의 놀이를 그들의 조부모들의 놀이와 비교해온 다른 사람들과도 이야기해 보라. 어떤 유사한 경향이 있는가?

B. 아동 보육 센터나 학교에 있는 유아원기 아동들의 그룹을 한 시간 동안 관찰하라. 여러분이 관찰한 모든 것을 적어 보라. 이제 공원과 같은 비형식적인 상황에서 아동들의 그룹을 관찰하라. 다시, 여러분이 관찰한 모든 것을 기록하라. 어떤 행동들이 유사하며 어떤 행동들이 다른가?

C. 한 센터를 두 시간 동안 방문하라. 이 환경에서 놀이를 지원하기 위해 성인들은 무엇을 하고 있는가? 미시 체계, 거시 체계, 중간 체계, 외체계, 시간 체계의 어떤 요인들이 놀이에 영향을 주는가?

D. 최소한 두 명의 다른 문화에서 온 유아들의 부모들을 인터뷰하라. 그들이 본 그들의 놀이와 자녀들의 놀이 간에 유사한 점은 무엇이며 차이점은 무엇인가?

3. 봉사 학습

A. 유아원에 두 시간 동안 자원하여 봉사하라. 주차, 의상, 아동들과의 상호작용의 측면에서 센터의 정책을 따르라. 방문 후에 교실에서 발생했던 놀이에 대하여 여러분이 기억할 수 있는 만큼 많이 기록하라. 여러분은 놀이를 위한 지원을 보았는가? 여러분은 아동들이 놀이를 하는 것을 보았는가? 만일 그렇다면, 그들의 놀이를 묘사해 보라. 대부분의 놀이에 어떤 아동들이 참여하는가? 어떤 아동들이 놀이를 하지 않는가? 여러분은 놀이가 아닌 활동과 놀이를 어떻게 구별하는가? 이것은 이 교재와 다른 출처에서 여러분이 읽은 것과 일치하는가?

B. 센터의 자료 보수를 위한 도움을 필요로 하는 센터를 찾아보라. 자료와 장난감의 보수를 위한 보조에 지원하라.

C. 토요일 아침에 지역 공원이나 놀이터에서 도우미를 지원하라. 영국의

놀이터 모니터의 역할을 연구하라. 이것이 미국에서 실행 가능한가? 실행 가능한 이유와 실행 가능하지 않은 이유를 기술하라.

D. 놀이를 장려하는 지역 박물관과 대중 자원들을 알아보라. 봉사학습 프로젝트를 통해 그들의 설비 지원을 제공하라. 일부 그룹들은 아동박물관에 특별한 진열을 창안해낸다.

4. 가족 연계

A. 유아원 교사에게 표 1-4를 그녀의 반 부모들에게 분포해달라고 부탁하라. 그들에게 한 주에 자녀들이 얼마나 많은 시간 동안 놀이를 하는지 도표를 만들어 보도록 부탁하라. 교사는 그들의 조사 결과와 자녀에 대한 그들의 관심을 논의하기 위해 부모들과의 만남을 개최할 수 있다. 일부 교실들은 연구 프로젝트를 발달시키기를 원할 수도 있다. 다른 교실들은 가족을 위한 게임의 밤(Family Game Night)과 같은 텔레비전의 대안들을 논의하기 위한 만남을 계획하기를 원할 수도 있다.

5. 놀이 옹호

A. 여러분의 주에서 놀이 옹호 단체들에 관하여 찾아보라. 휴식 시간 옹호자들이 있는가? 부모 단체들이 있는가? 여러분의 주와 지방 지역에서 누가 놀이 옹호자인가?

표 1–4 놀이 활동표

아동의 이름	실내 또는 실외 놀이 시간	텔레비전이나 비디오와 같은 다른 활동으로 보내는 시간
월요일		
화요일		
수요일		
목요일		
금요일		
일요일		
합계		

여러분의 아동은 놀이를 위해 얼마나 많은 시간을 갖는가? ______________

여러분의 아동은 다른 활동들로 얼마나 많은 시간을 보내는가? ______________

B. 다음의 시를 지역 센터들과 도서관들에 분포하라. 비록 시의 출처를 알 수 없지만, 그 시의 번안이 성 루이스 아동 박물관(St. Louis Children's Museum) 같은 수많은 박물관들에 분포되어 왔다. 이 시는 독서에 관한 부정적인 문장을 제거하기 위해서 본 저자에 의해서 수정되었다.

나는 나의 자녀를 말로 가르치려고 노력하였다.
그녀는 자주 그 말들을 귀담아 듣지 않고 흘려버렸다.
나는 플래시카드를 사용하여 나의 자녀를 가르치기 위해 노력하였다.
그녀는 마치 내가 문제가 있다는 듯이 바라보았다.
나는 나의 자녀를 학습지를 이용하여 가르치기 위해 노력하였다.
그녀는 하품을 하고 그 학습지들을 하다말고 미루어 놓았다.
절망하여, 나는 외면하였다;
"내가 이 아이를 어떻게 가르쳐야 할까" 나는 울었다.
그녀는 나에게 비결을 알려주었다.
"이리 오세요." 그녀는 말했다. "나와 놀아주세요."

— 익명의 작가
Dorthy Sluss에 의해 수정됨.

참고문헌

Ablon, S. (2001). Continuities of tongues: A developmental perspective on the role of play in child and adult psychoanalytic process. *Journal of Clinical Psychoanalysis, 10* (3-4), 345-365.

Barnett, L. (1990). Playfulness: Definition, design, and measurement. *Play & Culture, 3*, 319-336.

Bateson, G. (1972). *Steps to an ecology of mind.* New York: Ballantine.

Bekoff, M., & Jamison, D. (Eds.). (1996). *Readings in animal cognition.* Cambridge, MA: MIT Press.

Bergen, D. (Ed.) (1988). *Play as a medium for learning and development: A handbook for theory and practice.* Portsmouth, NH: Heinemann.

Bredekamp, S., & Copple, C. (1997). *Developmentally appropriate practice in early childhood programs.* Washington, DC: National Association for the Education of Young Children.

Bricker, D., & Woods Cripe, J. (1992). *An activity-based approach to early intervention.* Baltimore, MD: Brooks.

Bronfenbrenner, U. (1979). Foreword. In P. Chance (Ed.), *Learning through play.* New York: Gardner.

Bronfenbrenner, U. (2000). Ecological theory In A. Kazdin (Ed.), *Encyclopedia of psychology* (pp. 129-133). Washington, DC: American Psychology Association and Oxford University Press.

Brown, S. (1995). Through the lens of play *ReVision: A Journal of Consciousness and Transformation* (USA), *17*(4), 4-8.

Caplan, F., & Caplan, T. (1973). *The power of play.* New York: Anchor Press/Doubleday.

Christiansen, M. (1997). International perspectives of playground safety. *Parks and Recreation, 32*(4), 100-101.

Christie, J., & Johnsen, P. (1987). Reconceptualizing constructive play: A review of the empirical literature. *Merrill-Palmer Quarterly, 33*(4), 439-452.

Cook, R., Tessier, A., & Klein, M. (2000). *Adapting early childhood curricula for children in inclusive settings.* (5th ed.), Columbus, OH: Merrill.

Edwards, C. (2000). Children's play in cross-cultural perspective: A new look at the Six Cultures study. *Cross-Cultural Research, The Journal of Comparative Social Science, 34* (4), 318-338.

Elkind, D. (1981). *The hurried child: Growing up too fast too soon.* Reading, MA: Addison-Wesley

Elkind, D. (1987). *Miseducation: Preschoolers at risk.* New York: Alfred Knopf.

Elkind, D. (2003). Thanks for the memory: The lasting value of true play. *Young Children, 58* (3), 46-52.

Erikson, E. (1940). Studies and interpretation of play Part I: Clinical observations of play disruption in young children. *Genetic Psychology Monograph, 22*, 557-671.

Erikson, E. (1977). *Toys and reason.* New York: Norton.

Evans, K. (2001). Holding on to many threads: Emergent literacy in a classroom of lu Mien children. In E. Jones, K. Evans, & K. Rencken, *The lively kindergarten: Emergent curriculum in action*, (pp. 59-76). Washington, DC: NAEYC.

Fagen, R. M. (1995). Animal play games of angels, biology and Brian. In A. D. Pelligrini (Ed.), *The future of play theory*, (pp. 23-44). Albany: SUNY Press.

Fein, G. (1981). Pretend play in childhood: An integrative review. *Child Development, 52*, 1095-1118.

Freud, S. (1959). Creative writers and daydreaming. In J. Strackey (Ed.), *The standard edition of the complete psychological works of Sigmund Freud* (Vol. IX). London: Hogarth. (Originally published in 1908).

Freud, S. (1961). *Beyond the pleasure principle.* New York: Norton. (Originally published in 1920).

Froebel, F. (1887). *The education of man.* New York: Appleton.

Fromberg, D. (2002). *Play and meaning in early childhood education.* Boston: Allyn and Bacon.

Frost, J., Wortham, S., & Reifel, S. (2001). *Play and child development.* Upper Saddle River, NJ: Merrill/Prentice Hall.

Guddemi, M., & Jambor, T. (1992). *A right to play: Proceedings of the American Affiliate of the International Association for the Child's Right to Play.* Little Rock, AK: Southern Early Childhood Association.

Hale-Benson, J. E. (1986). *Black children: Their roots, culture, and learning styles.* Baltimore: Johns Hopkins University Press.

Howes, C. (1992). *The collaborative construction of pretend play: Social pretend play functions.* Albany: SUNY Press.

Hughes, M., & Hutt, C. (1979). Heart-rate correlates of childhood activities: Play exploration, problem solving and day dreaming. *Biological Psychology, 8*, 253-263.

Huizinga, J. (1955). *Homo Ludens: A study of the play element in culture.* Boston: Beacon

Press.
Isaacs, S. (1933). *Social development in young children.* Oxford: Harcourt, Brace.
Isenberg, J. & Jalongo, M. (2001). *Creative expression and play in early childhood.* Columbus, OH: Merrill.
Jenkinson, S. (2001). *The genius of play: Celebrating the spirit of childhood.* Gloucester, UK: Hawthorn Press.
Kagan, J. (1977). The uses of cross-cultural research in early development. In P. H. Leiderman, S. R. Tulkin, & A. Rosenfeld (Eds.), *Culture and infancy: Variation in the human experience*, (pp. 271-286). New York: Academic Press.
Kirn, W., & Cole, W. (2001, April 22). What ever happened to play? *Time*, 56-58.
Klein, T., Wirth, D., & Linas, K. (2003). Play: Children's context for development. *Young Children, 58*, 38-46.
Klugman, E. (1995). *Play, policy, & practice.* St. Paul: Redleaf.
Lancy, D. (1996). *Playing on the mother-ground.* New York: Guilford.
Landreth, G. L. (1993). Self-expressive communication. In C. E. Schaefer (Ed.), *The therapeutic power of play* (pp. 41-63). Northvale, NJ: Jason Aronson.
Landreth, G., & Homeyer, L. (1998). Play as the language of children's feelings. In D. P. Frongberg and D. M. Bergen (Eds.), *Play from birth to twelve and beyond: Contexts, perspectives, and meanings.* (pp. 193-198). New York: Garland.
Levin, D. (2003). *Teaching young children in violent times.* Washington, DC: National Association for the Education of Young Children.
Levy, J. (1978). *Play behavior.* New York: Wiley.
Liberman, J. (1965). Playfulness and divergent thinking: An investigation of their relationship at the kindergarten level. *Journal of Creative Behavior, 1*, 391-397.
Merriam-Webster's Collegiate Dictionary, Eleventh Edition. (2003). Springfield, MA: Author.
New, R. (2003). Reggio Emila: New ways to think about schooling. *Educational Leadership, 60* (7), 34-39.
Northern, S. (2002, March 15). Let us play. *Times Educational Supplement*, I 4472, *14* (2).
Parten, M. (1932). Social participation among preschool children. *Journal of Abnormal Psychology, 27*, 243-269.
Pelligrini, A. D., & Boyd, B. (1993). The role of play in early childhood development and education: Issues in definition and function. In B. Spodek (Ed.), *Handbook of research on the education of young children* (pp. 105-121). New York: Macmillan.
Piaget, J. (1962a). The stages of the intellectual development of the child. In S. Harrison & J. McDermott (Eds.), *Childhood psychopathology* (167-176). New York: International Universities Press.
Piaget, J. (1962b). *Play, dreams, and imitation in childhood.* New York: Norton. (Originally published in 1951).
Piaget, J. (1980). Foreword. In C. Kamii and R. DeVries, *Group games in early education.* Washington, DC: National Association for the Education of Young Children.
Rogers, C. (2003). Personal communication to Dorothy Sluss, October.
Rogers, C. S., Impara, J. C., Frary, R. B., Harris, T., Meeks, A., Semantic-Lauth, S., & Reynolds, M. R. (1998). Measuring playfulness: Development of the Child Behaviors Inventory of playfulness. In M. Duncan, G. Chick, & A. Aycock (Eds.), S. Reifel (Series Ed.), *Play and culture studies: Vol. 1 Diversions and divergences infields of play* (pp. 151-168). Greenwich, CT: Ablex.
Rogers, C. S., Impara, J. C., Frary, R. B., Harris, T., Meeks, A., Semantic-Lauth, S., & Reynolds, M. R. (1999). *Measuring playfulness: Development of the Child Behaviors Inventory of*

playfulness. Presentation at The Association for the Study of Play Annual Conference, Santa Fe, NM.

Rogers, C. S., & Sawyers, J. K. (1988). *Play in the lives of children*. Washington, DC: National Association for the Education of Young Children.

Rogers, C. S., & Sluss, D. J. (1999). Revisiting Erikson's views on Einstein's play and inventiveness. In S. Reifel (Series Ed.), *Play and culture studies: Vol. 2 Play contents revisited* (pp. 3-24). Greenwich, CT: Ablex.

Rubin, K. H., Fein, G., & Vandenberg, B. (1983). Play. In E. M. Hetherington (Ed.), P. H. Mussen (Series Ed.), *Handbook of child psychology: Vol. 4, Socialization, personality, and social development* (pp. 693-774). New York: Wiley.

Scales, B., Almy, M., Nicolopoulou, A., & Ervin-Tripp, S. (1991). *Play and the social context of development in early care and education*. New York: Teachers College Press, Columbia University.

Schlosberg, H. (1947). The concept of play *Psychological Review 54*, 229-231.

Shore, R. (1997). *Rethinking the brain: New insights into early development*. New York: Families and Work Institute.

Smilansky, S. (1968). *The effects of sociodramatic play on disadvantaged preschool children*. New York: Wiley.

Smilansky, S. (1990). Sociodramatic play: Its relevance to behavior and achievement in school. In E. Klugman and S. Smilansky (Eds.), *Children's Play and Learning: Perspectives and Policy Implications*. NY: Teachers College Press, Columbia University.

Sutton-Smith, B. (1982). Play theory and the cruel play of the nineteenth century. In F. E. Manning (Ed.), *The world of play*. West Point, NY: Leisure Press.

Sutton-Smith, B. (1997). *The ambiguity of play*. Cambridge, MA: Harvard University Press.

Sutton-Smith, B. (January 1998). *How do children play with toys anyway?* Unpublished address to the Culture of Toys Conference, Emory University, Atlanta, GA.

Tinsworth, D., & McDonald, J. (April 2001). *Special study: Injuries and deaths associated with children's playground equipment*. Washington, DC: U. S. Consumer Product Safety Commission.

Tobin, J., Wu, D., & Davidson, D. (1989). *Preschool in three cultures: Japan, China, and the United States*. New Haven, CT: Yale University Press.

Trawick-Smith, J. (1994). *Interactions in the classroom: Facilitating play in the early years*. New York: Merrill.

Vandenberg, B. (1982). Play: A concept in need of a definition. In D. J. Pepler & K. H. Rubin (Eds.), *The play of children: Current theory and research* (pp. 15-21). Basel, Switzerland: Karger AG.

Van Hoorn, J. Nourot, P., Scales, B., & Alward, K. (1993). *Play at the center of the curriculum*. New York: Merrill.

Vygotsky, L. (1978). *Mind in society: The development of higher psychological processes*. Cambridge, MA: Harvard University Press.

Whiting, B. B. (Ed.) (1963). *Six cultures: Studies of child rearing*. New York: Wiley

Whiting, B., & Edwards, C. P. (1988). *Children of different worlds: The formation of social behavior*. Cambridge, MA: Harvard University Press.

Wilson, E. O. (1975). *Sociobiology*. Cambridge: MA: Belknap.

Wolery, M., & Bredekamp, S. (1994). Developmentally appropriate practices and young children with disabilities: Contextual issues in the discussion. *Journal of Early Intervention, 18* (4), 331-341.

CHAPTER 2

고전적 놀이 이론과 현대적 놀이 이론

당신은 당신의 자녀가 어린 시절에 아무것도 하지 않고 놀기만 한다고 걱정합니다. 놀기만 한다고요? 행복해지는 것은 아무것도 아니란 말입니까? 하루 종일 깡충깡충 뛰고 놀고 달리는 것이 아무것도 아닙니까? 자녀의 인생에서 지금처럼 바쁜 날은 없을 겁니다.

—Jean-Jacques Rousseau, 1762

학습 개요

2000여 년 전, 놀이는 유년기의 중요한 부분으로 인식되었다. 처음으로 그 가치를 인정받은 이래, 놀이는 동물과 인간의 놀이의 필요성을 탐구해 왔던 많은 학자들에 의해 연구되어 왔다. 고전적 놀이 이론들은 현대적 놀이 이론들의 기초를 제공했으며 놀이 역사의 연구를 통해 현장의 놀이를 이해할 수 있다. 오늘날 몇몇 포스트모더니즘 학자들은 놀이 연구에 대해 의문을 제기한다.

학습 목표

이 장을 읽은 후, 여러분은 아래와 같은 목표를 성취할 수 있다:

- 초기 놀이 연구를 이해한다.
- 고전적 놀이 이론을 서술한다.
- 오늘날 학문에 미친 고전적 놀이 이론의 영향을 인식한다.
- 현대 놀이 이론을 서술한다.
- 고전적 · 현대적 놀이 이론을 비교한다.
- 중요한 놀이 학자들이 놀이 학문에 끼친 공헌을 인식한다.

놀이 조망

오늘은 매우 긴 하루이다. Juanita는 그녀의 직장 동료가 아침 교대 근무에 나오지 않았기 때문에 메인카운터에서 일을 해야만 했다. 게다가, 그녀의 차가 고장 나서 누군가에게 집에 데려가 달라고 부탁할 수밖에 없었다. 다행히도 그들은 헤드 스타트 센터에 있는 그녀의 막내아들인 Roberto를 데리러 가는 것을 귀찮아하지 않았다. 이제 그녀는 Roberto의 손위 형제들이 학교에서 돌아오기 전까지 그와 함께 시간을 보내야 한다.

Roberto는 마루를 가로질러 걷고, 소파 위에서 뛰어오르고, 뒹굴기 시작했다. Juanita는 아들이 소파에서 마루로 굴러 떨어지는 것을 보았다. "Roberto, 도대체 어디에서 그렇게 많은 힘이 나니? 그렇게 뛰지 마! 자, 밖에 나가서 잠시 놀자." Juanita는 Roberto와 함께 놀이터로 걸어가며, 그가 그의 형들과 얼마나 닮았는지를 생각했다.

Roberto는 그네와 미끄럼틀을 타는 것과 뛰는 것을 좋아했다. Juanita는 언제나 그가 노는 모습을 보는 것이 즐거웠다. 그녀는 잠시 바깥으로 나갔다. 스쿨버스가 와서 멈추고 8살짜리 쌍둥이 아들들이 버스에서 "Roberto야 놀자!"하며 내렸다. 그녀가 Roberto와 같이 있는 시간을 소중히 여기는 만큼 형들과 같이 있는 시간도 필요하다는 것을 그녀는 알고 있었다. 그들은 달리고 점프하며 아마 싸움 놀이도 할 것이다. 그리고 그들은 숙제를 하고 잠자리에 들 것이다. 하지만 무엇보다도 가장 우선적으로 필요한 것은 노는 것이다.

놀이 자극

왜 아동들은 노는 것일까? 무엇이 그들을 놀게 만드는 요인일까? 그들이 노는데 자극이 필요한 것일까? 이 놀이조망에서 소파는 아동들이 점프하게 유인하는 사물이며 운동장은 뛰놀게 만드는 유인물이다. 그러면 왜 아동들은 이런 행동에 끌리는 것일까? 놀이는 언제나 유년기 삶의 일부분일까? 놀이에 관한 과거의 연구들은 우리가 아동들의 놀이의 필요성을 이해하는 데 도움을 준다.

초기의 영향

> 자연은 아동들이 성인이 아닌 아동답기를 원한다. 만약 우리가 일부러 이런 법칙에서 벗어난다면 우리는 익지도 않아 향기도 없고 금방 썩어버리는 설익은 과일을 얻게 될 것이다. 우리들은 아동들이 젊고 현명한 사람으로 성장하길 바란다. 유년기에는 나름대로 보고 생각하고 느끼는 방법이 있다. 그것을 우리들의 방법으로 바꾸려고 하는 것보다 바보 같은 짓은 없다(pp. 38-39).
>
> —Jean-Jacques Rousseau, 1762

이미 오래 전부터 세계의 많은 문화권에서 유년기 놀이의 역할에 대해 인식하고 있었지만 처음으로 놀이의 중요성이 부각된 것은 2000여 년 전이다. Plato(427~347 BC)은 놀이에 대하여 논의한 최초의 철학자였다. 그는 "… 장래의 건축가는 빌딩에서 놀아야 한다. … 그들의 교육에 관심 있는 사람들은 그들에게 모의 도구들을 제공해 주어야 한다."라고 말했다(Lascarides & Hinitz, 2002, p. 10). 초기 그리스 문명사회에서 아동들이 어떻게 노는지 거의 알려져 있지 않았을 때, Plato은 놀이를 이해하는 것이 세상에서의 인간의 역할을 이해하는 데 중요하다고 믿었다. 그는 심지어 아동들이 뛰어 오르거나 깡충깡충 뛰거나 춤출 때 일어나는 '뛰는 놀이'에 관해서도 언급했다(Jenkinson, 2001). 인간 경험의 가치 있는 부분으로 놀이를 인식한 그의 시각은 놀이 연구에 첫 발을 내딛게 하였다(Spariousu, 1989). 지금부터 다른 문화권에서 아동들이 어떻게 놀았는지에 대한 기록을 살펴볼 것이다. 초기

표 2-1 초기 놀이 연구의 역사

초기 학자	놀이 연구의 공헌
Johann Amos Comenius	아동은 선천적으로 호기심이 많으며 여러 가지 재료들은 그들의 창의성을 키우는 데 도움을 준다.
John Locke	아동은 백지 상태이므로 성인들이 놀잇감을 사용해 개념을 가르칠 수 있다.
Jean-Jacques Rousseau	아동은 선천적으로 선하며 자연적 본성이 배움의 기본적인 힘이다.
Johann Heinrich Pestalozzi	아동은 자유롭게 탐구하고 배워야 한다.
Friedrich Froebel	아동은 놀이를 통해 배운다.

놀이 연구에 관한 것은 표 2-1에 제시되어 있다.

전 유럽에서는 역사적으로 아동을 부모 옆에서 일해야 하는 작은 성인으로 간주하였다. 아동들의 삶은 고달팠으며 스스로 노는 것을 개척해야만 했다. 르네상스의 시작과 함께 아동과 놀이를 비로소 다른 측면에서 보기 시작했는데, 그 즈음 인간의 인식에 관해 연구한 철학자는 체코의 Johann Comenius였다. 그의 놀이에 대한 관점은 아동이 세상에 관한 지식을 어떻게 받아들이는지에 대한 기존의 생각을 바꾸게 하였다.

Comenius

교육 분야의 가장 영향력 있는 학자였던 Johann Amos Comenius(1592~1670)는 놀이 연구에도 크게 영향을 끼쳤다. 고향인 체코에서 그는 인간이 생득적으로 지식과 선을 추구한다는 그의 믿음에 대해 피력했다. 그는 아동에게 지식을 주입시키기보다는 아동이 지식을 습득하는 방법과 학습을 연결해야 한다고 믿었다. 그에게 있어 학습이란 아동이 지식을 습득하는 방법을 배우는 것이다. Comenius에 따르면 아동이 가진 호기심을 격려해 주어야 하며 아동은 곧 사회의 미래이다. "아동은 곧 사회의 미래이다."라는 격언은 지금은 친숙하고 진부하게조차 들리지만 그 당시의 아동에 대한 일반적인 시각에서는 크게 벗어난 것이었다. 그는 5세 이하 아동들은 자유롭게 놀아야 한다고 언급하면서 다음과 같이 강조하였다. "아동들은 작은 집을 짓고 진흙과 나무, 돌로 벽을 만들면서 즐거워한다. 이런 식으로 아동들은 건축적 재능을 드러낸다."(1896) 그는 아동들의 학습은 개인차가 있으므로 학습을 강요하지 않고 격려해 주어야 한다고 믿었기 때문에 아동들을 위한 책 『세계도해(Orbis Sensualium Pictus)』(1658/1968)를 세계 최초로 집필하였다. 아동은 선천적으로 호기심 많은 존재라는 그의 견해는 놀이가 유익하다고 믿는 학자들의 기본 관점이 되었다.

Locke

> 나는 뛰어난 자질을 가진 사람을 안다. 그는 자신의 자녀를 위해 여섯 개의 모음(y는 그들 언어에서는 모음이다)을 주사위의 6면에 적고, 18개의 자음은 세 개의 다른 주사위에 적어서 주사위들을 한 번 던질 때마다 네 개의 주사위에 쓰인 알파벳으로 단

블록은 Locke가 1700년대에 처음으로 언급한 이래 장난감과 학습 교구의 양쪽 측면에서 조당되어 왔다.

어를 만들 수 있는 사람이 이기는 놀이를 고안했다.

—John Locke, 1692/1884

John Locke(1632～1704)는 유럽에서 수년간 망명생활을 해야 했던 영국의 철학자로 그는 아동을 기본적으로 어떤 지식이든 써넣을 수 있는 백지상태(tabula rasa)로 보았다. 그는 그의 저서인 『교육에 관한 고찰(Some Thoughts Concerning Education)』(1692)에서 놀이가 아동의 정신 활동뿐만 아니라 건강에도 매우 중요하다고 언급했다. 그는 비록 놀이를 학습의 도구로 생각하지는 않았지만 놀이가 총체적인 건강에 긍정적인 영향을 미친다고 믿었다. 성인과 아동이 놀잇감을 가지고 함께 놀 때 일어나는 상호작용에 대해 그가 처음으로 언급했다는 점에서 그의 연구는 매우 가치가 있다. Locke의 놀이에 대한 공헌은 아동의 학습 과정에서 성인과 놀잇감의 중요성을 처음으로 인식했다는 점에 있다.

Rousseau

Locke와는 다르게 프랑스에 거주하던 스위스인인 Jean-Jacques Rousseau(1712～1778)는 인간은 선천적으로 선하다고 믿었다. 그의 관점에서 볼 때 아동이란 고귀한 자연인이었다. 자연이 아동의 발달에 매우 중요하다는 이론은 프랑스뿐 아니라 다른 유럽 국가들에게도 영향을 끼쳤다. 그의 책 『에밀(Emile)』(1762)은 지시보다는 감정의 계발에 초점을 맞추었다. 행동을 통한 학습을 장려하는 것이 아동들의 발달을 촉진시키는 그의 교육 방법이었다. 그에 따르면 아동들은 자연스럽게 성장해야 하며 사회의 방해 없이 지식을 습득해야 한다. 그는 그의 저서들을 통해 놀이의 이점을 강조했으며, 아동들을 성인기로 너무 빨리 밀어 넣으려는 교육의 해로움에 대해 경고했다. Rousseau는 바깥세상과 자연과의 상호작용이 아동의 발달에 중요하다고 믿었다.

놀이에 대한 Rousseau의 관점은 아동이 자연과의 자연스러운 교감을 통해 배워야 한다는 교육방법의 기초를 제공하였다. 그는 최초로 아동에 따라 상이한 발달 단계를 인식했으며 놀이 단계의 기초를 확립했다. Rousseau가 이미 18세기에 피력했던 순수함의 상실에 대한 우려는 현대의 고도 기술사회에서도 귀 기울일 만한 것이다.

Pestalozzi

Johann Heinrich Pestalozzi(1746~1827)는 이탈리아인으로 역시 놀이 연구에 영향을 주었다. 그에 따르면 아동은 자유롭게 탐구하며 그들 스스로 결론을 도출할 수 있는 존재이다. 자유로운 놀이를 지지하는 사람들은 그의 견해에 동조하였다. 인간은 선한 존재라는 Pestalozzi의 신념은 Rousseau가 표명한 것을 넘어서는 것이었다. Pestalozzi가 학습 방법으로 '활동'을 논의한 최초의 학자라는 점에서 그의 연구는 주목할 만하다. Rousseau는 철학적 기초를 정립하고 Pestalozzi는 그러한 교육사상을 실제로 학교에 적용하였다. 그는 이론을 실천한 최초의 교육자 중 한 사람이었다. Rousseau와 Locke가 단지 자신들의 생각을 집필했다면 Pestalozzi는 이론을 교육 현장에 실천하였다. 1801년, 그는 『Gertrude는 그녀의 자녀들을 어떻게 가르치나(How Gertrude Teaches Her Children)』라는 책을 출판했는데 이 책에는 그의 교육관이 반영되어 있다.

Froebel

> 육체적 피로가 허락하는 한 끈기를 가지고 충분히 노는 아동은 틀림없이 완전하고 결단력 있으며 자기 희생정신을 가진 사람으로 성장할 것이다.
>
> —Friedrich Froebel, 1887/1902

Friedrich Froebel(1782～1852)은 Rousseau와 Pestalozzi의 영향을 받은 독일학자이다. Rousseau와 Pestalozzi는 모두 수용적인 학교 분위기와 자연계와의 교감의 효과를 믿었다. Froebel은 Pestalozzi의 연구를 기반으로 더욱 심화된 교육철학을 발전시켰다. Froebel의 교수법은 네 가지 기본개념에 바탕을 두었는데 그것들은 자유스러운 자기-표현(free self-expression), 창의성(creativity), 사회참여(social participation), 동적 표현(motor expression)이다. 그의 은물들은 직접 손으로 탐색하는 교구들이다.

Froebel에게 있어 놀이는 아동들이 학습하는 하나의 방법이었다. 『인간교육(The Education of Man)』(1826/1902)에서 그는 말하길,

> 생각은 자기계시에 의해 자란다. 놀이를 하며 아동은 자신이 무엇을 할 수 있을지 알아내고 자발적인 힘을 사용하여 자신의 의지와 생각들의 가능성을 탐색한다. 일을 할 때는 타인이 정한 것을 그대로 따라하기 때문에 개인의 성향이나 기호가 드러나지 않으나, 놀이는 개인의 진정한 힘을 보여 준다(p. 233).

Froebel은 교육적 놀이 개념정립에 있어서 신뢰할 수 있는 선두주자이다. 그는 놀이 연구를 개념연구 차원에서 다른 문화에 실제로 적용할 수 있는 커리큘럼으로 변화시켰다. 그의 추종자들은 그의 유치원 커리큘럼을 미국에 보급하였다. 그의 저서가 유치원의 음악활동과 손가락 놀이에 영향을 미쳤다는 사실은 소수의 사람만이 알고 있는데 ≪Pat-a-Cake≫를 부르는 많은 사람들도 Froebel(1895)이 이미 1800년대에 그 노래를 추천했다는 사실을 알지 못한다.

커리큘럼으로서의 놀이의 개념은 Froebel이 놀이와 교육을 결합시킴으로써 시작되었다. Froebel은 특정 교구들을 가지고 교구를 통한 수업을 확장시킬 수 있다고 믿었다. 교구들은 아동들에게 새로운 발견과 새로운 통찰을 안겨주기 때문에 그는 교구들을 '은물'이라고 명명하였다. 그는 또한 아동의 작업에 관해서도 논의했다. 은물과 작업의 가장 두드러진 차이점은 은물은 아동들에게 세상의 지식을 얻게 해 주는 반면, 작업은 기술을 습득하게 한다. Froebel(1895)은 다음과 같은 작업을 추천했다.

- **입체:** 찰흙, 판지작업, 나무 조각하기
- **면:** 종이 접기, 종이 자르기, 나무판 세공, 색칠하기
- **선:** 짜 맞추기, 엮기, 뜨기, 실 놀이, 자수, 그리기

- **점**: 구슬 꿰기, 단추 꿰기, 바늘구멍 내기
- **재구성**: 점이나 면으로 입체를 종합적으로 재구성한다. 말랑 말랑한 콩이나 양초 덩어리와 뾰족한 막대기 또는 빨대로 재구성할 수 있다(p. 287).

오늘날 그의 은물(표 2-2 참조)들은 놀잇감으로 불리며 그의 작업은 구성놀이나 공예로 불린다.

고전적 놀이 이론

놀이 이론이 발달함에 따라 서양의 이론가들은 과학적인 방법을 통해 놀이의 기능을 이해하고자 노력했다. Charles Darwin의 진화론 영향을 받은 그들은 놀이를 생물학적 · 생리적 기능의 관점에서 보았다. 네 개의 이론은 이 같은 영향을 반영하는데 그 이론들은 (1) 잉여 에너지 이론, (2) 휴식 이론, (3) 연습 이론, (4) 반복 이론 등이다. 이 이론들을 더 심층적으로 알아보기 위해서는 Rubin, Fein, Vandenberg(1983)를 참고하도록 한다.

잉여 에너지 이론

이 이론은 아동이 남아도는 힘을 없애기 위해 놀이를 한다는 개념에 기초를 두고 있다. Friedrich von Schiller(1892/1954)는 독일의 놀이 학자로 처음으로 이러한 개념을 표방한 학자이다. 그는 유아와 동물을 그의 이론에 포함시켰다. 그는 동물이나 인간 모두 생존에 필요한 정해진 양의 에너지를 가지고 있다고 믿었다. 두 종족의 어린 개체들은 모두 키워지므로 생존을 위해 일을 할 필요가 없기 때문에 남아도는 에너지를 가지고 있다는 것이다. 따라서 고양이나 강아지, 아동들은 잉여 에너지를 소모하기 위해 놀이를 한다는 것이다. Schiller는 놀이와 일을 반대 개념으로 보았으며 놀이를 통해서 창의력이 표출된다고 생각했다.

Schiller의 놀이 이론을 "잉여 에너지" 이론이라고 처음으로 명명한 영국의 철학자인 Herbert Spencer(1873)에 의해 더욱 확장되었다(Rubin, Fein & Vandenberg, 1983). 현대 문명에서는 직접 사냥하거나 낚시를 해서 식량을

표 2-2 Froebel의 은물

첫 번째 은물: 입체(줄 달린 공)	여섯 개의 부드럽고 줄이 달린 구체를 아동이 조작할 수 있다. 이것들은 여러 색깔의 털실로 만들어지고 직경이 약 1.5인치 정도이다. 아동들은 공을 굴리거나 공중을 향해 던지며 논다. 이 둥근 모양은 개성을 나타내며 "우리가 여기에 있다"는 것을 표현한다(1895, p. 285).
두 번째 은물: 모형	첫 번째 은물이 부드러운 데 반해 두 번째 은물은 딱딱하다. 각각의 고유한 특성을 표현하는 나무로 된 구체, 정육면체, 원통이 사용된다. 이것들은 인성(personality)을 나타낸다.
세 번째 은물: 숫자	세 번째 은물은 한 변의 길이가 1인치인 정육면체로 이루어지며, 그것은 한 변의 길이가 2인치인 정육면체를 만드는데 쓰인다. 이것은 자기선택 능력과 단독 놀이를 고무시키기 위해 만들어졌다.
네 번째 은물: 범위	네 번째 은물은 세 번째 은물의 개념을 확장시켜 직육면체로 만든 것이다. 2인치×1인치×0.5인치의 여덟 개의 직육면체로 한 변의 길이가 2인치인 정육면체를 만드는데 사용한다. 이것은 순종을 장려하기 위해 만들어졌다. 그것은 아동에게 "우리를 탐구해"라고 말하기 때문이다.
다섯 번째 은물: 대칭	직육면체, 정육면체, 1/2 형태, 1/4 형태의 혼합으로 각 변이 3인치의 정육면체를 형성한다. 이 은물은 통일과 아름다움에 대한 관심을 불러일으키기 위해 고안되었다.
여섯 번째 은물: 비례	27개의 벽돌 모양의 블록, 세 개는 세로로, 여섯 개는 가로로 이등분 된 형태로 이루어져 있으며 3인치의 정육면체를 형성한다. 아동들이 이 블록들을 조작함으로써 이 은물의 목표인 순종에 도달한다.
일곱 번째 은물: 면	사각형과 삼각형들은 새로운 형태를 창조하는데 쓰인다.
여덟 번째 은물: 선과 원	여덟 번째 은물은 다양한 길이의 곧은 막대로 한 변의 길이가 1인치인 정육면체로 구성된 세 번째 은물 길이의 배수를 나타낸다. 고리는 원형의 실재를 반영한다. 나무, 금속 또는 구리로 만들어진 다양한 크기의 고리; 원, 반원, 1/4 원으로 구성되어 있다.
아홉 번째 은물: 점	아홉 번째 은물은 콩, 렌즈콩, 씨앗, 잎, 조약돌, 판지 조각 등과 같은 점으로 구성되어 있다. 아동들은 이러한 과정을 통해 입체에서 점으로 발달한다. 마지막 은물은 아동이 점으로 면과 3차원적 입체를 표현할 수 있게 한다.
열 번째 은물: 재구성	아동은 막대와 재료들을 사용하여 입체에서 점으로 재구성한다. 자세한 것은 Froebel의 저서(1885)를 참고하라.

얻지 않아도 되고 기본적인 생존 기술들은 충족되기 때문에 아동은 잉여 에너지를 갖게 되고 이런 에너지는 창조적 활동에 사용된다는 이러한 놀이 관점은 1800년대의 대중들에게 어필했다.

비 판

학자들이 더 이상 잉여 에너지 이론을 실용적인 이론으로 인식하지 않는 데에는 세 가지 이유가 있다. 첫째, 어떤 연구도 이런 주장을 뒷받침해 주지 못한다. 이 이론은 지쳐서 그만둘 때까지 논다는 전제 하에 있지만, 우리는 지쳐 보이는 아동들에게도 신기한 것을 보여 주면 다시 활기를 찾게 되는 것을 안다. 난민촌에 있는 아동들은 잉여 에너지를 적게 가지고 있음에도 불구하고 그들은 계속해서 논다. 둘째, 그것은 다윈주의와는 거리가 멀다. 만약 종족의 모든 구성원이 비효율적인 일에 참여한다면 그 종족은 사라질 것이기 때문이다. 이 이론에서처럼 동물과 인간을 한 범주로 묶은 것은 옳다고 할 수 없다. 마지막으로 논리 자체가 주장을 뒷받침하지 못한다. 만약 강아지나 유아가 어떤 것을 잡으러 달려가면 그것은 일로도 또한 놀이로도 설명된다. 그것이 일이라면 그들은 에너지를 소진한 것이며 만약 놀이라면 그들은 스스로 남아도는 에너지를 없앤 것이다. 그러므로 놀이의 이유는 일의 이유이기도 한 것이다. 많은 현대 연구자들은 이 논의가 순환적(circular)이며 비합리적이라고 생각한다(Rubin, Fein, & Vandenberg, 1983).

현재적 관점

이 이론이 비록 18세기 초반에 발전되었지만 그 자취는 아직까지도 곳곳에 살아 있다. 이 이론에 동의하는 사람들의 대부분은 그들이 잉여 에너지 이론을 지지한다는 사실을 모른다. 많은 성인들은 아동들이 놀이하면서 에너지와 열정을 발산한다고 생각한다. 예를 들어, 많은 부모들은 자녀들에게 "나가서 놀아라!"라고 말한다. 몇몇 선생님들은 궂은 날씨가 아동들을 실내에 갇혀 있게 만든다고 안타까워한다. 이런 성인들은 한 번도 잉여 에너지 이론에 대해 읽어 본 적은 없지만 아동들은 뛰어놀면서 그들의 남아도는 에너지를 발산할 필요가 있다고 생각하는 잉여 에너지 이론의 지지자인 것이다.

휴식 이론

휴식 이론은 인간 정신의 재충전을 위해 놀이가 필요하다는 믿음에 기초한다. 이것은 잉여 에너지 이론과 정확히 반대되는 이론으로 Moritz Lazarus에 의해 1883년 독일에서 제기되었다(Rubin, Fein, & Vandenberg, 1983). 그는 노동이 사람을 지치게 만들기 때문에 놀이나 여가활동 같은 원기회복을 위한 오락이 필요하다고 믿었다. 그의 연구는 1916년 G. T. W. Patrick에 의해 확장되었다(Rubin et al., 1983). Patrick은 현대인의 작업은 인간의 힘을 소모시키는 정신 활동을 요구하기 때문에 적당한 오락은 균형을 바로 잡아준다고 생각했다. 사냥, 낚시와 같이 산업화 사회 이전에 생존을 위해 필요했던 활동들은 지금에 와서는 피로회복제로 간주되었다.

비 판

비판가들이 휴식/오락 이론을 지지하지 않는 데는 분명한 이유가 있다. 만약 정신노동이 에너지를 고갈시켜서 재충전을 위해 놀이가 필요하다면 육체노동자들이 놀이하는 이유는 무엇인지 설명이 되지 않기 때문에 이 이론은 비논리적이라는 것이다. 두 번째로 이 이론을 뒷받침하는 연구는 거의 없다.

현재적 관점

명백한 증거가 뒷받침되지는 못하지만 이 이론을 지지하는 소수의 지지자들은 있다. 몇몇 직장에서는 고용인들이 야외활동을 더욱 활발히 할 수 있도록 주말 소풍을 간다. 그들은 휴식 이론에 근본적으로 동의하지는 않지만 정신 활동 후에는 오락 활동이 필요하다고 생각한다.

연습 이론

연습 이론은 아동들이 "적응하기 위해서" 놀이를 한다는 신념에 기초하고 있다(Rubin, Fein & Vandenberg, 1983, p. 696). Groos(1901)는 아동들이 놀이를 통해 성인들의 활동을 연습해 볼 수 있는 기회를 갖는다고 주장하였다. Groos는 또 아동들이 성장함에 따라 놀이가 바뀌므로 발달 단계에 따라 놀이 단계를 구분해 놓았다. Piaget가 발달적 수준의 상이한 개념을 만들면서 Groos의 연구를 그의 책, 『놀이, 꿈, 모방의 유년기(Play, Dreams and Imitation in Childhood)』(1962)에서 비판했다.

비 판

Groos 이론의 한 가지 명백한 결점은 아동들은 미래를 볼 수 없기 때문에 성인기를 위한 연습을 미리 할 수 없다는 것이다. 지금 사무실에서 컴퓨터를 쓰고 있는 성인은 어렸을 때 컴퓨터를 본 적도 없다. 현재, 아동들이 컴퓨터로 놀고 있다고 하더라도, 미래에는 지금 우리가 상상할 수 없는 기술이 나올지도 모른다. 만약 놀이가 아동들이 미래에 특정한 역할을 하도록 준비시키는 기능을 가진다면, 아동은 투시자나 심령술사일 필요가 있다.

현재적 관점

놀이가 아동들이 성인이 되었을 때의 역할을 준비시킨다는 이 이론은 아직까지도 어느 정도 영향을 미치고 있다. 이것은 부모가 4세 아동에게 골프클럽이나 낚싯대를 사주거나 골프장에 등록시키는 것에서 설명된다. 성인들은 아동들이 그런 특정놀이를 하면서 자란다면 성인이 되었을 때 그런 것들을 더 잘 해낼 것이라고 믿고 있다. 그러나 이런 생각은 비극적인 결말로 끝날 수도 있다. 예를 들어, 자동차나 오토바이를 운전하는 것을 준비시키기를 원하는 부모가 어린 자녀에게 그런 기계들을 가지고 놀며 다루는 기술 등을 습득하도록 하는 목적으로 장비들을 산다면 이 아동들 중 몇몇은 치명적이고 중대한 상해를 입을 수 있다.

놀이 도중에 아동들은 미래에 사용하기 위한 기초 활동들을 연습한다. 아마도 '융통성'이 그들의 연습에 있어 가장 중요할 것이다. 현대 학자들은 이 이론에 전면적으로 동의하지는 않지만 놀이가 현대 사회 성인들의 역할을 연습할 수 있는 기회라는 것에는 동의한다(Bruner, Jolly, & Sylva, 1976).

반복 이론

가장 논란거리가 되는 이론인 반복 이론은 다윈주의에 바탕을 두고 있으며 아동을 동물과 성인의 중간 연결고리로 보고 있다. Luther Gulick(1908)이 YMCA와 캠프파이어 소녀들로 인해 많이 알려졌지만 이 이론의 일반적인 학자로는 G. Stanley Hall(1916)을 들 수 있다. Hall의 연구는 그의 인종적 발생설 때문에 면밀하게 살펴봐야 한다. 그의 관점은 20세기에 들어서면서 과학계의 비판을 받아 왔다. 오늘날 그의 이론은 문제가 많을 뿐만 아니라 인종 차별주의적 관점 때문에 위험하다고 평가된다. Hall은 아동을 잃어버린 고리(missing link)로 간주했기 때문에 전 인류의 전체 역사가 아동의 놀이 발달에서 관찰될 수 있다고 믿었다. 그는 동물과 인간의 발달 단계를 다음과 같이 분류하였다. (1) 동물 단계(기어오르고 흔들기), (2) 야만 단계(사냥, 치기), (3) 유목민 단계(애완동물 기르기), (4) 농경, 가부장적 단계(인형, 모래놀이), (5) 부족 단계(팀 게임)(Hall, 1916). 비록 이 이론의 기초가 단단하지 못해도 그의 두 가지 생각은 놀이 학계와 실전에 적지 않은 영향을 주었다. 첫 번째로, 놀이가 계층적 단계 안에서 일어난다는 생각은 놀이 연구에 영향을 끼쳤다. 두 번째, 아동들이 바깥에서 놀 필요가 있다는 생각은 실외 놀이 연구에 영향을 주었다(Hall, 1965). 많은 사람들은 Hall을 미국 놀이터 운동의 설립자로 인식하고 있다.

비 판

비판들은 너무 명백하다. 이 이론을 뒷받침할 만한 아무런 증거가 없으며 모든 아동들이 위의 모든 단계를 거치지도 않는다. 만약 진화 과정이 이런 식으로 발생하고 다른 문화의 특성들이 전달되었다면 현대 사회에 이런 단계들이 명백하게 나타나 있어야 한다.

현재적 관점

반복 이론을 논할 때, 그 가능성을 논하거나 토론하는 것조차 많은 사람들은 거북해 한다. 그러나 어떤 부모들의 자녀에 대한 언급은 반복 이론의 영향을 보여 준다. 예를 들어, 어떤 사람들은 자녀들이 집안을 뛰어다닐 때 야생동물이라고 부른다. 그러나 그들의 자녀가 문명을 재현하고 있다고 믿는 사람은 거의 없다!

고전적 놀이 이론들은 현대에 더 이상 유효하지 않지만 현재와 미래의 놀이 연구의 기초가 된다. 고전적 놀이 이론들의 개관은 표 2-3에 있다.

유력한 공헌들

다음에는 20세기 초의 놀이 학자들에게 영향을 준 연구 결과들을 제시한다.

표 2-3 고전적 놀이 이론

이 론	놀이의 목적	성 과
잉여 에너지 이론(Schiller, 1954)	잉여 에너지의 발산	신체적 발달
휴식과 오락 이론(Patrick, 1916)	일할 때 소모된 에너지의 재생	신체적 발달
연습 이론(Groos, 1901)	성인생활에 필요한 기술의 연습	신체적 · 인지적 발달
반복 이론(Stanley Hall, 1916)	인류의 진화 역사를 재현함으로써 본능을 소거	신체적 발달

아동 연구 운동

아동 연구 운동(Child Study Movement)은 19세기 Darwin을 비롯한 여러 학자들의 연구에서 발전했다. 이 운동에 참여한 사람들은 Froebel의 운동에 동조하지 않았으며 과학적 방법에 기초한 자신들만의 아동 연구를 수행했다. 이 운동의 가장 영향력 있는 학자는 Stanley Hall로 그는 Wilhelm Max Wundt와 William James의 제자였다. Wundt는 독일의 실험심리학자로 유명하며 미국인인 William James는 행동주의적인 관점으로 유명하다.

G. Stanley Hall

반복 이론 설명에서 언급되었던 G. Stanley Hall(1844~1924)과 그의 제자들의 연구는 아동 발달 연구에 지대한 영향을 주었다(Hall, 1965). 그는 아동을 연구하는 데 있어 보다 과학적인 방법을 사용하고자 하였다. G. Stanley Hall은 관찰할 수 있는 놀이 행동들을 분류하였는데 그의 관찰 연구들은 현재의 놀이 연구에 계속해서 영향을 끼치고 있다.

Patty Smith Hill

Hall의 제자였던 Patty Smith Hill(1868~1946)은 연구뿐 아니라 유치원 현장에도 적지 않은 영향을 주었다. 켄터키 루이즈빌에 있는 그녀의 유치원에서는 Froebel의 교육방법을 기본적으로 사용하고 있었는데(Hill, 1941) Stanley Hall과의 여름 연구가 끝난 후 그녀는 유치원 활동에서의 자유 놀이 운동을 시작하였다. 이것은 발달에 적합한 실제의 선구적인 활동이었다. 그리고 그녀는 1909년에 국제유치원연합을 발족시켰는데 현재 이 단체는 국제아동교육협회(ACEI)로 알려져 있다. Patty Smith Hill은 또한 속이 빈 큰 블록과 ≪생일 축하합니다≫ 노래를 개발하였다. 자유 선택 놀이 활동과 비구조적 놀이 활동에 끼친 그녀의 영향은 유아교육과정에 있어서의 놀이의 이론과 실제에 미친 가장 큰 공헌으로 남아 있다.

Caroline Pratt

Caroline Pratt도 Patty Hill처럼 Friedrich Froebel의 영향을 받았지만 Froebel의 의견에는 동조하지 않았다. 그녀는 자유 놀이를 주장하였고 Froebel의 교구들을 비구조적인 방법으로 사용해야 한다고 생각했다. 그녀는 어린이들이 개방적인(open-ended) 놀잇감을 가지고 그들의 세계를 표현

오늘날 아직도 아동들은 Pratt의 단위 블록을 가지고 놀기를 좋아한다(Courtesy of West End Elementary, Easley, SC.).

한다고 믿었다. Pratt은 오늘날 유치원에서 블록을 사용하게 하는데 일조하였다. Caroline Pratt은 그녀의 놀이 학교에서 단위 블록을 개발하였다. Pratt의 단위 블록은 Froebel의 블록보다 크며 일반적으로 5.5인치 길이, 2.75인치 폭, 1.375인치의 높이이다. John Dewey는 앞서 Froebel 블록의 사용을 권장하였고 Pratt 블록을 높이 평가했다. Pratt 블록은 아직도 유아원과 유치원 학급에서 기본 놀잇감으로 사용되고 있다. 그녀는 가난 속에서 타계했음에도 불구하고 단위 블록의 특허를 출원하지 않았는데 그 이유는 유아교사와 아동들 누구나 교구 사용의 동등한 권리를 가질 것을 원했기 때문이었다.

Harriet M. Johnson

Harriet M. Johnson(1867～1934)은 뉴욕 컬럼비아 대학의 간호교육학교인 Bank Street 칼리지의 공동설립자이다. 그녀는 블록 놀이 연구에 심혈을 기울였다. 볼록 놀이에 관한 그녀의 저서인 『The Block Book』은 최근에 개정되어 재출판되었다(1934/1984). 오늘날 아직도 많은 교사들이 블록 놀이의 길잡이로 이 책을 사용하고 있다. 그녀의 블록 놀이 평가를 위한 척도는 아주 유용하며 또한 그녀는 실외 놀이터 운동에도 공헌했다. 신체적・사회적・정서적, 그리고 인지 발달에 관한 그녀의 핵심적인 생각은 놀이 행동의 분석방법에 계속해서 영향을 미치고 있다.

John Dewey

놀이에서의 활동은 결과를 가져오기보다는 그 자체로 끝이다.

—John Dewey, 1913

Dewey의 놀이 연구는 일반적으로 폭넓게 받아들여지지는 않았지만 교육적 환경을 변화시키는 데는 커다란 공헌을 했다. John Dewey(1859~1952)는 교육 부문에서의 연구로 유명하지만 교실 환경 내의 놀이에도 큰 영향을 미쳤는데 그에 있어서 놀이란 즐겁고 자신을 위한 것이며 결과 지향적이 아닌, 즉 과정지향적인 활동이었다(Dewey, 1913, p. 725). 교육이론과 실제를 개혁한 그의 연구는 교실현장 한가운데로 활동을 옮겨왔으며 놀이는 활동을 내포하고 있으므로 교육 현장의 중심에 놀이가 있어야만 했다. Dewey는 그의 생각을 시카고대학 실험학교에서 1896년에 실천하였다. 그의 실험학교에서는 아동들을 민주적인 교실에서 가르치는 것에 중점을 두었는데 그는 이것이 민주주의의 존속을 위해 필수적이라고 믿었다.

Dewey에게 있어, 놀이의 가치란 민주적인 교실 안에서 자유롭게 선택한 놀이를 통해 배울 수 있는 능력배양이었다. 이러한 생각이 그를 활동적인 학습 방법의 주창자로 만들었다. 그는 "아동은 활동하기 전까지는 어떤 생각에도 얽매이지 않는다. 아동은 이해하기 전에 생각을 행동으로 옮긴다."(Dewey, 1896/1972, pp. 195-196)라고 말했다. Dewey는 일과 놀이를 구분하는 데 크게 관심을 갖지 않았으며, 오히려 둘의 교차가 학습을 증진시킨다고 믿었다. 그는 "우리가 평소 생각하듯이 놀이와 일은 결코 언제나 대조적인 것만은 아니다."(Lascarides & Hinitz, 2002, p. 222)라고 말했다. Dewey의 놀이에 대한 생각은 공립학교에 가장 큰 영향을 미쳤는데 특히 실전학습, 프로젝트 접근방법, 협력학습 등의 개념은 공립학교 교육과정에 지대한 영향을 끼쳤다. Dewey의 교육사상은 초등 교육과정에 있어서 놀이의 당위성을 제공했다.

사회적 상호작용 연구

Herbert Mead

Herbert Mead는 사회극 놀이를 연구했으며 사회극 놀이가 자아발달을 촉진시킨다는 것을 알아냈다(1934). 그는 아동이 놀이와 게임의 2단계 과정을 거쳐 자기개념을 확립한다고 주장하였다. 사회극 놀이를 통해 사회적 상호작용에 참여한 아동은 부모, 경찰관, 선생님과 같은 다양한 역할을 해 볼 기회를 얻는다. 또한 게임은 다른 사람의 생각을 예측하고 평가하여 자신의 행동을 조정할 수 있는 기회를 제공해 준다. Mead의 연구는 놀이 중에 일어나는 사회적 상호작용의 결과를 평가할 수 있는 학문의 기초를 제공했다.

Mildren Parten

1장에서도 언급되었던 Mildren Parten(1932)은 다른 유형의 놀이를 하는 동안의 사회적 상호작용을 관찰하는 연구를 하였다. 그녀의 고전적 연구는 사회성 발달 관찰에 하나의 지침을 제공했으며 현재의 연구에도 계속 영향을 주고 있다. Parten은 2~5세의 유아를 놀이 중에 관찰했는데 성숙 정도에 따라 노는 것이 다르다는 것을 알아냈다. Parten은 놀이 중의 사회적 상호작용에 대한 틀(framework)을 제공했으며 현재 놀이 학문에도 계속해서 영향을 미치고 있다.

현대 놀이 이론

20세기 초에는 인간 성장과 발달 이론들과 함께 새로운 놀이 이론들이 대두되었다. Freud, Erikson, Piaget, Vygotsky에 의해 영향력 있는 이론들이 발전되었으나 어느 학자도 놀이 자체에만 초점을 맞추지는 않았다. 현대적 놀이 이론은 고전적 놀이 이론과는 다르다. 고전적 놀이 이론들은 모두 놀이를 생물학적인 관점에서 고찰하고 주요한 결과로는 신체적 발달을 들었다. 현대적 놀이 이론에 따르면 놀이에는 신체적 발달 외에 다른 이점들이 있다. Freud, Erikson, Vygotsky는 모두 놀이를 통해 어린이가 자신의 소망을 성취하고 가작화를 가능하게 하며 이러한 과정이 사회적 · 정서적 · 인지적 발달을 초래한다는 공통적인 견해를 갖고 있었다. 인지 발달 이론과 각성 조절 이론 그리고 커뮤니케이션 이론은 이 분야에 영향을 미치고 있다. 포스트모던 이론들은 현대 이론들 다음에 소개될 것이다. 현대와 포스트모던 놀이 이론의 개관은 표 2-4에서 볼 수 있다.

표 2-4 현대와 포스트모던 이론의 개관

이 론	놀이 학자	놀이에 대한 관점
정신분석적	Freud(1959)	놀이는 즐거운 것이다.
	Erikson(1950)	놀이는 즐거운 것이며 카타르시스적이다(놀이는 아동들이 상황을 극복할 수 있게 한다).
인지 발달적 (인지적 구성주의)	Piaget(1962)	놀이는 지식을 구성하는 방법이며 지적 능력의 반영이다.
사회 문화적 (사회구성주의)	Vygotsky (1967, 1932/1978)	놀이는 세상과 사회적 상호작용을 하면서 지식을 구성하는 방법이고 인지 발달의 원천이다.
각성 조절 이론	Berlyne(1969) Ellis(1973) Fein(1981) Shultz(1979)	놀이는 생물학적 적응의 결과로 나타난다.
의사소통 이론	Bateson(1955/1976) Garvey(1977) Corsaro(1986) Farver(1992)	놀이는 의사소통에 필수적이다.
인지 적응 (상징적 구조주의자) 정신 이론(theory of mind)	Bruner(1983) Lillard(1998)	놀이는 융통성과 창의성을 길러주고 그것으로 인지 적응의 매개로 작용한다.
탈구조주의자	Cannella(1997)	놀이는 단계적으로 일어나지 않으며 놀이는 몇몇 문화권의 구성원에게는 긍정적 경험으로 인식되지 않는다.
학제(學際)적 접근	Sutton-Smith(1997)	놀이는 다각적 측면을 내포하고 있으며 학자는 연구 시에 놀이의 모든 유형을 고려해야 한다.

정신분석 이론

정신분석 이론은 Freud에 의해 발전되었고 Erikson에 의해 확장되었다. 이 이론에 따르면 놀이는 사회적·정서적 발달에 도움을 준다. 그들의 연구는 20세기 내내 놀이 연구에 영향을 주었고 놀이 치료에도 계속해서 영향을 끼치고 있다.

Freud

> 놀이의 반대 개념은 심각한 것이 아니라 실제(Real)적인 것이다.
>
> — Sigmund Freud, 1959

Sigmund Freud(1856~1939)는 오스트리아의 의사이자 신경학자로 정신분석이론을 만들어냈다. 그가 놀이 이론의 모든 것을 발전시킨 것은 아니지만 그의 저술에는 놀이의 중요성이 반영되어 있다. 신체 발달을 가져오는 놀이의 이점에 초점을 맞추었던 초기 놀이 학자들과는 다르게 그는 사회·정서 발달 측면에서의 놀이의 정화효과를 중요하게 생각하였다.

놀이는 꿈에서처럼 아동들이 그들의 소망을 성취하게 해 준다. 놀이를 하는 중에 아동들은 상황을 창조하고 조정하면서 그들 자신의 소망을 성취한다. 소망 성취는 물지 않는 가상의 개를 만드는 것과 같은 즐거움을 가져다 준다.

아동은 기쁨을 찾고 고통을 피하기 위해 놀이한다. Freud(1959)는 **쾌락의 원리**(pleasure principle)를 놀이의 기본적인 동기로 보았다.

Freud는 현실에서는 통제할 수 없는 상황을 놀이 중에는 아동들이 통제할 수 있게 됨에 따라 놀이가 카타르시스를 가져온다고 믿었다. 예를 들어, 엄마가 밖에 나가지 못하게 해서 화가 난 아동은 인형들을 밖으로 외출시키거나 별로 여행시키는 것과 같은 상황을 창조할 것이다. 이런 놀이를 통해 아동은 현실을 바꾸고 상황을 통제한다(Ablon, 2001). 놀이는 아동이 안전하지 않은 세상에서 안전한 상황을 만들 수 있게 해 준다. 사실, 전이는 놀이 중에 뚜렷이 나타난다. 부모에게 꾸중을 들은 유아를 보자. 유아가 장난감을 가지고 노는 동안 유아는 장난감을 야단치고 있다. 유아는 상황에 대한 통제를 다시 얻은 것이다. 유아교사들은 유아들이 분노에 차서 인형을 때리거나 동물을 괴롭히며 "당장 그치지 않으면 더 맞을 거야!"라고 말하는 것을 염려스럽게 관찰한다. 이런 놀이들이 매우 폭력적으로 보일지 모르지만 유아가 가상의 세계에서 분노를 표출할 수 있게 해 주기 때문에 사실은 매우 유익하다. 이러한 아동들의 경험이 사회적 부적응 행동의 전조라고 믿는 성인들은 사회 복지기관에 이러한 사실을 경고하며 그들의 관찰 내용과 학대 가능성에 대해서 알리기도 할 것이다. 이것이 Freud 연구의 기반이다. 정신분석학적 접근에서 유의할 점은 성인은 결코 아동의 마음을 쉽게 읽어낼 수 없다는 것이다. 무의식적 동기들과 그에 따른 감정들을 이해하는 것에는 언제나 모험이 따르고 그것은 숙련된 심리학자들만이 할 수 있다.

Erikson

> 놀이의 심리학적 목적은 자신의 존재를 확립하는 데 있다. 그러나 놀이 단독으로는 이것을 할 수 없다. 여기에 놀이의 전부는 아니더라도 중요한 사회적 질이 있다.
>
> —Erik Erikson, 1977

Erikson(1902～1994)은 Freud와 함께 연구했으며 Freud의 정신분석학적 놀이 관점에 기본적으로 동조했다. 그러나 Erikson은 Freud의 심리성적 이론과는 달리 심리사회적 힘에 의한 무의식적인 동기에 대한 이론을 구축함으로써 Freud와 의견을 달리 했다. Erikson에게 놀이는 심리사회적 위기의 극복을 통해 사회적·정서적 발달을 초래하는 표현적 행동이다.

Erikson(2000)은 놀이의 세 가지 주요한 목적을 인식했다. 이것들은 (1) 정서 발달을 위한 자아확장과 같은 놀이, (2) 사회적 놀이, (3) 일생의 현상으로서의 놀이 등이다. **자아확장**으로서의 놀이는 카타르시스의 역할을 한다. 놀이는 부정적 정서를 표출하고 불안을 감소시키는 역할을 한다. Erikson에 의하면 "모델 상황이란 과거를 되살려 현재에 재현하고 재검토하며 미래를 내다보는 것이다."(Erikson, 1977, p. 44) 정서 발달에 기여하는 놀이에 대한 그의 관점은 놀이 치료단계를 구축하게 하였다.

놀이의 유형. Erikson에게 있어 놀이는 아동의 자아발달을 촉진하고 정체성을 갖게 하는 사회적인 힘의 역할을 한다. 사회적 세계가 넓어짐에 따라 어린이는 세 가지 발달의 단계를 통해 보다 복잡한 사회적 놀이에 참여하게 된다. Erikson에 따른 첫 번째 놀이 단계는 **자기세계의 놀이**(Auto cosmic play)이다. 이것은 1세경에 일어나는데 아동은 타인들로부터 자신이 분리되어 있다는 것을 발견하고 자신의 몸을 탐구하고 경험하고 조사한다. 이 시기 동안 유아와 성인의 신체는 감각과 상호작용의 원천이며 아동은 손이나 발을 흔들거나 머리카락을 당기는 등의 반복놀이에 몰두한다.

아동의 세계가 점점 확장됨에 따라 사물이나 놀잇감이 **미시 영역**(microsphere) 안으로 들어오게 된다. 이 영역 안에서 놀잇감은 두 가지 방법으로 사용된다. 즉, 첫 번째는 감정을 표출하는 도구로, 두 번째는 보호자에 의해 만들어진 규칙의 한계를 탐구하는 도구로 사용된다. 이 영역 안에서 아동은 그들이 장난감에 숙달되는 것처럼 세상에 대해서도 숙달된다. 단독 놀이는 놀이의 기본적인 사회적 형태(mode)이며, 즐거움은 장난감을 가지고 노는 놀잇감을 가지고 노는 놀이를 Erikson은 '미시 영역 놀이(microsphere)'라고 불렀다. (Courtesy of Stacy Burr)

데에서 나온다.

아동이 사회적 세계로 들어갔을 때, 아동은 보호자가 아닌 타인과의 상호작용이 포함되는 **거시 영역**(macrosphere)으로 진입하게 된다. 아동은 사회극 놀이와 게임을 통해 타인과 공유되는 세계관을 발전시킨다.

Erikson은 놀이를 일생의 현상으로 보았다. 이러한 놀이의 세 단계는 단계적으로 일어나지만 다른 단계 이후에 계속해서 반복될 수 있다. 예를 들어, 성인이 된 이후에도 거시 영역 놀이에 참여하며 보트나 자동차와 같은 성인들의 놀잇감을 가지고 논다.

Erikson은 놀이가 세상을 통제할 수 있게 하고 부정적 정서의 표출을 위한 적절한 장소를 제공해 줌으로써 불안을 감소시킨다고 주장하였다. 비록 Erikson의 놀이 관점이 기본적으로 놀이 치료사의 것일지라도, 그의 연구는 놀이 학문에 큰 영향을 미쳤다. 놀이와 놀이 치료에 대한 그의 업적은 그의 저서 『유년기와 사회(Childhood and Society)』(2000) 5판에 분명히 드러나 있다.

인지 발달 이론

인지 발달 이론은 놀이를 지적인 성장과 발달을 위한 방법으로 간주한다. Piaget는 이 영역에 있어 가장 영향력 있는 이론가이다. 그는 아동이 세상과의 상호작용을 통해서 지식을 구성한다고 믿었기 때문에 그의 관점은 자주 **인지적 구조주의**(cognitive constructivism, Fosnot, 1996)로 언급되었다. 이런 접근은 현재의 유아원 프로그램을 위한 기반을 제공하였다.

Piaget

> Piaget에 따르면 모든 지적인 행동은 동화와 조절 간의 평형을 통해 이루어진다. 놀이에 있어서 동화는 필수적이며 조절보다 동화가 우세하다.
>
> —Jean Piaget, 1962

Jean Piaget(1896~1980)는 인지 발달 이론으로 매우 유명한 스위스 학자이다. 그는 놀이 이론으로도 매우 유명하며 유전적 인식론자로서, 아동의 지적 발달을 최초로 이해하고자 하였다.

비록 그의 연구 방법이 단일 문화 집단에 초점이 맞추어져 있었고 많은 비판이 있었지만 그의 책 『놀이, 꿈, 모방의 유년기(Play, Dreams and Imitation in Childhood)』(1962)는 아직까지도 고전으로 남아 있다.

Piaget에 따르면 적응이란 생존을 위해 필수적인 것이다. 발달은 정신 구조의 체계적인 변화를 통해 아동이 세상에 적응할 때에 일어나며 놀이는 발달의 필수 요소이다. 지적인 적응은 두 가지의 과정, 즉 동화와 조절을 통해 일어난다. **조절**은 아동이 새로운 지식을 받아들이기 위해 그의 도식이나 정신 구조를 조정할 때 발생한다. 조절은 곧 아동에 대한 환경의 작용이다(Piaget, 1962). 아동은 환경의 요구에 맞추기 위해 자신이 갖고 있는 기존도식을 변화시킨다. 아동들이 현실을 모방할 때 조절은 일어난다. 예를 들어, 아동은 누군가 텔레비전을 끄는 것을 보고 이러한 정보를 새롭게 정신 구조 안에서 조절하며 성인을 모방하여 텔레비전을 끄려고 시도한다. 이렇게 아동은 세상에 적응하는 것이다.

동화는 개인이 기존의 정신 구조에 정보를 맞출 때 일어난다. 아동은 환경을 자신의 필요에 따라 변화시킨다. 즉, 그는 자신의 세계에 맞추기 위해 현실을 변화시키는 것이다. 텔레비전을 끄는 방법을 배운 아동은 그것을 할 수 있는 정신 구조를 가지게 되어 현실을 모방한다. 만약 아동이 라디오를 끄게 되면 이제 활동은 놀이로 바뀌게 된다. 동화는 아동이 필요에 따라 현실을 자신의 세계에 맞게 종속시키거나 수정할 때 일어난다. 아동들이 TV, 라디오 그리고 다른 것들을 끄는 방법을 연습함에 따라 세상에 대한 그의 관점에 맞추기 위해 현실을 변형시킨다. 아동은 모방에서 놀이로 조절에서 동화로 마치 텔레비전을 끄고 켜는 것을 순수하게 즐기기 위해 연습 놀이를 하는 것처럼 움직인다. 아동은 세상에 대한 지식을 적응을 통해 습득하고 놀이는 그들의 발달에 있어 중요한 요소이다. 조절과 동화 모두 지적 발달에 필수적이며 놀이는 인지 발달을 반영하고 또한 학습을 위한 매체이기도 하다.

Piaget에 따르면 놀이는 동화가 조절을 지배하고 있는 비평형상태나 불균형을 나타낸다. 유아는 새로운 행동을 놀이를 통해 연습한다. 높은 의자에서 음식을 던지고 있는 걸음마 단계의 유아를 보자. 처음으로 음식이 바닥에 떨어졌을 때, 유아는 바닥에 음식을 던지는 것에 대한 새로운 정신 구조를 발달시킨다. 그는 조절을 하고 있는 것이다. 그는 음식을 여러 번 바닥에 던지면서 공간 속에서 움직이는 대상(음식)에 대한 그의 도식을 강화함으로써 동화를 경험하며 연습한다. 유아는 음식을 던지는 방법을 발견하고 던지는 기술을 찾아내면서 조절과 동화 사이를 오고 간다. 연습하고, 놀고, 배우며 유아는 성인이 허락하는 한 이 행동을 계속할 것이다. 적응으로 출발했던 기본적인 배움이 곧 놀이로 바뀐다.

Piaget는 놀이가 발달을 촉진하며 아동의 지적 단계는 놀이 속에 반영된다고 생각했다. Piaget의 놀이 단계는 곧 아동의 지적 발달 단계를 나타낸다고 해도 과언이 아니다. 그의 네 가지 지적 발달 단계는 놀이의 네 가지 단계와 일치한다. 첫 번째 단계는 감각 운동기인데 출생～2세 사이에 연습 놀이 또는 기능 놀이로 나타난다. 두 번째 단계는 전조작기인데 가작화와 상징을 표현하며 상징 놀이와 극 놀이에서 관찰될 수 있다. 지적 발달의 세 번째 단계는 구체적 조작기이고 마지막 단계는 형식적 조작기이다. 이 두 단계 동안, 논리적 사고가 시작되고 안정화된다. **규칙 있는 게임**(games with rules)은 구체적 조작 단계에서 시작되어 형식적 조작 단계에서 더욱 복잡해진다(1장 참조).

Piaget는 이 단계들이 불변적이며 연속적이라는 것을 그가 조사한 집단 안에서만 알아내었지만, 다른 문화권의 아동들도 동일한 단계를 경험한다는 연구들이 Piaget의 주장을 뒷받침해 주고 있다. 차이점은 그러나 사회의 규범과 문화적 영향에서 나타난다. 다른 문화권에서 아동들이 어떻게 발달하는지를 이해하는 것은 아동들이 어떻게 세상에 대한 지식을 발달시키는가를 아는 데에 추가되어야 한다.

사회 문화 이론

사회 문화 이론은 사회적 상호작용 안에서 지능발달에 영향을 주는 사회적 · 문화적 · 역사적 요소들을 고려한다. 러시아 심리학자 Vygotsky의 연구에 기반을 둔 이 접근 방법은 아동이 사회와 문화와의 상호작용을 통해 지식을 구성한다는 데 기본을 두고 있어 보통 사회 문화 이론이라 불린다. 그러나 몇몇 사람들은 이 이론을 사회 구조주의적 접근 방법으로 보기도 했다(Fosnot, 1996).

Vygotsky

어린이의 가장 큰 자기 통제는 놀이 중에 일어난다.

— Lev Semenovich Vygotsky, 1978

Piaget와 Vygotsky는 같은 해에 태어났고, 두 사람 다 구성주의자이지만 그들은 인지 발달과 놀이의 관점에서는 커다란 이견을 보였다. Lev Semenovich Vygotsky(1896~1934)는 인지 발달 이론을 발전시킨 러시아 심리학자이다. 그는 사회 문화적, 역사적 힘은 아동에게 영향을 미치며 아동은 성인이나 자신보다 더 능력 있는 또래들과 사회적 상호작용을 하는 동안 학습한다고 믿었다. Vygotsky(1978)에 따르면 학습이란 근접 발달 영역(ZOPD)에서 일어나는 데 근접 발달 영역이란 아동이 다른 사람들의 도움을 받아 해결할 수 있는 지식수준과 혼자서 해결할 수 있는 지식수준 사이의 거리를 나타낸다. 아동이 부모의 도움으로 놀잇감을 타는 것으로부터 도움 없이 혼자 탈 수 있게 되었을 때, 아동은 영역을 이동한 것이다. 근접 발달 영역을 이동하는 것은 아동이 발전했다는 것을 의미한다. 도움을 주고 지도를 하는 성인이 아동을 위해 비계를 설정하고 아동을 더 높은 인지 발달 단계로 끌어 올리는 것이다.

Vygotsky에 의하면 근접 발달 영역은 놀이 중에 만들어진다. 놀이 도중에 "아동은 매일 하는 그의 행동을 뛰어 넘어 자기 연령 이상의 행동을 한다. 놀이 중에는 실제의 자신보다 좀더 나이 많은 아동처럼 행동한다."(Vygotsky, 1978, p. 102) 발달이 놀이를 이끈다고 주장하는 Piaget와는 달리 Vygotsky는 놀이가 근접 발달 영역을 만들기 때문에 발달은 놀이 도중에 일어난다고 믿었다. Vygotsky에게 있어 놀이는 두 가지 고유한 목적을 가지고 있다. 첫 번째는 가작화를 내포한다는 것인데 비현실적인 것을 현실적인 것으로 가장하는 것이다(p. 93). Vygotsky는 놀이와 동시에 상상이 시작된다고 믿었다. 걸음마기 유아가 주위에서 일어나는 일에 참여할 수 없다는 것을 알았을 때 유아는 가작화나 상상을 통해 자신만의 세계를 만든다. 자동차를 운전하고 싶지만 그렇게 할 수 없는 유아는 운전하는 흉내를 낸다. 유아는 놀이를 통해 자신의 세계를 창조하는 것이다.

이런 행동들은 아동으로 하여금 추상적인 사고를 하게 한다. 아동이 막대기가 말이라고 여길 때 그 아동은 추상적 사고를 하고 있는 것이다. Vygotsky는 "아동이 자신이 본 것과 다르게 행동할 수 있다는 것은 시각적인 것과 분리시켜 행동할 수 있는 능력에 도달했다는 것이다."라고 지적했다(1978, p. 98).

두 번째 목적은 첫 번째 목적에서 나온 것이며 규칙과 관계가 있다. 표상놀이(representational play)는 뚜렷하든지 은연중이든지 간에 규칙에 묶여 있다. 아동은 어떻게 역할을 정할지에 대한 자신의 관점이 정해지면 행동을 개시한다. 집에서 놀고 있는 아동을 보자. 규칙의 의해 속박되지 않은 자유놀이처럼 보이지만 자세히 관찰해 보면 이야기는 달라진다. 만약 성인이 엄마로서 놀이에 참여하려 할 때 아동은 이렇게 소리친다. "안 돼, 내가 엄마라고, 너는 아빠를 해." 누군가는 여자가 아빠 역할을 해야 한다는 데에 당황할 것이다. 아동은 행동규칙을 가지고 자신만의 세계를 창조하고 특정 조건 하에서 스스로 허락하기 전까지는 그 누구도 자신이 만든 가상의 세계에 들여놓지 않는다. 성인이 잘못 개입하게 되면 놀이가 중단되기도 한다. 교육실습생들은 놀이를 확장하려는 자신의 시도가 아동들이 흩어져 다른 영역으로 가버리면서 무참하게 중단되는 것을 놀라움 속에 경험하기도 한다. 성인들이 아동들의 놀이가 단절되지 않도록 비계를 설정하고 지원하면서 놀이에 참여하는 것은 매우 중요하다.

Vygotsky에 따르면 놀이는 언어, 기억력, 사고력, 사회적 기술을 발달시키는 이점이 있다. 좀더 높은 단계의 사고와 사회성 발달에 유익하다는 놀이에 대한 새로운 관점을 제시한 Vygotsky는 개개인으로서의 아동 자체에 초점을 맞추기보다는 아동들 사이의 상호작용과 환경을 연구하는 선구자였다. 그의 놀이 관점에 관한 추가적인 정보는 그의 책인 『사회 속의 정신(Mind in Society)』(1932/1978)에서 얻을 수 있다.

각성 조절 이론

각성 조절 이론에서는 놀이를 생물학적인 적응 결과로 일어나는 행동으로 본다. Berlyne(1969)은 최초로 행동주의적 학습이론에 기초한 놀이의 관점을 표방하였다. 그에 따르면 중추신경계는 어느 정도의 각성상태를 유지하려고 하는데 만약 자극이 너무 적다면, 아동은 자극을 받을 수 있는 행동이나 놀이를 찾을 것이고 반면에 자극이 너무 많다면 놀이를 중단할 것이라는 것이다. Ellis(1973), Fein(1981), Shultz(1979)와 같은 학자들은 이 이론을 확장하였다. 그들은 이 이론이 놀이를 이해하고 촉진시키는 데 중요한 암시를 준다고 믿었다. 이 이론은 아동들이 한 활동에서 다른 활동으로 이동하는 이유를 설명해 준다. 그들은 추가적인 자극을 찾아 이동하는 것이다. 놀이에서 아동들을 관찰해 보자. 그들은 어느 정도 활동을 한 이후에 다른 활동을 하거나 활동을 변형시킨다. 아동들은 스프링클러들이 움직이는 방향을 따라 뛰어다닐 것이다. 두세 번 정도 왔다 갔다 한 이후에 아동들은 뛰는 방법을 바꾸거나 부상당할 수도 있는 위험한 행동을 하게 될지도 모른다. 반면에, 소음과 상호작용에 과도하게 자극받은 아동들은 놀이를 점점 적게 한다. 아동들은 내부에 마치 조절기를 가지고 있는 것 같아서 놀이가 지겨울 때는 신기하고 자극적인 경험을 찾고 놀이가 압도적일 때는 스스로 놀이를 중단한다.

의사소통 이론

의사소통 이론(communication theory)은 놀이를 의사소통을 위한 필수적인 것으로 보고 있다. 즉, 특정한 의사소통은 놀이 밖에서는 일어날 수 없는 메시지들을 보내는 놀이 중에 일어난다는 것이다. Bateson(1955), Garvey (1977), Corsaro(1986), Farver(1992) 등이 이 분야에 공헌했으며 지금부터 그들의 이론을 논의할 것이다.

Gregory Bateson

Gregory Bateson(1955/1972)은 인류학적 연구에 기반을 둔 놀이 이론을 정립했다. 그에 의하면 아동은 상위 의사소통 신호를 교환하거나 놀이 중에 메시지를 주고받으며 놀이에 관한 전후 상황을 만든다. 놀이에 참여하는 모든 사람들은 이 메시지를 이해해야 한다. 아동이 말하길 "이것은 놀이야."라고 했다면 그것은 다른 사람들에게 우리가 하는 것은 진짜가 아니고 가상의 것이지만 재미있다는 신호를 보내는 것이다. 의사소통 놀이가 시작되고 끝날 때는 다른 아동들에게 신호를 보낸다(Bateson, 1956).

Bateson은 현실에서 가상으로의 이동을 **놀이 틀**(play frame)이라고 불렀다. 아동이 놀이 틀에서 함께 노는 아동들에게 신호를 보내 아동이 들어가고 나오는 것이 놀이의 시작이고 끝이다. 아동이 신호를 받지 못하거나 이해하지 못하면 놀이는 혼란스러워진다. 이때가 바로 아동들이 "우리 놀이는 이제 끝이야."라고 소리칠 때이다. Bateson의 연구는 놀이 중의 의사소통과 상위 의사소통에 관한 연구에 기초를 확립했다.

Catherine Garvey

Garvey(1977)는 가장 놀이에 관한 그녀의 연구를 통해 Bateson의 이론을 확장시켰다. 그녀는 놀이 중에 아동들이 사용하는 언어를 연구했고 아동들의 복잡한 언어를 이해하는 체계를 확립했다. Garvey는 많은 아동들의 의사소통은 가장 놀이를 계획하고 유지하고 협의하는 과정을 내포하고 있다고 주장했다.

William Corsaro

Corsaro(1986)는 Garvey의 연구를 확장시켰으며 아동들은 그들의 의도를 상대에게 전달하기 위한 특수한 의사소통 전략을 가지고 있다는 것을 알아냈다. 그는 놀이 중의 의사소통에서 발달적 차이를 인식했다. 놀이 중 아동들이 쓰는 언어의 복잡성을 이해하기 위한 Corsaro의 체계는 영어를 제2 외국어로 쓰는 아동들의 연구에 현재 사용되고 있다.

Jo Ann Farver

Farver는 Corsaro의 연구를 확장시켜 놀이 중 멕시코 아동들이 놀이 중에 서로 메시지를 어떻게 주고받는지를 조사하였다(Farver, 1992). 그녀의 연구는 멕시코 아동들의 의사소통 전략이 이전의 연구들과 매우 비슷하지만 멕시코 아동들이 보다 더 기본적인 의사소통 방법을 사용하고 복잡한 의사소통 방법은 적게 사용하는 것을 밝혀냈다. 이 분야의 연구는 여러 문화권의 아동들의 놀이를 어떻게 촉진시킬 수 있는지에 도움을 주었다.

인지 적응 이론

보다 최근의 연구는 인지 적응에 놀이가 필수적이라는 것이다. 이것은 Piaget의 연구에서 파생되었는데 상징을 통한 아동의 지식 구성에 초점을 맞춘다는 점에서 다른 이론과 다르며 **상징적 구조주의**라고 불린다(Fosnot, 1996). 지금부터는 Jerome Bruner의 연구, Leslie의 정신 이론 그리고 현대의 뇌 연구에 대해 논의한다.

Jerome Bruner

> 우리는 놀이가 기쁨의 원천이라는 것을 명심해야 한다. 그렇지 않으면 우리는 모든 것을 놓치는 것이다.
>
> —Jerome Bruner, 1983

Jerome Bruner(1972)는 놀이를 인지 적응의 매개체로 보았다. 사회극을 하는 동안 유아는 다른 역할을 해 볼 수 있다. 사회적이고 협동적인 놀이는 문제 해결 능력을 길러주고 창조성을 촉진시킨다. Bruner는 놀이가 특히 미성숙하거나 숙련되지 못한 학습자(novice learner)가 안전하게 성인들의 역할을 학습하면서 세상을 탐구할 수 있게 한다고 보았다. Bruner의 초기 연구는 Groos의 연습 이론을 지지하는 경향이었다. 최근에 Bruner(1990)의 연구에 의하면 아동들이란 세상을 이해하려고 하는 '의미 제조자(meaning maker)'이다.

정신 이론

Leslie(1987)는 최초로 정신 이론과 놀이를 접목시킨 학자이다. **정신 이론**(theory of mind)은 아동이 자신의 내부 정신 상태나 다른 사람의 내부 정신 구조를 이해하려고 하는 상황을 설명할 때 사용된다. 아동이 자신의 관점과 다른 사람의 관점이 다르다고 느낄 때 발생하는데 일반적으로 아동이 산타클로스나 다른 가상인물들에 대한 관점이 다를 때 주목할 만하다. 놀이와의 연결은 놀이 중의 사회 가장 놀이나 정신적 표현과 관련이 있다. 이 이론은 아동이 놀이의 안팎에서 세상을 어떻게 보고 놀이 중에 무엇이 일어나는지 이해하는데 추가적인 정보를 제공한다.

포스트모던 이론

포스트모던 이론가들은 그들의 연구를 알리는 데 있어 비판 이론을 사용한다. 비판 이론가들은 개인의 관점이 상황에 대한 관점과 지식 구조에 영향을 준다고 믿었다.

Gail Cannella

Cannella는 놀이에 대한 다른 관점을 가지고 있었는데 특히 놀이가 중산층 백인의 눈으로만 관찰되는 것을 우려했다. 그녀는 "모든 상황에서 모든 민족에게 놀이에 대한 동일 개념을 적용하는 것은 서로 다른 환경의 사람들이 창조한 다양한 가치 구조나 지식 그리고 세계관을 부정하는 것"(Cannella, 1997, p. 128)이라고 주장했다.

그녀는 세 가지를 특히 비판했는데 첫 번째는 Piaget의 발달 단계였다. 그의 단계는 너무 경직되어 있어서 다른 문화권 아동들의 현실을 반영할 수 없다는 것이다. 그녀는 이 단계들이 분리되지 않고 직선적이라고 비판했다. 그녀의 두 번째 비판은 놀잇감에 집중된 놀이 관점이었다. 미국의 흑인들은 무엇인가를 가지고 놀기보다는 말하며 노는 경우가 더 많다. 그녀의 세 번째 비판은 실제를 설명하기 위해서 적합과 부적합을 사용하는 것에 대한 것이다. 그녀는 이것이 논의를 위한 통합적인 환경을 제공해 주지 못하며 하나의 접근방법이 유일하게 옳은 방법이라는 관점으로 몰아간다고 믿었다. 과거 이론에 도전한 이러한 시각들은 대안을 제시하는 데에는 비록 실패했으나 놀이 연구에는 도움을 주었다. 왜냐하면 이 이론이 기존의 연구 결과에 도전하고 토론과 논의를 위한 문제점을 제기했기 때문이다.

Brian Sutton-Smith

Sutton-Smith는 놀이의 학제적(interdisciplinary) 본질을 강조했다. 1966년 그는 그의 주요한 논문에서 Piaget 놀이 이론의 모순을 지적했다. 만약 놀이가 지능의 단계를 반영한다면 그것은 또한 지능 발달에 공헌할 수 없다는 것이다. Piaget의 개념에서 볼 때 놀이가 거의 순수한 동화라면 신경연결을 강화시키지만 새로운 지식을 창출하지는 못하므로 지능은 놀이를 통해 발달될 수 없다고 주장했다. 300권이 넘는 출판물에 내포된 그의 놀이 관점은 모호하고 정의하기 어려우며 파악하기도 어렵다. 그는 우리들에게 중산층의 가치 기준에 따른 지나치게 낭만적인 놀이에 대해 경고했으며 또한 많은 놀이들이 아동들에게 즐거움을 주지 못할 뿐 아니라 긍정적인 결과도 가져다주지도 못한다고 비판했다(1997). 자세한 것은 놀이에 대한 과장(rhetorics)을 설명한『놀이의 모호성(The Ambiguity of Play)』에서 읽을 수 있다.

현대와 현재 그리고 포스트모던 이론들은 초기의 정신분석 이론들부터 현재의 이론에 이르기까지의 꾸준한 진보를 보여 준다. 이론에 기초한 놀이 학문은 현재와 미래의 놀이 탐구에 단단한 기초를 제공한다.

현재의 영향력 있는 기여들

가장 최근의 연구들의 영향을 간과할 수는 없다. 20세기 말의 놀이 연구에 기여한 주요 학자들은 다음과 같다: 상징 놀이에 대한 지식을 추가한 Greta Fein(1981), 상징 놀이 연구에 크게 공헌한 Inge Bretherton(1984), 상상과 가장 영역의 연구를 수행한 Jerome Singer(1973). 잘 알려진 다른 학자로는 놀이터에서의 격렬한 놀이가 가져오는 사회성 발달의 이점에 대하여 조사하고 문해(Literacy)와 놀이의 관계에 관해 조사한 Anthony Pelligrini(1988), 놀이에 관한 가장 중요한 논문 중의 하나를 Greta Fein과 함께 공동 저술한 Kenneth Rubin과 Brian Vandenberg 등이 있다. 이러한 소수의 학자들이 놀이 연구를 주도해 온 사람들이다. 놀이에 끼친 뇌중심의 연구의 영향은 아직까지 크게 인식되지 않았는데 그것에 대해서는 아래에서 논의하기로 한다.

뇌 중심 연구

지난 20년 동안 뇌에 대한 연구는 학자들과 대중의 관심을 끌어왔다. 뇌 연구의 결과에 대해 토론하기 위해 1996년 '뇌를 재고하기(Rethinking the Brain)' 학회가 열렸다(Shore, 1997). 학회의 결과로 Rob Reiner, Michele Singer Reiner, Ellen Gilbert 등은 대중의 관심을 끌기 위한 캠페인을 '나는 당신의 어린이'라는 제목 하에 전개하여 생후 처음 3년의 중요성을 역설하였다. 캐나다 토론토에서 열린 NAEYC 회의에서 교사들에게 무료 비디오가 배포되었고 다른 자료들은 유아교육자들이 정보를 쉽게 얻을 수 있도록 저렴

한 가격에 판매되었다. Families and Work 연구소(Shore, 1977)에서 출판된 학회발표집인 『뇌를 재고하기(Rethinking the Brain)』와 ≪뉴스위크≫의 특집 판에 실린 '당신의 어린이'는 새로운 두뇌 연구 결과에 대한 대중의 관심을 사로잡았다. 두뇌 연구에 관한 출판은 놀이 연구에 영향을 끼쳤는데 Shore(1997)는 다음과 같이 그 결과를 서술하였다.

> 출생 시 사람의 뇌는 완성되지 않아서 1,000억 개의 신경 뉴런들이 아직 네트워크로 연결되지 않은 상태이다. 이러한 연결들을 형성시키고 강화시키는 것이 초기 두뇌 발달을 위한 중요한 과제이다. 아동이 성장함에 따라 주위 환경을 경험하고, 부모와 가족 구성원 및 다른 보호자와 애착을 형성하면서 생후 첫 10년 동안 아동의 두뇌는 1조 개의 결합 또는 시냅스들을 만들어간다. 신경세포의 축색돌기는 수지상돌기와 연결되어 있고, 신경전달물질은 시냅스의 자극전달을 촉진시킨다. 각 뉴런은 15,000개의 다른 뉴런과 연결되어 있어 엄청나게 복잡한 신경조직망을 구성한다. 이 정교한 조직은 보통 두뇌의 '배선(wiring)' 혹은 '회로(circuitry)'로 불린다. 어린 시절에 이미 아동의 두뇌에는 필요로 하는 양보다 두 배나 많은 시냅스가 형성된다. 만약 이런 시냅스들이 매일 반복적으로 사용된다면, 시냅스들은 강화될 것이며 두뇌의 영구 회로의 한 부분으로 자리 잡게 된다. 그러나 만약 반복적으로 사용되지 않거나 충분하게 사용되지 않을 때에는 자연적으로 도태되게 된다. 이런 방식으로 경험은 유아의 두뇌 회로 발달에 결정적인 역할을 한다(p. 17).

두뇌 연구 학자들은 영아기에 이미 그들은 상호작용할 준비가 되어 있으며 그들에게 무엇이 어떻게 일어나느냐에 따라 차이가 생긴다고 강조했다. 국가의학연구회는 중앙신경조직에 대한 연구 분석에 기초해 주요한 네 개의 논지를 발표했다(Shornkoff & Philips, 2000). 그들이 조사한 것은

- 모든 아동들은 출생 시 이미 감정을 느낄 수 있으며 또한 배울 준비가 되어 있다.
- 초기 환경은 중요하며 양육 관계는 결정적이다.
- 사회는 변화하고 있지만 유아의 욕구는 간과되고 있다.
- 유아 과학과 정책, 그리고 실제 사이의 상호작용에 문제가 있으므로 극적인 재고가 요구된다.

이러한 연구 결과는 최근 신경학의 발전이 있기까지의 연구 과정을 확인

하고 또한 통찰할 수 있게 해 준다. 예를 들어 Bowlby가 수행한 많은 연구 결과들은 1950년대에 확인되었는데(Bowlby, 1988) 애착은 정서적 발달뿐 아니라 정신적 발달을 위해서도 중요하다. 성인과 아동의 상호작용의 가치는 Piaget(1965)가 처음으로 논하였으며 이런 조사 결과들은 놀이에 시사하는 바가 크다. 부모와 아동, 교사와 아동 사이에 일어나는 놀이는 인지 발달을 촉진시킨다.

마케팅 담당자들 또한 이런 관계성을 인식하고 비디오테이프나 책 또는 장난감을 판매하는 데 이 개념들을 이용한다. 예를 들어, 모차르트 음악 감상은 아동의 두뇌 활동을 활발하게 해 준다는 것을 판매에 이용하는 것이다. 많은 비디오판매 회사들이 수백 개의 ≪아기를 위한 모차르트≫ 카세트테이프를 사서 신생아가 있는 집에 우송한다. 신생아가 있는 가정에 무료 음악 테이프를 우송하는 방법은 대단히 좋은 방법이지만 IQ를 높이고자 하는 목표는 대부분 성취하지 못한다. 그러한 목표는 아동이 성인과 사랑이 넘치는 상호작용을 하며 음악을 듣고 활동을 할 때 비로소 얻어질 수 있다. 성인은 자신이 좋아하는 노래를 듣거나 춤을 추며 방안을 돌면서 유아를 흔들어 재운다. 이것이 바로 놀이이다. 성인이 고전음악을 좋아하지 않으면서 단지 아동의 지능을 향상시킬 목적을 가지고 음악을 틀어 줄 때는 성인이 진정으로 음악을 연주하거나 즐길 때보다 아동에게 가는 이점이 줄어든다. 성인과의 상호작용 부재 시에는 음악의 효과가 감소된다는 것이다. 두뇌 연구의 영향력에 대해서는 책에 명확하게 나와 있는데 『아기를 놀이로 촉진하기』라는 제목의 전판을 『두뇌 성장을 촉진하기』라는 제목으로 대체하였다(Silberg, 2000).

신경학 연구에서 추출된 연구 조사 결과들은 과거의 많은 연구들을 확인시켜주었다. 아동은 자신을 돌봐주는 성인과의 안정적인 관계를 필요로 한다. '뇌중심 연구'의 결과로 아동들을 위한 장난감의 홍보 문구가 놀이에서 '두뇌 발달'로 바뀌었지만 이것은 비현실적인 기대에 따른 관심이다. 앞에서 논한 대로 자신들이 음악을 좋아하지 않기 때문에 자녀에게 음악 테이프를 틀어 주고 방을 나가버리는 부모들은 자녀의 발달에 도움을 주지 못한다. 유아교육자들과 부모들은 최근의 연구에 관해 알아야 하며 타당성에 기초해 '두뇌 개발 연구'라고 쓰인 아동교재들을 경계해야 한다. 그러한 제품들이 다른 이유로 효과적일지는 몰라도, 그것들을 두뇌를 자극하는 교재로 선택하는 것은 현명하지 못한 선례가 될 수 있다. 두뇌와 중추신경계에 관한 지식은 신경학적 연구들을 통해 얻어진 것이며 신경학은 우리가 아동과 놀이에 대해 배울 수 있도록 계속 도움을 줄 것이다.

놀이 평가

놀이 평가의 역사는 놀이의 역사와 함께 발달해 왔다. 성인들이 아동 놀이를 문명 내내 관찰해 왔다는 증거가 있지만 문서화된 평가, 기록들은 아동들의 놀이 관찰 일지에서 시작되었다 19세기 Froebel은 엄마들과 아동들이 노는 모습을 관찰하고 『어머니의 노래와 사랑의 노래(Mutter und Kose-Lieder)』(1895)를 집필하였다. 이것은 다윈의 관찰 기술의 발달을 가져 왔으며 그는 자신의 아들을 관찰하고 『영아의 일대기적 단편(A Biographical Sketch of an Infant)』(1971)을 집필하였다. Montessori도 비슷한 관찰 방법을 사용해 그녀의 교재와 교육 방법을 개발하기 위한 추진력으로 삼았다. 이 기술은 또한 이 단원에서 이미 논한 아동 연구 운동에도 영향을 미쳤다.

1920년대 초와 1930년대의 과학운동은 놀이 평가를 위한 분류 체계와 척도의 발달에 공헌하였다. Piaget의 놀이 관찰은 그의 저서인 『유년기의 놀이, 꿈 그리고 모방(Play, Dreams, and Imitation in Childhood)』(1962)에 서술되어 있고 Piaget-Parten 놀이 관찰 척도(POS)의 기초를 제공했으며 나중에 Kenneth Rubin에 의해 확장되었다. Rubin의 POS 척도는 많은 놀이 연구에서 사용되어 왔는데 그 안에는 Piaget와 Parten의 연구가 통합되어 있다.

21세기 초의 놀이 평가는 전과는 유사하면서도 다른 면이 있다. 놀이의 관찰은 아직도 정보수집의 기본적 방법이지만, 현대의 디지털 장비들은 학자들과 교사들이 비디오와 사진을 통해 놀이의 중요한 부분을 잡아내고 관찰할 수 있게 해 주었다. 관찰과 그림 같은 표현들과 정보에 근거한 반영들은 영향력 있는 놀이 기록을 가능하게 하였다.

현재와 미래의 경향과 이슈

세기 초에는 현재의 놀이를 거의 상상조차 할 수 없었다. Harriet Johnson이 아동들을 Bank Street 유아원의 옥상으로 데려갔을 때 오늘날의 유아교육자들이 일상적으로 접하는 안전과 책임문제를 거의 생각하지 않았다. 반대로 Caroline Pratt은 그녀의 블록이 세기 말에 즐겁게 사용될 것을 상상이나 했을까? 앞으로 어떤 이슈나 경향이 놀이에 어떤 영향을 미칠 것인가에 대한 예측은 언제나 모험을 수반한다. 다음에서 현재 놀이에 영향을 미치고 있고 미래에도 계속 영향을 미칠 이론에 대해서 다룰 것이다.

다문화주의

놀이 이론은 일반적으로 특정한 관점을 통해 놀이를 이해하려는 시도였다. 새로운 세기에 접어들면서 보다 문화적으로 통합적인 접근의 필요성이 대두되었으며 Shirley Brice Heath(1997)는 발달 단계를 다시 조사해 보고 보다 전체적(holistic) 시각에서 발달을 재고해 보아야 한다고 주장했다. 각기 다른 연령대의 놀이에 미친 문화적 영향은 인종과 문화 집단을 고려할 필요가 있으며, 다른 문화권에서의 놀이의 특성을 살펴보는 연구가 앞으로 더 많이 이루어져야 한다. 놀이를 통해 문화와 전통이 전달될 수 있을까? 만약 그렇다면 어떤 방법으로 전달할 수 있는가?

지구촌은 미래의 놀이에 어떻게 영향을 미칠 것인가?

통 합

놀이 이론은 일반 아동의 전형적인 발달 행동에 초점을 맞추고 있다. 특수교육 입법의 추이에 따라 특별한 욕구가 있는 아동들이 일반 교실에 통합(inclusion)되었으며 장애아나 지진아들에 관한 놀이 연구도 지난 십 년 동안 발전되어 왔다. 집단의 특성 때문에 놀이 이론은 일반적으로 장애에 따라 특정적이다.

예를 들어, 누군가 시력을 잃은 아동들 간의 놀이에 연구의 초점을 맞추고 있을 때 또 다른 사람은 청력을 잃은 아동들 간의 놀이에 초점을 맞추고 있다. 이런 상황에서 일반화는 더욱 어렵다. 앞으로의 연구는 특정장애를 가진 개개의 아동들이 어떻게 자신들만의 놀이 스타일을 발달시키는지를 알게 해 줄 것이다.

세계화

미국의 놀이 연구에 영향을 준 이론들은 다른 산업화 사회에도 또한 영향을 미쳤다. 많은 학자들이 세계 곳곳에서 놀이를 연구하고 있는데 예를 들어, 미국의 Brian Sutton-Smith와 영국의 Peter K. Smith는 격렬한 놀이의 실제에 대해 연구했다. 이 놀이는 미국과 영국 그리고 전 세계에서 행해지고 있다. 인터넷이 대륙을 더욱 가깝게 만들어 가는 것이 놀이 연구에 어떻게 영향을 미칠 것인가를 흥미롭게 관찰하게 될 것이다.

미래 이슈

미래의 놀이 연구는 놀이 학자들에게 희망적이면서 적지 않은 골칫거리이다. 두 세기 동안 특히 과거 20년간 놀이에 관한 지식들이 엄청나게 축적되었다. 이것은 이론구축을 위한 견고한 토대를 제공해 주었다. 미래의 주된 관심사는 다음과 같은 내용을 포함 한다:

- 문화적으로 다양한 집단과 하위 집단 사이의 놀이를 연구하기 위한 보다 바람직한 연구 방법의 필요성
- 문화가 놀이를 통해 어떻게 전달되는가에 대한 이해
- 조사 결과의 한 가지 양상에 초점을 맞추기보다는 모든 아동을 평가하

는 연구 방법을 통한 연구 결과의 분석

위에 언급된 이슈들은 놀이 이론의 미래에 어떻게 영향을 미칠 것인가? 놀이는 과학적 사회의 안팎에서 비판적으로 연구되고 있으며 이것은 놀이지식 기반을 넓히게 될 것이다.

놀이 조망의 반추

단원 시작에 서술되었던 놀이 조망에서 Juanita는 자신의 자녀들에게 놀이가 필요하다는 것을 인식하고 있었다. 그녀는 막내아들과 함께 보내는 시간을 가치 있게 생각했고 놀이를 사회성 발달의 수단으로 인식했다. 사회 문화적 관점에 관한 Goncu (1999)의 연구는 Juanita와 그녀의 자녀들 간의 상호작용을 설명해 준다. 사회 문화 이론에 따르면 더 많은 지식을 가지고 있는 성인들은 아동들이 세상에 대한 정보를 얻을 때 지원해 주고 비계를 설정해 준다. 예를 들어 Roberto가 놀고 있을 때, 개미를 발견하게 되면 Juanita가 개미에 대해 설명해 주고 도서관에서 책을 빌려 알아보자고 한다면 Roberto는 그의 세계에 대해 학습하게 되는 것이다. 이러한 활동은 그에게 사회적, 신체적으로 도움이 될 뿐만 아니라 인지적으로도 도움이 된다. 같은 방법으로 Juanita도 8세 아동의 놀이의 필요성을 알게 된다. 그녀는 비구조적인 놀이가 숙제하는 것보다 우선적으로 필요하다는 것을 알고 있다. Juanita는 전문적인 놀이 연구에 관해서는 모르지만 일상의 경험을 통해 놀이의 이점을 깨닫고 있다. 놀이를 지지하는 성인들은 아동들에게 가능한 한 놀 수 있는 기회를 많이 만들어준다.

요약

이 단원에서는 고전, 현대, 포스트모던 놀이 이론들에 대한 개관을 제공하였다. 이 단원의 목적은 광범위한 역사적 · 문화적 배경 하에서의 놀이 연구를 정리하는 것이다. 이것은 놀이 연구를 시작하기 위한 지식적 기반을 제공한다. 동물과 인간의 놀이는 기본적인 검토 하에 다루어졌다. 양쪽에 공통점이 전혀 없는 것은 아니지만 유아의 놀이는 동물의 놀이와는 큰 차이를 보인다. 인간의 놀이는 2000여 전부터 알려져 왔는데 놀이에 관한 첫 번째 기록은 Plato에 의해서였다. 심리학의 다른 분야와 같이 놀이 연구도 유럽인의 관점에 의해 크게 영향을 받았다. Locke, Rousseau, Pestalozzi와 Froebel은 초기 학자였다. Froebel은 놀이 연구에 가장 큰 영향을 끼쳤으며 그의 많은 생각들은 현재까지도 유효하다. 고전적 놀이 이론은 과학적 연구에 의해 영향을 받았으며 놀이를 생물학적·과학적 관점에서 이해했다. 이 이론들은 전통적으로 네 가지 다른 범주로 나누어지는데 그것들은 (1) 잉여 에너지 이론, (2) 휴식 이론, (3) 연습 이론, (4) 반복 이론이다. 20세기의 주요한 놀이 이론들은 인간행동을 이해하려고 하는 시도에서 비롯되었다. Freud와 Erikson 두 정신분석학자들은 사회적·정서적 발달에 도움을 주는 놀이의 가치를 간파하였다. Piaget와 Vygotsky도 놀이 연구에 지대한 영향을 주었는데 Piaget는 발달이 놀이를 이끈다고 생각한 반면 Vygotsky는 놀이가 발달을 이끈다고 생각했다. 각성 조절 이론, 의사소통 이론, 인지 적응 이론, 정신 이론, 포스트모던 이론들은 20세기 후반에 연구된 추가적인 놀이 이론들이다. 21세기로 들어서면서 모든 문화적·도덕적 집단을 포괄하는 다양한 관점들이 떠오르고 있다.

핵심 용어

감각 운동 놀이	거시 영역	규칙 있는 게임
놀이 틀	동화	미시 영역
사회 문화 이론	상징 놀이	상징적 구성주의
아동 연구 운동	인지적 구성주의	자기세계의 놀이
자아정복	정신 이론	조절
쾌락의 원리		

유용한 웹사이트와 과학기술자원

- **Froebel**

  http://www.froebel.com Froebel 교육의 전문화된 웹사이트

  http://www.froebelgifts.com Froebel의 은물에 관한 정확한 정보

◆ **Piaget**

http://www.piaget.org. Jean Piaget 협회의 공식 사이트. 계속적인 Piaget 연구

◆ **Pratt**

http://www.cityandcountry.org Caroline Pratt에 의해 시작된 학교

◆ **Vygotsky**

http://marxists.org Vygotsky 문서에 관한 공식 사이트. 최신 번역 기사들과 사진 갤러리가 포함되어 있음

활동

1. 교실에서의 활동

A. 소그룹을 구성해 놀이 학자들의 연대표를 만들고 벽에 연대표를 붙여 보라. 어느 시기에 놀이 연구가 활발하였는가? 어떤 요인들이 놀이 연구에 영향을 미쳤는가?

B. Jeri는 4세 남아로 유아원에서 자주 블록을 가지고 논다. 어느 날 Jeri가 정사면체를 블록으로 만들기 시작했고, 직각을 만드는 긴 블록을 놓았다. 갑자기 그는 "여기를 봐! 나는 타이타닉 호 위에 있어. 배가 가라앉고 있고 나는 판자 위를 걸어 다니고 있어." 이 놀이를 각각의 이론들이 어떻게 이해하는지 설명해 보라.

C. 당신의 경험을 고려하여 당신이 가지고 있는 놀잇감들을 가지고 Erikson의 미시 영역을 반영하는 리스트를 만들어 보라. 그리고 서로의 리스트를 비교해 보라. 당신은 Erikson의 놀이 단계에 동의하는가, 동의하지 않는가? 만약 그렇다면 이유는 무엇인가?

2. 연구와 탐문

A. 미국 내 소수 그룹을 선택하여 그들 놀이의 역사를 조사해 보라. 예를 들어, 미국 원주민들은 어떻게 놀았는가? 그들의 놀이는 어떻게 사회적 · 문화적인 이슈들을 만드는가? 우리가 현재 그들의 놀이에 대해 아

는 것은 무엇인가? 당신들의 조사 결과를 수업에서 공유하라.

B. 모든 놀이 이론을 조사해 보라. 당신의 놀이 관점과 맞는 것은 어떤 놀이 이론인가? 그 이유는 무엇인가? 왜 그렇지 않은가? 당신의 답변에 대한 증거를 대고 정당화할 수 있는가?

C. 아동들이 가득 찬 놀이터를 한 시간 동안 관찰해 보라. 당신이 한 관찰은 당신이 선택한 이론을 뒷받침할 수 있는가?

D. 많은 연구 결과들은 동질집단 내에서 행해진 것들이다. 이런 연구들의 결과가 놀이 이론에 어떤 영향을 미쳤는지 토론해 보라.

E. 유아교육자들에게 그들의 놀이 이론에 대해 토론하도록 해 보라. 그들의 이론과 책에 나온 이론을 비교해 보라. 이 질문을 다른 두 명의 교사에게 해 보라. 어떤 이론이 가장 많이 반영되었는가? 무엇이 당신을 놀라게 했는가?

F. 아동의 놀이에 관해 흥미로운 분야를 선택해 보라. 예를 들면 놀잇감, 인형, 게임들이다. 선택한 토픽의 역사에 관해 조사해 보라. 어떤 역사적 요인이 토픽의 발달에 영향을 미쳤는가?

3. 봉사 학습

A. 웹사이트나 브로셔를 통해 그들의 역사적 기록을 보존하는 지역 센터나 학교를 돕는다.

B. 당신의 공동체 내의 다른 문화 집단의 유아원이나 초등학교 교육의 역사를 조사해 보라. 예를 들어, 흑인(African-American), 프랑스인, 라틴아메리카인 공동체는 그 지역의 유아원이나 초등학교를 발전시켰는가? 다른 집단들은 유아원이나 초등학교에 영향을 미쳤는가? 우리가 사회의 소수 집단들의 역사에 대해 아는 것은 무엇인가? 어떻게 당신은 그 지식 기반에 공헌할 수 있는가?

4. 가족 연계

A. 당신의 개인적 놀이 역사에 대해 생각해 보라. 당신 가족의 놀이 스타일에 대해 알고 있는 것은 무엇인가? 당신의 놀이 역사를 알기 위해 가족 구성원을 인터뷰해 보라. 그리고 표 2-5를 가족과 함께 하는 수업에서 부모님과 공유한다. 그리고 그것을 다음 가족들 모임에 갖고 가서

표 2-5 놀이의 기억들

놀이의 기억들
친애하는 부모님께 당신의 자녀가 이 양식을 작성할 수 있도록 도와주십시오. 당신의 자녀를 도와주면서 당신은 당신이 어렸을 때 어떻게 놀았고 당신의 자녀들은 현재 어떻게 노는지 알 수 있을 것입니다.
자녀의 이름 ______________________ 날짜 ________________
나의 조부모는 이렇게 놀았다.
나의 조부모님이 즐겨하던 게임은
나의 부모님이 즐겨하던 놀이는
나의 부모님의 즐겨하던 게임은
나는 이렇게 놀았다.
내가 즐겨하던 게임은

그들의 놀이 역사를 공유하기를 원하는지 물어 보라.

5. 놀이 옹호

놀이 지원은 인식에서부터 행동에 이르기까지 여러 형태로 이루어질 수 있다. 첫 번째 단원에서 가벼운 시를 통해 놀이의 중요성을 인식시키는 것이 추천되었다. 책을 통해 고취하고자 하는 놀이 지원 노력은 당신이 놀이에 대해 더 많이 알수록 증가될 것이다.

A. 지역의 학부모 단체에 슬라이드 쇼를 통해 놀이의 유익함을 발표하겠다고 제안한다.

B. 당신의 지역, 주, 국가 대표자들의 이름을 알아낸다.

C. 전국유아교육협회(National Association for the Education of Young Child; NAEYC), 국제아동교육협회(Association for Childhood Education International; ACEI), 국제놀이협회(International Play Association/USA(IPA)), 아동의 놀이 권리를 위한 미국협회(American Association for the Child's Right to Play)와 같은 당신의 지역, 주, 국가의 아동 놀이에 관련된 전문단체에 가입한다. 만약 없다면 새로 시작해 보라.

참고문헌

Ablon, S. (2001). Continuities of tongues: A developmental perspective on the role of play in child and adult psychoanalytic process. *Journal of Clinical Psychoanalysis, 10* (3-4), 345-365.

Bateson, G. (1956). The message is "This is play." In B. Schaffner's (Ed.) *Group processes* (pp. 145-15 1). New York: Josiah Macy

Bateson, G. A. (1955/1976). A theory of play and fantasy In J. S. Bruner, A. Jolly, & K. Sylva (Eds.). *Play: Its role in development and evolution* (pp. 119-129). New York: Basic Books.

Berlyne, D. E. (1969). Laughter, humor, and play In G. Lindzey & E. Aronson (Eds.) *The handbook of social psychology.* (Vol. 3.) Reading: MA: Addison-Wesley

Bowlby, J. (1988). *A secure base: Parent-child attachment and healthy human development.* New York: Basic Books.

Bretherton, I. (1984). *Symbolic play: The development of social understanding.* New York: Academic Press.

Bruner, J. S. (1972). The nature and uses of immaturity. *American Psychologist, 27,* 686-708.

Bruner, J. S. (1983). Play, thought, and language. *Peabody Journal of Education, 60* (3), 60-69.

Bruner, J. S. (1990). *Acts of meaning.* Cambridge, MA: Harvard University Press.

Bruner, J. S., Jolly, A., & Sylva, K. (Eds.). (1976). *Play: Its role in development and evolution.* New York: Basic Books.

Cannella, G. (1997). *Deconstructing early childhood education: Social justice and revolution.* New York: Peter Lang.

Comenius, J. A. (1896). *School of infancy.* Boston: Heath.

Comenius, J. A. (1968). *Orbis sensualium pictus.* First English edition, Introduction by J. E. Sadler. Oxford University Press: London. Originally published in 1658.

Corsaro, W. A. (1986). Discourse processes within peer culture: From a constructivist to an interpretative approach to childhood socialization. In P. Adler (Ed.), *Sociological studies of child development* (p. ???). New York: JAI.

Darwin, C. (1971). *A biological sketch of an infant.* Philadelphia: Lippincott.

Dewey, J. (1896). Imagination and expression; and, The psychology of drawing. In *John Dewey: The early works,* 1882-1898. Vol. 5 (pp. 192-201). Carbondale: Southern Illinois University Press. (Originally printed in 1972.)

Dewey, J. (1913). Play. In P. Monroe (Ed.), *A cyclopedia of education* (pp. 725-727). New York: Dutton.

Dewey, J. (1930). *Democracy and education.* New York: Macmillan.

Ellis, M. J. (1973). *Why people play.* Englewood Cliffs, NJ: Prentice-Hall.

Erikson, E. H. (1977). *Toys and reasons.* New York: Norton.

Erikson, E. H. (2000). *Childhood and society.* (3rd Ed.) New York: Norton. (Originally published in 1950.)

Fagen, R. (1981). *Animal play behavior.* New York. Oxford University Press.

Farver, J. (1992). An analysis of young American and Mexican children's play dialogues: Illustrative study #3. In C. Howes, O. Unger, & C. Matheson (Eds.) *The collaborative construction of pretense: Social pretend play functions* (pp. 55-66). Albany: SUNY Press.

Fein, G. (1981). Pretend play in childhood. *Child Development, 52:* 1095-1118.

Fosnot, C. (1996). *Constructivism: Theory, perspectives, and practice.* New York: Teachers College Press, Columbia University.

Freud, S. (1959). Creative writers and daydreaming. In J. Strackey (Ed.), *The standard edition of the complete psychological works of Sigmund Freud* (Vol. IX). London: Hogarth. (Originally published, 1908).

Froebel, F. (1887/1902). *The education of man.* (W. N. Hailmann, Trans.). New York: Appleton. (Originally published in 1826, copyright 1887.)

Froebel, F. (1895). *The songs and music of Freidrich Froebel's mother play (mutter und kose-lieder).* New York: Appleton.

Garvey, C. (1977). *Play.* Cambridge, MA: Harvard University Press.

Goncu, A. (Ed.) (1999). *Children's engagement in the world: Sociocultural perspectives.* Cambridge, UK: Cambridge Press.

Groos, (1901). *The play of man.* New York: Appleton.

Gulick, L. (1908). *Mind and work.* Garden City, NY: Doubleday

Hall, G. S. (1916). What we owe to the tree-life of our ape-like ancestors. *Pedagogical Seminary, 23,* 94-119.

Hall, G. S. (1965). Life and confessions of a psychologist, selections reprinted in S. Strickland & C. Burgess (Eds.), *Health, growth, and heredity* (pp. 29-39). New York: Teachers College Press, Columbia University

Heath, S. (1997). Culture: Contested realm in research in children and youth. *Applied Developmental Science, 1* (3), 113-123.

Hill, P. S. (1941/1999). Kindergarten. In K. M. Paciorek & J. H. Munroe (Eds.), *Sources: Notable selections in early childhood education* (2nd ed., pp. 81-90). Guilford, CT: Dushkin/McGraw-Hill.

Jenkinson, S. (2001). *Genius of play: Celebrating the spirit of childhood.* Gloucestershire, UK: Hawthorn.

Johnson, H. (1934/1984). The art of block building. In E. Hirsch (Ed.) *The block book* (pp. 9-26). Washington, DC: National Association for the Education of Young Children.

Lascarides, V. C., & Hinitz, B. F. (2002). *History of early childhood education.* New York: Falmer.

Leslie, A. M. (1987). Pretense and representation: The origins of "theory of mind." *Psychological Review, 94,* 412-426.

Lillard, A. S. (1998). Playing with a theory of mind. In O. N. Saracho & B. Spodek (Eds.), *Multiple perspectives on play in early childhood* (pp. 11-33). Albany: SUNY Press.

Locke, J. (1692/1884). *Some thoughts concerning education.* (R. H. Quick, Ed.) Cambridge: University Press.

Mead, H. (1934). *Mind, self, and society from the standpoint of a social behaviorist.* Chicago: University of Chicago Press.

Parten, M. (1932). Social participation among pre-school children. *Journal of Abnormal Psychology, 27,* 243-269.

Patrick, G. T. W (1916). *The psychology of relaxation.* Boston: Houghton Mifflin.

Pelligrini, A. (1988). Elementary school children's rough-and-tumble play and social competence. *Developmental Psychology, 24,* 802-206.

Pestalozzi, J. H. (1894). *How Gertrude teaches her children.* Translated by Lucy E. Holland and Frances C. Turner. Edited with an introduction by Ebenezer Cooke. London: Swan Sonnenschein. (Originally published in 1801).

Piaget, J. (1962). *Play, dreams, and imitation in childhood.* New York: Norton.

Piaget, J. (1965). *The moral judgement of the child.* New York: Free Press.

Read, J. (1992). A short history of children's building blocks. In P. Gura (Ed.), *Exploring learning: Young children and block play* (pp. 1-12). London: Paul Chapman.

Rogers, C. S., & Sawyers, J. K. (1988). *Play in the lives of children.* Washington, DC: National Association for the Education of Young Children.

Rogers, C., & Sluss, D. (1996). Developmentally appropriate practice in higher education. *Journal of Early Childhood Teacher Education, 17* (1), 4-14.

Rousseau, J. J. (1762/1991). *Émile.* Translated and annotated by Allan Bloom. London: Penguin.

Rubin, K. (1982). Early play theories revisited: Contributions to contemporary research. In D. J. Pepler & K. H. Rubin, (Eds.) *The play of children: Current theory and research* (p. 4-14). Basil, Switzerland: Karger.

Rubin, K. (1985). *The Play Observation Scale. (POS)* (rev.ed.) Available from K. H. Rubin, University of Waterloo, Waterloo, Ontario, N2L 3G1, Canada.

Rubin, K., Fein, G., & Vandenberg, B. (1983). Play In E. M. Heatherington (Ed.), P. H. Mussen (Series Ed.), *Handbook of child psychology: Vol. 4, Socialization, personality and social development* (pp. 693-774). New York: Wiley

Schiller, F. (1954). *On the aesthetic education of man.* New Haven, CT: Yale University Press.

Shore, R. (1997). *Rethinking the brain: New insights into early development.* New York: Families and Work Institute.

Shornkoff, J., & Phillips, D. (2000). *From neurons to neighborhoods: The science of early childhood development.* Washington, DC: National Academy Press.

Shultz, T. R. (1979). Play as arousal modulation. In B. Sutton-Smith (Ed.), *Play and learning* (p. 7-22). New York: Gardner.

Silberg, J. (2000). *Brain games for toddlers and twos.* Beltsville, MD: Gryphon House.

Singer, J. (1973). *The child's world of make-believe: Experimental studies of imaginative play.* New York: Academic Press.

Spariousu, M. (1989). *Dionysus reborn: Play and the aesthetic dimension in modern philosophical and scientific discourse.* Ithaca, NY: Cornell University Press.

Spencer, H. (1873). *Principles of psychology.* (Vol. 2; 3rd ed.) New York: Appleton.

Sutton-Smith, B. (1966). Piaget on play: A critique. *Psychological Review,* 73:104-110.

Sutton-Smith, B. (1997). *The ambiguity of play.* Cambridge, MA: Harvard University Press.

Vygotsky, L. S. (1967). Play and its role in the mental development of the child. *Soviet Psychology, 5* (3), 6-18.

Vygotsky, L. S. (1932/1978). *Mind in society.* Cambridge, MA: Harvard University Press.

CHAPTER 3

발달로서의 놀이

놀이가 좋은 음식이나 위생, 휴식처럼 당신 자녀의 종합적 발달을 위한 기초라 해도 과언이 아니다.

—Joanne E. Oppenheim, 1984

학습 개요

'아동은 놀이를 통해 학습한다'라는 슬로건은 교육자들이 자주 사용한다. 이 단원에서는 이 말에 대한 타당성을 찾아보고 영아로부터 시작하여 아동이 놀이를 통해 신체적・사회적・인지적으로 어떻게 발달하는지 살펴본다.

학습 목표

이 장을 읽은 후, 여러분은 아래와 같은 목표를 성취할 수 있다:

- 출생~8세까지의 놀이의 발달을 논한다.
- 영아 놀이의 이점에 대해 고찰한다.
- 취학 전 아동의 놀이 성과에 대해 조사한다.
- 초등학교 저학년 아동의 놀이의 가치를 탐구한다.
- 성인과 아동의 상호작용적인 놀이의 가치를 설명한다.

놀이 조망

Lu Chen이 강의를 끝내고 식료품점에 들러 집에 돌아오자 쌍둥이 Wu Chon과 Lu가 집안을 가로질러 달리는 것이 보였다. 쌍둥이들은 둘 다 타월을 어깨에 둘러매고 슈퍼맨 놀이를 하는 중이었다. Wu Chon은 달리면서 "용이 온다! 용이 온다!"라고 외쳤다. Lu Chen의 이모인 Nina는 Wu Chon을 보며 "그래, 용들이 왔어. 용들은 지금 안뜰에 있어."라고 말했다. Wu Chon과 Lu는 밖으로 달려 나가 용을 찾고 또 용에게서 도망치는 놀이를 계속했다. Lu Chen이 우편물을 집어 들고 Nina에게 다가가 "Nina, 걔네들은 온종일 이렇게 놀아요?"라고 물었다. 경험이 많은 Nina는 고개를 끄덕이며 "그럼 Lu Chen, 안 잘 때는 언제나 이렇게 놀지. 걔네들 노는 것을 보면 네가 어렸을 때를 생각나게 해. 걔네들은 언제나 노느라고 바빠. 유아원에서 돌아오자마자 놀기 시작하지." Lu Chen은 그녀의 자녀들이 잘 돌봐지고 있고 학교와 집에서 놀이를 통해 배우고 있다는 것이 기뻤다.

놀이 자극

이 시나리오에서 우리는 쌍둥이들이 놀이를 하게 만드는 힘이 무엇인지 잘 알 수 없다. 같이 있다는 것이 그들의 놀이를 설명할 수 있는 부분적 이유일지는 몰라도 말이다. 타월은 그 아동들의 가장 놀이를 위한 비계로서 작용한다. 아동들이 타월로 자기 몸을 둘렀을 때 그들은 상상의 세계로 들어가 놀이를 조정한다. 그들의 놀이는 위층과 아래층, 실외와 실내, 탁자 밑과 주위 사방에서 일어난다. 아동들이 놀이를 조종하지만 그들은 학습하고 있는 것일까? 아니면 시간을 낭비하고 있는 것일까? 이런 질문들은 많은 부모들과 교사들이 놀이에 대해 논할 때 하게 되는 질문이다. 놀이는 아동들이 시간을 유용하게 활용하게 하는 것일까?

놀이 발달

놀이는 아동 발달의 가장 높은 단계이다.

—Freidrich Froebel, 1887

발달로서의 놀이에 대한 개념은 이 단원에서 충분히 개진된다. 이 개념은 세 단계의 넓은 연령대, 즉 영아와 걸음마기 유아(출생~2세), 초등학교 취학 전 유아(3~5세), 초등학교 저학년 아동(6~8세)의 인지적 · 사회적 · 신체적 발달을 탐구 분석하는 기초로서의 역할을 한다. 따라서 이러한 개념에 대한 이해는 놀이 발달과 인간의 성장, 발달을 위한 이점들을 이해하는 출발점이다. 아동은 계속적으로 좀더 복잡한 발달 단계로 올라감으로써 진보한다. 그러나 이것이 고정되어 있는 것은 아니다. 예를 들어, 일반적인 아동들은 침대에 누워 있는 것으로부터 걷는 것으로 발전할 것이다. 그러나 어떤 아동들이 먼저 기려고 하거나 뛰려고 할 때 걷는 아동들이 오히려 틀에 벗어나는 발달을 하고 있는 것으로 보일 수 있다. 아동 개개인에 따라 발달 과정은 달라질 수 있다.

영아와 걸음마기 유아의 놀이

> 유아의 발달을 도와주는 기본적인 구성 요소는 사랑과 반응적인 보호자, 관대하고 충분한 에너지, 스킨십과 아동들의 웰빙에 대한 민감한 관심으로 이루어져 있다.
>
> —Alice Sterling Honig, 1999

영아는 초기 2년 동안 성장과 발달에 있어 예측할 수 있는 순서를 따라간다. 그들의 신체적 · 인지적 · 언어적 · 사회적 발달은 전체적인 체계 안에 서로 얽혀 있다. 이 기간 동안의 성장은 매우 빠르며 일반적인 순서에 따라 진행된다(Santrock, 2003). 같은 방법으로, 놀이도 이미 생후 2개월부터 시작되어 대상 놀이, 상징/가장 놀이, 사회적 놀이, 운동 놀이에 참여함으로써 예측할 수 있는 순서를 따라간다(Bergen, 1998; Brenner & Fogel, 2001; Piaget, 1962). 생후 2년 동안 아동은 놀이와 탐험을 통해 세상을 발견한다. 이러한 활동은 이 절에서 인지적 · 사회적 · 신체적 성장과 발달을 통해 탐구될 것이다.

인지 발달

영아의 뇌는 가소성(plastic)이 매우 강하다. 긍정적인 영향은 뇌에 자극을 주고 부정적인 영향은 뇌의 활동을 저하시킨다. 아동의 발달에 영향을 주는 요인으로는 영양, 보호, 자극, 환경 등이 있다. 놀이 활동의 유효성은 발달뿐만 아니라 두뇌의 크기에도 영향을 준다(Begley, 1997; Nash, 1997; Shonkoff & Philips, 2000).

영아는 성인과의 상호작용으로부터 이점을 얻는다.

Hughes(1999, p. 64)와 같은 연구자들은 놀이가 영아에게 주는 다섯 가지 이점이 있음을 밝혀냈다.

- 놀이는 영아를 최적의 각성상태에 머물게 하기 때문에, 영아는 지겨워하지 않으며 과도하게 흥분하지도 않는다(Power & Park, 1980).
- 놀이는 영아가 환경에 대한 감정을 조절할 수 있게 해 주고 자신감을 가지게 하며 또한 지적 성장을 촉진시킨다(Watson & Ramey, 1972).
- 놀이는 영아가 부모와 긴밀한 사회적 상호작용을 하게 이끌어 부모와 영아의 애착 발달을 촉진시킨다.
- 놀이는 영아가 자신의 주위 환경을 탐색하도록 고무한다.
- 놀이는 영아가 언어의 사회적 측면에 더욱 관심을 가지도록 해 준다(Ratner & Bruner, 1978).

영아/성인 상호작용

영아는 생존을 위해 그리고 잘 자라기 위해 성인과의 상호작용을 필요로 한다. 영아와 성인과의 관계는 발달의 모든 측면에 영향을 준다. 가장 최근의 두뇌 연구에 따르면 영아는 서로 얽힌 특정한 신경 회로들을 가지고 태어나는데 이것들은 타인과의 상호작용을 통해 강화된다(Shore, 1997). 영아가 웃으면 성인도 따라 웃고 영아가 울면 성인은 영아를 달래고; 성인이 'pat-a-cake' 놀이를 하면 영아는 웃는다. 이런 설정에서 성인은 영아가 안전함과 안정감을 느낄 수 있게 해 줌으로써 영아의 발달을 촉진한다. 생후 2년 동안 변화들은 급속히 일어나고 성인과 영아 사이에 일어나는 놀이는 영아의 성장과 발달을 위한 기회를 제공한다(표 3-1).

다음에 제시되는 발달 단계는 발달이 불변적이라는 것을 보여 주는 것이 아니라 최근 연구가 아동이 놀이를 통해 어떻게 성장하고 발달하는지에 대해 밝힌 것을 토대로 일반적인 지침을 제공한다.

놀이의 시작

영아는 인간으로 발달할 수 있는 그들의 감각과 신체적 능력을 가지고 세계로 진입한다. 연구자들에 의하면 소수의 영아들은 태어난 지 2개월 정도부

표 3-1 놀이에 영향을 주는 영아기의 상호작용

연구	실행을 위한 힌트
제목: 정신 이론 이해자로서의 모성적 정신과 애착 **지은이**: Elizabeth Meinsm, Charles Fernyhough, Rachel Wainwright, Mani Das Gupta, Emma Fradley, and Michelle Tuckey Child Development (2002), *73*(12), 1715-1726. **요약**: 성인과 영아의 사회적 관계와 아동 정신 이론을 연결시키고자 하는 시도로 조사를 함. 연구에서는 57쌍의 영아/어머니를 대상으로 유의미한 상호관계를 알아냄. 그것은 어머니가 6개월 된 영아에게 그들이 느끼는 감정과 하고 있는 일에 관해 이야기해 주면 그 아동들이 4세가 되었을 때 자신들의 생각이 다른 사람들과 다르다는 것을 보다 잘 이해하게 된다는 것이다.	부모와 유아교육자 그리고 영아 간의 사회적 상호작용은 차후의 인지 발달을 위해 매우 중요하다. 성인들이 아동에게 무엇을 하고 어떻게 느끼는지 말해 줄 때 이것이 영아에게 인지되고 있었음이 그 아동이 4세가 되었을 때 명백하게 드러난다. 유아교육자들은 그들이 아동의 사회적 행동에 대해 정확히 평가하고 책임감을 가지도록 잘 훈련되어야 한다. 아동과 성인이 함께 하는 게임은 이런 사회적 상호작용을 촉진하는 방법으로 사용될 수 있다.

터 놀기 시작한다고 말한다(Piaget, 1962). 영아들은 태어나면서부터 보고 듣고 맛보고 만지고 냄새 맡을 수 있다. 그래서 그들은 쥐고 때리고 맛보고 흔들 수 있는 능력을 가지게 된다. 영아의 발달은 놀이와 직접적으로 관련되어 있으며, 놀이는 직접적으로 영아의 발달과 관련되어 있다!

앞에서 말한 대로, Piaget는 2세 때까지를 감각 운동기라고 하였다. 이 시기의 놀이는 아동의 지적 성장 단계를 반영하며 연습/감각 운동 놀이라고 불린다. 2세 때까지는, 기능 또는 연습 놀이가 지배적이라고 해서 단지 그 놀이만을 하는 것은 아니다. 놀이가 발전되고 복잡해질수록 아동은 탐색과 대상 놀이에서 벗어나 언어적이고 상징적인 놀이로 이동한다.

Piaget는 놀이 시작의 6단계에 대해 논하였고 이것들은 태어나서 2년 동안의 놀이 발달을 개념화하는 틀을 형성했다. Shore(1997)는 이것을 "… 최적의 발달을 위한 **중요한 시간** … 두뇌가 부분적으로 특정한 학습 유형에 특히 효율적인 시기"라고 언급했다(p. 39).

1. **반사 시기**(생후~1개월): 반사 신경이 이 시기를 지배하며 영아는 보고 관찰하고 본능적으로 반응하는 데 대부분의 시간을 보낸다.
2. **1차 순환 반응**(1~4개월): 접촉은 영아의 능력 발달에 중요하다. 영아들은 그들이 손을 내뻗어 무엇인가 붙잡을 때 순환 반응을 보인다.

3. **2차 순환 반응**(4～8개월): 손을 내뻗고 잡는 것과 같은 기능들이 발달한다. 이 시기에는 즐거움을 추구하기 위한 행동을 한다.
4. **2차 도식 협응**(8～12개월): 이 시기에는 두 가지 요인이 영향을 미친다. 첫 번째는 새로운 상황에서 아는 행동들을 시도해 보는 것이다. 아동은 처음 보는 설정 속에서 자신이 기존에 학습했던 행동을 한다. 두 번째 요인은 하나의 도식에서 다른 도식으로 옮겨가는 것이다. 아동은 하나의 행동에서 또 다른 행동으로 급속히 넘어간다. 사물을 밀고 당기는 것이나 그들의 머리 위에 놀잇감을 올려놓는 것은 이 시기에 매우 즐거운 일이다.
5. **3차 순환 반응**(12～18개월): 아동은 설 수 있고 이동할 수 있으며 새로운 환경에서 그들이 알고 있는 행동을 시도하고 한 도식에서 다른 도식으로 옮겨간다. 예를 들어, 전기 콘센트에 키를 꽂는 것이다.
6. **정신적 조합을 통한 새로운 의미의 발견**(18～24개월): 유아가 잘 모르는 대상에 도식을 즐겨 적용할 때, 가작화가 가능해진다. 다른 말로 표현하면, 아동은 한 사물을 다른 사물로 대체하는 놀이를 즐긴다.

탐 구

생후 첫 1년 동안 영아는 많은 시간을 감각을 통해 주변을 탐색하는 데 보낸다. 보고 듣는 것이 이 시기에 있어 가장 주된 일이다. 영아가 성장할수록 탐색은 더 복잡해진다. 보통 관찰자에게 있어 유아의 놀이와 탐색을 구분하는 것은 특히 어렵다. 아동은 놀고 있는 것인가 아니면 탐구하는 중인가? 영아들은 대부분의 시간을 탐구하는 데에 할애한다. 영아들은 모든 감각들을 이 세계의 의미를 찾는 데에 사용한다. 걸음마기 유아들은 연습 놀이와 탐색 놀이에 시간을 분배해서 사용한다. Caruso(1984)는 **탐색 놀이**라고 불리는 것은 탐색하는 것에서 놀이로 빠른 전이를 보이며 다시 탐색으로 돌아가기 때문이라고 하였다. 2세 말경에는, 탐색은 줄어드는 반면에 가장은 증가한다. 2세 어린이가 두루마리 화장지를 탐색하는 것을 보자. 화장지를 어떻게 푸는지 알게 된 후에(탐색), 아동은 화장지를 풀어서 바닥에 떨어뜨리면서 즐거워한다(연습 놀이). 그리고 화장지를 깃발처럼 들고 온 집안을 뛰어다닌다(가장). 아동만이 상상 놀이가 무엇을 의도하는지 알고 있다. 이 시기에 걸음마기 유아의 탐색은 즐거움을 주는 원천이자 안전한지를 살펴보는 것이기도 하다. 어린이는 사물, 장난감이나 솥 혹은 프라이팬이나 상자들을 탐색하며 그것들이 무엇인지를 알아낸다. 아동은 그것이 무엇인지 확인하고 안심한 이후에 연습 놀이를 반복한다. 탐색은 영아들에게 신체 감각을 사용하여 세상에 대해 알게 해 주고 연습 놀이는 영아와 걸음마기 유아들이 신경 연결을 강화할 수 있게 해 준다.

대상 놀이

대상 놀이(object play)는 영아가 사물을 붙잡는 게 가능한 때부터 시작된다. 이것은 보통 아동이 2차 순환 반응 단계에 들어선 4개월 무렵부터이다. 대상 놀이는 아동이 성장·발달할수록 복잡해진다. 아동이가 자신의 신체에 대해서만 인식하던 것에서 벗어나서 외부 세계에 대해 인식하게 되는데 이것은 3차 순환 반응 시기에 정신적 조합(mental combinations)을 통해 새로운 의미 등을 고안하며 발달하는 것이다(Piaget, 1962). 대상 놀이를 하는데 감각과 신체적 능력이 뒤떨어지는 아동은 발달이 지연된다.

아동이 하나의 대상만을 사용하는 것을 시작으로 두 개 이상의 대상을 사용하게 되면서부터 점점 복잡한 조합을 할 수 있게 된다. 초기 대상 놀이 시에 대상은 직접적으로 영아의 관심을 끈다. 6개월 된 아동에게 딸랑이를 주

사회극 놀이를 하는 아동들은 대상 놀이에서 상징 놀이로 전환한다.

면 아동은 딸랑이와 직접적으로 상호작용을 한다. 그것은 소리가 나는가? 그것이 움직이게 되면 변하는가? 이런 물음은 '이 사물은 어떤 것인가'에 대한 것이다. 아동이 성숙해 갈수록 사물에 대한 활용이 나타난다. 1세 말 무렵의 걸음마기 유아에게 솥을 주면 솥 안에 무엇을 넣거나 꺼낸다. 하지만 2세 말경이 되면 아동의 행동에 변화가 생긴다. 이 시기의 아동은 솥을 보면 보통 머리에 쓴다. 아동의 행동이 사물에 의해 좌우되다가 후에는 대상을 스스로 지배하는 것으로 바뀌는 것이다.

대상 놀이는 일반적으로 무계획적이고 기능적인 놀이를 하면서 다른 행동들을 이끌어낸다(Rubin, Fein, & Vandenberg, 1983). **기능 놀이**에서 아동은 사물을 자신이 살고 있는 문화 안에서의 기능으로 사용한다. 음료수 컵은 마시는 흉내를 내기 위해 사용된다. 장난감 휴대폰은 진짜 휴대폰처럼 사용된다. 아동은 물건을 현실을 모방하기 위해 사용한다. **무차별적 놀이**는 아동이 무차별적인 방법을 사용하고 있을 때 나타난다. 예로 컵을 세게 친다던지 휴대폰을 던지는 행동 등이다. 이런 형태의 대상 놀이는 DVD 플레이어 안에 빵을 집어넣는 것과 같은 결과를 초래해 젊은 부모나 유아교육자들을 종종 당황시키고 어이없는 웃음이 나오게 한다.

대상 놀이의 단계

상징 놀이

유아들은 흉내 내기나 현실적이지 않은 놀이를 돌을 전후해 시작하여 2세가 될 때까지 점점 복잡한 놀이로 발전시킨다. Piaget의 상징주의에 대한 기본적인 연구는 최근 연구의 기초가 되고 있다. 세 가지 상징 놀이의 주요 요소가 생후 2년 동안에 일어난다(Bretherton, 1984; Fenson, 1986).

1. 탈 맥락화(decontextualization)
2. 탈 중심화(decentration)
3. 통합(integration)

(1) 탈 맥락화. **탈 맥락화**는 아동이 어떤 대상이나 행동을 상징적으로 다른 대상이나 행동으로 표현할 때 나타난다. 아동의 첫 번째 가장은 탈 맥락화이다. 아동이 사물(장난감)을 가지고 놀고 있는 중에 베개를 보았다. 카펫 위에

서 놀고 있지만 아동은 마치 자는 것처럼 베개를 베고 눕는다. 머리가 베개에 닿을 때 아동은 그것이 진짜가 아니라는 것을 알기 때문에 성인을 쳐다보고는 미소 짓는다.

(2) 탈 중심화. **탈 중심화**는 아동이 자신에게만 초점을 맞추던 것에서 다른 사람에게로 초점을 옮겨갈 때 시작된다. 아동이 18개월 무렵 모방 놀이에 다른 사람을 참여시키기 시작하면서 발생한다. 상징성은 이미 1세 무렵에 알게 되는데 그 시기의 아동은 자신에게만 초점을 맞추기 때문에, 예를 들어 아동은 이불을 자신의 머리 위까지 끌어올리기를 원한다. 그러나 18개월이 되면 이불을 말아서 자신의 머리뿐만 아니라 다른 사람의 머리에도 올려놓기를 원한다. 즉, 아동은 다른 사람들도 이 세상의 일부라는 것을 인식하기 시작하는 것이다.

(3) 통합. 통합은 다중적 도식 놀이 경험에 여러 개의 단일 도식 조합을 포함시키는 것이다. 침대 위에 인형을 눕히는 체 하는 행동들은 일반적으로 2세경에 관찰되는데 이처럼 많은 놀이들이 현실을 모방하고 사회의 관습을 따르는 것처럼 보인다. 이것은 놀이가 규칙에 따라 움직인다는 것을 보여준다.

언어 발달

성인과 영아 사이의 상호작용은 의사소통 기술의 발달에 필요하다. 언어와 의사소통의 기본은 성인과 영아가 함께 하는 놀이를 통해서 정립된다. 몇몇 사람들은 상호작용이 갖고 있는 상호적 특성으로 인해 게임 놀이의 형태로 보는 반면에 몇몇 다른 학자들은 이것을 게임 놀이로 보지 않고 상호 놀이로 본다. 성인이 "오, 너는 오늘 정말 행복하구나!"라고 말하면 영아는 입을 움직이려고 시도한다. 성인이 "곰을 볼 준비가 되었니?"라고 말하면 영아는 재잘거리며 반응을 한다. 이것은 영아와 성인이 상호 대화에서 벗어날 때까지 계속된다. 이것은 놀이인가 아니면 사회적 상호작용인가? 두 가지 모두이다. 성인이 아동의 관심을 끌수록 아동은 놀이와 대화에 필요한 지식들을 발달시킨다.

사회적 발달

> 부모와 영아가 함께 놀기 좋아하고 서로 교류하기를 즐기면 영아는 매우 안정적으로 애착이 형성되고 문제 해결 과정을 즐기며 성인과 또래와 사교적이게 된다.
>
> —Leila Bechwith, 1985

영유아들은 성인들과 나이가 많은 또래들과 어울리며 그들의 문화 속으로 사회화된다. 성인과 아동의 관계는 문화와 민족에 따라 다르다. 서구에서는 독립성을 가르치는 반면 동양에서는 협동을 가르친다(Tobin, Wu, & Davidson, 1989). 민족과 문화별로 다른 독특한 특성들에 대한 이해는 모든 아동의 사회적인 성장과 발달 촉진에 필수적인 요소이다(Marshall, 2003). 전 세대에서 다음 세대로 내려와 많은 사람들에게 계속적으로 전해지는 활동들은 전통 놀이 유형이라고 이야기한다(Cooney & Sha, 1999). 사회적 상호작용은 개체로서의 아동 그리고 그들의 고유한 사회적·문화적 전통과 역사를 항상 고려해야 한다.

애 착

아동이 맺는 최초의 관계는 부모, 유아교육자들, 조부모, 형제자매, 이웃을 포함하는 성인과의 미시 영역 안에서 정립된다. 아동은 한 명 이상의 성인과 애착을 형성하게 되는데 애착은 사회적·정서적 성장과 발달의 기반이다. Honig(2002)에 따르면 **애착**이란 "… 아기 또는 유아의 일상생활의 한 부분인 보호자와의 강한 정서적 유대이다."(p. 2) 안정적인 애착은 아동의 자신에 대한 인식과 세상에 대한 관점의 기초를 형성한다. 일관성 있는 보호자에게 양육 받은 유아는 신뢰를 배우게 되고 신뢰감 형성으로 유아는 사회적·정서적으로 바람직하고 건강하게 성장하게 된다.

놀이는 애착을 강화시킨다. 성인과 영아가 함께 놀 때, 영아들은 의사소통신호와 순서 교대에 관한 지식을 얻고 세상에 대한 감각을 갖기 시작한다. 애착은 성인이 영아들이 웃을 때 같이 웃고, 포근한 노래를 불러주고, 방안을 자유롭게 돌아다니게 놔두고 숨어 있다가 영아들을 놀라게 하는 놀이를 할 때 강화된다. 생후 첫 달 동안에 영아와 강한 애착 관계를 형성한 반응적인 성인들은 영아가 성장함에 따라 변화해 가는 것을 알 수 있다. 9~10개월 사이의 아동들은 친숙한 보호자나 애착이 형성된 성인이 보이지 않으면 두려

표 3-2 영유아 사회 놀이

연구	실행을 위한 힌트
제목: 영아기의 얼굴 표정과 행동에 대한 기억과 주의: 역동적인 사건들 속의 얼굴을 통해 나타나는 특징 **저자:** Lorraine E. Bahrick, Lakshmi J. Gogate, and Ivonne Ruiz Child Development (2002), *73*(15), 1629-1643 **요약:** 이 연구는 영아들이 자신의 주위에서 일어나는 사건을 어떻게 이해하는지를 알아보았다. 영아들은 단일 형태의 자극보다는 두 가지 형태의 자극을 받을 때 얼굴을 더 잘 기억하고 구별할 수 있다. 그들은 사라져버리는 이야기보다는 표정 있는 얼굴을 더 좋아하고 무표정한 얼굴보다는 다양한 움직임(리듬, 템포, 긴장감)을 더 선호한다.	영아들은 얼굴보다는 움직임에 더 반응한다. 영아들과 상호작용을 하는 유아교육자들은 노래를 부르거나 흔들어 주는 행동을 통해서 얼굴을 보면서 하는 것보다 행동을 통해서 더 빨리 친밀감을 형성할 수 있다.

움을 느낀다. 9~18개월 사이가 가장 강렬한 시기이며 나이가 더 많은 유아들의 애착에 대해서는 이 단원의 뒷부분에서 논할 것이다. 성인과 영아의 사회적 상호작용은 인지 발달을 촉진시킨다. 표 3-2를 참조하라.

정 서

Erikson은 인간의 전 생애에 대한 사회적·정서적 발달 단계를 만들었다. 그는 영아가 생후 2년 동안에 불신보다는 신뢰를 발달시키려는 욕구가 있다는 것을 인식했다. 안정된 애착은 신뢰 관계가 형성되었음을 반영하며 신뢰의 발달은 건강한 정서 발달로 나타난다. 정서적 발달은 주로 애착 문제와 연결되어 있다. Greenspan과 Greenspan(1990, p. 3)은 건강한 정신 건강으로 이끄는 6단계의 정서적 발달을 제시하였다.

1. 생후~3개월 　보호, 편안함, 흥미로운 광경을 보고 소리를 느끼며 세상을 조절하고 관심을 가진다.
2. 3~7개월 　사랑하기 위해 사랑받기를 원한다.
3. 4~10개월 　목표 지향적 대화 능력을 키우기 위해 감각적이고 감정이입할 수 있는 단서들을 인식한다.
4. 9~18개월 　복합적인 자신의 감각을 기르기 위한 조직적이고 의

도적인 상호작용을 한다.

5. 18～30개월　　정서적 사고를 기르기 위한 모방 놀이와 언어의 기능적 사용이 가능하다.

6. 30～48개월　　정서적 사고를 키우기 위해 가장 놀이와 언어에 있어서의 효과적 제한과 논리적 사용을 할 수 있다.

또래 놀이

영아와 걸음마기 유아와 또래와의 사회적 놀이를 연구하는 학자들은 사회적 상호작용의 기본이 유아기에 시작된다고 믿는다(Fogel, 2001; Verba, 1994). 아주 어린 영아도 기쁜 얼굴과 슬픈 얼굴을 구분할 수 있다(Rubenstein, Kalakanis, & Langlois, 1999). 많은 시설들이 친밀감을 주기 위해 기저귀를 갈아주는 영역과 방 전체에 아기의 사진을 붙여놓는다. 초기의 영아에 관한 연구에서는 2세 이전에는 확장된 또래 집단 놀이에 참여할 수 없다고 알려져 왔으나(Piaget, 1962), 최근의 연구들은 영아들도 다른 영아들이 노는 것을 쳐다보는 것으로부터 시작해서 16개월에서 20개월 정도가 되면 같이 놀기 시작한다는 것을 알아냈다(Howes, 1992). 영아와 걸음마기 유아의 숫자가 증가할수록 이 영역에 관한 추가적인 연구가 필요하다.

사회적 놀이의 유형

많은 영아-걸음마기 유아(infant-toddler)의 사회적 놀이는 부모 또는 다른 성인과의 상호작용과 관련해 연구되어 왔다. 예로, Tiffany Field(1979)는 걸음마기 유아와 타인과의 상호작용은 그들의 어머니에 의해 영향을 받는다는 것을 알아내었다. 또래 집단과의 사회적 놀이의 유형에 관한 연구는 영아가 단지 또래들을 지켜보는 것에서 무엇인가를 주고받고 달리고 붙잡는 것과 같은 행동으로 옮겨가는 것을 발견했다. 사회 가장 놀이(social pretend play)는 약 12～15개월에 시작되는데 영아들은 또래들의 행동을 흉내 내며 꾸준히 발달하여 31～36개월 무렵에는 상호적인 사회 가장 놀이를 하게 된다(Howes, 1992). 이와 같은 초기의 상호작용들은 사회극 놀이와 협동 놀이(cooperative play) 발달의 기초가 된다.

신체 발달

신체적 성장과 발달이 가장 빠르게 일어나는 시기는 생후 2년 동안이다. 생후 1년 안에 아동의 몸무게는 3배가 되고 기어 다닐 수 있고 설 수 있으며 걸을 수도 있다.

2세경까지 아동은 이동성을 더욱 다듬고 연습한다. 생후 2년 동안의 놀이에 미치는 가장 큰 두 가지 주요한 요소는 치아가 나는 과정(7개월~3세까지)과 대소변 훈련(14개월~2세반 또는 3세까지)인데 이 두 가지 과정들은 아동의 안정도와 놀이에 영향을 미칠 수 있다.

영아-걸음마기 유아의 이동은 3단계로 나눌 수 있다: 이동성 없음, 낮은 이동성, 높은 이동성(Wellhousen, 2002) 등이다. 이동성 없음의 개념은 영아가 아직 자신을 추스르지 못하고 제한된 이동성으로 인해 성인의 의해 이동될 때 사용되는 용어이다. 그들은 듣고 보고 만짐으로써 세상에 대해 알게 된다. 낮은 이동성은 영아가 제한된 이동성을 가지고 있지만 스스로 한 장소에서 다른 장소로 움직일 수 있는 단계를 말한다. 높은 이동성 단계에 있는 영아는 어디든지 기어 다니고 돌아다니며 올라갈 수 있다!

심리 운동 기능

운동 발달은 생후 2년 동안 확실한 변화들을 보인다. 처음에는 이동하기 어려운 상태에서 시작하지만 2세 말 경에는 영아들의 이동성이 확실하게 발달된다. Seefeldt와 Barbour(1998)는 이런 상호작용을 설명하길

> 영아의 초기 움직임은 둔한 신체 행동으로 팔과 손, 손가락을 자유자재로 움직이지는 못하지만 어깨는 움직일 수 있다. 1년 정도가 지나기 전에 영아는 자유자재로 손가락을 움직이고 엄지와 검지로 대상을 잡을 수 있다(p. 429).

총체적인 운동 발달은 대근육 운동 기능과 관련이 있고 소근육 운동들은 세부 운동 기능을 포함한다. 생후 2년 동안 두 가지 기능 모두 발달하지만 총체적인 운동 기능이 더 지배적이다. 운동 기능의 발달을 관찰한 연구는 표 3-3에 나와 있다.

표 3-3 영유아 운동 놀이

연구	실행을 위한 힌트
제목: 영아의 걸음마는 어떻게 변화하며 그 이유는 무엇인가? **저자:** Karen E. Adolph, Beatrix Vereijken, and Patrick E. Shrout Child Development (2003), *74*(23), 475-497 **요약:** 9개월, 17개월, 5~6세경, 그리고 대학생 때의 걸음을 연구한 결과에 따르면 발자국은 걷기기술의 꾸준한 향상을 보여 준다. 나이가 들수록 보폭은 길고 정확해지며 곧아지고 일정해진다. 영아 시기의 걷기 경험은 기술 향상에 큰 도움을 준다. 걷기 기술의 가장 중요한 요소는 경험이다. 이러한 연구 결과는 연습이 유아의 약한 근육을 사용하게 하고 불안정한 균형을 잡는 것을 도와주기 때문에 중요한 발달적 요소임을 깨닫게 한다.	걷기는 나이와 경험에 의해 발달하는 하나의 발달 과정이다. 아동들이 자유롭게 움직이고 돌아다니는 기회를 주는 유아교육자들은 아동의 신체 발달을 촉진시키고 있는 것이다.

초등학교 취학 전 유아의 놀이

> 놀이와 상상은 인지 기능을 촉진시키거나 문제 해결 능력을 간접적으로 향상시키기 때문에 중요한 것은 아니다. 오히려 놀이나 상상은 인간이 되게 하는 중심적인 요소이고 문제 해결 능력은 상상 능력의 부산물인 것이다.
>
> —Brian Vandenberg, 1983

유아들은 이 시기에 생후 2년 동안처럼 빠른 속도는 아니지만 꾸준히 성장하고 발달한다. 어떤 아동들은 협응 능력이 잘 발달하여 아주 이른 시기에 걷고 뛸 수도 있다. 또 다른 아동들은 매우 명확하게 말할 수 있고 퍼즐도 쉽게 맞출 수 있다. 이 연령기의 아동들에게 놀이는 공통적인 것이다. Berger와 Thomson(1996)은 2~6세 사이를 **놀이 시기**(play years)라고 명명했다. 유아원 시기는 놀이 시기에서 중간에 위치하는데 환상(fantasy)과 가장(pretend)은 이 시기에 지배적이다. 아동들은 놀이 기술을 연습에서 가장으로, 미완성 상태에서 점점 완성된 놀이로 변화시킴으로써 기술을 향상시킨다. 식탁에서 음식을 던지던 2세의 아동이 4세가 되면 소파를 사자우리라고 가장하고 논다. 이러한 발달 과정은 여러 가지 다른 종류의 놀이를 통해 신체적 · 사회적 · 인지적 범위 안에서 나타나고 문화와 민족 및 개인에 따라 다양하게 나타난다. 이러한 상이한 단계에 대해 잘 알고 있는 유아교육자들은 아동과 아동의 놀이에 매우 민감하게 반응한다.

인지 발달

> 상상은 감각을 통해서는 느낄 수 없는 이미지들을 창조하는 것이다. 우리 모두는 그러한 능력을 밤낮으로 사용하고 있는데 … 인간 지능의 발달은 정신 능력에 따라 좌우된다. … 아동이 환타지와 상상에 몰두하는 것은 발달에 있어 필수적이다.
>
> —Joseph Chilton Pearce, 1997

취학 전 아동들은 성숙되어가는 과정에 있다. Piaget(1952/1974)는 이 시기를 **전조작기**(preoperational period)라고 불렀다. 이 연령대의 두 가지 주요한 특징은 물활론과 자기중심성이다. 이 시기의 아동들은 자신들이 세상의 중심이라고 생각한다. 4세 유아가 달에 대해 이야기하는 것을 들어 보자. 그 유아는 달이 자신의 움직임에 따라 움직인다고 믿는다. 전조작기는 행동을 통해 확립된 생각을 재구성할 수 있는 능력이 시작되는 시기이다. 이런 특성들은 이 시기의 놀이에 큰 영향을 미친다.

이 시기의 어린이들은 보는 대로 믿고 논리보다는 감각에 의존한다. 그래서 마술은 그들에게 진짜 마술이다. Paley(1981)는 『월리의 이야기(Walley's Stories)』에서 달에 관한 아동들의 대화를 썼다.

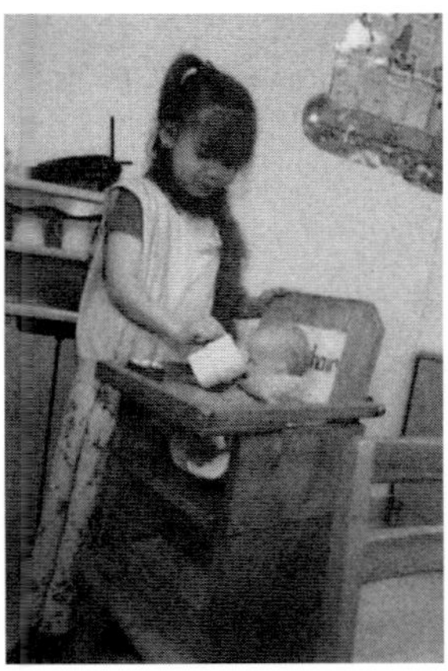

이 아동은 놀이 시기에 있다.

> Earl이 달에 있는 사람에 대해 이야기하자 아동들은 진지하게 그 주제를 탐구했다.
>
> Earl: 나의 사촌이 말하길 나도 달에 들어갈 수 있다는데 어머니한테 말하니까 어머니가 그것은 단지 상상이라는 거야.
> Wally: 그는 얼굴도 없고 몸도 없지.
> Lisa: 그럼 볼 수도 없겠네. 그는 실제 인물이 아니니까.
> Deane: 그런데 어떻게 달에 들어가 있지?
> Wally: 드릴로 구멍을 뚫고.
>
> … 아동들이 현실과 환타지의 경계를 확실하게 알고 있지 못하기

때문에 아동들은 초자연적인 것을 생각해낸다. 달의 일부가 사라지면 아동들은 달나라 사람들이 신기하게 그들의 환경을 조절할 수 있다고 생각한다. 아동들이 그들의 생각을 얘기하느냐 하지 않느냐는 그들 자신의 언어적 능력과 성인의 수용여부에 달려 있다(pp. 63-65에서 발췌).

표 3-4를 보면 성인들이 아동들의 생각하는 방법을 이해해야 한다는 것을 뒷받침 해 준다.

취학 전의 시기 동안, 인지 발달 단계에 변화가 일어나고 그 변화는 놀이 속에 투영된다. 아동들은 추상적인 사고를 할 수 있는 능력이 발달함에 따라 연습 놀이에서 상징 놀이로 이동한다. 뇌 연구의 문헌에는 두뇌가 좀더 분화됨에 따라 주요한 연결들은 강화시키고 불필요한 다른 것들은 간결하게 한다는 것이 밝혀져 있다. 놀이는 상상력과 창의력이 포함된 더 높은 단계의 사고에 필요한 상징적 사고를 발달시킨다. '있을지도 모르는 것'의 개념은—구체적인 것 혹은 '있는 것'같은 개념으로부터 '있었던 것', '있을 수 있었던 것', '시도할 수 있는 것', '일어날지도 모르는 것' 그리고 마침내 순수한 환상의 세계로 이동하게 된다—상상이라는 인간 경험의 시금석이다(Singer & Singer 1992, p. 108).

표 3-4 놀이에 영향을 미치는 취학 전 아동의 사고과정

연구	실행을 위한 힌트
제목: 능력에 관한 취학 전 아동의 추론 **저자:** Gail D. Heyman, Caroline L. Gee, Jessica W. Giles Child Development (2003), *74*(19), 516-534 **요약:** 이 연구는 155명의 취학 전 아동(평균 4년 10개월)들을 조사하여 그들의 정신 상태와 타인의 정신 상태에 대한 아동의 추론을 이해하기 위한 시도를 하였다. 조사 결과 취학 전 아동들은 열심히 일하는 것과 학문적 성공은 관계가 있는 것으로 생각하고 있었으며 또한 친사회적 행동과 학문적 성공과도 관계가 있는 것으로 인식하고 있었다. 9~10세의 아동 40명(평균 9년 10개월)을 연구했을 때는 이러한 경향이 줄어드는 것으로 나타났다.	이 연구는 놀이에 적용될 수 있는 정보를 제공한다. 초등학교 아동들은 매력적으로 보이는 것이 학문적인 성공의 차이를 만든 다고 생각하기 때문에 그것이 긍정적인 다른 행동을 초래하는 요소라고 생각한다. 이것은 교실 내의 보상(reward) 사용에 시사하는 바가 있다. 취학 전 아동들은 노력과 결과는 불가분의 관계에 있다고 생각한다.

구성 놀이

이 시기에 일어나는 놀이의 한 가지 유형은 구성 놀이인데 아동이 무엇을 창조하는데 재료를 사용할 때 발생한다(Forman & Hill, 1984; Isenberg & Jalongo, 2001). 그들은 어떤 대상을 표현하기 위해서 만들거나 아니면 목적 없이 단지 만들기만 할 수도 있다. 아동이 찰흙을 가지고 놀거나 블록 쌓기를 하거나 그림을 그리는 것은 구성 놀이를 하고 있다는 것이다. **구성 놀이**는 일반적으로 최종 결과물을 만든다. Piaget는 구성 놀이가 현실에 가깝다고 보았기 때문에 구성 놀이를 놀이라고 믿지 않았다. Piaget는 아동들이 무엇인가를 탐구하는 중이거나 구성하는 중일 때 아동들은 새로운 정신 구조를 만들거나 정보들을 조절하고 있다고 생각했다. Smilansky(1968)의 연구는 이것을 다른 종류의 놀이로 인식했으며, 최근의 많은 학자들은 구성 놀이를 연습 놀이에서 상징 놀이로 가는 과도기적인 놀이라고 보는 경향이 있다. 아동들이 구성적 놀이를 다른 종류의 놀이보다 취학 전 학급에서 많이 하고 있더라도 구성 놀이는 임시로 거쳐 가는 놀이일 뿐이다(Sluss & Stremmel, 2004).

한 아동이 블록을 가지고 놀 때 무엇인가를 짓기 시작할 것이다(구성 놀이). 그 아동은 자신이 만든 것을 보고 좌우에 다시 블록을 추가한다(탐색). 블록을 더 추가하고(연습 놀이) 또 다시 보고는 "이것은 마천루이고 괴물이 오고 있어(상징 놀이)."라고 말한다. 구성 놀이는 아동이 탐색, 연습 놀이로부터 상징 놀이로 전환하고 다시 그 순환을 반복할 때 일어난다. 구성 놀이를 하는 동안 아동은 더 구조적이고 기능적으로 놀이를 한다. 아동이 발달함에 따라 구성 놀이와 상징 놀이는 우세해진다.

상징성은 극 놀이의 중요한 요소이다

상징 놀이

상징 놀이 혹은 가작화는 아동이 대상이나 행동을 다른 대상이나 생각을 표현하는데 사용할 때 나타난다. 아동은 블록을 사용하여 비행기를 표현하기도 하고 누워서 자는 체를 하기 위해 베개로 사용하기도 한다. 상징은 18개월 무렵 나타나며 극 놀이는 2세 무렵에 발달되기 시작한다. 극 놀이는 어린이가 성숙함에 따라 복잡해지는데 5~6세에 이르러서 최고조에 도달한다. **극 놀이**는 질서정연하고 정확한 현실의 모방과 놀이 역할의 집단적 상징을 포함하는 현실의 모방으로 간주된다(Piaget, 1962). 극 놀이는 아동들이 상징적 사고를 필요로 하는 복합적인 가작화를 할 수 있게 해 준다. 2~3세 어린이들은 기본적으로 가장 놀이를 할 때 놀잇감이나 대상에 집중하는 반면에 4~5세가 되면 사람을 참여시켜 각기 다른 역할을 분담한다. 이것이 가장 복잡한 가장 놀이인데 **사회극 놀이**라고 부른다.

사회극 놀이

극 놀이의 특별한 유형인 사회극 놀이는 두 명 이상의 아동들 사이에서 발생하는데 이 놀이를 하는 동안 구두로 대화하고 협력적으로 역할을 조정한다(Isbell & Raines, 2003; Isenberg & Jalongo, 2001). Sarah Smilansky(1968)는 세계의 서로 다른 쪽에서 살고 있는 아동들이 서로 다른 종류의 사회극 놀이를 하고 있음을 밝혀냈다. 보통 극 놀이로 시작된 것은 사회극 놀이로 전환된다. 그녀는 일반적으로 사회극 놀이가 내포하고 있는 여섯 가지의 특징에 대해 기술했다(Smilansky & Shefatya, 1990). 첫 네 개의 특징은 극 놀이와 사회극 놀이에서 공통적으로 나타나는 것이며 마지막 두 개의 특징은 사회극에서만 나타난다.

1. 모방적 역할 놀이. 아동은 가작화된 역할을 맡고 모방적인 행동이나 언어로 표현한다.
2. 대상을 ~인 체하는 가작화. 움직임, 언어적 선언, 실제 대상을 대체할 수 있는 놀잇감 또는 장난감
3. 행동이나 상황을 ~로 가장하는 언어적 가작화. 언어적 설명과 선언들로 행동이나 상황을 대체한다.
4. 역할극의 지속. 아동은 하나의 역할이나 하나의 놀이 주제로 적어도 10분 이상 지속해서 놀이한다.

사회극에서만 나타나는 것:

5. 상호작용. 적어도 두 명의 참여자가 놀이 에피소드의 상황 안에서 상호작용한다.
6. 언어적 의사소통. 놀이 에피소드와 관련된 언어적인 상호작용(p. 24)

가작화는 유치원에 다니는 시기가 끝날 무렵 최고조에 이른다.

영웅 놀이

영웅 놀이(superhero play)는 취학 전 시기에 시작된다. 많은 교사들은 교실에서 이런 유형의 놀이를 금지시킨다. 영웅 놀이는 가장 놀이와 격렬한 놀이(R & T)가 결합된 놀이이다. 어떤 교사들은 모든 영웅 놀이가 폭력적이거나 공격적인 내용을 담고 있다고 생각한다. 그러나 공격적이고 폭력적인 내용들을 결코 허용하지는 않지만 놀이를 중단시키는 것은 언제나 놀이 자체를 감소시킬 위험을 내포하고 있다. 실제적인 메시지는 "내가 받아들일 수 있을 때만 그 놀이를 할 수 있어."라는 것이고, 그러한 메시지는 놀게 하는 것이 아니라 놀이를 중단시키는 메시지가 될 것이다.

영웅 놀이는 아동에게 유익할 수 있다. 그것은 격렬한 놀이에 상징성을 부가하고 이것들은 모두 유익한 놀이 유형으로 받아들여질 수도 있다. 망토나 수건을 두르고 있는 아동은 그 망토가 강한 힘을 주는 가상의 망토라고 생각한다. 아동은 감정이입이 되어 공격의 희생양을 구한다. 아동들이 다른 악당들을 상상할 때 그들은 상징성을 갖게 되는 것이다. 어떤 아동들은 망토를 두르고 학교에 가서 자신들의 주제로 놀기도 한다. 이것은 집에서 같이 놀 놀이친구가 없는 어린이에게 집단 놀이나 협동 놀이를 고무시킬 수 있다. 실내에서 사회극 놀이를 경험해 본 적이 없는 아동들도 실외 놀이터에서 영웅의 역할을 협의하고 함께 사회극 놀이를 할 것이다.

영웅 놀이가 끝나기 전에 그것이 영웅 놀이인지 격렬한 놀이 혹은 전쟁 놀이인지를 관찰하여 구분할 필요가 있다. 영웅 놀이와 격렬한 놀이는 긍정적인 특성을 갖고 있으므로 고무되어야 하는 반면에 전쟁 놀이나 폭력적 주제들은 다르게 접근되어야 한다; 여기에 대해서는 다음 절에서 설명할 것이다.

전쟁 놀이

많은 성인들이 영웅 놀이와 전쟁 놀이(war play)를 혼동하고 있다. 전에 언급한 대로 전쟁 놀이는 스칸디나비아 몇몇 나라들에서 금지되고 있다. 반대로 미국에서는 허용될 뿐만 아니라 심지어 장난감과 미디어의 공세 속에 권장되고 있다. 심지어 아동을 그런 환경에 노출시키지 않기를 원하는 부모들도 미디어와 광고회사들을 거의 통제할 수 없다(Carlsson-Paige & Levin, 1990). 유아교육자들도 똑같은 문제에 직면해 있다. 오늘날 많은 유아교육기관들은 장난감 총 소유 금지 규칙을 가지고 있지만 어떤 센터들은 이것이 대중문화의 한 부분이라고 믿는다. 어떤 회의에서 교사들이 총과 전쟁 장난감들의 이점에 대해 논쟁하던 중 그들은 소리 지르며 싸움 직전까지 가기도 했다. 교사들과 부모들은 이 주제에 관해 매우 예민한 시각을 가지고 있다.

아동들은 언제나 다른 사람들이 사용하는 것을 어디선가 보았던 총과 다른 무기들을 가지고 논다. 총을 아동의 손에서 빼앗는 교사들은 아동들이 손가락으로 가짜 총을 만드는 것을 볼 때 종종 놀라며 좌절하기도 한다. 심지어 접시 위에 있는 당근도 총으로 변할 수 있다. 이런 행동을 어떻게 설명해야 될까? Groos의 고전적인 놀이 이론인 아동들이 성인의 역할을 준비하기 위해 놀이한다는 연습 놀이(2장 참조)로 설명할 수 있을까? 상징 놀이와 신체적 놀이의 교차가 이런 흥미를 끌게 하는가? 총을 연상시키게 하는 힘에 영향을 받는 것인가? 그것은 아마도 이 모든 요소들의 조합일 것이다. 앞으로 이 분야에 대한 추가적인 연구가 필요하다.

유아들은 가작화의 초기 단계에 머물러 있고 사회극 놀이보다는 단순한 극 놀이를 많이 한다. 그들의 놀이는 매우 간결하고 일시적이고 즉흥적이다. 많은 교사들은 아동들이 혼자 남겨져 있으면 영웅 놀이나 총 놀이에 싫증을 느껴서 다른 주제로 넘어갈 것이라고 믿는다. 어떤 교사들은 영웅 놀이나 총 놀이 둘 다 교실에서 금지시킨다. 그러나 두 개의 접근 방법 모두 도움을 주지는 않는다. 놀이를 지도할 때는 민감하고 사려 깊은 교사가 필요하다. 유아의 놀이를 지도하는 방법은 5장에서 자세히 다루어질 것이다.

언어 발달

유아기의 언어 발달은 매우 빠른 속도로 이루어지며 사회 문화적 요소는 언어의 발달에 크게 영향을 끼친다. Shirley Brice Heath(1983)의 연구는 아동들의 상이한 가정에서 비롯되는 언어적 능력의 차이를 상기시키는데 그것은 낮은 사회경제적 수준의 가정에서 자란 아동은 풍족한 가정의 아동보다 어휘력이 떨어진다는 것이다. 놀이는 아동이 비형식적 상황에서 단어들을 사용하게 하고 놀이는 에피소드적이며 언어는 유동적이다. 놀이는 아동이 놀이를 하고 놀이에 대해 이야기하고 놀이의 줄거리를 말하게 함으로써 언어 발달을 촉진시킨다.

사회성 발달

2~5세 사이에 일어나는 사회적 변화는 뚜렷하다. 아동은 사회적 능력을 갖추게 하는 자기 감각을 발달시킨다. 취학 전 아동들은 Erikson이 말한 '근면성 대 죄책감' 단계로 들어가며 부모에 대한 의존에서 벗어나 자율적인 개체가 된다. 놀이는 사회적·정서적 발달의 기회를 제공한다. Mildred Parten (1932)의 고전적 연구는 6단계를 내포하고 있는데 취학 전 아동들은 일반적으로 연구에서 밝혀진 대로 모든 단계에 관련되어 있다. 이 시기에 방관적 놀이와 단독 놀이는 지속적으로 일어나고 또한 병행적이고 연합되며 협동적인 놀이도 이 시기에 발달한다. 병행 놀이는 두 어린이가 나란히 놀지만 서로 상호작용을 하지 않을 때의 놀이를 말하며 이것은 3세에 분명하게 나타난다. 연합 놀이는 두 어린이가 상호작용을 하며 노는 놀이를 말하며 3~4세에는 연합 놀이를 많이 한다. 협동 놀이는 일반적으로 4세 전에는 명확하게 일어나지 않는데 협동 놀이는 사회적 상호작용의 가장 성숙한 단계를 반영한다. 단계에 관한 개관은 1장에 소개되어 있다.

또래 놀이

이 시기의 또래 놀이는 가장 놀이를 포함한다. 고차원적 가작화 놀이를 하는

표 3-5 유아 사회적 놀이

연구	실행을 위한 힌트
제목: 환경 속의 자신 — 일본과 미국의 모자 관계에서의 자율과 관계 **저자:** Tracy A. Dennis, Pamela M. Cole, Carolyn Zahn-Waxler, and Ichiro Mizuta Child Development (2002), *73*(15), 1803-1817 **요약:** 이 연구는 미국과 일본에 거주하고 있는 각각 30쌍의 취학 전 아동을 가진 어머니들과 그들의 아동들을 대상으로 차이점과 유사점을 조사하였다. 자유 놀이 도중에 관찰된 말, 감정, 주목할 점 등이 기록되었다. 양국의 어머니들의 차이는 유의미하게 나타났으나 아동들 사이의 차이는 유의미한 결과가 나타나지 않았다. 미국의 어머니들은 자율(Autonomy)을 더 강조하는 반면 일본의 어머니들은 공존(Coexistence)을 더 강조하였다.	유아교육자들은 아동에게 미치는 문화의 영향을 알아야 한다. 놀이에 나타나는 전형적인 행동들이나 의존상태는 아동의 문화가 반영된 것이다.

아동들은 보통 잘 적응하는 아동들이다. Connolly와 Doyle(1984)은 "아동이 참여하는 상징 놀이의 정도와 복잡성은 사회적 능력을 측정하는 네 가지와 밀접하게 연결되어 있다: 교사의 사회적 기술의 평가; 또래에서의 인기; 중요한 역할을 맡는 능력; 긍정적 사회 활동의 정도(예: 우정의 표현, 놀이로의 초대와 대화의 양)"(p. 16). 고도의 상징적인 놀이에 참여하는 아동들은 주로 리더들이다. 그들은 놀이를 지휘할 뿐만 아니라 다른 아동들을 놀이에 참여시키기도 한다. 하나의 단서: 표 3-5에서 설명한 것과 같이 문화는 사회적 상호작용에 강한 영향을 미친다.

신체 발달

> 우리는 국가적으로 운동 부족 상태에 있다. 운동하는 대신 눈으로만 보고, 걷는 대신 차를 탄다. 우리의 생활양식은 건강한 삶을 위해 필수적인 최소한의 신체 활동도 박탈하고 있다.
>
> —John F. Kennedy, 1961

2~5세까지의 아동들은 놀라운 민첩성과 운동 기능을 얻게 된다. 움직임에 관련된 기능을 뜻하는 **이동 운동 기능**은 더욱 다듬어진다. 이것은 달리기, 점프하기, 깡충깡충 뛰기, 구르기, 기어오르기, 계단을 오르내리기, 뛰어오르기 질주하기 등이 여기에 속한다. 소근육 운동 기능은 보통 속도로 발달하는데 유아들은 퍼즐을 맞추고 칫솔을 사용하고 블록 놀이를 하고 진흙으로 무엇인가를 만들고 지퍼를 열고 단추를 채우는 것을 배우고 즐긴다.

3~4세 유아들은 걸음마기 유아들에 비해 더 많은 능력을 갖고 있는데 그들은 걷고 잘 달릴 수 있을 뿐 아니라 깡충깡충 뛰어다니고 점프하고 가볍게 뛰놀면서 공을 던지고 계단을 오르고 간단한 세발자전거를 탈 수 있다. 이 시기에 아동들은 음악에 맞추어 손뼉 치며 돌고 발을 구르는 것과 같은 전체적 또는 부분적 신체 동작을 어떻게 할 수 있는지를 배운다.

이 시기에 발달하는 두 가지 종류의 신체 놀이는 추격 놀이와 격렬한 놀이를 포함한다. 두 가지 모두 대근육 운동(Large muscle movement)인데 성인들은 놀이터에서만 그 놀이들을 하도록 제한하려 하지만 그 놀이들은 언제 어디서나 일어난다.

추 격

추격은 한 아동이 다른 아동을 뒤쫓는 것을 말한다. 쫓는 사람은 갑자기 예고도 없이 쫓기는 사람이 될지도 모른다. 한동안 뛰고 다시 한동안 쉬고 그리고 다시 뛰기를 반복한다. 종종 아동은 다른 아동이 쫓아오는 것을 중단해서 화를 내기도 한다. 이 연령대에서 자주 일어나는 놀이이다.

격렬한 놀이

격렬한 놀이는 실외 놀이터에서 일어나는 아동 행동의 약 5%만을 차지하고 있다(Pelligrini & Boyd, 1993). 이 연령대의 놀이는 매우 자기중심적이고 오래 지속되지 않는 특성을 가지고 있기 때문에 과격한 놀이도 보통 짧게 끝난다. 초등학교 저학년 연령대의 놀이에 대한 다음 절에서 격렬한 놀이를 다룰 것이다. 심도 깊은 공부를 위해 유아 운동 발달과 문화 속에서의 놀이를 관찰하고 표 3-6을 보라.

아동이 초등학교에 진학하게 되어 능력이 변화함에 따라 놀이도 따라 변하게 된다. Piaget(1965)는 이것은 지능의 반영이라고 주장했으나, Vygotsky (1978)는 이에 동의하지 않았으며 놀이란 지능이 발달하는 방법이라고 했다. 이론적 차이와는 관계없이 아동은 성장함에 따라 변화할 것이고 놀이도 마찬가지로 변화될 것이다. 다음 부분에서는 초등학교에서의 공통적인 놀이

표 3-6 유아운동 놀이

연구	실행을 위한 힌트
제목: 라틴계 유아들의 기본적 운동 능력 발달에 영향을 주는 학습자와 환경적 제한들 **저자:** Jacqueline D. Goodway and Richard Suminski Research Quarterly for Exercise and Sports (2003), *74*(2), 12-15 **요약:** 질병관리 및 예방 센터는 미국내 라틴계 아동들의 신체적 활동 발달에 대한 정보를 얻기 위한 목적의 연구를 수행했다. 기본 운동 능력(fundamental motor skills)은 추후 신체적 발달을 예측할 수 있는 기초 자료로서의 역할을 한다. 이 연구는 라틴계 유아들을 대상으로 그들의 신체적 활동 이해와 증진을 위해 시행되었다.	특정한 문화 집단에 속한 아동은 후의 신체적 발달과 움직임에 기초가 되는 기본적 신체 운동 기술을 발달시킬 수 없는 위험에 처할 수도 있다. 기술들은 그들의 문화적 환경의 테두리 안에서 가장 바람직하게 신체 발달을 촉진시킬 수 있도록 사용되어야 한다.

행동을 중점적으로 다룰 것이다. 앞에서와 마찬가지로 토론은 인지적 · 사회적 · 신체적 발달에 대해 전개될 것이다.

초등학교 저학년 아동의 놀이

초등학교 저학년 아동들은 일반적으로 6~8세이다. Hughes(1999)에 따르면 이 시기의 놀이에 영향을 미치는 세 가지 주요한 발달적 특징이 있는데 그것들은 (1) 질서에 대한 욕구, (2) 소속의 욕구, (3) 자기의 감각 등이다. 자신의 인지 능력 범위 안에서 아동은 논리적인 사고를 발전시키고 질서와 체계에 대한 욕구를 가지고 있다. 사회적으로 아동은 또래들에게 수용되기를 원하고 소속의 욕구를 가지고 있으며 정서적으로는 Erikson이 설명한 '근면성 대 열등감' 단계에 있다(Erikson, 2000). 이 시기의 아동은 자신감과 자존심을 신장시켜야 하는데, 이런 특성들이 초등학교 저학년 시기에 발생하는 아동 놀이 유형에 영향을 미친다.

인지 발달

초등학교 시기의 아동들은 보다 더 조직적이고 논리적으로 세상에 대한 관점을 발달시킨다. Piaget(1962)는 이것을 **구체적 조작 사고**(Concrete operational thinking)라고 말했다. 이 연령대의 어린이들은 일반적으로 탈 중심화(Decentering), 가역성(reversibility), 연속(seriation), 공간 추리(spatial reasoning) 등을 할 수 있게 되고 보존(conserve) 개념을 이해하기 시작한다. 즉, 아동들은 같은 양의 물질은 형태가 바뀌어도 그 양은 역시 같다는 것을 알게 되며 논리적 사고 능력을 키운다. 아동들은 기억 기술과 같은 특정한 정보 기억 전략을 사용할 수 있으며 특별히 즐길 만한 게임을 찾아내게 되는데 아마도 이런 것이 이 연령대의 아동들이 컴퓨터 게임에 빠지는 이유를 설명하는 데 도움이 될 것이다.

상징 놀이

상징 놀이 혹은 가작화는 이 시기 동안 감소한다. Piaget(1962)는 '연령 증가에 따른 상징 놀이의 감소'(p. 145)를 세 가지의 이유로 설명하였다. 첫 번째로 아동은 더 이상 놀이를 통한 카타르시스를 필요로 하지 않는다. 이 시기의 아동은 삶의 다른 측면에서 기쁨과 힘을 얻을 수 있다. 예를 들어, 집을 떠나 유치원에 가는 것을 싫어하는 5세의 아동은 그가 조종할 수 있는 가상의 놀이 상대를 만들어내는 반면에, 7세가 되면 아동은 그의 좌절감을 친구와 공유하고 '학교 가기 싫은 오늘'에 대해 이야기를 쓴다. 두 번째로 가상의 게임은 규칙이 있는 게임으로 바뀌게 된다. 사육사 놀이를 하던 4세 아동은 7세가 되면 '미안해' 놀이에 더 관심을 가지게 된다. 세상을 더욱 이해할 수 있게 되기 때문에 아동은 가상의 세계를 만들 필요가 감소하는 것이다. 다른 곳으로 왜 이사를 가야 되는지를 이해할 수 없었던 5세의 아동은 가장 놀이를 하거나 가상의 친구를 만드는 반면 초등학교 2학년의 아동은 자신의 경험에 대해 이야기를 하거나 글로 쓸 것이다. 초등학교 저학년 무렵의 상징성은 아동들이 직접 쓴 이야기나 놀이에서 또는 음악이나 미술의 창조물에서 나타난다. 상징은 창조적 상징주의와 창의성의 향상으로 발생하며 이러한 사고의 변화는 놀이를 변화시키게 된다. 사회극 놀이는 바비 인형이나 미니어처 자동차를 가지고 하는 정교한 대본이 있는 형태가 된다. 인지적 사고의 변화는 그들의 학습 방법에 영향을 미치는데 Jerome Bruner(1985)는 말하기를 "나중에 문제 해결 과제에 사용되어야 할 놀잇감을 가지고 노는 아동들과 스스로 놀잇감에 여러 가지 방법으로 친숙해진 아동들을 비교해 보면 후자의 아동들이 더 뛰어난 성취를 보인다는 증거가 있다. … 그들은 더 많은 가설들을 설정하고 잘못된 것은 더 빨리 거부한다. 또한 그들은 실망을 적게 할 뿐만 아니라 고착도 적게 한다."(p. 603) 아동들의 발달 단계에 따라 수업을 구상하는 교사들은 초등 교육과정에 놀이를 포함시킬 필요가 있음을 인식하고 있다.

놀이 의식

성별에 따른 차이는 놀이 의식 중에 더 확연하게 나타난다. 소년들은 활동 전, 활동 중, 활동 후에 같은 종류의 신체적 상호작용이 요구되는 게임을 하는 경향이 있으며 이것은 하이파이브를 하거나 싸움 놀이를 하게 한다. 어떤 소녀들은 게임을 하고 놀이 의식(play rituals)을 한다. 놀이 의식은 다음과 같은 활동으로 규정지을 수 있는데 "미적인 충분한 행동들 안에 문화적 가치"(Barnes, 1998, p. 12)를 주입시키는 것이다. 놀이 의식의 일반적 예는 줄

의식은 초등학교 저학년 시기 놀이의 한 부분이다.

넘기, 응원, 춤 등이 있다. 아동들은 일본에서 대중적인 가위바위보나 한 감자, 두 감자 같은 놀이에 빠져든다. Opie와 Opie(1959)를 보면 학교에서 불리는 노래들과 멜로디에 대한 부가적인 정보를 얻을 수 있다. 이 나이의 논리적 사고의 향상은 규칙을 필요로 하고 이것은 놀이 의식 속에서 찾을 수 있다. 저자는 전문 발달 학교에서 쉬는 시간을 관찰하는 데 1년을 보냈는데, 그들이 20년 전에 나타냈던 것과 같은 차이가 역시 나타나는 것을 알 수 있었다. 비록 놀이터가 모래 상자와 나무로 만들어진 기어오르기 대가 갖추어진 최신식이라 할지라도 소년들은 여전히 축구를 하고 소녀들은 줄넘기나 응원할 장소를 찾는다. 연구와 일치하는 점은 소년들은 놀이하는데 놀이터의 거의 대부분의 공간을 차지하고 소녀들은 단지 작은 공간만을 차지한다는 것이다.

언어 발달

취학 연령대의 놀이가 아동이 농담을 이해하는 능력과 또한 말로 하는 놀이에 영향을 미친다. 아동들은 점잖지 않은 농담을 하거나 우스운 뜻을 지닌 특정 단어에 대해 알고 있다. 그들이 장난스러운 것으로 여기는 단어에 대해 이야기를 듣는 것은 매우 흥미롭다. 그들은 특정 집단 내에서만 쓰는 단어를

표 3-7 의사소통과 초등기 놀이에 미치는 영향

연구	실행을 위한 힌트
제목: 아동들의 손으로부터 성인의 귀로: 학습 과정에서의 제스처의 역할 **저자**: Susan Goldin-Meadow and Melissa A. Singer Developmental Psychology (2003), 39(12), 509-520. **요약**: 이 연구는 학습에 있어서 손짓의 역할에 대한 탐구이다. 8명의 성인들이 38명의 3~4학년 아동들을 대상으로 수학 문제를 냈다. 연구 결과 성인들은 말과 손짓이 일치하지 않는 아동들에게 더 많은 도움을 준다는 것이 밝혀졌다. 그래서 말과 일치하지 않는 손짓을 하는 아동들은 그들의 행동을 통해 교사에게 영향을 미치는 것이다. 손짓은 인지 과정을 확장시킨다.	언어적 표현과 손짓이 맞지 않는 아동들은 제스처와 말과의 괴리가 없는 아동들에 비해 더 많은 도움을 이끌어낸다. 이것은 놀이 연구에 의문을 제기한다. 실 놀이나 종이 접기 놀이를 하거나 극 놀이를 하는 아동들은 학습 중 의사소통 시에 손을 사용하는 것이 더 좋은 것인가? 도움을 주는 성인들에게 이것은 어떤 영향을 끼치는가?

가지고 있는데 어느 학급에서 고양이라는 단어가 나쁜 의미로 쓰이고 있는 것을 발견했다. 그들은 고양이는 동물이라고 인식하지만 그러나 그것이 나쁜 뜻을 가지고 있다고 생각했고 1주일 동안 누구든지 고양이를 입 밖에 내는 사람에게는 '우우'거리면서 킬킬거렸다. 규칙이 복원되기 전까지 고양이라는 단어는 한 가지 이상의 뜻을 가지고 있다고 학급회의에서 논의되었다. 이것은 이 시기에 흔히 있는 것이다. 이 분야에 대한 연구는 아동들이 언어나 손짓이 서로 조화되지 않는다는 것을 밝혔다. 자세한 논의는 표 3-7에 제시되어 있다.

문제 해결과 창의성

Bruner(1976)는 문제 해결 능력 배양을 위한 놀이의 기능에 대해 언급하였다. 아동이 게임에서 한 가지 작전을 쓰고 난 후에 그들이 다시 게임을 하게 되면 다른 작전으로 변화시키는 것을 숙고한다. 인지 기술은 '미안해' 게임 동안 사용되고 발전되어 문제 해결에 유용하게 작용한다.

사회성 발달

사회성 발달은 이 시기에 변화한다. 어릴 때는 다른 아동들과 놀았지만 이 시기의 아동들의 놀이는 또래뿐 아니라 매스미디어, 광고, 그리고 그들 세계 속의 다른 요인들에 의해 영향을 받는다. 장난감 선택도 역시 이러한 요인들의 영향을 받는다.

규칙이 있는 게임

규칙이 있는 게임은 초등학교 연령기의 아동들에게 나타난다. Piaget는 규칙이 있는 게임의 두 가지 조건, 즉 경쟁과 규칙을 제시했다. 규칙이 있는 게임이란

> 감각 운동의 조합(경주, 공기, 공놀이 등)이나 지적 조합(카드놀이, 체스 등)과 같이 개인들 간의 경쟁이 있고(규칙이 없을 수도 있다), 전 세대로부터 내려온 규칙이나 임시적 합의에 의해 정해진다(Piaget, 1962, p. 144).

규칙이 있는 게임은 경쟁의 요소를 내포하지만 놀이는 그렇지 않다. 놀이는 단지 노는 것이 목적이다.

신체 발달

아동들의 운동 기술은 취학 연령기에 발달되기 시작한다. 성장은 6~8세에 뚜렷이 나타나는데 소년들이 소녀들에 비해 키가 크고 몸무게가 더 나가는 것을 알 수 있다(Frost, Wortham, & Reifel, 2001). 환경적 요인들은 이 시기의 건강 상태와 놀이에 영향을 미친다. 영양부족 상태나 비만 상태의 아동들은 같은 또래만큼의 성취를 보여 줄 수 없다. 심각한 병을 앓고 있는 아동들은 신체적 능력 때문에 제한을 받는다. 이 시기의 아동들은 위험을 미처 깨닫지 못하기도 하는데 공을 쫓아가는 동안 차가 오는 것을 보지 못하거나 나무를 향해 미끄러질 것을 알지 못하는 것과 같은 것이다. 아동들이 성숙해질수록 아동들은 위험에 대해 점점 더 깨닫게 되며 또래들에 의해 영향을 더 크게 받는다. 이 시기의 아동들은 여전히 휴식 시간을 즐기는데 그것에 관해서는 9장에서 자세히 다룰 것이다.

소근육 운동

소근육 운동 기능(fine motor skills)은 이 시기에 더욱 발전한다. 몇몇 아동들은 특별히 숙련되며 보통의 아동들도 계속 발전한다. 특히 협응력이 발달

한 어린이들은 실로 하는 게임과 손과 눈의 협응을 요구하는 놀이를 하기 시작할 것이다. 친구보다 자신이 더 높은 옥타브를 소화하는 것을 알게 된 신진 음악가의 출현을 보는 것은 이상한 것이 아니다. 많은 게임들은 손과 눈의 협응력을 키워준다. 중국이나 헝가리 같은 나라에서는 공기놀이를 남녀 아동 모두 하고 있다(Ulker & Gu, 2004). 현재 미국에서는 극소수의 아동들만이 공기놀이를 한다. 오히려, 미국 아동들은 키보드를 치거나 비디오 게임을 통해 민첩성을 배운다.

대근육 운동

대근육 운동 기능(gross motor skills)은 아동들이 달리기나 뛰기, 오르기, 뒤쫓기와 같은 기술을 발전시킴에 따라 정교해진다. 아동들은 자전거를 타거나 티볼, 리틀리그(8세), 테니스 등의 운동을 한다. 아동들은 동작과 사고 두 가지를 모두 포함하는 게임을 한다. 예를 들어, 술래잡기, 줄넘기, 숨바꼭질은 모두 이 시기에 난이도에 따른 다양한 단계에 도전한다. 추격이 포함된 이러한 놀이들은 격렬한 놀이를 유발하고 그것들은 또한 싸움 놀이로도 발전할 수 있다. 이런 이유로 많은 학교가 공격적인 행동을 막기 위해 추격 놀이와 격렬한 놀이를 금지하고 있다(표 3-8에 추가적인 정보가 있음). 그러나

표 3-8 사회적 놀이

연구	실행을 위한 힌트
제목: "나는 칼을 가졌고 너는 죽었다!": 유아의 폭력 환상, 반사회적 행동, 우정 및 도덕적 감각 **저자:** Judy Dunn and Claire Hughes Child Development (2001), *72*, 491-505 **요약:** 이 연구를 "다루기 어렵다"고 평가되는 유아들을 관찰하고 2년 후에 종합 테스트를 실시한 결과이다. 폭력의 환상에 대한 참여는 연구 대상인 모든 아동들에게서 공통적으로 발견되었다. 저자들은 폭력의 환상과 분노의 표현, 친구를 돕는 것에 대한 거부, 저조한 언어 능력, 빈번한 반사회적 행동, 빈약한 의사소통능력과 저조한 놀이 협동, 친구와의 잦은 갈등 사이의 관계를 찾아냈다. 그들은 또한 낮은 감정이입적 · 도덕적 감각을 보여 주었다. 아동들의 가장 놀이는 반사회적 행동을 보여 주는 아동들을 파악하는 데 중요한 역할을 한다.	교사들은 아동들의 가장 놀이에 나타나는 주제에 보다 더 관심을 가질 필요가 있다. 폭력적인 환상에 빠진 아동들은 다른 영역에서도 반사회적 행동들을 보인다.

이런 금지 조치는 오히려 더 많은 공격성을 초래한다. 간단한 개관은 아래에 있으며 이 주제는 9장에서 다시 다루어질 것이다.

추격 놀이

추격 놀이는 유아기부터 시작되어 초등학교를 거쳐 중학교 시기에 사라진다(Pelligrini & Boyd, 1993). 추격 놀이는 굴욕의 위협과, 대중문화로부터의 주제들, 전통적인 숨바꼭질, 가작화가 "내포"된 놀이(make-believe "contamination")를 포함한다.

격렬한 놀이

상징 놀이의 감소와 동시에 격렬한 놀이(R & T)는 증가하는데 그 놀이들은 뛰고 뒤쫓고 도망치고 레슬링 하는 것과 같은 놀이들이다. 격렬한 놀이는 "… 표정 놀이와 뛰고, 뒤쫓고, 도망가고, 맞붙고, 손바닥으로 치기 등을 포함한다."(Pelligirini & Boyd, 1993, p. 115) 이것들은 다음과 같이 정의될 수 있다.

표정 놀이	큰 웃음과 과장된 표현
달리기	한 곳에서 다른 곳으로의 빠른 일련의 움직임
뒤쫓기	한 아동이 다른 아동을 추적하는 것
도망가기	한 지점에서 다른 지점으로의 재빠른 움직임
맞붙기	상호의 격투로 인해 일어나는 두 아동의 신체적 접촉
손바닥으로 치기	주먹을 사용하지 않고 손바닥으로 치는 놀이

격렬한 놀이와는 다르게 공격성은 위압, 병적 집착, 타격, 누르기, 붙잡기, 잡아채기 등을 포함한다(Blurton Jones, 1972). 아동들은 격렬한 놀이를 할 때 교대 순서를 지키는데 이 놀이는 놀이를 지배하는 특정한 규칙을 가지고 있다. Pelligirini는 관찰하기를 "… 격렬한 놀이 중에 아동들은 사회적 능력 습득을 위해 중요한 기술을 사용하고 연습한다. 예를 들어 격렬한 놀이 중에 아동들은 희생자와 가해자의 역할을 번갈아 한다. 상호의 역할 교대는 아동이 능력을 획득하는데 매우 중요하다."(1988, p. 15) 격렬한 놀이와 공격성의 차이는 뚜렷한데 추격 놀이와 비슷한 R & T 놀이는 정상적인 것이며 초등학교 시기의 아동들에게 유익한 활동이라고 할 수 있다. 격렬한 놀이는 권장하는 반면에 동시에 공격성을 줄여나가는 것이 필요하다(표 3-9 참조).

표 3-9 운동 놀이

연구	실행을 위한 힌트
제목: 동성, 이성, 혼성 또래 집단에 있어서의 놀이의 질 **저자**: Richard A. Fabes, Carol Lynn Martin, and Laura D. Hanish Child Development (2003), *74*(12), 921-932. **요약**: 이 연구는 남아들과 여아들이 놀이터에서 다른 아동과 어떻게 상호작용하는지에 대해 연구한 것이다. 놀이에 영향을 주는 전후 상황의 요소들은 아동의 성별, 놀이 상대자의 성별, 쌍이냐 그룹이냐 등을 포함한다. 연구 결과는 남아들은 같이 놀 때 더 공격적이었고 성인과 떨어져서 놀았으며 더 전형적인 행동을 보였다. 혼성 쌍들 사이의 놀이는 성인과 가까이 있는 시간의 25% 정도에서 일어났다. 여아들은 여아끼리만 놀지는 않는 것으로 보인다. 아동의 성별과 놀이 상대자는 또래 그룹에서의 아동의 경험에 영향을 미친다.	교사들이 놀이터에 있는 것만으로도 그들이 놀이에 영향을 미치는 것을 알아야 한다. 교사들은 그들 부재 시에도 아동들이 혼성 놀이를 하기를 원한다. 남아들은 남아들만의 그룹에서 노는 데 반해 여아들은 "여아들만의" 그룹에서 놀지 않는다는 것에 주목해야 한다.

Bruno Bettelheim(1987)은 놀이의 기능이 운동과 인지, 지적 능력을 발달시키는 데 있다는 K. Groos와 Piaget의 연구 결과를 지지하였다.

> 놀이는 아동의 모든 학습에 매우 중요한 끈기와 같은 지적 발달에 필요한 습관들을 자기도 모르게 습득할 수 있도록 해 준다. 인내심은 아동이 선택한 놀이와 같은 재미있는 활동을 통해 쉽게 얻어진다. 그러나 만약 재미있는 활동을 통해서도 좋은 습관이 얻어지지 않는다면 더욱이 학교 숙제와 같은 것을 통해서는 얻어지기 어려울 것이다(p. 36).

이 시기의 아동들에게 흔히 관찰되는 놀이 유형과 놀이 발달에 대한 이해는 아동들에게 알맞은 프로그램을 개발하고 전수하는데 필요한 근거를 제공해 준다. 이 단원은 4, 5, 6장의 프로그램 개발을 위한 기초를 제공한다.

놀이 조망의 반추

Lu Chen은 2장에서의 Juanita와 같이 놀이를 중요하게 생각한다. 그녀는 아마도 Wu Chon과 Lu가 달리고 점프하는 추격 게임을 하면서 대근육 운동 능력을 기른다는 것을 알지 못할 것이다. 또는 그들이 서로 상호작용을 하고 이모와 규칙을 협상하면서 사회적 기술을 발달시키고 있다는 것도 모를 것이다. 이런 활동들은 그들 집 밖의 문화와 사회를 이해하고 조정할 수 있도록 도움을 준다. 그런데 그들은 정말 배우고 있는 것인가? 가장 놀이는 아동들의 추상적 능력을 키워주는데 그것은 학습에서 알파벳과 숫자를 인식하는데 중요한 능력이다. 쌍둥이들은 학교와 집에서 노는데 특히 학교에서는 영어를 쓰는 미국 아동들과 함께 논다. 그들의 놀이는 학교에 다니는 다른 아동들과의 놀이의 혼합을 반영한다. 반대로, 집에서 그들은 중국인 조상으로부터 전해 내려온 게임들과 이야기에 대해 배울 것이다. 문화의 전수는 그들 인생에 있어 중요한 부분인데 왜냐하면 새로운 나라에서 그들이 첫 번째 세대이기 때문이다. Lu Chen은 자녀들을 공원이나 도서관에 데려가고 사회적·정신적 활동을 주말에 함께 함으로써 자녀들의 삶을 풍요롭게 할 것이다. Wu Chon과 Lu는 공립학교에 들어가서 학습할 준비가 되어 있다. 현명한 유아교사는 Lu Chen이 그들의 자녀들을 유치원에서 초등학교로 잘 이행시키도록 도와줄 것이다. 놀이는 한 문화에서 다른 문화로 전달하는 도관 역할을 한다.

요약

성장과 발달에 유익한 놀이에 대한 것이 이 단원의 중심 내용이다. 아동들은 놀이를 통해 전체적으로 발달하지만 이 단원에서는 탐구의 목적으로 몇 영역으로 나누어서 고찰하였다. 놀이의 이점은 영아와 걸음마기 유아(출생~2세), 초등학교 취학 전 아동(3~5세), 초등학교 저학년 아동(6~8세)으로 분류하여 제시되었으며 발달 과정은 인지적·사회적·신체적 성장과의 관계에서 고찰되었다. 놀이의 발달은 감각을 사용하는 탐색 놀이에서 규칙이 있는 복잡한 게임으로의 이동을 따라 탐구되었다.

핵심 용어

격렬한 놀이	구성 놀이	극 놀이
기능(또는 연습) 놀이	놀이 시기	놀이 연령
놀이 의식	대근육 운동 기능	대상 놀이
무차별적인 놀이	반사기(생후~1개월)	사회극 놀이
소근육 운동 기능	애착	이동 운동 기능
전 조작적 사고	정신적 결합을 통한 새로운 의미의 발견 (18~24개월)	중요 시기
추격		탈 맥락화
탈 중심화		탐색 놀이
1차 순환 반응 (1~4개월)	2차 도식 협응 (8~12개월)	2차 순환 반응 (4~8개월)
3차 순환 반응 (12~18개월)		

유용한 웹사이트와 과학기술자원

- **Fisher Price**
  http://www.fisherprice.com 놀이 단계와 그에 맞는 장난감에 대한 토론이 있는 상업적인 사이트

활동

1. 교실에서의 활동

A. 그룹으로 나누어서 아동의 인지적 · 사회적 · 언어적 · 신체적 성장의 단계를 표로 그려보라. 그에 동시에 놀이의 발달 단계를 그린 표를 만들어 보라. 어떠한 발달적 요소가 놀이에 영향을 미치는가?

B. 교실이나 실험학교 사이트나 비디오를 통해 유아를 관찰해 보라. 관찰한 유아는 어느 발달 선상에 있는가? 어떠한 놀이 유형이 관찰되는가?

그것은 교재에 있는 내용과 일치하는가?

2. 연구와 탐문

A. 근처의 공원을 방문하라. 4~5세 아동들의 놀이를 관찰해 보라. 그 다음에는 6~8세 사이의 아동들을 관찰해 보라. 유아들의 놀이는 나이가 더 많은 아동들의 놀이와 어떤 차이가 있는가? 만약 그렇다면 그 차이점을 찾아보라. 보통의 관찰자에게 차이점들이 확연히 드러나는가?

B. 근처의 공원을 방문하라. 동일 연령그룹의 놀이를 관찰해 보라. 어떤 발달적 특징이 뚜렷한가? 그들의 놀이를 묘사해 보라. 교재의 정보와 일치하는가?

C. Piaget는 놀이가 발달 다음에 온다고 믿었지만 Vygotsky는 놀이 다음에 발달이 온다고 믿었다. 이것에 대해 탐구해 보라. 놀이는 발달 전에 오는가 아니면 발달 후에 오는가?

3. 봉사 학습

A. 지역 학교의 방과 후 프로그램에 자원해 보라. 센터를 떠난 후 관찰한 놀이에 대해 서술해 보라. 그 센터는 혼합 연령 놀이를 권장했는가? 만약 그렇다면 어떤 방법으로 하였는가? 어떤 게임을 당신은 관찰했는가? "남아만"의 혹은 "여아만"의 집단이 놀이 도중에 나타났는가?

B. 어떤 놀이가 지역 보육시설의 아동들에게 유용한지 알아보라. 네 명의 학생이 팀을 이루어 연구해 보라. 각각 특정 연령 집단에 맞는 장난감 상자를 만들어 보라. 예를 들어, 영아, 걸음마기 유아, 초등학교 취학 전 아동, 또는 초등학생을 위한 장난감 상자를 만들어 보라.

4. 가족 연계

다음 중 하나의 프로젝트를 선택하라.

A. 놀이 단계에 관해 부모와 의사소통할 수 있는 브로셔를 제작해 보라. 이것을 부모들이 방문하는 지역보건소나 공공시설에 비치하라.

B. 서로 다른 놀이 유형(기능, 구성, 극, 사회극, 게임)을 그린 포스터를 만들어 보라. 이것을 식료품점이나 지역 공동체 시설에 비치하라.

5. 놀이 옹호

A. 보육시설의 어린이들에게 적합한 놀이를 찾아보고 추가적인 교재들을 만들어 보라. 위에 있는 3B를 보라.

B. 어떤 놀이 계획이 동네 경찰서에서 가능한지 물어 보라. 그들은 테디 베어를 경찰차 안에 가지고 있는가?

참고문헌

Adolph, K., Vereijken, B., & Shrout, P. (2003). What changes in infant walking and why? *Child Development, 74* (23), 475-497.

Bahrick, L. E., Gogate, L. J., & Ruiz, I. (2002). Attention and memory for faces and actions in infancy: the salience of actions over faces in dynamic events. *Child Development, 73* (15), 1629-1643.

Barnes, D. (1998). Play in historical context. In D. Fronberg and D. Bergen (Eds.) *Play from birth to twelve and beyond* (5-13). New York: Garland.

Beckwith, L. (1985). Parent-child interaction and social-emotional development. In C. C. Brown & A. W. Gottfried (Eds.), *Play interactions: The role of toys and parental involvement in children's development* (pp. 152-159). Skillman, NJ: Johnson & Johnson.

Begley, S. (1997, Spring-Summer). How to build a baby's brain. *Newsweek Special Edition*, pp. 28-32.

Bergen, D. (1998). Stages of play development. In D. Bergen (Ed.), *Reading from play as medium for learning and development* (pp. 71-93). Olney, MD: Association for Childhood Education International.

Berger, K. S., & Thompson, R. A. (1996). *The developing person through childhood.* New York: Worth.

Bettelheim, B. (1987). The importance of play. *Atlantic*, pp. 35-46.

Blurton Jones, N., (1972). Categories of child-child interaction. In Blurton Jones (Ed.), *Ethological studies of child behavior* (pp. 97-129). Cambridge, UK: Cambridge University Press.

Bremner, G., & Fogel, A. (2001). *Handbook of infant development.* London: Blackwell.

Bretherton, I. (1984). Representing the social world in symbolic play: Reality and fantasy In I. Bretherton (Ed.), *Symbolic play: The development of social understanding* (pp. 1-41). New York: Academic.

Bruner, J. (1976). The nature and uses of immaturity. In J. Bruner, A. Jolly, & K. Sylva (Eds.), *Play: Its role in development and evolution* (pp. 28-64). New York: Basic Books.

Bruner, J. (1985). On teaching thinking: An afterthrought. In S. F. Chipman, J. W. Segan, & R. Glasser (Eds.), *Thinking and learning skills* (Vol. 2, pp. 597-608). Hillsdale, NJ: Lawrence Erlbaum Associates.

Cannella, G. (1997). *Deconstructing early childhood education: Social justice and revolution.* New York: Peter Lang.

Carlsson-Paige, N., & Levin, D. (1990). *Who's calling the shots? How to respond effectively to children's fascination with war play and war toys.* Philadelphia, PA: New Society

Publishers.

Caruso, D. (1984). Infants' exploratory play *Young Children, 40* (1), 27-30.

Christie, J., & Johnsen, P. (1987). Reconceptualizing constructive play: A review of the empirical literature. *Merrill-Palmer Quarterly, 33* (4), 439-452.

Conolly, J. A., & Doyle, A. B. (1984). Relation of social fantasy to social competence in preschoolers. *Developmental Psychology, 20,* 797-806.

Cooney, M., & Sha, J. (1999). Play in the day of Qiaoqiao: A Chinese perspective. *Child Study Journal, 29*(2), 97-111.

Dennis, T., Cole, P., Zahn-Waxler, C., & Mizuta, I. (2002). Self in context: autonomy and relatedness in Japanese and U.S. mother-preschooler dyads. *Child Development, 73* (15), 1803-1817.

Dunn, J., & Hughes, C. (2001). "1 got some swords and you're dead!": Violent fantasy, antisocial behavior, friendship, and moral sensibility in young children. *Child Development, 72,* 491-505.

Erikson, E. (2000). *Childhood and society.* New York: Norton. (Originally published in 1950.)

Fabes, R., Martin, C., & Hanish, L. (2003). Young children's play qualities in same-, other-, and mixed-sex peer groups. *Child Development, 74* (12), 921-932.

Fenson, L. (1986). The developmental progression of play. In A. Gottfried & C. C. Brown (Eds.), *Play interactions: The contribution of play materials and parental involvement to children's development.* Lexington, MA: Heath.

Field, T. (1979). Infant behaviors directed toward peers and adults in the presence and absence of mother. *Infant Behavior and Development, 2,* 47-54.

Fogel, A. (2001). *Infancy: Infant, family, and society* (4th ed). Belmont, CA: Wadsworth.

Foreman, G. & Hill, F. (1984). *Constructive play: Applying Piaget in the preschool* (Rev. ed). Menlo Park, CA: Addison-Wesley.

Froebel, F. (1887). *The education of man.* New York: Appleton.

Frost, J., Wortham, S., & Reifel, S. (2001). *Play and child development.* Upper Saddle River, NJ: Merrill/Prentice Hall.

Goldin-Meadow, S., & Singer, M. (2003). From children's hands to adults' ears: gesture's role in the learning process. *Developmental Psychology, 39* (12), 509-520.

Goodway, J., & Suminski, R. (2003). Learner and environmental constraints influencing fundamental motor skill development of at-risk hispanic preschoolers. (Motor Behavior) *Research Quarterly for Exercise and Sport, 74* (2), 12-15.

Greenspan, S., & Greenspan, N. (1990). *The essential partnership: How parents and children can meet the emotional challenges of infancy and childhood.* New York: Penguin.

Heath, S. (1983). *Ways with words: Language, life, and work in communities and classrooms.* Cambridge, UK: Cambridge University Press.

Heyman, G., Gee, C., & Giles, J. (2003). Preschool children's reasoning about ability *Child Development,* 74 (19), 516-534.

Honig, A. (1999). Quality infant/toddler caregiving. In K. Paciorek & J. Munroe (Eds.), *Sources: Notable selections in Early Childhood Education* (70-76) (2nd ed.) Guilford, CO: McGraw-Hill.

Honig, A. (2002). *Secure relationships: Nurturing infant/toddler attachment in early care settings.* Washington, DC: NAEYC.

Howes, C. (1992). *The collaborative construction of pretend: Social pretend play functions.* Albany: State University of New York Press.

Hughes, F. (1999). *Children, play, and development.* Boston: Allyn and Bacon.

Isbell, R. T., & Raines, S. (2003). *Creativity and the arts with young children.* Clifton Park, NY:

Thomson Delmar Learning.

Isenberg, J. & Jalongo, M. (2001). *Creative expression and play in early childhood.* Columbus, OH: Merrill.

Kennedy, J. (1961). Address in New York City at the National Football Foundation and Hall of Fame Banquet. Public Papers of the Presidents of the United States. John F. Kennedy (p. 770). Washington: United States Printing Office.

Marshall, H. (2003). Cultural influences on the development of self-concept: Updating our thinking. In C. Copple (Ed.) *A world of difference: Readings on teaching young children in a diverse society.* Washington, DC: National Association for the Education of Young Children.

Meinsm, E., Fernyhough, C., Wainwright, R., Das Gupta, M., Fradley, E., & Tuckey, M. (2002). Maternal mind-mindedness and attachment security as predictors of theory of mind understanding. *Child Development, 73* (12), 1715-1726.

Nash, J. M. (1997, February). Fertile minds. *Time: Special Report*, pp. 49-56.

Opie, I., & Opie, P. (1959). *The lore and language of schoolchildren.* Oxford, UK: Claredon Press.

Paley, V. (1981). *Wally's stories.* Cambridge, MA: Harvard University.

Parten, M. (1932). Social participation among pre-school children. *Journal of Abnormal Psychology, 27,* 243-269.

Pearce, J. (1997). *The magical child.* New York: Plume.

Pelligrini, A. (1988). Elementary school children's rough-and-tumble play and social competence. *Developmental Psychology, 24,* 802-206.

Pelligrini, A. & Boyd, B. (1993). The role of early childhood development and education: Issues in definition and function. In B. Spodek (Ed.), *Handbook of research in early childhood education.* New York: Macmillian.

Piaget, J. (1962). *Play dreams, and imitation in childhood.* New York: Norton. (Originally published in 1951.)

Piaget, J. (1974). *The origins of intelligence in children.* New York: Basic Books. (Originally published in 1952.)

Piaget, J. (1965). *The moral judgement of the child.* New York: Free Press.

Power, T. G., & Park, R. D., (1980). Play as a context for early learning: Lab and home analyses. In I. E. Sigel & L. J. Laosa (Eds.), *The family as a learning environment* (pp. 147-178). New York: Plenum.

Ratner, N., & Bruner, J. (1978). Games, social exchange, and the acquisition of language. *Journal of Child Language, 5,* 391-401.

Rogers, C. S., & Sawyers, J. K. (1988). *Play in the lives of children.* Washington, DC: National Association for the Education of Young Children.

Rubenstein, A., Kalakanis, L., & Langlois, J. (1999). Infant preferences for attractive faces: A cognitive explanation. *Developmental Psychology, 35* (3), 848-956.

Rubin, K. H., & Coplan, R. J. (1998). Social and nonsocial play in childhood: An individual differences perspective. In O. N. Saracho & B. Spodek (Eds.), *Multiple perspectives on play in early childhood* (pp. 144-170). Albany: State University of New York Press.

Rubin, K. H., Fein, G., & Vandenberg, B. (1983). Play In E. M. Hetherington (Ed.). P. H. Mussen (Series Ed.), *Handbook of child psychology: Vol. 4, Socialization, personality, and social development* (pp. 693-774). New York: Wiley

Santrock, J. (2003). *Children* (7th ed). Boston: McGraw Hill.

Sawyer, R. K. (1997). *Pretend play as improvisation: Conversation in the preschool classroom.* Mahwah, NJ: Erlbaum.

Seefeldt, C., & Barbour, N. (1998). *Early childhood education: An introduction.* Columbus, OH: Merrill.

Shore, R. (1997). *Rethinking the brain: New insights into early development.* New York: Families and Work Institute.

Shonkoff, J., & Phillips, D. (2000). *From neurons to neighborhoods: The science of early childhood development.* Washington, DC: National Academy Press.

Singer, J., & Singer, D. (1992). *The house of make believe.* Cambridge, MA: Harvard University Press.

Sluss, D., & Stremmel, A. (2004). An investigation of collaborative constructive block play. *Journal of Research in Childhood Education, 18* (4), 293-305.

Smilansky, S. (1968). *The effects of sociodramatic play on disadvantaged preschool children.* NewYork: Wiley.

Smilansky, S., & Shefatya, L. (1990). *Facilitating play: A medium for promoting cognitive, socio-emotional, and academic development.* Gaithersburg, MD: Psychosocial and Educational Publications.

Tobin, J., Wu, D., & Davidson, D. (1989). *Preschool in three cultures: Japan, China, and the United States.* New Haven, CT: Yale University Press.

Ulker, R., & Gu, W. (2004). *Traditional Play: Chinese and Turkish Examples*, Presentation at The Association for the Study of Play Atlanta, GA.

Vandenberg, B. (1985). Beyond the ethology of play. In C. C. Brown & A. W. Gottfried (Eds.), *Play interactions* (pp. 3-10). Lexington, MA: Heath.

Verba, M. (1994). The beginnings of collaboration in peer interaction. *Human Development, 37* (3), 125-140.

Vygotsky, L. (1978). *Mind in society: The development of higher psychological processes.* Cambridge, MA: Harvard University Press.

Watson, J. S., & Ramey, C. T. (1972). Reactions to response contingent stimulation in early infancy *Merrill-Palmer Quarterly, 18*, 219-227.

Wellhousen, K. (2002). *Outdoor play every day: Innovative play concepts for early childhood.* Clifton Park, NY: Thomson Delmar Learning.

CHAPTER 4

영아-걸음마기 유아 센터에서의 놀이 지원

게임이 영아에게 중요하지 않은 것은 사람들이 게임을 하기 때문이고, 오히려 사람들이 영아에게 중요한 존재가 된 것은 그들이 "게임"을 해 주기 때문이다.

—J. Watson, 1976

학습 개요

영아와 걸음마기 유아들은 놀이를 통해 배우며 이것이 4장의 기저 역할을 한다. 영아들의 삶에서 성인들의 중요한 역할이 가정과 센터 상황에서 검토될 것이다. 모든 영아에게 적합한 실내 환경을 창안해내는 견지에서 음악, 동작, 미술과 함께 이루어지는 놀이를 통해 인지, 사회, 정서, 신체 발달을 촉진시키는 것이 연구될 것이다. 놀이를 관찰하고 평가할 수 있는 기회들도 이 장에서 제시될 것이다.

학습 목표

이 장을 읽은 후, 여러분은 아래와 같은 목표를 성취할 수 있다:

- 영아와 걸음마기 유아들을 위한 놀이 중심 교육과정의 이점을 논의한다.
- 놀이를 촉진시키기 위한 성인의 역할을 인식한다.
- 놀이를 장려할 수 있는 활동들을 말한다.
- 영아와 걸음마기 유아들의 놀이를 평가하는 세 가지 방안을 설명한다.

놀이 조망

Sonda는 오늘 아침 Jermaine을 센터에 등록시켰다. 그녀는 2세인 Jermaine이 매우 똑똑하다는 것을 알고 있다. Jermaine은 다른 아동들이 말을 시작하기 전에 말을 하였고, 이제 그녀는 Jermaine이 영아-걸음마기 유아 센터에서 다른 아이들보다 정말 뛰어날 것으로 기대했다. 그녀가 모퉁이를 돌 때, 그가 웃는 소리를 들었다. 그녀는 그가 여러 색으로 된 부드러운 블록들을 조용하게 나란히 놓는 것을 바라보았다. 그는 부드러운 곰 인형을 블록 위에 놓으면서 크게 기뻐하며 낄낄거리며 웃었다. 그는 그녀를 보고 달려왔다. "하루 종일 놀았어!" 그녀는 그를 바라보고 질문했다. "너는 오늘 하루 종일 놀았구나?"

Sonda는 Jermaine을 내려놓고 돌아서서 교사를 보며, "Jermaine을 잘 보살펴주셔서 감사합니다. Jermaine은 노는 것을 너무 좋아합니다."

놀이 자극

걸음마기 유아들은 블록을 기능적인 방식으로 사용한다. 그들은 블록들을 줍고, 이리저리 가지고 다니며, 쏟아내고, 채우는 놀이로 시작해서 쌓기와 구성 놀이로 나아간다. 많은 다른 부모들처럼 Sonda도 Jermaine이 영아-걸음마기 유아 센터에서 노는 것이 기뻤다. 오늘날, 일부 센터들은 걸음마기 유아들에게 플래시카드를 제시해 왔다. 심지어 다른 센터들은 영아들을 위한 스케줄에 수학을 첨가해 왔다! 분명히, 영아와 걸음마기 유아들이 배우는 방법에 대해 잘못 이해하고 있는 것이다(Szanton, 2001). 영아들과 걸음마기 유아들은 성인들과 좀더 능력 있는 다른 사람들과의 상호작용을 통해 성장하고 발달한다. 그들은 탐색하면서 세상에 대한 그들의 이해를 구성한다. 놀이, 음악, 동작, 언어, 미술을 포함한 심미 중심 접근은 유아들을 위한 적합한 환경을 만들어낸다. 놀이를 강조하는 프로그램들은 적절한 속도로 성장을 촉진시킨다.

영아-걸음마기 유아 센터 교육과정으로서의 놀이

영아와 걸음마기 유아들은 자고 있지 않으면 놀이와 탐색에 몰두한다. 이 연령 그룹의 욕구를 충족시켜주는 프로그램들은 교육과정의 주요 구성 요소로 놀이와 탐색을 포함시켜야만 한다. 영아-걸음마기 유아 프로그램들(infant-toddler programs)은 유아들의 프로그램들과는 다르게 설계된다. 영

놀이는 성장과 발달을 촉진시킨다.

아 보호는 걸음마기 보호와는 다르다. 영아 양육자들은 자극을 줄 때 지나치지 말아야 함을 인식해야 한다. 걸음마기 유아들을 위한 프로그램들은 유아 프로그램을 축소한 것이어서는 안 된다(Weiser, 1991). 장애나 지체 아동들은 더 많은 자극을 필요로 한다(Cook, Tessier, & Klein, 2000). 지체되지 않은 아동들은 자극이 덜 필요할 것이다. 이 균형을 이해한다는 것은 존중, 반응, 상호성이라는 태도를 필요로 한다(Gonzalez-Mena & Eyer, 2001).

놀이와 탐색을 지원하는 프로그램들은 안전하고, 건강하며, 배려하는 환경을 유지한다. 필수 요인으로는 대상 놀이, 신체 놀이, 사회 놀이, 상징/가장 놀이를 보증해 주는 동작, 음악, 미술, 장난감과 매체들, 말과 문자 활동들을 포함한다. 영아와 걸음마기 유아들의 발달 영역은 서로 밀접하게 엮여 있기 때문에 교육과정에 이 연령의 발달적 특성이 잘 반영되어야 한다(Weiser, 1991). 영아들은 자고, 먹고, 활동을 위한 영역과 잘-구획된 바닥 놀이 영역을 갖춘 상대적으로 작은 공간을 필요로 한다. 이동할 수 있는 걸음마기 유아들은 분명하게 구획된 놀이 영역을 갖춘 좀더 넓은 공간을 필요로 한다. 이동하지 못하는 영아들과 이동할 수 있는 영아들의 독특한 특성은 유아들을 위한 가장 좋은 실제를 반영하는 프로그램과 환경을 개발하기 위한 토대로서의 역할을 한다.

놀이 맥락의 창안

우수한 프로그램들은 사랑, 보호, 발달에 적합한 속도를 제공함으로서 놀이 상황을 독창적으로 만들어낸다. Alan Fogel(1998)은 "… BC 1세기 중국 교과서인 『리지(Liji)』(의식에 대한 기록)는 '훈련이 너무 빨리 시작될 때 얻어지는 것은 많은 노동(수고) 외에 아무것도 없다'고 진술한다."(Kojima, 1986, p. 44)는 것을 지적하였다. 영아의 발달 욕구에 민감한 프로그램은 구체적인 특성을 지닌다. 영아-걸음마기 유아 프로그램에 관한 연구들은 우수한 질의 보호에 대한 구체적인 지표들을 발견해 왔다. 그 지표들은 다음과 같다(McMullen, 1999, p. 73):

- 발달에 적합한 실제를 환경 구성과 교육과정 개발의 철학으로 사용
- 정확하게 유지되는 낮은 성인-아동 비율과 그룹 크기

기술은 놀이를 통해 일어나는 성인과 아동 간의 상호작용을 통해 발달된다.

- 엄격하게 준수되는 건강과 안전 권장 사항과 지침서
- 영아와 걸음마기 유아들의 발달 기간에 적합한 아동 발달과 학습에 정통하고 이 지식을 적절하게 사용하는 방법을 아는 직원
- 직원 교체를 감소시켜서 아기들에게 일관성 있는 보호를 장려하는 행정 정책과 근무 조건
- 양육자, 동료, 부모, 아기 사이에 존재하고 장려되는 강력한 대인관계 기술과 긍정적인 의사소통을 증명해 보이는 직원
- 각 아기를 아주 잘 알아서 아기들의 욕구를 예측할 수 있고, 그들의 언어적 · 비언어적 단서들을 읽어낼 수 있으며, 그 욕구들을 충족시켜 주기 위해서 애정을 갖고 따뜻한 태도로 신속하고 일관성 있게 반응할 수 있는 민감하게 반응하는 양육자들

우수한 질의 센터에서 아동들은(Stonehouse, 1999, p. 155):

- 안전, 존중, 가치로움, 보호, 행복, 격려, 안도감을 느껴야 한다.
- 그들 자신과 다른 사람들, 환경, 하루 일과, 제한점에 대해서 알아야 한다.
- 사회 · 언어 · 신체 기술 및 사람과 사물에 대한 존중을 포함한 생존 기술을 습득해야 한다.

성인 도움

> 아기들은 함께 대화하고, 옹알이를 들어주며, 사물의 명칭을 말해 주고, 세상을 탐색할 기회를 제공해 주는 사랑하는 성인들과의 사회적 상호작용이 필요하다.
>
> —Sandra Scarr, 1984

영아-걸음마기 유아의 교육과정에서 성인과의 상호작용은 아마 안전에 버금가는 가장 중요한 구성 요소일 것이다. 성인들이 영아와 강한 관계를 성립했을 때 긍정적인 결과로 귀착된다(Brazettom & Cramer, 1990; Honig, 2002). 애착 대상과 결속되어 있지 않은 영아들은 심지어 그들의 성인기에도 문제가 있을 수 있다(Honig, 2002). 이런 이유로 아동 보호 공동체는 아동 보호 센터의 높은 교체율을 염려한다. 최근에 매년 반 이상의 영아-걸음

마기 유아교사들이 센터를 떠남으로써 모든 영아-걸음마기 유아교사들의 반 이상이 일반적으로 신임 교사들이다(Szanton, 2001). 지속성은 애착에 영향을 줄 수 있으므로 경각심을 가져야 할 이유이다.

지속성이 유일한 요구 조건은 아니다. 영아-걸음마기 유아 센터에서 성인들은 복합적인 역할을 한다. 그들은 마루 바닥에서 노는 동안 놀이 파트너로 참여할 뿐만 아니라, 아동들의 반응을 지켜보아야 하며 그들이 얼마나 잘 하고 있는지도 평가해야만 한다. Gonzalez-Mena와 Eyer(2001)는 이 도전을 충족시켜 줄 수 있는 열 가지 지침을 추천하였다.

1. 영아와 걸음마기 유아들이 관심 있어 하는 것에 참여시키기
2. 양질의 시간이 되도록 전력하기
3. 각 아동의 독특한 의사소통 방법을 파악하고 그들에게 교사의 의사소통 방법을 가르치기
4. 전인 양성을 위해 시간과 에너지를 투자하기
5. 영아와 걸음마기 유아들을 가치 있는 사람으로 존중하기
6. 자신의 감정에 솔직하기
7. 가르치고자 하는 행동의 모범이 되기
8. 문제를 학습 기회로 인식하고 영아와 걸음마기 유아들이 그들 자신의 문제를 해결해 보도록 하기
9. 신뢰를 가르쳐서 안정감을 구축하기
10. 각 단계에서 발달의 질에 관심 갖기

또한 표 4-1에 제시되어 있는 아기들의 놀이를 도울 수 있는 방안도 참조하라.

표 4-1 아기 놀이 지원하기

출생~4개월
처음 몇 개월 동안, 아기들은 그들의 새로운 세계를 눈으로 탐색한다. 여러분이 할 수 있는 것은 이 탐색을 돕는 것이다: • 아기들이 바라보는 연습을 하도록 선명한 색의 움직이는 대상물들을 제공하기. 아기들의 관점에서 모빌은 흥미로운 것이다. 대상물들을 제자리에 두는 지속성을 제공하여 아기가 집 밖의 보호 상황에서뿐만 아니라 집의 침대에서 친숙한 대상물들을 인식하기 시작하도록 한다. • 대상물을 아기에게 가까이 그리고 멀리 이동시킨다. 여러분의 얼굴도 아기에게 가까이 그리

표 4-1 아기 놀이 지원하기(계속)

출생~4개월

고 멀리 이동시키기. 이 활동은 정지되어 있는 것들과는 다른 시각적 영향을 줄 것이다. 그것은 아기가 대상물 간의, 아기 자신과 대상물 간의 관계를 판단하도록 도울 것이다.

- 다른 조망을 제공하기 위해서 아기를 당신의 어깨 높이로 들고 이리저리 이동하기.
- 아기가 얼마나 아름답고 훌륭한지 거울 속에 비친 자신의 모습을 보여 주기
- 아기가 바라보기, 미소 짓기, 말하기, 웃기에 즐겁게 반복해서 참여하게 하기. 성인은 대개 미소로 게임을 시작하고 아기의 관심을 얻기 위해 말을 건넨다. 숙련된 양육자와 어머니들은 혀 차기, 머리 흔들기, 아기를 향해 빨리 다가가서 멈추기, 특정 소리를 반복하기와 같은 활동이 아기들을 즐겁게 한다는 것을 안다. 어릿광대와 같은 방식으로 행동하고 아기가 자신의 역할을 하도록 기다리기–웃기, 미소 짓기, 즐거움으로 팔과 다리를 버둥거리기. 이 행동은 아기가 다른 곳을 보거나 피곤, 과잉 자극, 흥미 결여와 같은 신호를 나타낼 때 멈춘다.

아기들은 소리와 동작(motion)도 탐색한다. 이 탐색을 장려할 수 있는 몇 가지 제안은 다음과 같다:

- 아기들에게 재미있는 방식으로 말한다. 미소 지으며 부드러운 발음을 반복한다. 소리를 내는 사이에 멈추고 당신의 목소리에 대한 반응으로 아기가 미소 짓고 움직이는 것을 지켜보라. 만일 여러분이 재미있는 반응을 포착하면, 그 행동을 반복하라.
- 아기에게 노래를 들려주도록 하라. 그 아기만을 위한 노래를 만들도록 하라. 여러분의 어깨에 기대어 있는 아기와 춤을 추도록 하라.
- 아기의 손과 발을 이용하여 어울리는 엉뚱하고 부드러운 소리를 내면서 부드럽게 두드리고 비비면서 놀아주도록 하라. "어디 가고 있니"라고 말하면서 자전거를 타기 위해 페달을 밟는 것처럼 아기의 다리를 움직여준다.

4~8개월

이 단계에서, 영아들은 대상물들을 탐색하기 위해 눈과 귀만이 아니라 손과 입도 사용할 수 있다. 이 연령 그룹의 놀이를 위한 몇 가지 아이디어들은 다음과 같다:

- 장난감을 안전하게 유지하는 것이 제일 중요한 관심사이다. 대상물들은 작은 손으로 잡을 수 있어야 하지만 너무 작아서 전체를 입에 넣을 정도가 되어서는 안 된다. 장난감들은 씻을 수 있어야 하며 잘 부서지지 않는 견고한 자료들로 만들어져야 한다. 상처를 입힐 수 있는 날카로운 가장자리나 모서리(point)와 떨어질 수 있는 작은 부품들(예를 들면, 작은 바퀴나 단추)은 없어야 한다.
- 아기의 행동에 반응하여 움직이거나 소리를 내는 장난감들이 가장 좋다. 아기는 장난감들을 밀거나, 치거나, 때리거나, 찌를 때 갑자기 튀어나오거나, 돌거나, 자동차의 경적 소리를 내거나, 방울소리를 내거나 음악 소리를 내는 장난감들을 기대한다.
- 아기들을 보호하기 위해 새로운 대상물들의 탐색을 차단하는 것을 최소화하라. 아기들이 바쁘게 탐색하고 있을 때 지켜보지만 차단하지는 않도록 하라. 또한 다른 아동들이(특히 높은 연령의 아동들) 놀이를 방해하는 것도 금지하라.

아기들은 또한 더 사회화되어 가고 있으며 그들을 즐겁게 하기 위한 다음과 같은 당신의 노력을 즐긴다.

- 그들의 발가락을 사용하여 ≪This Little Piggy Went to Market≫ 놀이하기
- 그들의 기저귀와 옷을 바꾸거나 손톱을 자르는 동안 특별한 노래들을 불러주기

표 4-1 아기 놀이 지원하기(계속)

8~12개월

아기들은 이제 온전히 그들의 세계를 탐색하는 데 능동적이다. 거의 모든 아기들은 긴다; 많은 아기들은 붙잡고 방 주변을 걷고, 일부 아기들은 독립적으로 걸을 수 있다. 아기들은 이제 대상물들을 결합시키고, 떨어뜨리고, 던지고, 쥐어짜는 연습을 한다. 그들의 놀이를 촉진하는 몇 가지 제안들은 다음과 같다:

- 용기에 집어넣고 쏟아낼 대상물들을 제공하라. 몇몇 좋은 용기들은 플라스틱 그릇, 플라스틱 보관 상자, 바구니와 신발 상자들이다. 용기에 넣을 대상물들은 작은 손에 맞게 충분히 작아야 하지만 전체를 입에 넣을 정도로 작아서는 안 된다. 집어넣기에 좋은 것들은 작은 시계, 실 꾸러미, 플라스틱 뚜껑, 고리를 쌓는 장난감의 고리들이다.
- 아기들의 소리를 다시 반복해 들려줌으로써 아기들이 소리를 연습하도록 도와라－예를 들어, "빠빠" "오오" 그리고 첫해 말경에는 "아기 고양이" "아기" "인형"과 같은 단어들. 아기들을 모방하는데 그치지 말고 그들의 단어를 문장으로 확장시켜 주어라.
- 아기에게 읽어 주어라.
- 영아들의 기술을 자극하는 장난감들을 제공하라. 이 연령의 아동들은 끌고, 밀고, 찌르고, 치는 것을 연습한다.
- 장난감들이 잘 작동하는지 확인하라. 작동하지 않는 장난감은 즐거움을 제공하지 않는다. 아기들이 좌절할 수 있다.
- 한 가지 이상의 부속품으로 만들어진 장난감을 소개해 주어라. 이 연령의 영아들은 안에 어떤 다른 것을 끼워 맞추는 것을 특히 좋아한다.
- 아기의 팔을 그녀의 머리 위로 쭉 뻗게 하고, "큰 아기구나? 아아아아주 크네!" 잠시 후에, 아기는 여러분의 요구에 반응하며 혼자서 그녀의 팔을 들어올릴 것이다.
- 아기와 함께 pat-a-cake, 까꿍, 흉내내기 놀이를 하라.
- 이 연령 그룹의 아동들은 공간을 이동하며 느끼는 감각을 즐긴다－업히기, 어린이용 그네 타기, 장난감 차 타기, 성인의 팔에서 춤추기. 그들과 더 높은 연령의 아기들도 ≪This is the Way the Bay Rides≫와 같은 노래에 맞추어 성인의 무릎 위에서 뛰는 것을 즐긴다.

12~18개월

이 연령 그룹의 영아들은 무슨 일이 일어나는지를 보기 위해서 그들의 기술을 이런 저런 방식으로 실현해 보는 위대한 실험가들이다. 이 그룹에서 발생하는 첫 가장 놀이는 영아들이 일상적인 활동들을 하는 것처럼 행동하기 시작할 때 일어난다. 그리고 나서 그들은 이 행동들을 다른 사람들에게 적용시키고 후에 다른 사람들의 행동을 그들 자신의 행동으로 모방한다. 이 아기들의 놀이를 지원하는 몇 가지 제안들은 다음과 같다:

- 아기가 명칭 사용을 연습하도록 하기 위해 친숙한 항목들(합판으로 된, 투명한 플라스틱으로 덮인, 또는 지퍼가 있는 플라스틱 백에 담겨 있는)에 대한 간단한 사진들을 제공하라.
- 여러분은 책에 관해 말하면서 아기에게 읽어준다.
- 움직이고, 걷고, 기어오르기에 안전한 장소들(실내와 실외)을 제공하라. 자주 떨어지는 경향이 있기 때문에, 오르는 계단들은 플라스틱으로 되어 있거나 카펫으로 덮여 있어야 한다. 터널과 캐비닛은 안으로, 밖으로, 통과하고, 밑으로 가는 기회를 제공한다.
- 아동의 가장 행동에 수용자가 되라. 빈 컵에서 음료를 마시고, 입술을 닦으며, "음, 맛있구나." 라고 말한다. 아동이 당신의 머리를 빗겨주거나 얼굴을 씻어준다고 가장하게 하자. 그리고 나서 가장을 인형과 같은 또 다른 수용자에게로 확대한다. 드라마가 진행되어갈 때 그 대사를 말하면서 아동의 언어 발달을 지원한다:

표 4-1 아기 놀이 지원하기(계속)

"Corey는 잠이 들었다." 또는 "오, 나는 씻으러 갈 것이다. 나는 목욕을 하고 있는 중이다." • 먹기, 목욕하기, 타기, 청소하기와 같은 매일 매일의 활동들을 위해 실물처럼 보이는 장난감들을 제공하라. 이 연령의 가장 놀이를 위해	중요한 장난감들은 인형들(실제적이고, 다양한 인종을 대표하는, 그리고 아빠, 엄마, 남자 형제, 여자 자매, 아기)과 교통수단들(배, 비행기, 차, 기차)이다.

출처: J. K. Sawyers와 Cosby Rogers, 『놀이를 통해 유아의 발달을 돕기: 부모, 양육자, 교사를 위한 실제적인 지침』 (Washington, DC: NAEYC. 1988)에서 발췌. 저자들의 허락 하에 사용됨.

미-중심 접근

심미적 접근을 기초로 하는 영아-걸음마기 유아 보호는 아동과 유아교육자 모두의 삶을 풍요롭게 해 줄 수 있다. 이 접근은 아름답고 즐길 수 있는 환경을 창안해내기 위해 예술을 활용한다. 놀이, 음악, 동작, 미술, 이야기, 재연은 심미적 접근을 위한 근거를 제공한다.

음 악

> 개개인이 가지고 태어난 모든 재능들 가운데 음악보다 더 일찍 나타나는 것은 없다.
>
> —Howard Gardner, 1995)

영아들은 음악에 준비된 상태로 태어난다. 부모와 영아 간의 많은 상호작용은 음악적 속성을 지닌다. 성인들이 아기들에게 이야기할 때, 그들의 목소리는 좀더 높은 음을 지니고 그 문화 특유의 독특한 억양을 지닌다(Custodero, 2003; Papousek, 1996). 영아를 향한 말투는 음악적 속성을 지니며 생존 기제로서 역할을 할 수도 있다. 부모들은 어린 자녀들에게 직관적으로 음악을 사용한다. 성인과 어린이 사이에 발생하는 음악적 상호작용은 차례 지키기, 의미 부여하기, 소속감을 배워가면서 유아의 발달을 장려한다(Custodero, 2003).

이런 생각들은 새로운 것이 아니다. 1600년대에 Comenius가 처음으로 유아들에게 음악을 사용할 것을 주장하였다. 1800년대에 Froebel은 음악을 높이 평가하였으며 음악을 교육과정에 통합시켰다. 놀이, 음악, 동작을 분리해서 생각한다는 것은 거의 불가능한 것이다. 모두 본능적으로 동기화된 것이

표 4-2 아동 보호프로그램에서 음악의 이점

음악은 아동에게 다양한 방식으로 유익하다:
• 아동은 그들의 문화와 다른 문화에 노출된다.
• 아동은 음악에 대한 감상력이 발달된다.
• 아동은 노래를 부르면서 서로 상호작용할 때 의사소통이 증가한다.
• 아동이 그룹으로 앉고, 서고, 움직이면서 사회적 상호작용이 증가한다.
• 아동이 운과 리듬을 사용하면서 언어가 발달한다.
• 아동이 손가락을 사용한 놀이와 춤을 추는 동안 그들의 대근육과 소근육을 사용하면서 운동 기술들이 발달한다.
• 아동이 악기를 재미있게 연주해 보고, 자신의 노래를 만들어 보고, 춤 동작을 새롭게 만들어 보면서 창의력이 발달한다.
• 음악은 전인적인 아동을 발달시키는 통합적인 활동을 제공한다.

다. 일부 학자들은 어머니와 아동 사이에 일어나는 놀이가 음악적 속성을 지니고 있다고 믿는다. 놀이와 같이, 음악도 표 4-2에 작성된 기술들을 발달시키면서, 사회 놀이, 신체 놀이, 그리고 때로는 대상 놀이와 가장 놀이를 발달시킨다.

유아교사와 음악

음악에 매료된 교사들은 다른 사람에게도 흥미를 갖도록 자극한다. 교사가 의도한 것 이상으로 음악은 교육과정의 주요한 부분을 차지할 수 있다. 사용될 수 있는 수많은 음반들이 있다. 음악을 향한 교사들의 태도가 매우 중요하다. 아동들은 기저귀를 갈아주면서, 하루 일과 동안, 그리고 아동의 요구에 반응하면서 노래를 불러줄 의지가 있는 성인들과의 상호작용이 필요하다. 음악은 영아와 걸음마기 유아에게 발달적으로 적합하다. 노래에 반응하는 영아와 걸음마기 유아는 음악과 언어를 모두 배우는 것이다. 교사의 역할은 수행하는 것이 아닌, 장려하는 것이다.

음악성의 발달 단계

음악성의 발달 단계는 영아의 음악 영역의 발달에 관하여 생각할 수 있는 한 방법으로서 권장된다. 이 단계는 신생아, 출생~6개월, 6~9개월, 12~18개월, 높은 연령의 걸음마기 유아를 포함한다(Trevarthen & Malloch, 2003).

신생아: 신생아는 음악을 포함한, 근접해 있는 환경 내의 소리를 잘 수용한다. 비록 아기에게 미치는 모차르트 테이프의 이점이 미디어와 장사꾼에 의

해 지나치게 강조되어 왔음에도 불구하고, 아기들은 환경으로부터 모든 것을 흡수하고 있다. 음악이 너무 크거나 귀에 거슬릴 때 영아들은 위축된다. 음악이 기분 좋게 느껴지고 선율이 아름다울 때 영아들은 논다. 일과활동은 음악의 틀 안에 있을 수 있다. 교사들의 허밍, 평온한 음악 테이프, 대화하는 소리는 아기들이 즐거운 소리를 만들어내게 한다.

출생~6개월: 이 연령대에 놀이와 음악은 긴밀하게 진행된다. **마더즈**(motherse), **패런티즈**(parentese), **영아-중심 화법**(IDS)으로 시작하면서, 아동은 어떻게 음악적으로 되는가를 배우고 있는 것이다. 아기들은 선천적으로 사교적이어서 그들 주변인들의 기분을 진지하게 인식한다. 아동과 교사가 함께 관계를 발달시킬 때, 그들은 음악을 이용하여 놀이를 한다. 생의 첫해의 중반 무렵에, 아기들은 "… 다양하게 부르는 소리, 환성, 옹알이에 수반되는 발가락으로 가리키기, 다리 흔들기, 팔 흔들기와 같은 협동적인 율동 게임에 참가하는" 능력이 발달된다(Trevarthen & Malloch, 2003, p. 14).

6~9개월: 이 연령대는 아기 자신과 타인에 대한 인식이 발달되는 시기이다. 그들은 일대일 놀이를 즐기고 친숙한 상황에서 수행해 보는 것을 즐긴다. 그들은 친숙한 것과 친숙하지 않은 것에 대한 인식이 발달되면서, 주변의 낯선 사람들을 두려워할 수도 있다.

12~18개월: 아동은 까꿍 놀이와 같은 상호작용적인 게임들을 즐기기 시작한다. 그는 음악을 들으면서 몸을 움직이며, 슬프거나 피곤할 때 붙잡기, 흔들기, 노래하기와 같은 사회적 상호작용하기를 좋아한다. 이 연령대의 아동은 노래와 일치하는 뜻밖의 율동을 포함한 게임들을 즐기기 시작한다. ≪Pop Goes the Weasel≫은 이 연령대에서 선호하는 곡이다.

높은 연령의 걸음마기 유아들: 걸음마기 유아들은 가족과 지역사회의 음악 행사를 흉내 내고 참여할 것이다. 그들은 반복되는 톤의 단조로운 가락으로 말을 반복해서 읊조릴 수 있다. 음악적인 환경에 있는 아동들은 그들의 문화에서 정한 음악과 동작을 반추할 것이다. 예를 들어, 캐리비안 음악을 들은 아동들은 그들의 가족들과 이웃들이 노래하고 춤출 때의 동작과 노래를 즐기고 참여하는 경향을 보일 것이다. 이 시기는 아동들이 크고 격한 소리를 만들기 위해 대상물들을 탕 치거나 때리는 시기이다. 집에서는 냄비와 팬을 좋아한다. 센터들은 오트밀 용기로 만든 드럼과 유사한 방식으로 사용될 수 있는 자료들을 제공하는 것을 원할 것이다. 이 연령의 아동들은 그 노래에 매력을 느끼지 못하는 다른 사람들을 무시하고 그들이 즐기고 좋아하는 특정 음악을 선택할 것이다. 많은 성인들은 TV에 나오는 특정 광고를 좋아한다는 것을 발견한다. 그들은 하고 있던 것을 멈추고, 바라보며, 음악에 따라 동작을 할 수도 있고, 그리고 순식간에 주의를 돌린다. 따라서 그들은 노래를 따라 부르면서 음악 기술들(멜로디, 리듬, 표현 시간)뿐만 아니라 언어 기술들도 발달시키고 있는 것이다.

영아들과 걸음마기 유아들을 위한 노래들

유아교사들은 영아-걸음마기 유아 방에서 부를 노래나 놀이의 레퍼토리를 갖고 있어야 한다. 교실에서 모든 문화의 노래들을 포함시키는 것은 유아에게 문화적으로 풍부한 환경을 보증해 줄 것이다.

자장가: 자장가는 모든 문화에서 발견된다(Honig, 1995). 이 자장가는 흔히 느리고 부드러운 목소리로 불려진다. 자장가는 아동과 성인 모두를 진정시켜준다. 자장가는 위안을 얻을 수 있고 잠이 올 수 있다는 신호를 제공한다. 자장가는 많은 세기 동안 입으로 전해져 왔으나 지금은 책과 디지털 녹음(digital recordings)을 통해 이용 가능하다. 다른 문화들에서 온 일부 자장가들은 ≪Ladino 자장가≫, ≪Save, Save, Save≫(Commins, 1967), ≪All the Pretty Little Horse≫, 그리고 물론 ≪Rock-a-Bye Baby≫(Sutterby, Link, Arrona, Murillo, 2004)를 포함한다.

전래 동요: 전래 동요는 한 세대에서 또 다른 세대로 전해 내려져 왔다. 전래 동요는 아동이 기억할 수 있도록 간단하고 쉽다. 가장 인기 있는 것 중의 하나는

Peter, Peter Pumkin Eater,
  Had a wife and couldn't keep her;
Put her in a pumpkin shell and
  There he kept her very well.

이 시는 부인이 남편의 재산이며 그가 지시하는 데로 부인이 따르도록 하기 위해서 무슨 힘이든 사용할 수 있다는 것을 제시한다. 물론, 영아나 걸음마기 유아들은 이 단순한 동요에 내포된 사회적 이슈들을 이해하지 못하지만 그 말들을 내면화시킨다. 동요의 사용은 문화적으로 적합한 것이 장려된다.

표 4-3 음악 자원들

• ≪자장가: 노래책 회사≫(1997). ESS. A. Y Recordings, CD # 1054.
• ≪달콤한 꿈들≫(1989). Sony, CD #44998.
• ≪당신의 아기의 두뇌 형성 1≫(1998). Sony, CD #60815(영아들에게 미치는 영향에 관하여 논쟁의 여지가 있음에도 불구하고 훌륭한 음악).

예를 들어, ≪Mary Had a Little Jam and Other Silly Rhymes≫(Lansky, 2003)은 훨씬 더 좋은 선택이다. 예를 들어, 옛 동요에 대한 새로운 각색은 지금 시대에 더 많이 필요한 메시지를 전달한다.

> Peter, Peter, sugar eater;
>   Always wanted food much sweeter.
> Adding sugar was a blunder.
>   Now he is a toothless wonder(p. 18).

다른 문화의 동요들을 통합시키는 것은 오늘날의 교실에서 중요하다. 유아들은 여러 문화들을 반영하는 시, 노래, 동요를 듣는 것이 필요하다(표 4-3 참조). 음악은 문화를 전달하는 강력한 힘이다. 음악이 놀이와 통합될 때, 음악은 문화를 전달하고 변화시키는 강력한 방법을 제공한다.

동 작

인간들에게 동작과 음악은 상호 관련된 것이다. 동작은 어머니의 자궁에서 시작한다. 영아들은 그들이 듣는 종류의 음악에 반응할 것이다. 그들은 활기찬 음악에 더 능동적인 반응을 하고 더 느린 음악에 덜 능동적인 반응을 한다. Jalongo와 Stamp(1997)는 "… 아기의 행동은 반사-잡기, 빨기, 큰 소음에 깜짝 놀라기에 의해 지배된다."는 것에 주목했다(p. 67). 유아교사들은 이 시기 동안 그들을 잡고, 흔들고, 포옹해 주어야 한다. 과잉으로 자극하지 않으면서 아동과 함께 참여하는 것이 중요하다. 우리가 움직이지 못하는 영아의 존재에서 잘 움직이는 걸음마기 유아로 어떻게 이동해 가는가를 이해하는 것은 각 연령의 유아들을 위한 여러 다른 활동들에 도움이 될 것이다.

이동할 수 없는(무릎 위의 아기)

영아들은 때때로 "무릎 위의 아기들"로 언급되며 그들을 돌보는 모든 사람은 그들의 능력을 잘 인식하고 잡아줄 필요가 있다. 어떤 자원들은 이것을 "이동성 불가"로 언급한다. 다른 자원들은 생의 첫 달 동안에 방을 건너다닐 수는 없다 할지라도, 그들이 이동성을 지니고 있기 때문에 "낮은 이동성"이라는 용어를 사용한다. 아동들은 파악 반사, 모로 반사, 바빈스키 반사, 근원과 빨기 반사, 두위 반사, 목경직 반사를 포함한 특정 반사들을 지니고 태어난다. 출생 후에 그들은 목 정위 반사, 신전 보호 반사, 란다우 반사들을 발달시킨다(Gonzales-Mena & Eyer, 2001). 아기들이 자동적이 아닌, 자발적인 움직임을 만들기 시작할 때, 그들은 대근육과 소근육 운동 동작을 사용할 것이다. 동작은 가르침을 받을 필요가 없지만, 관찰과 지원을 수반한 상호작용을 통해 장려되어야 한다. 동작은 영아들을 위해 고안된 많은 용기로 인해서 제한받는다(유모차, 보행기, 카시트, 영아 운반기). 여행을 하는 동안 카시트가 필요하고 안전을 위해 사용되어야 할지라도, 아기 용기의 지나친 사용은 아동을 부모와 분리시키고 동작을 제한시킨다.

이동 가능한 영아들

생의 첫 2년 동안, 아동은 침대에 안전하게 있을 수 있는 영아로부터 걷기 시작하는 걸음마기 유아로 점진적으로 이동해갈 것이다. 덜 복합적인 것에서 더 복합적인 것으로의 진보는 일반적으로 아래의 패턴을 따른다:

1. 엎드린 자세로 들어올리기
2. 기기 또는 돌진하기
3. 끌어당겨서 앉기
4. 가구에 의지하여 서기
5. 혼자 서기

최근 연구는 성인들이 영아 돌연사 증후군(SIDS)과 질식을 방지하기 위하여 아동들을 등에서 재울 것을 추천한다(American Academy of Pediatrics Task Force on Infant Positioning and SIDS, 2000). 많은 젊은 부모들은 아동들이 기대한 것만큼 일찍 기지 않거나, 또는 전혀 기지 않는다고 보고하고 있다. 비록 그 자료가 아직 단편적인 것일지라도, 이것은 엎드려 재우지 않

영아와 걸음마기 유아들을 돌보아주는 성인들의 도움으로 이동성이 발달된다.

은 영아들과 관계가 있을 수도 있다. 안전에 관한 관심이 가장 중요하지만, 운동 기술을 가르치는 것은 중단되어야 한다. 아동들의 운동 기술은 적절하게 지원된다면 자연적으로 향상될 것이다.

고도의 이동성

거의 25% 정도의 아기들이 14개월경에 기어오르며 반 이상이 17개월경에 기어오른다. 2세경에는 거의 모든 아동들이 기어오른다(Readdick & Park, 1998). 일단 아동들이 걷기 시작하면, 그들은 아동 보호 센터의 다른 영역으로 이동되어야 한다. 이동할 수 없는 영아들과 이동 가능한 영아들은 다른 욕구를 지닌다. 이동 가능한 아동들은 걷고, 뛰고, 기어오르기를 허용 할 환경이 필요하다. 일부 영역으로의 접근을 제한시키기 위해 문이 필요할 수도 있다. 예를 들어, 일부 센터들은 영아 바닥 놀이와 집, 블록, 율동, 물놀이 센터를 포함할 수 있는 걸음마기 유아 센터 시간대에는 영아들과 걸음마기 유아들을 분리시킨다. 그 센터들은 다른 시간대에는 상호작용을 장려한다. 문은 왕래의 흐름을 통제할 수 있게 해 주지만 신중하게 사용되어야 한다.

음악에 맞춰 튀어 오르거나, 흔들거나, 끄덕이거나, 가볍게 두드리거나, 질주하거나, 그네타거나, 뛸 때, 아동들은 동작과 음악을 결합시킨다. 놀이와 동작은 분리될 수 없다. 영아의 손 유희에서부터 자전거 타기까지, 운동 발달은 놀라운 속도로 일어나며 운동 놀이는 이 발달을 촉진시킨다.

미 술

> 모든 아동은 미술가다. 문제는 한 때의 미술가가 성장하면서 어떻게 미술가로 남게 하는가이다.
>
> —Pablo Picasso, 1973

영아들은 출생하면서부터 감각 자극에 반응한다. 미술은 감각들과 연계되므로 미술은 태어나자마자 시작된다. Jalongo와 Stamp(1997)는 영아들은 맛보고, 보고, 듣고, 만진 것에 반응할 수 있다는 것을 지적한다. 아기들은 태어나서 2주 안에 한 물체를 시각적으로 추적하거나 따라갈 수 있는 능력이 있다. 그들은 형태가 없는 것보다는 있는 것을, 단순한 것보다는 복잡한 것을, 하얀 빛보다는 번쩍이는 유색의 빛을, 정적인 것보다는 동적인 것, 그리고 어느 다른 대상물보다 사람의 얼굴을 더 선호한다는 연구가 이루어져 왔다(Jalongo & Stamp, 1997).

아동의 미술 감상은 그들이 처음으로 위의 두 점과 아래의 한 점이 부모의 얼굴일 수도 있다고 인식할 때 시작된다(그림 4-1 참조). 일반적으로 이것은 3개월경에 일어난다. 형태에 관한 그들의 첫 번째 인식이 발달하면서 미술 감상을 위해 머물러 있는 능력도 발달한다. 영아들은 덜 매력적으로 생각되는 것보다 매력적인(대칭적인) 것으로 여겨지는 얼굴을 바라보는 데 더 긴 시간을 보낼 것이라는 것이 발견되어 왔다(Langlois, Roggman, & Rieser-Daner, 1990).

영아들은 세상으로부터 지식을 받아들이면서 미술의 수용자들이 된다. 그들은 파스텔 톤보다는 검정색, 흰색, 빨강색과 같은 대조되는 색들을 즐기는 경향이 있다. 그들은 더 나이가 들 때까지 미술의 생산자가 되지는 않는다—

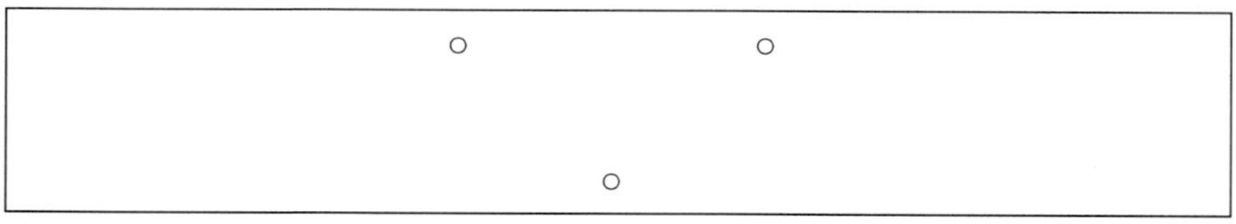

그림 4-1 첫 번째 형태들

영아들은 태어날 때부터 미술의 관찰자임에도 불구하고.

미술의 발달 단계

아동에게 아름다운 환경을 접하게 해 주는 성인은 아동에게 삶에 대한 심미적인 접근을 준비시키는 것이다. 최근에 언제 그리고 얼마나 일찍 아동들을 미술에 노출시켜야 하는가에 관한 약간의 관심이 대두되고 있다. 예술은 생산 이상의 것을 포함한다. 유아에게 있어서 미술의 기초는 세상과의 경험을 통해 발달한다. 그림과 형태를 보는 것, 여러 대상물들을 만지는 것, 다른 특유의 맛을 경험하는 것, 그리고 다양한 자료들을 경험하는 것 모두는 미술의 기초를 이룬다. 물에서 놀고 있는 걸음마기 유아들은 잔디에서 인도로 달리고 다시 거꾸로 달린다—항상 각각의 독특한 촉감을 경험하면서.

신생아~6개월: 자극은 적절해야 한다. 영아센터는 지나치게 자극을 주어서는 안 된다. 깨지지 않는 거울들, 사람 얼굴의 사진들, 다른 영아 얼굴들, 그리고 여러 모양의 대조되는 색들이 추천된다. 영아들은 다른 자료들과 천들을 즐긴다. 여러 천들을 함께 꿰맨 담요들도 역시 즐길 수 있는 것들이다. 단순한 종이-접시 인형들은 과잉자극 없이 즐길 수 있는 것이다.

영아들, 6~12개월: 이 연령의 아기들은 맛에 대한 인식과 원인과 결과에 대한 인식이 발달하기 시작한다. 그들의 놀이는 많은 연습을 반영한다. 아기들은 그들의 세상을 탐색할 때, 다양한 방식으로 음식을 사용할 것이다. 이것은 놀이, 과학, 미술로도 모두 사용된다. 많은 유아교육자들은 음식을 미술 자료로 사용하는 것을 금하고 있다(Jalongo & Stamp, 1997). 저자는 아기들은 성인들이 장려하지 않아도 음식을 가지고 놀 것이라고 믿는다; 음식은 섭취를 위해서만 제공되어야지 미술을 위해서 제공되어서는 안 된다. 이것은 적합한 실제(Bredekamp & Copple, 1997)를 위한 지침에 의해 지원된다. 부적합한 실제는 다음을 포함한다:

> 결과물을 만들어내기 위해 교사의 "도움"을 받는 걸음마기 유아들은, 성인이 만든 모델을 따라하거나 색칠 공책에 색을 칠한다. 걸음마기 유아들은 물건을 입으로 집어넣는 경향이 있기 때문에 성인들은 그들에게 먹을 수 있는 물감이나 반죽을 준다(p. 85).

걸음마기 유아들에게는 조작할 수 있는 실제 자료들을 주는 것이 더 바람직하다. 예를 들어, 그들은 물감이나 면도 크림과 같은 무독성 자료들을 사용할 수 있다. 완성된 결과물이 아닌 경험 그 자체가 목적인 것이다. 이때 아동의 흥미에 세심한 주의를 기울여야 한다. 이 연령대에서 미술은 아직도 표현적이기보다는 수용적이다.

걸음마기 유아들, 12개월~2세: 걸음마기 유아들에게는 모든 것이 복합적인 감각 경험이다. 그들은 감각 자료들을 경험하고 그들에게 흥미를 주는 활동에 온전히 전념한다. Isbell과 Raine(2003)은 이 연령대의 아동들은 미술 발달의 **난화기**(scribble stage)에 있다고 지적한다. 유아들이 표현하는 초기 표시는 **조절되지 않은 난화기**(uncontrolled scribbles)로, 마커, 크레용 및 모래에서의 나무 막대기가 사용될 수 있다. 걸음마기 유아들의 소근육 기술이 발달되면서 **조절된 난화기**(controlled scribbles)로 발전한다. 그들은 설계에 따라 표시하고 실험하는 것을 즐거워한다. 그들이 즐기는 다른 자료들로는 탐색하고 조작하기 위한 크레용, 마커, 큰 종이가 포함된다. 하얀 벽에 큰 원을 그릴 수 있다는 것을 발견한 걸음마기 유아들을 지켜보는 것은 성인들에게 갈등을 일으키게 한다. 벽을 다시 칠한다는 사고에 의해 중재된 그들의 능력을 발견한 인간 존재를 지켜보는 것의 공포감이란!

걸음마기 유아들은 진흙, 물, 모래, 흙, 잔디, 식물을 포함한 자연적인 재료들을 즐긴다. 어떤 식물들은 독이 있기 때문에 주의가 요망된다. 걸음마기 유아들은 또한 물기 없는 수영장에서 종이 찢기를 즐긴다. 이것은 감각 경험과 재활용(recycle) 기회 모두를 제공한다. 다른 문화들은 다른 측면보다 특정 측면을 더 일찍 강조할 수도 있다. 어떤 유럽 국가들에서는, 1세 영아가 물감으로 작업하고 좀더 연령이 높은 걸음마기 유아들이 찰흙을 사용하는 것을 즐긴다. 미국에서는, 물감은 일반적으로 더 연령이 높은 2~3세 아동들을 위해 유보되어 왔다. 이 연령대의 주요 초점은 다양한 심미적인 예술 경험들을 통해 그들의 감각을 충분히 발달시키고 감각 자극을 충분히 제공해 주는 아름답고, 질서정연한 환경에 노출시키는 것이다.

이야기와 재연(reenactment)

영아들은 책과 다양한 방식으로 상호작용할 필요가 있다. 가장 필수적인 구성 요소는 영아와 유아에게 책을 읽어주는 성인이다. 성인들이 읽어주는 다양한 책을 아동들이 접해 보는 것은 아동들에게 유익한 경험이 될 것이다.

국제독서협회(Intional Reading Association; IRA)와 전국유아교육협회(National Association for the Education of Young Children; NAEYC)는 출생에서 초등학교 저학년 아동들의 문식성(literacy) 지침을 요약한 보고서를 준비했다. 영아-걸음마기 유아의 문식성 발달을 위한 권장 사항은 두 그룹의 관점을 반영한 것으로 아래에 제시한다.

> 아동들은 구어 발달(oral language development)을 지원해 주고 이후 문식성 학습의 기초가 되는, 일대일로 많은 얼굴을 마주 보며 상호작용하는 성인들과의 관계가 필요하다. 중요한 경험과 교수 행동을 다음과 같이 제시한다(IRA/NAEYC, 1998, p. 42).
>
> - 아기들과 걸음마기 유아들에게 간단한 언어로, 자주 눈을 맞추며, 아동들의 단서와 언어 시도에 반응적인 태도로 대화하기
> - 영유아들과 자주 놀아주고, 대화하고, 노래하고, 손가락을 이용한 놀이하기
> - 아기들과 책을 공유하고 걸음마기 유아들에게 성인의 무릎에서 또는 한 명이나 두 명의 다른 아동들과 함께 자주 읽어주기

아동들은 이야기를 들을 때 말하기 기술, 듣기 기술, 문식성 기술과 놀이를 위한 대본을 발달시킨다.

놀이 장소와 공간

일부 센터에서는 우수한 질의 놀이 상호작용이 장려되고 다른 센터에서는 장려되지 않는다. 그 차이는 성인과 놀이 맥락에 달려 있다. 만일 성인들이 안전 이슈에 관해 과도하게 염려한다면 아동은 억압받을 수도 있다. 유아교육자들은 탐색을 장려하는 안전한 환경을 만들어내야 한다. 환경을 만들어 낼 때 고려해 볼 몇 가지 가능한 지침들이 Lowman과 Ruhmann(1988)에 의한 다중-"S" 접근으로 언급되어 왔다. 이것은 다음과 같은 것을 포함한다:

- 안전과 건강(safety and health)
- 위생(sanitation)
- 안정성과 질서(stability and order)

- 기준과 안도감(scale and comfort)
- 단순함과 편리함(simplicity and convenience)
- 격리와 선택(seclusion and choice)
- 자극(stimulation)
- 부드러움(softness)
- 마음을 끄는 감각(sensory appealing)
- 마음을 진정시키고 햇빛이 드는(soothing and sunny)

안전과 건강

아동이 어릴수록 안전과 건강 이슈들이 더 중요하다. 미국 극서부 지역의 영아-걸음마기 유아 보호 영역에서 전문성 발달을 제공하는 한 조직은 교실의 철저한 안전 점검을 위해 사용될 수 있는 지침을 지니고 있다. 전국유아교육협회(NAEYC)의 지침은 세 명의 영아와 한 명의 성인 비율을 권장했다(Breadkamp & Copple, 1997, p. 80). 여러분이 마룻바닥에 서 있는 걸음마기 유아라고 가장하자. 출구들이 막혀 있는가? 걸음마기 유아들은 다른 조화로 시도해 보길 원한다는 것을 기억하라. 무엇이 안전하고 무엇이 안전하지 못한가? 작은 장난감 부속품들을 점검해 보기 위해 **질식 관**(choke tube)에 대상물을 넣어 보라. 질식 관은 대상물의 크기를 점검하기 위해 사용된다. 만일 대상물이 질식 관 안으로 들어가게 된다면 그 대상물은 유아에게 안전하지 못한 것이며, 만일 질식 관 안으로 들어가지 않는다면 안전한 것이다. 반드시 모든 영역을 검사한다.

위 생

위생은 기저귀 갈기, 화장실 처리하기, 먹이기가 위생적으로 이루어짐을 보증하는 것을 포함한다. 영아가 입에 넣는 장난감들은 병균의 감염을 최소화시키기 위해서 표백제로 위생 처리되어 있어야 한다.

안정성과 질서

아동들은 안정된 환경을 필요로 한다. 그들은 선반 위에 놓인 장난감이 내일 그 자리에 놓여 있을 것이라는 것을 알 필요가 있다. 매체들의 순환은 천천히 이루어져야 한다. 아동들은 특정한 물건들에 친숙해질 것이고 그 물건들이 환경에서 갑자기 제거되었을 때 힘들어 할 수도 있다. 성인들도 역시 센터의 질서와 안정성에서 얻는 바가 있다.

기준과 안도감

이것은 영아-걸음마기 유아 방과 걸음마기 유아 방에서 중요하다. 영아 센터의 잠자는 영역에서 성인들은 흔들의자가 필요하지만, 걸음마기 유아 방의 흔들의자는 문제를 일으킬 수 있다. 아동이 어릴수록 공간은 작아야 한다. 영아들은 그들의 주변에 친숙해질 수 있도록 제한된 면적의 공간이 필요하다. 걸음마기 유아들은 더 많은 공간과 명확한 경계들이 필요하다.

단순함과 편리함

공간은 상대적으로 단순할 필요가 있다. 이동 패턴은 흐름이 자유롭고 아동보호 제공자들을 위해 편리해야 한다. 하루 동안 문까지 3피트 이상을 가야만 하는 성인들은 단지 방에서 이동하는 것만으로도 신체적으로 지치게 될 것이다. 쿠션들은 경계를 표시하기 위해 사용될 수 있으며 더 안전하고 이동이 더 쉬워야 한다.

격리와 선택

점점 더 많은 아동들이 깨어 있는 시간 중 더 많은 시간을 단체기관에서 보내고 있기 때문에, 그들이 혼자 있게 될 장소와 그 선택할 수 있는 자유를 갖는 것은 매우 중요하다. 영아들에게 거울을 바라볼 수 있는 선택권이 있는가? 걸음마기 유아들에게 선택권이 있는가? 그들은 그들 자신의 부엌 캐비닛을 탐색할 수 없으므로, 그들이 탐색할 수 있는 작은 공간들을 어떻게 만들어내야 하는가? 걸음마기 유아들은 그들이 혼자 있기를 원할 때 사용할 수 있는 안전하게 계획된 공간이 필요하다. 안이 비어 있는 고무로 만들어진 걸음마기 유아 수영장이나 짧은 터널은 이 목적을 제공하는 용도로 사용될 수 있다.

자 극

영아들은 너무 많거나 너무 작지 않은 적정한 양의 자극을 받아야 한다. 이 적정한 양의 자극을 이해하고 유지시켜 주기 위해서 유아교사는 날카로운 통찰력과 경험이 필수적이다. 반응적인 교사들은 자극의 적합성 측면에서 아동들에게 유익한 선택을 한다.

영아들은 탐색할 수 있는 안전한 장소가 필요하다.

부드러움

기관보다는 좀더 집 같은 환경을 만드는 것이 유아들과 성인들을 위한 즐거운 환경을 만드는 것이다. 부분적으로 천을 걸어두는 것은 집의 문화를 센터로 가져오는 것이다. 예를 들어, 어떤 영역은 아름다운 퀼트가 놓여 있고, 다른 영역들은 짜여진 담요나 깔개가 놓여 있다. 부드러운 물건들을 가져오는 것은 유아들을 더 초대하는 공간을 산출해낸다.

마음을 끄는 감각

아름다운 환경을 갖추어놓고 미-중심 접근을 강조하는 이탈리아에 있는 Reggio Emilia의 학교들은 미관상으로 만족스러운 공간의 가치를 강조하는데 일조해 왔다. 영아들과 걸음마기 유아들은 방에서 고전음악을 듣고, 거울과 빛을 보고, 그들의 발밑의 다른 질감들을 느끼고, 안정감을 탐색하고 경험하게 해 주는 거울들을 갖춘 작은 공간들을 기어다닐 필요가 있다. 성인들도 역시 아름다운 공간들을 즐기고 그 곳에서 얻는 바가 있다.

마음을 진정시키고 햇빛이 드는

환경은 마음을 진정시키고 햇빛이 드는 곳이어야 한다. 유아들이 장시간 동안 빨간색의 벽과 디즈니 주인공으로 둘러싸인 방에 있게 될 때 그것은 과잉 자극이 될 수도 있다. 방은 빛이 들고 밝아야 한다. 대다수의 영아-걸음마기 유아 센터들은 지하에 위치해 있다. 잠자는 영역을 제외하고는 가능하면 센터의 많은 영역에 자연의 빛이 가득해야 한다. 창문, 투명한 벽, 거울은 빛을 센터로 끌어들인다. 미적으로 만족스러운 환경은 아동과 성인 모두의 즐거움과 놀이를 증가시킨다.

영아들을 위한 환경 설계

앞 절에서 기술된 모든 요인을 포함하는 환경을 만들어내는 것은 도전이다. 성인들은 어떻게 놀이를 장려하는 환경을 설계하는가? 그 설계 과정을 시작하기 전에, 지방과 주에 있는 관리기관들과 접촉하라. 규정은 주마다 다양하다. 일부 주에서는, 인가 조건이 매우 엄격하다. 다른 주에서는 최소한의 인가 조건들을 요구한다. 예를 들어, 어떤 주에서는, 두 개의 출구 영역이 요구되고, 다른 주들은 전기 콘센트 덮개보다 더 작은 사항까지 요구한다. 주와 지방의 인가 준거를 충족시키는 것은 선택 사항이 아니다. 우수한 질의 프로그램들은 건강과 안전 조건만을 충족시키는 것이 아니라, 자발적으로 NAEYC 인가 조건들을 충족시킨다. 인가 과정은 권장된 성인/아동 비율이 갖추어져 있는지 그리고 최소한이 아닌, 적정한 기준의 보호가 제공되는지를 보증한다. 주의 조건과 NAEYC 지침에 대한 지식이 선행되면 뒤따를 수 있는 문제들을 방지할 것이다. 우리는 아동들을 위한 영역들을 고려하기 전에, 성인들도 욕구가 있음을 주목해야 할 것이다. 오랜 기간 동안 센터에 있는 유아교사들은 다양한 좌석과 이동 배치가 필요하다. 잠자는 영역이나 조용한 영역에는 흔들의자, 책 바구니 곁에는 안락한 의자나 카우치, 식사 영역의 의자들은 모두 성인들에게 적합한 것이다. NAEYC 지침에 따르면, 영아 영역은 여섯 가지 기본적인 영역들을 포함해야 한다(Bredekamp & Copple, 1997):

- 입구와 출구

- 식사 영역
- 기저귀 처리 영역
- 잠자는 영역
- 바닥 놀이 영역
- 대근육 영역

입구와 출구

부모들을 위한 입구와 출구는 안전하고 질서정연한 환경을 제공해야 한다. 입구는 부모들을 초대하는 듯한 분위기여야 하며 영아들이 흥미를 느낄 수 있는 거울과 같은 몇몇 항목들을 포함해야 한다. 부모들이 센터가 어떻게 진행되고 있으며 필요할 때 다른 사람들과 의사소통할 수 있다는 것을 알도록 가족 게시판이 이용 가능해야 한다. 영아의 사물함을 들어오는 길에 배치하는 것은 효율성을 증가시킨다. 먹이기와 배변 처리에 대한 정보를 담고 있는 클립보드는 놀이나 지각의 변화에 대한 정보도 담고 있어야 한다.

식사 영역

식사 영역은 위생적이고 가능한 한 자연스러워야 한다. 특별한 요구를 갖고 있는 일부 아동들은 식사를 위한 특별한 설비가 필요할 수도 있다. 다섯이나 여섯 명의 영아들을 테이블의 접의자에 배치하는 것도, 네 명의 영아들을 아기 의자에 앉혀서 한 줄로 배치하는 것도 적합하지 않다. 음식의 소비는 영양이 풍부하고 즐거운 경험이어야 한다. 부드러운 배경 음악은 먹는 경험의 분위기에 공헌한다. 먹이기라는 단어대신 식사하기라는 단어가 의도적으로 사용되어 왔다. 성인들은 그들의 환경을 살펴야 하고 존중하는 마음으로 아동들을 먹이는 방법들을 고려해야 한다.

기저귀 처리 영역

기저귀 처리 영역은 위생적이고 물이 가까이 있는 곳에 있어야 한다. 거울과 풍경의 배치는 그들의 기저귀를 바꿔줄 때 흥미롭고 친숙한 환경을 만들어 낸다. 유아교육자들이 아동들과 이야기하고, 노래하고, 특별한 게임을 하며 노는 때가 이 시간이다. 여러 아동들에게 다른 노래나 게임을 사용하여 영아의 자아발달을 증진시킬 수 있다. 예를 들어, 만일 어떤 아동의 부모가 독특한 문화 집단의 출신이라면 집에서 듣는 음악을 듣는 것이 아동의 위안 수준을 증진시켜 줄 것이다.

잠자는 영역

센터의 한 영역은 쉴 수 있고 여유로우며 잘 수 있도록 준비되어야 한다. 흔들의자는 교사들과 부모들에게 여유로운 분위기에서 아동을 위로하는 것을 허용할 것이다. 아기를 양육하는 어머니들은 그들이 영아를 양육할 때 그 영역의 평화로움을 즐길 수 있다. 아기 침대는 잠을 자는 곳이므로 너무 많은 장난감들로 어질러져서는 안 된다. 영아가 일어나면 바로 바닥 영역으로 이동할 수 있어야 한다(Gerber, 1998).

바닥 놀이 영역

마룻바닥은 영아들의 놀이 무대이다. 양육자들이 다음과 같은 행동에 관여할 때 바닥 놀이는 장려된다:

- 놀이와 양육 공간을 분리시킨다. 영역을 규정하기 위해 쿠션들이 사용될 수 있으며 부드러운 천으로 마루를 덮기 위해 카펫, 담요, 퀼트가 사용될 수 있다.
- 놀이 공간의 모든 것은 만질 수 있는 것들임을 확인해야 한다. 모든 것은 입에 넣을 수도 있어야 한다.
- 소근육과 대근육 활동을 모두 포함시킨다. 바닥 놀이는 비치볼, 알루미늄 파이 팬, 빈 상자, 부드러운 천으로 된 공들을 사용할 수 있는 기회를 제공한다. 바닥 놀이 영역에 비치된 거울은 아동의 흥미를 증진시킨다. 경사면과 벽의 가로장(bar)은 영아에게 유용하다.
- 장난감과 재료를 결합하는 독특한 방식을 찾도록 한다. 이것이 유익한 바닥 놀이의 핵심이다. 아동들을 관찰하라. 만일 그들이 스카프를 가지고 놀고 있다면, 다양한 방식으로 만지게 하라. 만일 그들이 감각 병들을 가지고 놀고 있다면, 그 병들을 굴리고 흔들게 하라. 만일 그들이 선택하면 그들이 병 위에 스카프를 놓게 하라. 바닥 놀이는 대상물들과 재료들을 탐색하는 시간이다. 스카프와 감각 병을 가지고 노는 바닥 놀이 동안, 안전은 가장 중요한 것이어야 한다. 스카프는 위험한 상황을 만들어낼 수 있는 방식으로 사용하지 말아야 한다는 것을 확실히 해야 한다.

- 적당한 수의 장난감들을 배치하라. 적당한 양의 의미는 다양하다. 아동들을 과잉 자극하지 않는 것이 중요하다. 그들은 하나나 두 개의 흥미롭고 자극적인 감각 병들을 찾을 수도 있다. 센터에 다섯 개의 감각 병들을 놓는 것은 바람직하지 않다. 너무 많은 장난감들은 혼란을 줄 수 있다. 결합되고 조작될 수 있는 장난감들을 갖는 것이 더 좋다.
- 올바른 선택의 조화를 제공하라. 올바른 양의 의미는 다양하다. 경험으로 비추어 볼 때, 바닥 놀이를 위한 좋은 방법은 세 명의 아동들에게는 다섯 개의 선택으로 제한하면서, 각 아동마다 두 개의 선택으로 시작하는 것이다. 아동들을 관찰하라. 이 양이 충분한가 아니면 더 필요한가? 유아들이 선택으로 압도당해서는 안 될 것이다(Gonzalez-Mena & Eyer, 2001, p. 69).

바닥 놀이는 또한 동작과 지각 모두를 포함해야 한다. 아기가 스스로 이동하기 시작하자마자, 아기의 흥미를 끌 다양한 색을 지닌 퀼트 위에 배를 댄 상태로 납작 엎드리게 놓아준다. 바닥 놀이를 하는 동안 절대 영아를 혼자 있게 하지 않도록 하라. 아기가 퀼트 위의 재료들을 바라보는 것에 싫증을 낼 때, 그 아기로부터 약 5인치 앞에 부드러운 천의 공이나 동물 인형을 두도록 하라. 아기가 그들을 향해 이동하려고 시도할 때 주의하라. 그가 좌절하지 않도록 조심하라. 필요한 만큼 거리를 조정하라. 놀이의 목적은 재미다. 아기가 물체를 잡아서 흔들 수 있을 때, 아기는 성취감으로 크게 웃을 것이다.

대근육 영역

대근육 영역은 영아 영역의 필수적인 부분이다. 아동들은 안전하게 기어서 돌아다닐 수 있는 공간이 필요하다. 마루 위의 낮게 기울어진 경사면은 기는 영아들에게는 좋은 장소가 된다. 소파는 성인들과 돌아다니는 아동들 모두에게 편안한 장소를 제공한다. 밀고 끄는 장난감들을 포함한 다양한 선택은 그 그룹의 다양한 능력을 반영해야 할 것이다. 매일 신선한 공기를 마시며 이루어지는 산책은 영아들과 양육자들의 건강에 좋다.

걸음마기 유아들을 위한 환경 설계

걸음마기 유아들의 영역은 최소한 다섯 가지 놀이 영역을 갖춘 여섯 가지 기본적인 영역이 포함되어야 한다:

- 입구와 출구
- 식사 영역
- 수면과 휴식 영역
- 배변 처리 영역
- 대근육 영역
- 놀이 센터
  1. 블록
  2. 집 센터
  3. 극 놀이
  4. 정적인 영역
  5. 감각
  6. 물 영역
  7. 미술

입구와 출구

센터 입구는 안전하고 서비스를 제공할 수 있어야 하고, 미적으로 만족스러우며 걸음마기 유아들에게 적합해야 한다. 어떤 센터들은 유아들이 센터로 들어갈 때 그들의 관심을 끌 수 있는 물건들을 배치한다. 예를 들어, 어떤 센터들은 거울들을 입구 가까이에 배치하고, 다른 센터들은 동물들을 배치할 것이다. 소방 규칙 때문에 입구가 어수선해서는 안 된다는 것은 중요하지만, 다양한 장소에 자극적인 물체들이 제공되어서 놀이를 위한 장소를 제공하는 것도 중요하다. 걸음마기 유아 영역의 입구는 유아들이 그들의 개인적인 소지품들을 놓을 수 있는 장소를 포함해야만 한다. 가족을 위한 게시판은 부모들이 최근 소식을 접할 수 있고 필요할 때 다른 사람들과 의사소통을 할 수 있도록 해 주어야 한다. 걸음마기 유아들의 사물함은 문 가까이에 배치해서 효율성을 높이고 불필요한 걸음을 제한할 수 있다.

식사 영역

걸음마기 유아들을 위한 식사 영역은 분리되어 준비 영역 가까이에 배치되어야 한다. 준비 영역은 모든 적합한 위생 측정이 취해져 있어야 한다. 손을 씻는 규칙이 벽에 제시되어 있어서 새로 온 유아도 적합한 절차를 알도록 해야 한다. 걸음마기 유아들은 낮은 테이블에서 친구, 성인과 함께 식사하는 기회를 가져야 한다. 그들의 식사가 끝나면 곧 테이블에서 일어나 대근육이나 놀이 영역으로 이동할 수 있어야 한다.

수면과 휴식 영역

휴식 시간은 아동들이 매일 규칙적으로 경험할 때 더 쉬워진다. 음악이 흘러나오기 시작하고 조명이 어두워질 때, 아동들은 다음이 휴식 시간임을 알게 된다. 걸음마기 유아들은 휴식을 위해 비용이 든다. 휴식을 위해 필요한 설비들은 방의 한 영역에 쌓아놓을 수 있다. 마루에 놓인 카펫 위에서 자는 아동들은 한기를 느끼게 될 수도 있고 마루에서 자보지 않은 성인들은 그들의 불편함을 깨닫지 못한다. 이 시간에 아동들은 그들을 편안하게 해 주고 즐겁게 해 주는 부드러운 헝겊으로 된 동물, 인형, 장난감을 지니고 있어야 한다. 고전음악이나 자장가는 휴식할 수 있는 분위기를 만들어 준다.

배변 처리 영역

걸음마기 유아들은 기저귀 사용에서 점차 독립해가는 과도기에 있다. 기저귀를 갈아주는 장소와 아동에 맞게 실내 변기를 모두 갖춘 시설은 배변 학습을 장려한다. 부모들과 교사들은 일관성 있게 연습시켜야 한다. 팬티처럼 만들어진 기저귀의 손쉬운 사용은 일부 아동들이 과거보다 더 오래 훈련 팬티를 사용하게 하는 원인이 되고 있다. 심지어 일부 센터들은 팬티처럼 만들어진 기저귀가 그 과정을 연장시킨다고 믿기 때문에 팬티 기저귀 사용을 금지하고 있다. 낮고 안전한 거울들을 첨가해 놓는 것은 즐겁고 매력적인 분위기를 만들어낼 수 있다.

대근육 영역

걸음마기 유아들은 대근육 운동을 위한 영역이 필요하다. 이 영역은 아동들이 경사로를 통해 들어가고 나가는 다락방, 창 밖을 볼 수 있는 계단들, 구석에 놓인 오르내리는 계단들, 비치볼로 구성될 수 있다. 걸음마기 유아들은 움직일 필요가 있고 성인들은 안전한 선택권을 제공해야만 한다.

걸음마기 유아 놀이 센터

걸음마기 유아 방의 센터들은 처음에 놀이 영역의 역할을 한다. 이후에 3세 유아들 방의 블록 센터가 될 수도 있는 이 영역은 여러 유형의 블록들을 갖고 놀 수 있는 영역으로 시작된다. 이 영역은 유아원이나 유치원에서 발생하는 센터타임의 유형과 혼돈되어서는 안 된다. 이 영역들은 질서를 제공하고 아동들이 놀이를 선택하도록 지원한다. 탐색과 놀이는 가장 영향력 있는 활동으로 흥미 영역들은 두 활동을 모두 격려해야 한다.

1. **블록.** 블록 센터는 낮은 선반 위에 다양한 블록들을 갖추고 있어야 한다. 현대식 재료들은 부드러운 스티롤, 카드 보드, 플라스틱을 포함한 가볍고 견고한 다양한 재료들을 제공한다. 이 연령대에는 실제 대상물(real-life object)에 의해 상징 놀이가 자극되므로, 센터 내에 모형 학교 버스, 외양간, 사람을 배치하는 것은 놀이를 지원할 것이다.
2. **집 센터.** 사실적인 집 재료들은 아동의 극 놀이 발달에 공헌할 수 있다. 실제 주전자와 팬, 실제 접시, 깨끗하고 빈 용기들이 권장된다. 집 영역의 중간에 놓여진 커다란 상자는 자동차, 트럭, 보트가 될 수 있다.
3. **극 놀이.** 걸음마기 유아들은 정장을 차려 입는 것을 즐기고 특히 모자 쓰는 것에 흥미를 나타낸다. 그들은 자신의 놀이를 고취하기 위한 실제적인 소도구들이 필요하다. 전화나 실제 경찰 모자와 같은 실제적인 자료들은 그들의 놀이의 풍요로움을 더해 준다. 안전한 거울들은 가장 놀이의 기회를 향상시킨다.
4. **정적인 영역(대상 놀이/장난감)(책 바구니).** 걸음마기 유아들은 앉아서 퍼즐을 하거나, 책을 보거나, 누군가의 무릎에 앉아 있을 수 있는 영역도 필요하다. 책으로 가득 채워진 바구니들은 걸음마기 유아들이 집고 돌아오기에 편리하고 접근하기에 용이해야 한다. 부드러운 베개들이 이 공간에 더해진다. 이 센터는 바닥 놀이에 익숙해져 있는 어린 걸음마기 유아에게 좋은 전이 과정의 센터이다.
5. **감각(페인트, 모래, 조각난 종이들).** 이 시기에 지각 기술들이 발달하기 시작한다. 아동들이 빨강과 파란 핑거 페인트를 변별하도록 돕는 것은 시 지각을 촉진시킨다. 아동들은 점토, 물, 진흙을 사용하여 놀면서 세상의 인지

걸음마기 유아들은 탐색을 통해서 세상에 관한 지식을 발달시킨다.

적·감각적 지식 모두를 증진시킨다. 모래는 실내와 실외 모두에서 사용될 수 있다. 모래는 걸음마기 유아들에게 훌륭한 감각 자료를 제공한다. 모래를 붓고, 국자로 푸고, 삽으로 퍼내기 위해 사용될 수 있는 장난감들은 놀이를 확장시킨다.

6. 물 영역. 물놀이는 작은 물 용기들을 사용함으로써 장려될 수 있다. 이 나이에는 물 주변의 안전이 관심사이다. 걸음마기 유아들은 물의 위험성을 이해하지 못한다. 그들은 작은 양의 물에도 빠질 수 있으며 결과를 이해하지 못한 채 수영장에 뛰어 들어갈 것이다. 8인치를 넘지 않는 접시 팬들은 걸음마기 유아들에게 안전한 물 자원을 제공해 줄 수 있다. 세균 감염을 방지하기 위해서는 커다란 물 테이블보다는 물통이 더 바람직하다.

7. **미술.** 핑거 페인팅은 이 연령의 유아들이 좋아하는 활동이다. 사용할 수 있는 작업복이 반드시 갖추어져 있어서 아동의 새 옷에 페인트가 묻지 않도록 한다. 본 장의 서두에서 논의한 것처럼, 영아들과 걸음마기 유아들은 먹을 수 있는 것과 먹을 수 없는 것들을 변별해내지 못한다. 미술에 음식을 사용하는 것은 혼돈스러울 수 있으며, 많은 문화들은 미술 활동에 음식을 사용하는 것에 문제가 있음을 발견한다. 이런 이유들 때문에, 미술 재료들을 고

려할 때는 다른 선택들이 이루어져야 한다.

위에서 언급된 모든 영역들을 포함한 프로그램 개발은 지식, 창의력, 에너지, 열정을 필요로 한다. 다음에는 영아-걸음마기 유아 프로그램을 개발하기 위해 사용될 수 있는 모델들의 개요를 제공한다.

프로그램 모델

이 장에서는 놀이, 미술, 음악, 동작을 토대로 미적인 것이 고려된 교육과정의 구성 요인들이 제시되었다. 다른 교육과정 체제를 선호하는 사람들을 위해서는 다른 여러 가지 프로그램 모델들이 이용 가능하다. 이 책에 모든 유용한 모델들을 제시하는 것은 불가능하므로, 대표적인 모델들만 간단하게 제시될 것이다. 더 많은 정보를 얻고자 한다면, 개별적인 프로그램을 접하도록 하라.

- 발달적-상호작용 모델(Bank Street College Education)
- 인지 발달 모델(High/Scope)
- 구성주의 모델(Reggio Emilia)
- 전문성 발달 프로그램
  - 창의적 교육과정(Creative Curriculum)
  - 서부 교육 프로그램(West Ed Program)
  - 교육과 보호하기(Educaring)
- 가정 보육(Family Child Care)

발달적-상호작용

발달적-상호작용 접근은 Bank Street 접근으로 많은 사람들에게 알려져 있다. 이 접근은 아동들이 세상과의 상호작용을 통해 지식을 구성한다는 철학을 근간으로 한다. 비록 이 용어가 상대적으로 새로운 것이라 할지라도—1970년대에 새로 만들어진—그 접근은 20세기 초반부에 시작했던 Bank Street 학교들에서 사용되었던 접근의 철학을 반영한다(Cuffaro, Nager, & Shapiro, 2000). 가족 프로그램이라 불리는 영아와 걸음마기 유아들을 위한 프로그램은 Erikson(1950)과 Piaget(1965)의 연구를 근간으로 한 것이다. 정신 건강과 경험적 활동들이 프로그램의 지침 원리들이다. 영아들과 걸음마기 유아들은 매우 차분하고 안정된 분위기를 경험한다. 교육과정은 일과 스케줄이 놀기, 먹기, 쉬기, 야외에서 노는 시간으로 이루어진다. 전이는 아동을 위한 중요한 시간으로 간주된다. 직원들은 전이 기간의 어려움을 최소화하기 위해 전념한다. 아동들이 새로운 센터에 서서히 적응하도록 하는 그들의 프로그램들은 많은 프로그램들에 의해 '반복(looping)' 모델로 사용된다. 부모들은 아동들이 괴로워하지 않고 떠날 수 있을 때까지 아동과 함께 머무른다. 영아들과 걸음마기 유아들을 위해 유용한 활동들은 미술, 블록, 감각 경험, 음악, 동작 및 대근육 놀이와 산책을 포함한다. 둘이나 세 명의 아동들과 함께 주변 산책(소풍)을 한다. Bank Street 접근은 자연적인 사회적 상황을 반영하기 위해 항상 혼합 연령 그룹 상황을 사용해 왔다. 이 프로그램은 뉴욕에 소재한 컬럼비아 교사 대학(Columbia Teachers College)에 위치해 있다. 정보는 그들의 웹사이트에서 이용할 수 있으며 주소는 이 장의 끝부분에 제시되어 있다.

인지 발달적

인지 발달적 접근은 High/Scope 프로그램으로도 알려져 있다. 이 프로그램은 전통적인 유아원 프로그램으로 시작되었고, 후에 철학을 위해 1년 동안 갈등한 후, Jean Piaget의 연구에 의해 계발된 프로그램을 사용하기로 결정했다. 이 관점에서는 지식은 아동과 성인 간의 상호작용을 통해 구성된다고 가정한다. 아동은 "… 아이디어, 물리적 대상이나 사건과의 직접적인 경험, 이 경험에 논리적 사고의 적용"을 통해 지식을 발달시킨다(Weikart & Schweinhart, 2000, p. 279). 교사의 역할은 이 경험에 맥락을 제공하고, 그 경험에 대해 논리적으로 사고하도록 도우며, 관찰을 통해 아동이 진보하고 있음을 이해하도록 지원하는 것이다(Weikart & Schweinhart, 2000).

영아와 걸음마기 유아를 위한 High/Scope 프로그램은 세 살 이하의 아동을 위해 따뜻하고 양육적인 환경을 제공한다. 능동적인 학습 경험들과 주요 경험들이 감각-운동 학습자들을 위해 고안된다. 아동 관찰, 팀 계획, 부모들과의 협력 관계를 기초로 한 공간과 자료들, 아동들의 일과 스케줄, 양육 일정, 성인 지원의 조직은 High/Scope의 Piaget 관점과 일치한다. High/Scope은 미국 전역에 있는 많은 헤드 스타트 센터들에 의해 사용된다. 부가적 정보에 관심이 있는 사람들은 High/Scope나 미시간에 있는 그들의 훈련 사이트에서 자료들을 구입할 수 있다. 정보는 그들의 웹사이트에서 이용할 수 있고 주소는 이 장의 끝부분에 제시되어 있다.

구성주의자

많은 Piaget 중심 프로그램들도 역시 구성주의 철학을 기반으로 한 것이다. 여기에서 사용된 예는 이탈리아에서 발견된 사회 구성주의 모델을 반영한다. Reggio Emilia의 영아-걸음마기 유아 프로그램들은 주변 세상에 알려져 왔다. 그 프로그램들은 Asili Nido 또는 안전한 보금자리로 불리며 4개월부터 3년에 걸쳐 영아들에게 서비스를 제공한다. 점심 식사를 위해 정해진 특정 시간 외에는 아동이 일과 스케줄을 정한다. 대부분의 센터들은 수면을 위한 분리된 방, 바닥 놀이 영역, 기저귀를 갈아주기 위한 영역, 대근육 운동을 위한 방, 먹고/식사하는 장소로 구성된다. 그 영아-걸음마기 유아 센터들은 아동들이 몰두하여 탐색할 수 있는 영역들을 갖춘 아름다운 공간들이다.

성인과 영아 사이에 발달하는 관계가 교육과정의 가장 중요한 부분이다. 이런 관점의 기반은 Loris Malaguzzi의 연구에서 비롯되었다(Gandini & Edwards, 2001). 교육과정은 그 날 아동의 욕구와 바람이 기초가 된다. 아동들이 그들의 많은 다른 방식들로 세상을 알아가는 것이 존중된다. 이 접근에 흥미가 있는 사람들은 부가적 정보를 『밤비니: 영아/걸음마기 유아 보호에 대한 이탈리아 접근(Bambini: The Italian Approach to Infant/Toddler Care)』이라는 책에서 찾을 수 있다. 그 모델은 이탈리아에 있는 그들의 현장 방문을 제공하고 미국에서 협회를 지원한다. 그들의 웹사이트나 Reggio Emilia의 Merrill-Palmer Institute Friends를 방문해 보라.

전문성 발달

창의적 교육과정

이 훈련 접근은 Amy Dombro, Laura Colker, Diane Twister Dodge(1990)에 의해 개발되었고 계발 중인 프로그램들을 위한 구조를 제공한다. 다른 프로그램 모델들과 달리, 이 프로그램은 방문할 수 있는 센터가 없으며 대학과 연합되어 있지도 않다. 이 프로그램은 전문성 발달 프로그램의 사용을 위해 설계되었고 간행물에 많이 의존한다. 간행물은 이용하기 쉬우며 좋은 정보를 제공한다. 부모들을 위해 고안된 자료들은 특별히 유익하다. 영아와 걸음마기 유아를 위해 설계된 프로그램은 '혁신: 포괄적인 영아와 걸음마기 유아 교육과정(Innovation: The Comprehensive Infants & Toddler Curriculum)' 이라고 불린다(Miller & Albrecht, 2001). 이 프로그램은 강의자와 학생들을 위한 훈련 자료들과 훈련 기회들을 제공한다.

혁신의 철학은 감각 운동 발달이 이루어지는 영아-걸음마기 유아 단계를 토대로 하며 어린 영아와 걸음마기 유아를 위해 놀이를 장려한다. 그 프로그램은 일과 활동에 대한 지침으로 Piaget 이론에 대한 Alice Honig의 해석을 이용한다. Honig(1982)의 12 범주는 하루 일과에 통합된 학습과제들을 포함하며 다음과 같은 것을 포함한다(Miller & Albrecht, 2001, p. 96):

1. 그룹을 만드는 학습
2. 큰 그룹에서 작은 그룹으로 분리하는 학습
3. 논리적 순서로 대상물들을 정렬하는 학습
4. 시간 관계 학습
5. 장소와 공간 조직 방법에 대한 학습
6. 숫자들이 의미하는 것의 학습
7. 변화를 인지하는 학습
8. 신체 부분들을 함께 사용하는 학습
9. 추론하는 학습
10. 상상력을 사용하기
11. 언어와 책 사용을 학습
12. 사회적 기술들을 학습

위에 작성된 학습 과제들은 매일 이루어지는 상호작용에 통합된다. 교사들은 그 과제들을 알아내고 일과에 통합시키는 방안들을 발견해내는 일에 도전해야 한다.

그 과제들은 여섯 영역의 강조점으로 나누어진다:

1. 부모로부터 분리하기
2. 학교 및 교사와 연계하기
3. 자신과 타인들을 관련시키기
4. 부모, 교사, 친구와 의사소통하기
5. 주변을 돌아다니기
6. 부모, 교사, 친구와 감정을 표현하기

환경을 만들고, 유지하고, 새롭게 한다는 개념에서 환경이 설계된다. 환경을 유지한다는 것은 일상적인 안전 점검과 장난감 소독을 포함한다. 환경을 새롭게 하는 것은 경험한 자료들과 새로운 자료들의 균형을 요구한다. 독자는 부가적인 정보를 얻기 위해서는『혁신: 포괄적인 영아와 걸음마기 유아교육과정(Innovation: The Comprehensive Infants & Toddler Curriculum)』(Miller & Albrecht, 2001)이라는 책을 참고하라. 교수 전략(teaching strategies)도 미국 전역에 전문성 발달을 수행하며 정보는 그들의 웹사이트에서 이용 가능하다.

영아와 걸음마기 유아 양육자를 위한 서부 교육 프로그램

서부 교육 프로그램(West Ed Program)은 우수한 질의 영아-걸음마기 유아 보호를 육성하기 위해 설계된 유명한 프로그램이다. 서부 교육에서 그들은 영아-걸음마기 유아 보호는 아기돌보기가 아니며 축소된 유아원도 아니라고 믿는다. 그들은 관계에서 독특한 다른 구조를 인식하고 여섯 영역을 강조한다: 우선 보호(primary care), 작은 그룹들, 지속성, 개별화 보호, 문화적 반응, 그리고 특별한 요구를 가진 아동들의 통합. 센터의 장인 Ron Lally는 미국 전역의 훈련 제공에 영향을 미쳤다. 훈련 프로그램들은 미국 전역에 위치해 있다; 부가적 정보를 얻기 위해서는 가장 가까이에 있는 양성 장소를 방문하고, 추천 서적들과 자료 목록을 알아보기 위해서는 그들의 웹사이트를 참고하라.

교육과 보호하기

교육과 보호하기는 Magda Gerber(1998)에 의해 개발된 접근이다. 영아 보호 자원(Resources for Infant Caring; RIC)은 아동의 자연적인 발달을 강조한다. 이 프로그램은 너무 많은 자극을 너무 빨리 받는 것에 대해 염려하며 영아의 욕구를 존중하고 민감하게 반응할 것을 권고한다. 놀이는 프로그램의 주요 부분이며 "아무것도 바라지 않기"는 단지 영아를 바라보고 관찰하기 위해 사용되는 용어이다. 이 접근을 옹호하는 사람들은 아동의 자연적인 성장에 맞춘 접근을 사용하려고 노력한다. 부가적인 정보를 얻기 위해서는 Gerver의 『당신의 자신감에 찬 아기(Your Self-Confident Baby)』(1998)를 읽어 보라.

가정 보호

가정 보호(family child care) 센터들은 집단 보호를 위한 많은 지침서를 활용해야 할 것이다. 놀이 센터들은 지속감과 안정감을 제공할 수 있어야 할 것이다. 가정 보호 센터에서 발생하는 놀이는 센터에서 전형적으로 발견되지 않는 재료들을 포함할 수도 있다. 예를 들어, 골프 클럽을 사용하고 있는 아동의 사진을 보자. 다양한 실제물을 대상으로 하는 놀이가 아주 풍부한 반면, 안전에 대한 염려도 야기된다. 이 이유로, 가정 중심 프로그램에서 반드시 취해야 할 부가적인 안전 예방법이 있다. 안전을 보장하기 위해서는 조사가 이루어져야 한다. 캐비닛은 안전하게 잠글 수 있는 것이 있어야 한다; 전기와 물의 위험성이 고려되어야 한다; 기어 올라가거나 떨어질 위험이 있는 장소들은 옮기거나 제거해야 한다. 아동들이 접근하는 모든 영역들은 안전해야 한다. 인가받은 공공 센터들은 화재 법규와 안전에 관한 규칙과 법규를 따라야만 한다. 가정 보호 센터들은 안전, 건강, 발달을 위한 모든 절차들을 동등하게 준수해야 한다. 다른 프로그램에서처럼, 놀이 중심 접근이 장려된다. 부가적인 정보는 다음에 제시되는 책들뿐만 아니라 위에 제시된 자원에서도 얻을 수 있다:

걸음마기 유아들은 실제적인 소품들을 즐긴다.

Alice Honig(2002)의 『Secure Relationships: Nurturing Infants/Toddlers Attachment in Early Care Setting』

Jaenet Gonzales-Mena와 Dianne Widmeyer Eyer(2001)의 『Infant, Toddlers and Caregivers』

Rebecca Isbell과 Cjristy Isbell(2003)의 『The Complete Learning Spaces Book for Infants and Toddlers』

Jim Greeman(1998)의 『Places for Childhoods: Making Quality Happen in the Real World』

장난감과 재료

생의 첫 두 해 동안은 아동의 신뢰감으로 유도하는 양육 관계가 주요 관심사이다. 이 관계를 촉진시키는 재료들과 장난감들은 귀중한 것이다. 부드러운 솜으로 채워진 공을 가지고 노는 1세의 아동을 바라보라. 그는 그것을 보고, 만지고, 입으로 물고, 던지며, 누군가가 그것을 그에게 돌려주기를 기다린다. 그는 완전한 탐색자다. 놀이 재료들과 장난감들은 감각 운동기 발달을 지원하고 받쳐주기에 적합하다. 노랑색과 빨강색처럼 대비되는 색을 지닌 재료들과 장난감들은 어린 영아들에게 매력적으로 보인다. 유아들에게는 장난감이 거의 필요하지 않지만, 어떤 사람들은 미국의 아동이 1세경에 평균 25개 정도의 장난감을 소유하고 있다고 믿는다. 걸음마기 유아에게는 장난감들이 중복되게 배치해둠으로써 나누어 갖기가 강요되지 않도록 해야 한다. 그룹 보호에서 2세 이하의 아동에게는 안전이 주요 관심사이다. 대부분의 센터들은 질식 관(choke tube)을 소유하고 있다. 질식 관은 어떤 대상물이 유아에게 위험한지 그 여부를 알기 위해 사용된다. 대부분의 상업적인 회사들은 질식 관을 판다. 만일 그 대상물이 질식 관에 들어간다면 유아의 기도에도 들어갈 수 있으므로 사용해서는 안 된다. 일부 센터들은 종이를 둥글게 말아서 시험용 질식 관으로 사용한다. 아동의 연령과 단계에 적합한 장난감과 놀이 자료의 선택은 사고를 줄일 것이다.

영아들

이동할 수 없는 아동(출생~6개월)은 보거나 듣거나 만질 수 있는 재료들이 유익하다. 영아들은 노란색, 빨강색과 같은 밝은 색에 반응하고 움직이는 것을 바라보는 것을 즐긴다. 움직이면서 부드러운 노래가 연주되는 걸려 있는 모빌에 아기들이 특히 흥미를 보인다. 시끄러운 소리를 내는 장난감이나 거

표 4-4 6개월까지의 영아들을 위한 놀이 재료들

어린 영아들을 위한 기본적인 놀이 재료들:
• 아기 침대, 기저귀 가는 테이블, 다른 놀이 영역에 부착될 수 있는 깨지지 않는 거울들 • 개별 아동에게 위안이 될 수 있는 물건으로 집에서 가져올 수도 있는 인형들이나 헝겊으로 된 동물과 같은 한두 개의 특별한 물건들(위생적인 이유로 다른 영아들에 의해 사용되지 않는) • 영아들 간에 바꾸고 회전될 수 있는 다양한 모빌들/시각적 재료들 • 영아들이 치고, 차고, 입에 물고, 잡고, 조작할 수 있는 다양한 장난감들 • 조작할 때 흥미 있는 소리를 내는 딸랑이들과 종들

출처: M. B. Bronson의 『아동들을 위한 올바른 재료들: 출생에서 8세』(1995, pp. 26, 42, 81, Washington, DC: 전국유아교육협회의 판권)에서 전국유아교육협회의 허락 하에 재인쇄함.

친 테두리를 지닌 장난감들은 조심해야 한다. 놀이 재료를 선택하고 사용할 때 항상 안전이 가장 중요하다. 아동은 성장하면서, 그의 세상을 탐색하고 자신이 장난감에 행위를 가했을 때 반응을 일으킬 수 있다는 것을 곧 깨닫는다. 영아는 자신이 차거나 때릴 수 있고 소리나 움직임을 산출해낼 수 있다는 것을 깨닫자마자 놀이 재료들을 즐기기 시작할 것이다. 영아는 많은 장난감이 필요한 것이 아니다. 단체 보호 안에 있는 영아들은 집에서 가져와서 독점적으로 사용할 수 있는 한두 가지의 물품이 필요하다. 이 물품들은 위생적으로 보관되고 그 아동이 온전히 사용할 수 있도록 영아들의 사물함에 넣어둘 수 있다. 센터의 수집품들은 건강을 지켜주기 위하여 매일 매일 소독되어야 한다. 표 4-4에 추천 재료들의 목록이 실려 있다.

영아들은(7~12개월) 약간의 이동 능력을 갖게 되면서 그들의 세계를 독립적으로 발견해나가기 시작한다. 그들은 자신이 조작하고 탐색할 수 있는 장난감들이 필요하다. 이 시기 동안, 그들은 똑바로 앉을 수 있고 그들의 손을 사용할 수 있다. "집게" 잡기가 발달되어서 아동은 한 손으로 물건들을 잡을 수 있고 다른 손으로 조작할 수 있다. 그들은 작은 구멍에 그들의 손가락들을 찔러 넣을 수 있다(이것이 전기 콘센트에 뚜껑이 덮여져 있어야만 하는 이유이다). 그들은 물건을 쌓는 것을 좋아하고 목욕하는 시간 동안 차고 튀기는 것을 즐긴다(물놀이)! 9~10개월경에 아동들은 친숙한 것과 친숙하지 않은 것을 구별하기 시작한다. 집에서 가져온 한두 개의 부드러운 물품들은

표 4-5 영아(7～12개월)를 위한 놀이 재료들

높은 연령의 영아들을 위한 기본적인 놀이 재료들:
• 아동들이 자신이 움직이는 것을 볼 수 있도록 배치해 둔 크고 깨지지 않는 거울 • 약간의 부드럽고, 씻을 수 있는 인형들과 헝겊이나 다른 것으로 만들어진 놀이 동물들 • 부드럽고 가벼운 블록이 배치되어 있는 작은 공간 • 여러 유형의 조작이 요구되는 다양한 쥘 수 있는 장난감들 • 넣고 쌓는 재료, 활동 상자, 채우고 비우는 용기를 포함한 엄선된 다양한 기술-발달 재료들 • 아동들이 다룰 수 있도록 작은 천, 플라스틱, 카드 보드지로 된 다양한 책과 성인들이 읽기 위한 부가적인 책 • 조작될 때 흥미 있는 소리를 내는 약간의 다양한 종과 딸랑이 • 약간의 녹음된 음악, 노래, 흥미 있는 소리 • 기어다닐 수 있는 아동을 위한 여러 유형의 장난감(차들, 동물들) • 일부는 흥미 있는 특별한 효과를 지닌 공을 포함한 다양한 공 • 기어다니는 아동을 위한 오를 수 있는 단

출처: M. B. Bronson의 『아동들을 위한 올바른 재료들: 출생에서 8세』(1995, pp. 26, 42, 81, Washington, DC: 전국유아교육협회의 판권)에서 전국유아교육협회의 허락 하에 재인쇄함.

센터에서의 생활을 좀더 즐길 수 있게 만들어 줄 수 있다. 집에서 가져온 물품들은 사물함에 배치하여 그 아동만 사용하게 해야 한다. 그들은 11개월경에 대상영속성이 발달하고 있기 때문에, 요술 상자(jack-in-the box)와 같은 장난감들과 표 4-5에 제시된 재료들을 즐긴다.

1세 아동은 대개 이동이 가능하거나 이동 능력이 발달하고 있는 과정에 있다. 놀이 재료들은 이 변화를 반영해야 한다. 그들은 재료들을 오르고, 운반하고, 밀고, 내던져버린다. 그들은 대상물들을 한 장소에서 다른 장소로 이동시킬 것이다. 이런 특성은 특히 부모들이 휴지통에서 지니고 다니던 열쇠들을 발견할 때 부모들을 곤란하게 만든다! 그들은 그리기와 다른 감각 경험에 참여할 수 있다. 이 단계의 걸음마기 유아들은 성인 행동을 모방하기 시작하고 특별히 모자와 빈 상자에 매료된다. 한 가지 주의할 점은 물에서 노는 걸음마기 유아들에게는 그들만의 작은 용기가 갖추어져 있어야 한다. 플라스틱으로 된 그릇 씻는 통이 이상적이다. 걸음마기 유아 영역에서의 단체 물놀이는 질병 감염의 근원으로 알려져 있다. 단체 보호에서 아동들의 건강을 지켜주는 것은 프로그램들의 목표이므로, 물놀이대는 매번 사용 후에 표

표 4-6 어린 걸음마기 유아들을 위한 놀이 재료들

어린 걸음마기 유아들을 위한 기본적인 놀이 재료들:

- 견고하고 깨지지 않는 전신 거울
- 약간의 단순한 씻을 수 있는 인형들
- 약간의 작은 나무나 견고한 플라스틱 사람과 동물 모양들
- 간단한 의상(정장, 깨끗하게 잘 보관된)과 걸음마기 유아에게 적합한 인형 침대와 유모차
- 몇 개의 가벼운 운송 장난감들(차, 트럭)
- 간단한 모래와 물놀이 재료들(약 18개월 이후부터)
- 시작 단계의 작고 가벼운 블록
- 3~5개의 조각으로 된 손잡이가 있는 다양한 퍼즐
- 크고 색이 있는 수많은 실에 꿰는 구슬(18개월 이후부터)
- 모양-분류기, 쌓고 끼우는 재료들, 갑자기 튀어나오는 상자와 활동 상자들, 간단한 재료 맞추기를 포함한 특정 기술-발달을 위한 다양한 재료들
- 크고 끝이 뭉툭한 못을 지닌 폼(발포)/나무/플라스틱으로 된 못 말판(pegboard)
- 어린이들이 다룰 수 있는 다양한 견고한 책들과 성인들이 읽을 수 있는 부가적인 책들
- 견고한 종이와 밝은 원색의 큰 무독성의 크레용들
- 기초적인 간단한 음악 도구 세트(약 15개월 이후부터)
- 녹음된 음악과 레코드, CD, 테이프 플레이어
- 밀고 끄는 다양한 장난감들
- 몇 가지 유형과 크기의 공들
- 네 바퀴나 이동용 바퀴가 있고 조종 장치나 페달이 없는 약간의 안정된 타는 장난감들
- 낮고 부드럽게 만들어진 올라갈 수 있는 단과 기어서 통과할 수 있는 통로

출처: M. B. Bronson의 『아동들을 위한 올바른 재료들: 출생에서 8세』(1995, pp. 26, 42, 81, Washington, DC: 전국유아교육협회의 판권)에서 전국유아교육협회의 허락 하에 재인쇄함.

백제로 닦아내야 하며 각 아동은 물놀이대를 사용하기 전과 후에 반드시 손을 씻어야 한다. 놀이를 위한 부가적인 재료들은 표 4-6에 제시되어 있다.

걸음마기 유아들

2세의 걸음마기 유아들은 그들의 세계를 탐색해가면서 독립성이 발달하기 시작한다. 그들은 움직이는 걸 매우 좋아하고 걷고, 뛰고, 쫓고, 기어오를 수 있다. 그들은 가장 놀이를 통해서 실생활을 모방한다. 소근육 기술의 발달은

표 4-7 2세 영아를 위한 재료들

높은 연령의 걸음마기 유아들을 위한 기본적인 놀이 재료들:
• 전신의 견고한 거울 • 간단한 옷과 돌보는 데 필요한 부속품들을 갖춘 인형들 • 구색을 갖춘 의상들을 포함한 역할 놀이 재료들; 크고 견고한 인형 침대; 아동의 크기에 맞는 스토브와 냉장고; 간단한 냄비와 프라이팬; 청소도구 • 블록과 함께 사용하기 위한 다양한 나무, 플라스틱, 고무, 비닐로 만들어진 사람과 동물 형상들 • 블록과 사용되기 위한 차량들(승용차, 트럭); 약간의 크고 탈 수 있는 트럭들(만일 비용이 허락된다면) • 용기들과 간단한 가상 재료들을 갖춘 모래/물 테이블(들) • 유닛 블록 세트와 플라스틱 벽돌과 커다란 플라스틱 나사, 볼트와 같은 다른 구성 재료들 • 여러 종류의 퍼즐 끼워 맞추기 • 큰 못(말뚝)으로 된 페그보드 • 줄에 꿰기 위한 큰 구슬들; 커다란 구멍들이 있는 끈 신발이나 카드; 단추를 끼우고, 똑딱 단추를 사용하고, 벨트 채우는 것을 연습할 수 있는 재료들 • 맞추어서 분류하는 단순한 재료들; 크기 순서대로 끼워놓는, 쌓아올리는, 순서 짓는 재료들; 단순한 잠금 상자들; '촉감 가방들'과 같은 감각 재료들 • 간단한 로또 게임들과 거대한 도미노들 • 다양하고 견고한 책들 • 크레용, 물감, 물감 붓, 마커, 진흙이나 밀가루 반죽, 가위, 칠판, 분필, 하얀 종이와 색 있는 종이, 조정할 수 있는 칠판걸이 • 규격에 맞는 리듬 악기 세트. • 녹음된 음악과 레코드, CD, 테이프 플레이어 • 가장 놀이를 지원하는 미는 장난감들(진공 청소기, 유모차) • 차거나, 던지거나, 굴릴 수 있는 큰 공(들) • 발로 움직이는 안정된 탈 수 있는 재료들 • 낮고 기어오를 수 있는 구조물과 미끄럼틀

출처: M. B. Bronson의 『아동들을 위한 올바른 재료들: 출생에서 8세』(1995, pp. 26, 42, 81, Washington, DC: 전국유아교육협회의 판권)에서 전국유아교육협회의 허락 하에 재인쇄함.

그들에게 크레용과 마커를 통제할 수 있게 해 준다. 테이블 위에 마커와 함께 한 장의 종이를 가까이에 안정되게 놓아주는 것은 미적 기술의 발달을 장려한다. 재료와 장난감은 문화적으로 적합하고 교실의 다양성을 반영하는 것이어야 한다. 인형은 교실의 다양성만이 아닌 그 사회의 다양한 인종 구성을 반영해야 한다. 이 연령 그룹의 안전 관심사는 아동의 고조된 독립심과 이동성에서 비롯된다. 적합한 재료와 놀이가 표 4-7에 기록되어 있다.

놀이 평가

프로그램 안에서 프로그램과 아동은 다른 시스템을 사용하여 평가된다. 대부분의 사람들은 평가에 대하여 생각할 때 레포트 카드와 아동들에 대해서 생각한다. 오늘날의 평가는 아동 평가뿐만 아니라 프로그램 평가도 포함한 복합적인 의미를 지니고 있다. 아동 발달을 평가하는 것은 평가의 한 단면(차원)이다. 하지만, 평가되고 조정되는 다른 영역들이 있다. 현대의 책임감과 정부 보조라는 측면에서 프로그램 평가는 매우 중요하다. 놀이 중심 평가는 프로그램의 질뿐만 아니라 놀이하는 동안 아동 성장과 발달 모두를 볼 수 있는 독특한 조망을 제공한다.

놀이 중심의 영아-걸음마기 유아 평가

영아-걸음마기 유아 센터의 평가는 그 센터에서 사용되는 철학적 접근을 반영해야 한다. 높은 질의 접근을 사용하는 프로그램들은 체계적이고 진행되고 있는 시스템을 사용할 것이다. Bank Street 프로그램은 그들의 접근과 일치하는 체계적 접근을 지니고 있고, High/Scope는 도구를, 혁신(Innovation)은 아동들을 평가할 수 있는 시스템을 지니고 있다. Reggio Emilia는 개별평가에 큰 강조를 두지 않지만, 발달에 적합한 방식으로 영아-걸음마기 유아의 성장과 발달을 포착하기 위해 기록화를 사용한다. 2세 이하의 영아들을 위해 고안된 많은 평가 도구들을 다루는 것은 이 책의 범위를 넘어선다. 오히려, 이 절은 놀이 중심 평가 도구들을 자세하게 살펴볼 것이다.

임상 상황에서 놀이 평가는 일상적으로 사용된다(Schaefer, Gitlin, & Sandgrund, 1991). 그것은 조기 중재 상황에서도 사용된다. 놀이를 평가하는 프로그램은 거의 없다. 전반적인 영아 발달을 평가하기 위해 개발되어온 한 도구는 Erikson 연구소의 소장인 Samuel Meisles 박사에 의해 최근에 개발된 온스 척도(Ounce Scale)라는 놀이를 포함한다. 온스 척도에 포함된 발달 영역들과 기존의 영역들에 대한 비교는 표 4-8에 제시되어 있다. 그 프로그램은 작업-표집 체계를 기초로 하며 부모들과 유아교육자들이 상호적인

표 4-8 발달의 영역들과 전통적인 범위들과의 비교

전통적 범위	발달의 영역	다루어진 발달 측면
사회 정서 발달	**인간관계:** 신뢰에 대한 것—아동들은 그들이 친숙한 성인들을 신뢰하는지를 어떻게 보여 주는가.	1. 아동들은 친숙한 성인들과 어떻게 관계를 형성하는가 2. 아동들은 낯선 성인들에게 어떻게 반응하는가
	자기 자신에 대한 감정들: 나에 대해 배우기—아동들은 그들이 누구인지를 어떻게 표현하는가.	1. 아동들이 자신이 누구이고, 자신의 성격, 자신의 기질을 표출하는 방식, 아동들이 자부심, 독립성 학습을 형성하는 방식 2. 아동들은 어떻게 그들 자신의 행동을 경영하는가, 자기 조정(self-regulation) 3. 감정의 표출, 감정, 욕구, 바람을 표현할 때 사회적 기술 학습
	다른 아동들과의 관계들: 아동 대 아동—아동들은 다른 아동들 주변에서 무엇을 하는가.	1. 아동들이 다른 아동들에 대한 인식을 나타내는 방식 2. 다른 아동들의 감정들을 인식하고 반응하는 것(감정이입)
언어 발달	**이해와 의사소통:** 아동식 말투—아동들은 어떻게 이해하고 의사소통을 하는가.	1. 수용 언어—몸짓, 단어, 지시, 질문, 이해 2. 표현 언어—몸짓, 말, 몇 개의 단어를 함께 사용, 사고와 아이디어 표출 3. 대화에 참여하기
인지 발달	**탐색과 문제 해결:** 추구하고 해결하기—아동들은 어떻게 사물들을 탐색하고 알아내는가.	1. 아동들은 어떻게 참여하고, 주의집중을 하며, 탐색하고, 색, 크기, 조화, 무게, 수를 이해하는가 2. 기억, 추론 능력, 상상 3. 목적적 행동, 계획된 결과에 대한 기대, 결과 예측하기, 문제 해결하기
신체 발달	**동작과 협응—신체의 기본 원리:** 아동들은 어떻게 그들의 신체를 움직이고 일을 하기 위해 손을 사용하는가.	1. 대근육: 신체 통제하기, 이리저리 돌아다니기, 동작들을 결합시키기, 게임하기 2. 소근육: 뻗기, 잡기, 놓아주기, 의도적 탐색, 눈-손 협응, 창의적 활동들 3. 자조 기술 활동(self-help activities)

출처: Erikson 연구소의 장인 Samuel J. Meisels, 교육학 박사의 허락 하에 사용함. 온스 척도(2003)는 뉴욕의 피어슨 조기 학습(Pearson Early Learning)에 의해 출판되었다.

식으로 함께 아동을 바라보게 한다.

영아와 걸음마기 유아는 장애나 발달 지체가 반드시 확인되어서 중재전략이 시작될 수 있는 시기이기 때문에 영아-걸음마기 유아 센터의 평가는 특별히 의미가 있다.

온스 척도 평가 체계(Ounce Scale Assessment System)

온스 척도는 출생에서부터 3년 반이라는 기간에 걸쳐 영아들과 걸음마기 유아들의 발달을 평가하기 위한 관찰 평가이다. 그 목적은 두 가지이다: (1) 유아들의 성장과 행동을 관찰하고 해석하기 위한 지침서와 규준을 제공하기 위한 것이고, (2) 매일 매일의 상호작용에서 부모들과 양육자들이(caregivers) 그들의 아동들과 사용할 수 있는 정보를 제공하기 위한 것이다.

온스 척도는 세 가지 요소들을 지닌다:

1. 관찰 기록(observation record)은 아동들의 일상적인 행동을 관찰하고 기록화하는 데 주의를 집중하게 해 주고 발달을 평가하기 위한 자료를 제공한다.
2. 가족 앨범(family album)은 부모들이 본 것을 적어두고, 사진을 사용하고, 이야기를 들려주면서, 양육자들의 관찰 기록의 관찰 질문들과 같은 질문들에 반응해가면서 자녀의 발달에 관하여 배우고 기록하기 위한 구조를 제공한다.
3. 발달 프로필(developmental profile)은 양육자들과 다른 직원이 그들의 관찰 자료를 특정 수행 규준들과 비교하면서, 시간을 통한 각 아동의 발달과 진보를 평가할 수 있도록 해 준다.

사용자 지침서, 발달 프로필을 위한 규준들도 역시 여러분이 온스 척도를 도입하는데 도움이 될 수도 있다. 온스 척도는 발달의 여섯 가지 주요 영역들로 조직된다:

1. **인간관계**－신뢰에 대한 것: 아동들이 친숙한 성인들을 신뢰하는지를 어떻게 보여 주는가.
2. **자기 자신에 대한 감정들**－나에 대해 배우기: 아동들은 그들 자신을 어떻게 표현하는가.
3. **다른 아동들과의 관계들**－아동 대 아동: 아동들은 다른 아동들 주변에서

무엇을 하는가.

4. **이해하기와 의사소통하기**—아기와 걸음마기 유아식 말투: 아동들은 어떻게 이해하고 의사소통하는가.
5. **탐색과 문제 해결**—추구하고 해결하기: 아동들은 어떻게 사물들을 탐색하고 알아내는가.
6. **동작과 협응**—신체의 기본 원리: 아동들은 어떻게 그들의 몸을 움직이고 일을 하기 위해 손을 사용하는가.

온스 척도는 조기 헤드 스타트 프로그램들, 조기 중재 프로그램들, (특별한 요구가 있어 위험에 처해 있는 아동들이나 장애를 지닌 아동들을 포함한), 그리고 지역사회 안의 다른 가정—그리고 센터—중심 영아, 걸음마기, 유아기 아동 보호를 위한 발달의 기록화, 감독(통제), 평가의 상호작용적인 체계를 제공한다. 그것은 아동들의 성취, 장애(difficulty) 영역, 그리고 학습에 대한 접근을 평가하기 위한 의미 있는 방안을 제공한다. 온스 척도를 사용하는 가족들과 양육자들은 그들의 아동을 관찰하는 방법을 배우고 관계를 향상시키기 위하여 이 정보를 사용하고 발달을 지원하며 놀이를 기록한다.

프로그램 평가

프로그램 평가는 논쟁의 여지가 있다(Dickinson, 2003). 평가 체계를 위한 필수적인 국가 수준의 체계는 없고 미국에 존재하는 의무 체계는 주에 따라 다양하다. 영아-걸음마기 유아 센터들은 자발적인 체계와 의무적인 체계 모두를 사용하면서 평가된다. 미국은 주 면허증을 위한 세부적인 의무화된 필수사항이 있으며 그 엄격함의 수준은 다양하다. 몇몇 주들은 우수한-질, 중간의-질, 그리고 낮은-질의 센터들을 평가할 수 있는 체계도 지니고 있다.

인가를 위한 자발적인 체계가 전국유아교육협회(NAEYC)를 통해 이용 가능하다. 이 체계는 센터 교원, 직원, 부모, 그리고 지역사회의 헌신을 요구한다. 이 과정을 마친 센터들은 온라인으로 평가될 수 있는 국가 등록부에 기록된다. 그것은 자발적인 프로그램이기 때문에, 의무적인 것이 아니고 자유 선택적인 것이다.

영아-걸음마기 유아 환경 평가 척도

일부 프로그램들은 센터의 질을 평가하기 위해 프로그램 평가 체계를 사용한다. 현장에서 잘 알려진 평가 체계는 **영아-걸음마기 유아 환경 평가 척도**(Infant-Toddler Environmental Rating Scale; ITERS)이다(Harms, Cryer, & Clifford, 2003). 영아-걸음마기 유아 환경 평가 척도는 한 센터의 질에 대한 빠른 검토를 하기 위해 고안되었다. 영아-걸음마기 유아 환경 평가 척도를 사용하는 평가자들은 사용하기 전에 훈련을 받아야 한다; 테이프와 워크숍은 이 방법을 선택한 사람들에게 이용 가능하다. 평가 척도에 포함된 영역은 다음과 같다(Harms, Cryer, & Clifford, 2003, p. 9).

1. 공간과 가구
2. 개인 보호 일과
3. 듣기와 말하기
4. 활동
5. 상호작용
6. 프로그램 구성
7. 부모와 직원

영아-걸음마기 유아 환경 평가 척도는 놀이의 맥락을 평가한다; 그것은 놀이를 평가하지 않는다. 그럼에도 불구하고 그것은 유용하다. 영아와 걸음마기 유아를 위한 평가는 선택사항이 아니며, 놀이-중심 프로그램의 필수적인 부분이다.

놀이 조망의 반추

Sonda는 그녀의 두 살 된 아들 Jermaine이 아동 보호 센터(child care center)에서 하루 종일 놀고 있는 것을 기뻐했다. 하지만 일부 부모들은 재확인을 필요로 한다. 많은 유아교육자들은 이런 염려에 익숙해져 있다. Sonda는 Jermaine이 어떻게 놀이를 통해 배우는가를 이해함으로써 놀이에 관한 그녀의 긍정적인 관점이 지지될 필요가 있다. 그는 블록을 사용하면서 공간 관계에 관한 지식을 발달시키고 있으며, 놀이를 하는 동안 다른 사람들과 협동하는 방법을 배우고 있으며, 소근육과 지각 기술들을 발달시키고 있다. 그는 연습 놀이와 상징 놀이를 결부시키는 구성 놀이에 참여하기 시작하고 있다. 이 놀이는 학교생활을 성공적으로 하기 위해서 요구될 과제-완수력, 집중력, 추상력을 발달시킨다. 현명한 교사는 영아와 걸음마기 유아를 위한 놀이의 이점들을 기술한 자료들을 정규적으로 배포하면서 항상 놀이에 대한 아동의 권리를 논의할 준비가 되어 있다. 교사는 부모들이 학교에서 하루를 보내도록 초대해서 그 하루 동안 이 활동들이 어떻게 일어나는가를 볼 수 있기를 원할 수도 있다.

요약

놀이는 영아와 걸음마기 유아 센터의 교육과정이다. 가장 영향력이 있는 성인은 민감하고, 보호하며, 반응적이어야 한다. 심미적 접근은 모든 아동들을 위한 놀이, 음악, 미술, 동작, 이야기 들려주기를 포함한다. 영아와 걸음마기 유아 센터의 놀이 장소와 공간은 안전하고, 건강을 고려하고, 위생적이며, 부드럽고, 안정되고 정돈되어 있으며, 편안하고 적합하게 측정되고, 간결하면서 편리해야 하며, 은밀하고 선택이 제공되어야 하며, 감각적 매력을 지녀야 한다.

영아 센터에서 주요 영역들은 입구와 출구 영역, 음식 준비와 식사 영역, 기저귀를 갈아주는 영역, 자고 쉬는 영역, 배변 처리 영역, 놀이 센터를 포함해야 한다. 영아와 걸음마기 유아 놀이 센터들은 장난감과 자료들(대상 놀이), 음악과 동작(사회, 상징, 운동 놀이), 언어와 문자(상징/가상), 감각적 자극(운동과 사회 놀이)에 관한 강조를 포함시켜야 한다. 경험을 조직하기 위해서 사용된 프로그램 모델들은 Bank Street Model, High/Scope 프로그램, Reggio Emilia 접근, Creative Curriculum, West Ed Program Educaring,

가정 보호 센터를 포함한다. 일부 센터들은 다른 여러 프로그램 모델들의 요소들을 결합시킨 절충적인 모델을 사용한다. 평가 체계들은 아동과 프로그램 모두를 평가한다. 프로그램 평가는 철학과 프로그램 모델을 반영하고 영아와 걸음마기 유아에게 발달적으로 적합해야만 한다. 놀이를 촉진시키는 평가들은 가장 자연적인 평가 체계를 제공한다.

핵심 용어

난화기　　마더즈 혹은 패런티즈
영아-걸음마기 유아 환경 비율 척도
영아식 말투　　온스 척도　　조절되지 않은 난화기
조절된 난화기　　질식 관

유용한 웹사이트와 과학기술자원

◆ **Bank Street College**

http://www.bankstreet.edu Bank Street College of Education은 교사와 부모에게 유용한 자원을 제공해 주는 훌륭한 웹사이트를 갖고 있다. 비영리 단체.

◆ **Culturally and Linguistically Appropriate Services Early Childhood Reseach Institute**

http://www.clas.uiuc.edu 비영리단체.

◆ **Creative Curriculum**

http://www.teachingstrategies.com 교사들에게 유용한 자원을 제공하는 상업적 웹사이트

◆ **High/Scope**

http://www.highscope.edu 교사와 부모에게 유용한 자원을 제공하는 High/Scope 웹사이트.

◆ **Reggio Emilia**

http://zerosei.comune.re Reggio Emilia 학교들을 위한 웹사이트. 이 사이트는 세계 도처에 링크를 제공할 수 있다. 비영리 단체.

◆ **West Ed**

http://www.wested.org West Ed는 영아와 걸음마기 유아 훈련 영역의 전문성 발달 프로그램. 비영리 단체.

◆ **Zero to Three**

http://www.zerotothree.org 세 살 혹은 그 이하의 아동들이 있는 아동들이 있는 가족에게 유용한 정보와 지원을 제공하기 위해 설계된 웹사이트. 다른 귀중한 정보 지원들과 링크되어 있는 이용 가능한 정보는 인상적이고 포괄적이다.

활동

1. 교실에서의 활동

A. 영아기에서 걸음마기 유아까지의 이동성의 진보를 반영하는 목록표를 개발해 보라.

B. 이 장에서 권장한 영역들을 포함한 방을 그려보라. 그 방의 각 부분에서 어떤 종류의 놀이가 장려되는가?

2. 연구와 탐문

A. 아침에 2시간 동안 영아 센터를 방문하라. 여러분은 놀이를 보았는가? 여러분은 놀이를 위한 지원을 보았는가? 만일 보았다면, 여러분은 어떤 유형의 놀이를 관찰하였는가? 이 놀이는 본문의 정보와 어떤 점이 부합되는가?

B. 1시간 동안 영아 놀이를 지켜보라. 기능 놀이를 보았는가?

C. 센터에서 놀이를 촉진시키는 모든 항목들의 목록표를 만들어 보라.

D. 여러분의 대학 도서관에서는 영아-걸음마기 유아 보호에 관한 어떤 책들이 이용 가능한가? 여러분의 지역 도서관은 어떠한가?

3. 봉사 학습

A. 전국유아교육협회(NAEYC)로부터 인증 받은 센터를 하루 동안 지원하라. 이제, 전국유아교육협회로부터 인증 받지 못한 저소득층 영아와 걸음마기 유아들에게 제공되는 센터를 지원하라. 여러분은 어떤 차이를 보았는가?

B. 지역 병원에서 신생아 센터를 방문하라. 아기를 흔들어주고 안아주는 도움을 주기 위해 지원하라. 어떻게 보호가 제공되는가? 음악, 동작, 혹은 미술이 영아의 보호에 어떤 영향을 주는가?

C. 지역에 있는 소아과 진료소를 방문하라. 그들은 의사를 기다리는 동안 영아와 걸음마기 유아들이 사용할 수 있는 장난감들과 책들을 갖추고 있는가? 만을 그렇지 않다면, 여러분은 부모들이 그들의 자녀들과 사용할 수 있는 장난감들과 책들을 제공할 수 있는가? 센터에 장난감들이 배치된 후에 후속될 필요가 있는 소독 절차를 논의하는 것을 명심하라.

4. 가족 연계

A. 영아와 걸음마기 유아들에 대한 정보를 연결시켜 주는 웹사이트를 새롭게 만들어 보라.

B. 놀이에 관한 실제 워크숍과 여러분이 만들 수 있는 장난감을 계획하라.

C. 걸음마기 유아 놀이를 장려하기 위해 할 수 있는 다섯 가지 일을 기술한 웹사이트를 만들어 보라. 표 4-9를 참조하라.

5. 놀이 옹호

A. 영아-걸음마기 유아보호를 위한 주의 규정은 무엇인가?

표 4-9 여러분의 걸음마기 유아의 놀이를 돕기 위해서 여러분이 할 수 있는 다섯 가지 일

- 여러분의 아동과 이야기하면서, 그 아동이 대화에 관여하게 하고, 아동 주변에 일어나고 있는 사건들을 설명해 주어라.
- 상자, 모자, 스카프와 같은 창의성을 장려하는 장난감들을 선택하라.
- 매일 놀이를 위한 시간을 만들어주어라.
- 매일 야외 놀이를 위한 시간을 만들어주어라.
- 여러분의 아동의 놀이를 가치 있게 생각하라.

B. 영아-걸음마기 유아보호에 영향을 미치는 국가적 이슈들은 무엇인가?

C. 영아-걸음마기 유아보호에 영향을 미치는 주와 지역 이슈들은 무엇인가?

D. 전문 미용사와 영아-걸음마기 유아 보호 제공자가 되기 위한 자격 조건을 비교하라.

E. 지역의 할인 가게나 슈퍼마켓에서 다른 부모 교육 자료들과 함께 놀이 팸플릿을 나주어 주는 일을 지원하라.

참고문헌

American Academy of Pediatrics Task Force on Infant Positioning and SIDS. (2000). Changing concepts of suddent infant death syndrome, *Pediatrics*, *105*, 650-656.

Brazelton, T., & Cramer, B. (1990). *The earliest relationship: Parents, infants, and the drama of early attachment*. New York: Addison-Wesley

Bredekamp, S., & Copple, C. (1997). *Developmentally appropriate practice in early childhood programs*. Washington, DC: National Association for the Education of Young Children.

Bronson, M. B. (1995). *The Right Stuff for Children: Birth to 8*. Washington, DC: National Association for the Education of Young Children.

Commins, D. B. (1967). *Lullabies of the world*. New York: Random House.

Cook, R., Tessier, A., & Klein, M. (2000). *Adapting early childhood curricula for children in inclusive settings*. (5th ed). Columbus, OH: Merrill.

Cuffaro, H. K., Nager, N., & Shaprio, E. (2000). The developmentalinteraction approach at Bank Street College of Education. In J. Roopnarine and J. Johnson (Eds.), *Approaches to Early Childhood Education* (3rd ed.) (pp. 263-276). Upper Saddle River, NJ: Merrill /Prentice Hall.

Custodero, L. (2003). The musical lives of young children: Inviting, seeking, and initiating. *Zero to Three*, *23* (1), 4-10.

Dickinson, D. (2003). Are measures of "global quality" sufficient? *Educational Researcher*, *32* (4), 27-29.

Dombro, A., Colker, L., & Twister Dodge, D. (1999). *The creative curriculum for infants and toddlers* (rev. ed.). Washington, DC: Teaching Strategies.

Erikson, E. H. (2000). *Childhood and society* (3rd ed.). New York: Norton. (Originally published in 1950.)

Fogel, A. (1998). *Infancy: Infant, family, and society* (2nd ed.). St. Paul, MN West.

Gandini, L., & Edwards, C. (2001). *Bambini: The Italian approach to infant/toddler care*. New York: Teachers College Press.

Gardner, H. (1995). *Frames of mind: Multiple intelligences*. New York: Basic Books.

Gerber, M. (1998). *Your self-confident baby*. New York: Wiley.

Gonzalez-Mena, J. & Eyer, D. W. (2001). *Infants, toddlers, and caregivers*. Mountain View, CA: Mayfield.

Greeman, J. (1998). *Places for childhoods: Making quality happen in the real world*. Redmond,

WA: Child Care Information Exchange.

Harms, T., Cryer, D., & Clifford, R. (2003). *Infant/Toddler Environment Rating Scale (ITERs)* (Rev. ed). New York: Teachers College.

Honig, A. (1982). Research in review. Infant-mother communication. *Young Children, 37* (3), 52-62.

Honig, A. (1995). Singing with infants and toddlers. *Young Children, 50* (5), 72-78.

Honig, A. (2002). *Secure relationships: Nurturing infants/toddler attachment in early care settings.* Washington, DC: National Association for the Education of Young Children.

International Reading Association (IRA) and the National Association for the Education of Young Children (NAEYC) joint position paper. (1998). Learning to read and write: Developmentally appropriate practices for young children. *Young Children, 53,* 4, 30-46.

Isbell, R. & Isbell, C. (2003). *The complete learning spaces book for infants and toddlers.* Beltsville, MD: Gryphon House.

Isbell, R., & Raines, S. (2003). *Creativity and the arts with young children.* Clifton Park, NY: Thomson Delmar Learning.

Jalongo, M., & Stamp, L. (1997). *The arts in children's lives: Aesthetic education in early childhood.* Boston: Allyn & Bacon.

Kojima, H. (1986). The history of child development in Japan. In H. Azuma & H. Stevenson (Eds.). *Child development and education in Japan.* New York: Academic Press.

Langlois, J. H., Roggnian, L. A., & Rieser-Danner, L. A. (1990). Infants' differential social responses to attractive and unattractive faces. *Developmental Psychology, 26,* 153-159.

Lansky, B. (2003). *Mary had a little jam and other silly rhymes.* New York: Scholastic.

Lowman, L., & Ruhmann, L. (1998). Simply sensational spaces: A multi-"s" approach to toddler environments. *Young Children, 53* (3), 11-17.

McMullen, M. B. (1999). Achieving the best practices in infant and toddler care and education. *Young Children, 54,* 69-76.

Miesels, S. (2003). *The Ounce Scale.* New York: Pearson Early Learning.

Miller, K. (1989). *Ages and stages: Developmental descriptions and activities birth through 8 years.* Chelsea, MA: Telshare.

Miller, K., & Albrecht, K. (2001). *Innovations: The comprehensive infant & toddler curriculum.* Beltsville, MD: Gryphon House.

Papousek, M. (1996). Intuitive parenting: A hidden source of musical stimulation in infancy. In I. Delige & J. Sloboda (Eds.), *Musical beginnings: Origins and development of musical competence* (pp. 88-112). New York: Oxford University

Piaget, J. (1965). *The moral judgement of the child.* New York: Free Press.

Pica, R. (2000). *Experiences in movement with music, activities, and theory* (2nd ed.). Clifton Park, NY: Thomson Delmar Learning.

Picasso, P. (1973). Every child is an artist. The problem is how to remain an artist once he grows up. Recalled upon his death, Apr. 8, 1973. *Columbia Encyclopedia.* Retrieved from Simpson's Contemporary Quotations. Published by Houghton Mifflin.

Readdick, C., & Park, J. (1998). Achieving great heights: The climbing child. *Young Children, 53* (6), 14-19.

Sawyers, J. & Rogers, C. (2003). Helping babies play. *Young Children, 58* (3), 52-54.

Scarr, S. (1984). *Mother care, other care.* New York: Basic Books.

Schaefer, C., Gitlin, K., & Sandgrund, A. (Eds.) (1991). *Play diagnosis and assessment.* New York: Wiley

Stonehouse, A. (1999). Play: A way of being for babies and toddlers. In E. Dau (Ed.) *Child's play: Revisiting play in early childhood settings.* Baltimore: Paul Brooks.

Sutterby, J., Linck. R., Arrona, A., & Murillo, S. (2004). Games and songs of the border. Presentation at *The Association for the Study of Play Annual Conference*, Atlanta, Georgia.

Szanton, E. (2001). For America's infants and toddlers, are important values threatened by our zeal to "teach"? *Young Children, 56* (1), 15-21.

Trevarthen, C. & Malloch (2003). Musicality and music before three: Human vitality and invention shared with pride. *Zero to Three, 23* (1), 10-18.

Watson, J. (1976). Smiling, cooing, and "The Game." In J. S. Bruner, A. Jolly, & K. Silva (Eds.), *Play: Its role in development and evolution* (p. 275). New York: Basic Books.

Weiser, M. (1991). *Infant/Toddler care and education* (2nd ed.). New York: Merrill.

Weikart, D., & Schweinhart, L. (2000). The High/Scope Curriculum for Early Childhood Care and Education. In J. P. Roopnarine & J. Johnson (Eds.) *Approaches to Early Childhood Education* (3rd ed.). Upper Saddle River, NJ: Merrill/Prentice Hall.

CHAPTER

5

취학 전 기관에서의 놀이 지원

유아는 말하는 것보다는 신체적 세계와 다른 아동과의 상호작용 안에서 스스로 지식을 구축하면서 가장 중요한 것을 배운다. 이러한 배움의 방법은 놀이에 의해서 이루어진다.

—Elizabeth Jones & Gretchen Reynolds, 1992

학습 개요

놀이는 발달을 촉진시킨다. 재미있는 상황이 교실에서 일어나기도 하지만 음악, 율동, 미술과 같은 활동에서 일어나기도 한다. 이 장에서는 실내 환경(블록, 집, 손으로 만들기, 읽고 쓰는 능력 영역)을 만들고, 장난감의 장점, 기관 안에서 상호작용, 환경에 기초한 가족, 관찰과 평가에 대하여 기술할 것이다.

학습 목표

이 장을 읽은 후, 여러분은 아래와 같은 목표를 성취할 수 있다:

- 취학 전 유아들을 위한 놀이의 가치를 토의한다.
- 최적의 놀이 환경에 대한 특성을 기술한다.
- 두 가지의 놀이 프로그램을 비교하고 차이점을 기술한다.
- 취학 전 아동을 위한 놀이 제시와 평가를 기술한다.

놀이 조망

Rosalie는 아주 중요한 일을 막 끝낸 하루였다. 그녀는 회사에 중요한 판매를 성사시켰고, 이로 인하여 10,000달러의 보너스를 받게 되었다. 오늘은 그녀의 생애에서 최고의 날이었다. 그녀는 사무실에서 몇 가지 계약을 마저 끝내고, E-mail를 닫고, 법인 아동 보호 기관을 향해 걸어갔다. 그녀는 Juan이 이 기관에 등록하기 전에 교사들이 그녀의 가정을 방문했기 때문에 기관에 대해 잘 알고 있었고, 그들과 매일 담화했다. 그녀는 그 기관에서 흘러나오는 밝음과 빛을 좋아했다. 그리고 매일 오후 Juan을 데리고 함께 돌아가는 것을 좋아했다. 그녀가 기관의 모퉁이를 돌았을 때 Juan의 교실에서 웃음소리가 흘러나오는 것을 들었다. 그녀는 창문 너머로 Juan을 지켜보았다. 그는 큰 공간에 몇몇 블록을 놓아두고, 뛰면서 놀고 있었다. 그리고 그 안에서 춤을 추면서 "나는 왕이다. 나는 왕이다. 나는 야생동물의 왕이다."라고 노래하기 시작했다.

그녀는 Juan이 야생의 왕이라고 말하는 것이 놀라웠다. 그녀는 아들의 풍부한 상상력이 매우 인상적이었다. Juan은 매우 영리했다. Juan은 나중에 커서 대통령이 되고 싶어 했다. 그녀는 가정 아동 보호 대신에 회사 아동 보호 기관을 선택한 것을 매우 만족해했다. 그녀는 사무실에서 일하는 사이에 아들을 보기 위해 방문할 수도 있었고, 함께 여행을 갈 수도 있었다. 그 무엇보다도 그녀는 아들의 놀이를 지켜볼 수 있다는 것이 즐거웠다.

놀이 자극

놀이 자극은 Juan이 오늘 아침에 들었던 이야기나 블록 등에서 나타나기도 한다. 그 이야기를 알지 못해도, 그의 어머니는 Juan이 만든 것에서 주제를 추측할 수 있었다. 이런 나이의 놀이는 신체적 · 사회적 · 상상적 면이 통합되기 시작하면서 그 중요성이 강조된다. 이 시기를 "놀이 연령"이라고 부르곤 하는데, 이는 놀이와 그들의 세계관을 형성하고 그것들의 절정에 도달하는데 놀이가 요구되기 때문이다. 이런 시기에는 아동들이 언어, 장난감, 사람, 놀이 친구, 강아지, 고양이, 명명된 몇 가지 사물들을 가지고 놀이를 한다. 아동들은 모든 사물들을 그들의 세계에서 탐구하며 가지고 놀기 때문에 게임이 된다. 취학 전 기관에서 놀이를 지원하는 것과 놀이를 촉진하기 위한 교사에게 지원을 제공하려는 것이 이 장의 주요 내용이 될 것이다. 여기서 어린 3세의 아동에게는 여전히 특별한 안전적 고려가 요구된다는 것을 지적해둔다.

취학 전 놀이 지원

> 모든 이론가들은 아동들이 그들의 문화에서 장래의 사회적 역할에 근접하게 하고, 자기 자신과 넓은 사회 사이의 연결을 위하여 통찰을 제공하는 것이 매우 중요하다는 것을 알고 있다.
>
> —Laura E. Berk, 1994

대부분의 미국 아동들은 역사상 다른 어느 때보다 많은 아동이 취학 전 기관에 다닌다. 다섯 살 아동의 약 60%가 1주에 평균 30시간 동안 부모가 아닌 다른 누군가에 의해서 돌봐지고 있다(Olson, 2002). 전통적인 탁아기관은 기초 학습에 좀더 중점을 두는 기관으로 변화하였기 때문에 놀이는 취학 전 교실에서 위험에 처해 있지만, 놀이는 여전히 아동들의 학습 방법에 중요한 역할을 담당한다. 어떤 연구에서는 기초 학습에 중심을 둔 취학 전 기관과 놀이에 중심을 둔 취학 전 기관에 있는 100명의 아동을 관찰했다. 취학 전 기관의 과정이 끝날 무렵 두 집단이 기초 학습 능력에 특별한 차이가 없음을 발견하였고, 기초 학습 환경에 있었던 아동들이 학교에 대한 좀더 긍정적인 태도가 있는 반면에 조금 덜 창의적인 사고를 보이고 있다는 것을 알 수 있었다(Rescola, Hyson, & Hivsh-Pasek, 1991). 아동의 조기 학습과 신체적 발달에 집중된 연구들은 아동들에게 놀이를 적절히 지원했을 때, 놀이 활동이 학습을 촉진시킬 수 있다는 결론을 내렸다(Bergen, 2002; Bodrova & Leong, 2003). Elkind(2003)에 의하면 최소한 놀이의 본질을 잃어버린 접근은 위험하다고 경고하면서 학습과 놀이의 '승-승 상황'이 있어야 한다고 강조한다. 기초 학습을 촉진하는 유력한 유형의 놀이 활용은 또 다른 연구자들에 의해 제안되었다(Pelligrini & Boyd, 1993). 이 연령기 동안에는 적절한 놀이가 요구된다. 기초 학습을 신장시키고 확대시키기 위하여 요구되는 놀이에는 아동의 세계관을 형성하는 데 도움이 되는 자연적 학습 유형을 활용한다.

성인의 역할

교사들은 양질의 놀이 프로그램을 만드는 데 중요한 역할을 담당한다. "아동들이 그들의 가족과 아동 보호 기관 안에서 성인 및 다른 아동들과 가졌던 관계는 학교에서 이루어지는 학교 프로그램들에서 성공하기 위한 기초로써 제공된다."(Pianta & La Paro, 2003, p. 24) 이러한 관계는 성인과 다른 아동들과 함께 지냈던 날들을 통하여 형성되고 특히 놀이를 통하여 더 많이 형성된다. 그네에서 아동들을 밀어주고, 간식 모임에 참여시키고, 복잡한 놀이 각본으로 발전시키기 위하여 아동들을 격려하는 상황을 만들어내는 교사들은 아동들의 학습을 촉진시키고 새로운 기술을 발전시킨다. 양육하는 데 좋은 질적 관계를 형성하는 방법을 아는 교사는 변화하는 데 강력한 역할을 담당한다. 아동들이 탐험과 교수에서 놀이로 이동하였을 때, 교사들은 격려하기도 하고, 실증내기도 하고, 촉진시키기도 하고, 통제하기도 하고, 자존감을 세워주기도 하고, 놀림거리로 만들기도 하는데, 이러한 과정에서 일어난 상호작용은 일생 동안 특별한 차이를 만들어내기도 한다.

이렇게 마련된 다양한 방법들은 국가적으로 연구될 좋은 프로그램을 구성하기도 한다. 전국유아교육협회(National Association for the Education of Young Children, NAEYC)는 취학 전 아동을 위한 양질의 프로그램을 구별하는 특징들을 확인하였다. 이 목록은 표 5-1에 기술해 놓았다. NAEYC는 발달적으로 적절한 실제를 위한 지침에 놀이의 중요성을 강조했다. 그것들의 지침은 Bredekamp와 Copple(1970)에 의해 다음과 같이 진술되었다.

> 놀이는 아동들에게 세계를 이해할 수 있는 기회와 사회적 방법 안에서 다른 사람과 상호작용을 할 기회로 감정의 표현과 통제, 그리고 그들의 상징적 능력을 발달시킬 수 있는 기회를 제공한다. 아동의 놀이는 새로운 전략들의 발달 안에서 성인들이 관찰하도록 만든다. 이 연구는 3~6세까지의 학습 교육과정 내용을 위한 도구로서 사회극 놀이의 중요성을 증명하였다(p. 14).

취학 전의 놀이를 위한 내용 구성

교사들의 역할은 매우 다양하게 이루어진다. 이러한 역할은 계획하기 시작하여 한 단계 한 단계씩 완성해가면서 평가와 동적인 중재로 이동하여 계속적으로 변화하는 점진적 선상으로 이동된다. 여기에는 계획하기, 관찰하기, 안내하기, 평가하기라는 네 가지 주요한 영역이 포함된다. 각각의 주제는 다

표 5-1 양질의 프로그램 요소

1. 아동과 교사와의 상호작용은 자신과 타인의 이해를 발전시킬 수 있는 기회를 제공한다.
2. 교육과정은 아동들에게 학습 과정을 포함한 활동 안에 발달적으로 적절한 활동과 교재를 가지고 다양한 경험과 사회 및 세계에서 일생 동안 흥미를 나타내도록 지원한다.
3. 부모와의 의사소통은 부모들이 아동의 삶에 근본적으로 영향을 줄 수 있는 내용에 토대된다.
4. 이 프로그램은 아동 발달에 대해 충분히 훈련된 교사와 아동의 요구를 알고 제공할 수 있는 조기 교육 관련 전문가들에 의해 짜여진다. 즉, 관련자의 자질과 능력은 조기 아동 프로그램의 질을 결정하는 데 가장 중요한 요소가 된다.
5. 이 프로그램의 구성원에 대한 조직은 개별 아동의 요구를 충족시키려는 의지와 아동과 교사 사이의 긍정적인 상호작용과 적극적인 활동을 유지할 수 있도록 조직되어 있어야 한다.
6. 아동을 위한 아동의 조기 경험의 질은 프로그램 관리의 능력과 안정성에 의해 영향을 받는다. 효과적인 관리는 좋은 의사소통, 긍정적 사회관계, 재정적 안정, 그리고 요구에 대한 관심과 교사들의 작업 조건들을 포함한다.
7. 실내외의 신체적 환경은 일상 활동과 어른과 아동 사이의 적극적 상호작용 안에서 관계가 촉진되기 쉽게 고안되어야 한다.
8. 아동과 교사의 건강과 안전은 보장되어야 하고 향상되어야 한다. 병과 사고를 예방할 수 있는 좋은 프로그램 활동은 그들에게 일어날 수 있는 돌발 상황을 해결할 준비가 되어 있어야 하고, 아동들에게 관련된 안전과 건강 실제를 교육해야만 한다.
9. 아동들에게 적절한 영양물이 제공되어야 하고 좋은 식습관을 고려해야 한다.
10. 진행되는 체제적인 평가는 실질적으로 조기 아동 프로그램의 질을 개선하고 유지하게 한다. 평가는 아동과 부모의 요구를 만족시키는 프로그램의 효과에 초점을 맞추어야 한다.

출처: From B. Willer *Reaching the Full Cost of Quality in Early Childhood Programs.* (1990) Washington, DC: National Association for the Education of Young Children. Published with permission by NAEYC.

양한 하위 주제들이 포함될 것이다.

놀이를 위한 계획과 구성

이는 제일 먼저 해야 하는 가장 중요한 단계며 많은 교사들이 이 역할을 즐겨야 한다. 계획하고 구성하기에는 시간, 공간, 매체, 준비 경험이 포함된다. 구성은 교사의 성실성과 놀이에 대한 계속적인 사정에 의해 영향을 받는다. 만약에 교사가 공룡에 대하여 관심을 두게 하려면 교사는 혼응지(papier-mâché)로 공룡 알 만들기를 선택하고, 화석을 찾아내는 것을 자극하기 위하여 실외 모래 상자 안에 공룡 알 모형을 두어야 한다. 또한 화석을 찾아내기 위한 물질에 대한 책은 놀이와 학습 모두에게 좋은 자극제가 될 것이다. 시간, 공간, 매체, 준비 경험이 가장 적절할 때 놀이가 활발해진다.

시 간

시간은 중요한 요소이다. 취학 전 아동들에게는 좀더 정교한 각본이 있는 놀이에 포함되기 시작하는 적절한 시간이 계획되어야 한다. 몇몇 교사들은 아동들이 15분마다 이동한다고 생각한다. 이러한 교사들의 생각은 아동들이 더 이상 발달된 놀이에 포함되지 않고 집중력과 사회적 상호작용에 대한 능력이 더 이상 발달시킬 수 없을 때까지 놀이(모든 발달 단계에 다 이를 때까지)를 중재하게 한다. 이는 아동들이 하나의 주제에서 다른 주제로 건너뛸 수 있도록 가르치는 것이다. 많은 연구에서 아동들이 어떤 놀이에 속하게 하려면 최소한 30분은 필요하다고 지적한다(Johnson, Christile, & Yawkey, 1999). 그들의 다양한 특성에 의해 취학 전 놀이 프로그램은 구조화되어야 하며 집중력 발달을 위하여 반드시 오랜 시간 동안 계속되는 놀이가 필요하다.

공 간

취학 전 아동에게는 다양한 활동이 제공될 수 있는 적절한 공간이 필요하다. 많은 연구 조사에서 한 아동이 사용할 수 있는 공간으로서 30～50 평방 피트로 제안하였고, 이 공간에서 한 아동의 놀이를 최대한 촉진할 수 있다고 주장했다. 한 아동 당 25피트가 되지 않는 공간은 충돌을 증가시킬 수 있다(Smith & Connolly, 1980). 공간은 분명한 통로와 영역으로 만들어져야 한다. 아동들이 하는 블록 쌓기 놀이는 우선적으로 통로와 출입구의 위치를 정해야 한다. 낮은 선반은 분리된 공간으로 나누는 데 사용할 수 있도록 한다. 놀이방은 안전을 위하여 입구에 분명한 통로가 갖추어져야 한다. 아동들은 분명한 구역을 요구하지만 복잡한 놀이에 속했을 때에는 장난감을 함께 공유할 수 있게 해야 한다. 놀이방은 습기와 건조, 조용함과 시끄러운 영역이 있어야 하고, 한 명 혹은 여러 명을 위한 공간이 마련되어야 하고, 개별 공간과 공동 공간이 제공되고, 딱딱한 면과 부드러운 면을 가진 공간도 있어야 한다. 제한된 공간을 가지고 있는 교사들은 공간 활용을 넓히려고 다락을 개조하길 원한다.

매 체

매체를 선택하고 순환하고 준비하는 것은 놀이에 있어서 매우 중요하다. 교사는 매체가 놀이 그룹을 위하여 발달적으로 적절한지 고려해야 한다. 교실

취학 전 놀이에서 성인들은 아동들이 내용을 만들어갈 때 지원한다.

에서 연령에 잘 맞는지, 발달 수준에 잘 맞는지, 그리고 문화가 표현되었는지를 고려한다. 3세의 아동들은 플라스틱과 판지 블록을 가지고 즐겁게 놀이를 하지만, 4세의 아동들은 액세서리가 있는 구성 블록을 가지고 즐겁게 놀이를 한다.

매체는 교실에서의 문화를 반영해야 한다. 하나의 매체로서 쌀과 같은 음식을 사용하였을 때 음식에 대한 심한 낭비라고 보는 부모들은 싫어할지도 모른다. 아동들이 좀더 자극적인 매체를 요구하는지 잘 살펴보고 체크해야 한다. 놀이를 진행하는 동안 무엇을 계속하고 있는가? 추가적으로 흥미를 보이며 요구하는 새로운 매체는 있는가? 혹은 매체를 잘 정리하는가? 버팀목 상자들의 사용은 정리를 촉진할 수 있고 빈번하게 사용할 수 있다. 버팀목 상자들은 매체들은 저장하는데 사용되는 상자들이고 특별한 주제에 관련된 놀이를 위한 것이다. 예를 들면 마스크, 장갑 및 또 다른 의료 기구의 제공은 병원 놀이를 지원하기 위하여 주어질 수 있다. 버팀목 상자들은 교사와 아동들이 상자 안의 내용물들을 보고 알 수 있게 배치되어야 한다. 만약에 매체가 수선하기 너무 어려운 것이라면 필요에 따라 바꿀 수도 있다. 매체는 퍼즐, 장난감 굴뚝, 장난감 악기, 한 벌의 장난감, 그리고 실물과 같은 매체들이 준비되어야 한다. 실물은 어른들이 놀이를 위한 목적으로 사용하지 않는

표 5-2 취학 전 아동을 위한 놀이 매체

취학 전 그리고 유치원 아동을 위한 기본적 놀이 매체

- 벽 혹은 튼튼한 스탠드에 지지되어 세워진 깨지지 않는 전신 거울
- 프로그램에 다양한 인종의 아동들이 포함된 것처럼 옷과 보조 장신구를 갖춘 다양한 인종의 인형
- 다양한 옷(역할에 관계된 표현을 증가시켜 줄 수 있는 수준)과 다양한 주제를 위하여 지원되는 매체들.
- 블록과 사람 혹은 동물 형태를 포함한 놀이 장면을 구성하기 위한 매체
- 블록을 활용하기 위한 견고한 운반 기구
- 개발과 실험(측정하기, 잡아당기기, 관, 깔때기)을 위한 모래와 물놀이 매체, 그리고 모래와 물을 이용한 환상적 놀이를 위한 매체
- 크고 작은 단위의 블록, 크게 구멍이 난 블록, 만들기를 위한 다양한 종류의 작은 도구를 포함한 만들기 매체
- 아동의 연령에 적절한 개수의 퍼즐(맞추기, 꾸미기, 조각 그림)
- 연속으로 꿰는 구슬(연령에 따른 크기), 나무판, 나이가 제일 많은 아동을 위한 모형 만들기 매체(모형 블록과 타일, 짜기 매체).
- 간단한 자립기술을 배우고 바느질 활동을 시작할 수 있는 옷감, 레이스, 실 매체
- 모양, 색, 문자, 숫자 등을 짝짓고 분류하고 배열하는데 관련되는 활동이 포함되는 특별 기술 발달 매체
- 도미노, 로또, 간단한 카드게임, 빙고, 보드게임(춤이나 비전략에 근거한 결과)
- 연령, 흥미, 경험 그룹에 적절한 많은 책
- 그래픽과 플라스틱 매체가 포함된 다양한 예술, 공예 매체
- 표준 리듬 악기 세트(비용이 허락한다면 목관 실로폰과 같은 악기)
- 노래, 율동, 연주 리듬 악기를 위하여 녹음된 음악
- 사회극 놀이를 지원하는 밀고 당기는 장난감(웨건, 인형, 탈 것, 진공청소기)
- 차기, 던지기, 잡기, 굴리기와 같은 특별한 종류의 활동을 위한 다양한 공(공기는 던지기와 잡기를 위하여 사용 가능; 연령 범위에서 나이 많은 아동을 위한 표적 맞추기 게임)
- 세발자전거(아동의 신체 사이즈와 연령에 적절한)
- 실외 및 체육관 시설(5단계 연령에 의한 오르기 훈련, 흔들기, 미끄러지기, 사다리, 시소)은 아동의 신체 크기와 능력에 비례해야 함. 모래와 정원 도구, 모든 기구의 구조 설비가 아동의 신체 크기와 능력에 적절해야 함.

출처: *The Right Stuff for Children Birth to 8* (pp. 26, 42, 81) by M. B. Bronson, 1995, Washington, DC: National Association for the Education of Young Children. Copyright 1995 by the National Association for the Education of Young Children. Reprinted by permission.

제품화된 상품(부엌 도구, 모자, 의류)과 자연물(모래, 물, 진흙, 찰흙, 나무) 모두를 포함한다. 대부분의 취학 전 교사들은 "수업 전 지역 상점(local pre-school store: 마당 판매)"에서 그들의 아침 시간을 보내며 다르게 구성해 낸다. 표 5-2에 제시된 몇몇 매체의 목록은 흥미롭다.

사전 경험

아동들이 놀이를 확장할 때에는 많은 경험과 활동을 요구한다. 그렇지 않으

면 아동들은 그들의 현재 사실을 즐기거나 반복할 것이다. 모방하고, 표현하고, 놀고, 반복하는 동안 아동들은 매일 풍부한 지식에 노출되고 현장 체험을 가지면서 새롭게 지식을 획득한다. 이는 놀이에 통합된 기초 교과가 지식 획득의 좋은 기회를 제공한다는 것이다. 아동들은 즐거운 놀이로 새로운 아이디어들을 보충한다.

관 찰

관찰은 교사에게 전체적인 모습을 살펴보게 하는 좋은 기회를 제공한다. 숙련된 관찰자인 교사는 많은 수준의 놀이 기술을 보게 될 것이다. 몇몇 아동은 대부분 상징 놀이를 할 것이다. 또 다른 몇몇 아동은 주위를 걸으면서 맴돌 것이다. 또 다른 무리의 아동들은 연합 놀이를 하든지 혹은 혼자 놀이를 할 것이다. 행동을 관찰하는 것에서 시작하며 교사들은 어디서 언제 활동해야 할지 알게 될 것이다. 숙련된 교사들은 책 주변에 공간을 만들고 교실 매체는 순환될 필요성을 강조한다. 또한 기술이 풍부한 교사들은 언제 질문하고 언제 철수해야 하는지 알고 있다. 놀이에 대한 교사의 지식은 그들의 관찰에 반영된다. 놀이를 지켜보는 시간은 중요하며 관찰하는 데에는 책임감이 수반되어야 한다.

지도 놀이

교사들은 놀이를 하는 동안 다양한 역할을 담당한다. 그들은 **놀이 구조**에 스스로 들어가기도 하고 나오기도 한다(Johnson, Chistile, & Yawkey, 1999). 놀이의 에피소드를 나타내는 것으로 사용되어 왔던 놀이 구조(play frame)라는 용어는 시작점과 종착점을 규정한다. 놀이 구조 안에서 교사는 다음에 기술된 것과 같은 주요한 네 가지 역할을 담당하며, 이렇게 서로 다른 역할 안에서 다양한 역할들이 서로 상호작용한다.

평행 놀이

평행 놀이는 교사들이 아동들에게 근접하여 이루어지지만 아동들과 함께 놀이를 하지 않는다. 이러한 상황에서는 교사는 시범 놀이를 할 수 있고, 안전의 근원으로서 봉사할 수 있다. 대부분의 교사들은 아동이 혼자 앉아 있거나, 익숙하지 못하거나, 소심할 때 이러한 기술을 사용할 수 있다. 교사가 놀이에 포함되지만 상호작용하는 놀이자로서는 포함되지 않는다. 이러한 기술들은 교차된 성별 경계에서 아동들을 자극하기 위하여 동등하게 사용될 수 있다. 예를 들면 블록 영역에서 평행 놀이를 하는 여자 교사는 블록 영역 안에서 좀더 많은 소녀들의 움직임을 주시할 것이다. 마찬가지로 취학 전 교실에서 어린 소녀들을 보호하는 남자 교사들은 어린 소녀들을 보호하기 위하여 좀더 많은 소녀들을 주시할 것이다. 교사들은 자주 사전의 사회적 개념과 상호작용 안에서 평행 놀이를 활용한다.

협력 놀이

교사들은 취학 전 아동과 함께 하는 놀이로 협력 놀이를 한다. 그들은 조심스럽게 아동이 이끄는 것을 따르고 놀이에 적절한 방법으로 이끌어 간다. **협력 놀이**는 놀이를 확장하기 위해 반복되었을 때 유용하다. 교사는 조심스럽고 자연스럽게 들어가고 나와야만 한다.

Maria와 Tony가 지난 주 동안 서로 다른 놀이를 하면서 싸우는 것을 관찰한 교사는 우선 두 아동을 놀이 영역으로 이동하게 한다. 교사는 거짓으로 꾸민 문에 노크를 하고 잠깐 동안 들어가도 되겠느냐고 물어 본다. 교사가 한 아동의 허락을 받고 들어가자, 들어오도록 허락한 아동이 교사에게 그들과 함께 피자를 드실 거냐고 묻는다. 교사는 동의한다. Maria가 식탁 정리를 시작한다. 교사는 자신도 피자 준비하는 것을 도울 수 있는지 물어 본다. Tony는 "안 돼요. 이 집에 있는 사람만 요리해요."라고 대답한다. Maria도 "내 집에서도 안 돼요."라고 대답한다. 교사는 "아니! 나도 도울 수 있어. 나는 피자가 만들어지는 동안 식탁을 꾸미는 것을 도울 거야. 너희가 요리도 하고 또 식탁 꾸미기도 다 할 수 없잖니? 나는 접시 놓는 것을 할 수 있는데, 누가 나의 식탁 꾸미는 것을 도와주겠니?"라며 불쑥 끼어들었다.

협력 놀이자로서 조심스러운 개입은 아동들이 또 다른 역할에 대한 가치를 고려할 수 있게 한다. 교사는 서로 다른 문화적 지각이 반영된 아동들에게 권유하지 않지만 놀이의 또 다른 면으로서 흥미를 집중시킨다.

놀이 교사

놀이 교사는 놀이를 이끄는 사람으로서 봉사하고, 아동들에게 높은 수준의 놀이 비계를 만들어 안내한다. 리더로서 교사는 지도와 제안에 따라 아동들을 놀이로 이끌고 지도한다. 성인이 놀이에 시범이 되었을 때 그들은 놀이 에피소드 동안 일어날 수 있는 행동들을 보여 준다. 교사는 좀더 높은 놀이 수준의 비계를 설정하여 아동들을 지도한다. 예를 들면 시나리오 안에서 교사는 아동의 안내에 따른 협력 놀이를 하고, 식탁을 꾸미면서 놀이의 흐름을 바꾸지 않았다. 그녀는 "어떤 집에서는 모든 사람이 함께 요리한다. 오늘은 사람들이 부엌에서 요리하는 것으로 하자. 너는 요리하고 나는 접시를 씻을께."라고 말했다. 이는 교사가 놀이의 흐름에 변화를 주고자 좀더 적극적인 역할을 시도한 것이다. 교사는 놀이를 확장시키려는 추가적 정보와 매체를 불쑥 꺼내들었을 때 비계를 설정하고 지원을 제공한다. 만약에 교사가 "사람들 모두가 요리를 한다."라고 말하여 화자로서 아동과 맞서게 된다면, 그때 그 놀이는 멈추게 될 것이다. 아동의 안내에 따르는 협력 놀이자로서 놀이는 같은 수준에 멈추어져 있어야 한다. 교사가 좀더 복잡하고 성숙한 놀이로 아동들을 이끌기 위하여 끼어들었을 때 교사는 개인 지도 교사로서 지원한다. 이러한 기술은 치료적 상황 혹은 발달이 지체된 아동들에게 많이 사용된다. 이는 경험과 발달 지체로 제한 받는 아동들에게는 매우 중요하다. 몇몇 상업주의적 프로그램은 놀이 문제를 가진 아동들과 함께 놀이를 하는 사람으로서 교사와 부모의 지원을 활용한다. 예일대학에서 이루어진 연구들은 연구 범위를 확장시켰다. Media 단체에 Harvey Bellin과 연결되어 있는 Jerome과 Dorothy Singer는 놀이를 촉진하는 어른들을 도와주기 위하여 고안된 프로그램을 만들었다. 좀더 구체적인 설명은 표 5-3을 참조하라.

표 5-3 상징 놀이 촉진

학습 준비 기술을 향상시키기 위한 비디오가 기초된 놀이 훈련

저자: Harvey F. Bellin, Prof, Jerome Singer, Dr. Dorothy Singer

배 경

미국의 많은 아동, 특히 저소득층에 있는 아동들은 유치원에 들어가서 배울 준비가 되어 있지 않다. 예일 대학에서 Dorothy Singer 박사와 Jerome Singer 교수에 의해 광대한 연구가 수행되었다. 가족 TV 연구와 상담 센터는 신뢰 놀이, 초기 아동 발달에 자연스러운 모습, 3~5세까지의 결정기가 아동의 준비 학습 기술에 있어서 효과적인 방법을 사용하여 강점을 형성할 수 있다고 지적한다.

아동과 성인의 세대 간의 놀이는 서로에게 강화가 되고, 노력하지 않는 부모에게 효과적인 방법이 될 수 있고, 아동 발달에 있어서 완전한 동반자로서 또 다른 지원자가 될 수 있다. 저소득층 아동의 부모나 지원자들은 알아가는 인지들

표 5-3 상징 놀이 촉진(계속)

사이에 놓여 있고, 기술 촉진 놀이에서 훈련을 효과적으로 가속화시킬 수 있다. 코네티컷 미디어 그룹(Media Group of Connecticut, Inc)의 회장인 Harvey F. Bellin은 쉽게 복사할 수 있는 비디오 기초 훈련 프로그램 시리즈가 놀이 학습 게임의 발전을 위해 필요하다고 지적했는데, 이를 미 교육부가 인정했다.

학교 준비 프로그램으로서 놀이를 통한 학습

「학교 준비로서 놀이를 통한 학습(Learning Through Play for School-Readiness)」(1997~1999)은 유아 중심 학교 준비 기술에서 획득된 중요한 산물을 보여 줄 수 있는 여섯 개의 본질적 동기 게임으로 저소득층 가족으로부터 3~5세의 아동들과 관계된 부모와 교사들을 훈련하기 위한 비디오 기초 프로그램이다. 단순하게 나타나는 각각의 게임을 연령에 적절한 이야기 화법으로 어휘, 어법, 수 세기, 소근육 운동 통제, 사회적·정서적 성장과 같은 특별한 기술을 촉진할 수 있도록 고안되었다.

예를 들면 레스토랑 게임은 레스토랑에서 생일 파티를 할 때 사용하는 좋은 대화법들로 만들었다. 생일을 맞은 사람과 레스토랑 직원의 역할 놀이는 아동의 실제 상황(주문하는 것), 새로운 어휘와 어법, 수 세기(가짜 돈으로 지불하기), 사회적 기술(예절, 공유, 교환), 색과 모양 인지, 소근육 운동 기술(레스토랑을 장식하기 위한 소품을 이용하여 모양을 그리고 쓰기)을 구성할 수 있다. 두 부분으로 나누어진 26분 훈련 비디오는 연기된 각각의 학습 게임으로 전문적 배우보다는 부모, 교사, 취학 전 아동들이 주역이 된다. 평가는 게임이 재미있고, 하기 쉽고, 특별한 훈련 없이 요구되는 것이 숙련된 관찰자에 의해 이루어진다.

촉진자의 지침서는 구조화된 훈련 장면을 위한 안내와 교수 안내 놀이 게임을 위한 매체에 대한 이해가 포함되어 있다. 세 개의 도시(New Haven, Atlanta, Los Angeles)에서 저소득층의 부모와 도시에 있는 몇 백 명 아동의 취학 전 교사에게 프로그램에 대한 실시 평가를 2년 동안 한 결과는 다음과 같다.

- 저소득층 부모와 다른 보호자들은 이 프로그램에 교육적 목표의 가치를 부여할 수 있었고 프로그램의 기술 향상 게임 놀이로 취학 전 아동을 다룰 수 있었다.
- 약 2주 동안 학습 게임으로 놀이한 아동들과 통제그룹의 아동들과 비교하였을 때 어휘, 수, 협응 행동과 같은 학교 준비 기술에서 획득이 더 많이 이루어졌다는 것을 측정할 수 있었다.
- 취학 전 아동의 부모와 교사의 훈련은 아동의 학습 준비 기술을 발달시킬 수 있었다.
- 훈련은 지리적으로 다양한 저소득층 사회에서 반복될 수 있다.

2,700개의 자유 모방(free copies)의 모든 프로그램은 Head-Start 센터, PBS주의 학습 준비 관리자, 주정부 기관, 국립 도서관, 심각한 저소득층 사회의 다른 조직들에 의해 보호되었고, 많은 위험에 놓여 있는 결손 가정의 취학 전 아동들을 위하여 부모와 교사의 훈련에 사용되었다.

신뢰-형성 프로그램의 순환

다음 프로그램인 「신뢰-형성의 순환(Circle of make-Believe)」(2000-2002)은 훈련되지 않은 부모와 장소와 시간에 관계없이 3~5세 아동의 보호자, 일정한 아동 보호 환경-가족, 가정 보호, 취학 그리고 아동 보호, Head Start 센터에서 사용된다. 매우 중요한 학교 준비 기술에 대한 일곱 개의 신뢰 형성 학습 게임은 다음과 같다.

- 읽고 쓰기 능력: 알파벳 문자 인식, 어법, 향상된 어휘
- 셈하기와 추론: 수 세기, 수, 모양, 순서, 공간 관계
- 사회/정서 기술: 예절, 협력, 감정 교육, 공유

표 5-3 상징 놀이 촉진(계속)

- 운동 기술: 쓰기/그리기를 위한 소근육 운동 기술, 대근육 운동

예를 들면 '가게 놀이'에서 아동들은 신뢰 형성 가게의 계산자와 손님의 역할을 담당한다. 사고파는 상품에 의해 그들은 알파벳 문자(사려고 하는 품목의 첫 글자와 동일한 문자 선택하기), 새로운 어휘, 수 세기, 예절과 같은 사회적 기술을 익힌다. 아동들은 열 가지 상품과 열 개의 손가락을 대응시키며 연습하는 수 세기 게임에서 간단한 손인형(짧은 양말에 그려진 얼굴)을 사용한다. '나의 새끼 고양이는 어디에 있니?' 게임에서는 아동들이 공간 관계를 기술할 수 있는 실제적 단어에 '새끼 고양이" 손 인형(종이 접시에 그려진 고양이 얼굴)을 활용한다. 투덜거리는 게임에서는 실제적 감정 교육과 친구 만들기를 위한 기술로 아동들을 훈련시킨다. 이 프로그램은 부모 혹은 보호자가 아동의 학교 준비 기술에 있어서 발달을 촉진할 수 있도록 언어화하는데 아동을 격려하고 긍정적 강화를 제공하는 것과 같은 비계 설정 기술을 계획한다.

훈련 비디오는 성인보다는 취학 전 아동에게 상영하기 위하여 고안되었다. 도시에 있는 취학 전 아동이 그들의 부모 혹은 교사와 함께 기술을 촉진시켜 주는 학습 게임의 놀이가 녹화되었다. 이 비디오는 손가락 동화와 실제 시간 학습 목표에 강화된 어린 시청자에게 상호작용을 촉진하는 것을 강조한다. 학습 게임 놀이를 위하여 이 책 안내와 교재 지침서는 제한된 읽고 쓰기 능력 기술을 소유한 사람들과 영어를 제2 언어로 사용하는 사람들을 포함하여 훈련되지 않은 부모나 다른 보호자를 위하여 쉬운 언어로 간단하게 쓰여 있다.

이 프로그램은 그들의 집, 가정 보호, 취학 전 기관, Head Start 센터가 있는 도시 및 농촌의 저소득층 아동을 검사한다. 첫 해에는 미국 북동부 도시에서 검사되었고 두 번째 해에는 다양한 국가의 부모 표본, Alabama, California, 미국북동부 Maryland, Minnesota, Ohio, Wisconsin, Wyoming에 있는 저소득층 가족의 가정 보호자와 교사들에 의해 검사되었다. 참가자들은 사전에 어떤 훈련도 받지 않았다. 그들은 2주 동안 그들이 보호하고 있는 아동과 함께 학습 게임 놀이 프로그램을 간단하게 사용하였다. 국가적 검사는 다음과 같은 결과를 가져 왔다:

- 1～5점 척도(5＝매우 잘 사용함, 1＝전혀 사용하지 않음)로 참가자들은 이 프로그램을 4.4의 의미 있는 점수로 평가했다. 반 이상(57%)이 이 프로그램에 만점인 5점을 주었고, 84%가 4점 혹은 2보다 더 좋은 점수를 주었다.
- 아동들이 게임을 즐겼는지에 대한 어른의 평가는 5점 척도(1＝전혀, 5＝매우)에서 4.24로 나타났다.
- 국가적 검사지에서 아동들의 90%가 어른의 중재 없이 그들 스스로 자발성을 가지고 학습 게임 놀이를 계속하였다.
- 아동의 기술에 대한 사전 · 사후 중재 평가는 아동들이 2주 동안 학습 게임으로 놀이한 후에 인지와 행동 측정의 모든 범위에서 아동의 기술이 개선되었는지에 대하여 부모, 가정 보호 제공자, 교사에게 실시하였다. 아동의 학습 변화는 수와 문자, 모양 인지에서 나타났다.
- 가정 보호에서 아동들은 많은 개선을 나타내었다. 그들은 수(0.98점)와 문자(0.94점)와 같은 중요한 선수 학습 기술에 대한 1～5점 척도에서 거의 완전한 점수를 얻었다.
- 다양한 사회에서 국가적 검사로부터의 질적인 피드백은 참가자의 긍정적인 양적 평가로 나타났다. Birmingham, Alabama의 가정 보호 제공자로부터 표현된 피드백의 예를 아래에 제시한다.

아동들은 비디오 안의 사람들(부모, 교사, 아동)과 자신을 동일시했다. 교수는 이해하기 쉬웠다. 여러분이 비디오를 시청할 때 여러분이 게임으로 돌아갈 것을 언급하길 요구한다면 여러분은 소책자를 사용할 수 있다. 이 교재는 매일 가족 이야기-만세를 활용하였다. 나는 오로지 한 가지 방법으로만 사용할 수 있게 고안된 장난감은 치워두었는데 이는 아동이 상상력에 도전하는데

표 5-3 상징 놀이 촉진(계속)

실패하게 만들기 때문이었다. 게임은 부모와 함께 동반자로서 나에게 새로운 방법을 여는 도움을 주었다.

읽고 쓰기 능력 기술에 대한 새로운 비디오에 기초한 프로그램

2003~2005년 미국 교육부에서 마련된 새로운 보조금으로 Bellin, Singer, Sing이 검사하는 접근을 놀이처럼 적용한 비디오 프로그램을 개발했고, 저소득층 가족에서 읽고 쓰기 능력 기술에 있어서 위험군에 있는 아동에게 강점에 초점을 맞추어진 사전 프로그램을 실시하였다.

이 프로그램은 음성적 인지(구어의 소리 구조를 알아내고 조정하는 능력), 쓰기, 명명되는 알파벳 문자, 어휘, 독해, 인쇄 지식(책의 사용 방법, 영어 교재는 완전히 읽어 이해하고 한 페이지는 왼쪽에서 오른쪽으로 읽어내려 간다는 이해)과 같이 중요한 읽고 쓰기 능력 기술을 그 목표로 하고 있다. 이는 또한 자주 책을 나누어 읽고 도서관을 견학해 보고 가정에서 읽고 쓰기 능력의 환경을 위하여 연령에 적합한 그림책을 갖추는 것과 같이 사전 아동의 시급한 읽고 쓰기 능력에 대한 방법을 부모와 다른 보호자들에게 훈련시켰다.

Bellin, Singer, Sing은 비디오를 토대로 한 프로그램을 개발하고 시험하였다. 「길 잃은 강아지 게임(the lost puppy Games)」은 취학 전 아동에게 길 잃은 강아지가 그의 집을 찾아가는 슬픈 이야기로 시급한 읽고 쓰기 능력 기술을 활용하면서 놀이다운 신뢰 형성 담론을 표현한다. 표준 프로그램은 3~6세의 아동을 돌보는 그들의 부모와 가정 보호 제공자를 검사하였다. 그 결과는 아래와 같이 매우 촉진적이었다:

- 프로그램 사용에 있어서 사전에 훈련 없이 영어를 제2 언어로 사용하는 사람들을 포함하여 저소득층 부모와 가정 보호 제공자 모두가 참여하였는데 그들은 돌봄 안에서 읽고 쓰기 능력 학습 게임으로 아동들을 촉진하는데 쉽게 사용할 수 있었다.
- 참여자들은 5점 척도(1=전혀 유용하지 않다, 5=매우 유용하다)에서 4.17점의 의미 있는 점수로 프로그램의 효과를 평가하였다. 참가자의 75%가 5점 척도에서 4(유용함) 혹은 5(매우 유용함)의 점수로 표준 프로그램을 평가하였다.
- 저소득층의 취학 전 아동들은 주당 평균 4~6시간의 한 회기에 평균 20분(62.2%)에서 30분 혹은 그 이상(33.3%) 놀이화된 학습 게임을 즐겼고 하고 싶어 했다.
- 부모/보호자와 함께 학습 게임을 놀이한 후에 80%의 아동은 성인의 중재 없이도 자발적으로 게임 놀이를 계속하였고, 기술을 연습하였다.
- 2주 동안 게임으로 놀이를 한 후에 취학 전 아동은 인쇄된 지식—작가의 의도를 아는 아동의 비율 48.9%, 주제의 의미를 파악하는 아동 33.3%, 도서관에서 책을 빌리는 것과 같은 빌린다는 것을 이해하는 아동 30.6%—과 같은 목표가 된 읽고 쓰기 능력 기술을 획득한 것으로 나타났다.
- 아동들은 또한 알파벳 문자(15.8%)의 지식과 쓰기 기술(12.1%)의 지식을 획득한 것으로 나타냈다.
- 질적인 피드백은 교재를 완전히 읽고 왼쪽에서 오른쪽으로 읽어내려가고, 도서관을 이용하는 그들의 동기에서 아동의 지식 면에서 부가적인 습득이 있었음을 지적한다.
- 또한 성인의 참가는 사전 아동의 읽고 쓰기 능력에 대한 기술을 획득하게 하였음을 시사하고 있다. 예를 들면 그들의 아동들이 도서관에 결코 가지 않는다고 보고한 부모의 비율에서 44%의 사전 중재가 25% 사후 중재로 이동하여 19%가 감소한 것으로 나타났다.
- 참가자의 81.8%가 아동의 읽고 쓰기 능력 기술을 획득했다고 보고하였고, 68.2%가 아동의 읽고 쓰기 능력을 발달시키기 위하여 그들 스스로의 기술을 획득하였다고 보고하였다.

표 5-3 상징 놀이 촉진(계속)

요약과 결론

초기 아동 발달의 자연스러운 특징으로 신뢰-형성 놀이는 실질적으로 아동의 준비 학습 기술을 발달시키고, 아동 발달에 있어서 완전한 동반자로서 부모나 다른 보호자를 동기 유발시키는 방법에 효과적으로 나타났다고 할 수 있다. 그러나 학습할 준비가 되지 않은 채 학교에서 시작할 위험성이 큰 저소득층 아동의 부모와 다른 보호자들은 아는 것을 좋아하게 되었고, 기술 촉진 놀이에서 훈련하는 것을 효과적으로 가속화시킬 수 있었다.

저자에 의해 개발된 프로그램은 부모와 가정 보호 제공자들이 쉽게 반복할 수 있어 효과가 있다고 밝혀졌고, 저소득층의 취학 전 아동들의 교사들은 놀이와 같은 학습 게임에 아동들을 포함시켰을 때 학교 준비 기술에서 현저한 획득의 결과가 있었다고 보고했다. 그들은 추가적인 프로그램으로 발달이 계속되었고 학교 준비를 위한 놀이를 통한 학습에서 취학 전 아동의 수 개념을 향상시키는 데 DVD나 Web을 기초로 한 학습과 같은 것으로서 새로운 기술의 능력을 개발할 것이다.

관련 도서

Singer, D.G. & Singer. J.L. (2004). Encouraging school readiness through guided pretend games. In E.F. Zigler, D.G. Singer, & S.J. Bishop-Josef (Eds.), *Children's play: The roots of reading* (pp. 175-188). Washington, DC: Zero to Three Press.

Singer, D.G., Singer, J.L. Plaskon, S.L., & Schweder, A.E. (2003). A role for play in the preschool curriculum. In Sharna Olfman (Ed.) *All work and no play: How educational reforms are harming our preschoolers* (pp. 59-101). Westport, CT: Greenwood.

Singer, J.L., Singer, D.G., Bellin, H.F., & Schweder, A.E.(1999). *Learning through play for school readiness: Report, Year Two.* Prepared for United States Department of Education Early Childhood Institute. Unpublished manuscript. Yale University. New Haven, CT.

Whitehurst, G.J., Storch, S.A. (2002). A structural model supporting home literacy activities with African American children. In Bowman (Ed.), *Love to read.* Washington, DC: National Black Child Development Institute.

추가 정보

Visit the Media Group of Connecticut Web site: **http://homepage.mac.com/mediagroupct**

To purchase *Learning through play for school Readiness or Circle of Make-Believe*, contact Instructional Media Institute: 203/544-0018

출처: Used by permission of Harvey Bellin, The Media Group of Connecticut; Jerome Singer and Dorothy Singer, Yale University, New Haven. CT.

사실성을 위한 설명자

놀이에서 **사실성을 위한 설명자**는 놀이를 확장시키고 넓히면서 깊이를 더할 수 있다. 반대로 그들은 발달을 멈추게 할 수도 있다. 이는 교사가 그들의 진술들을 얼마만큼 끼워놓는가에 달려 있다. 예를 들면 Robert와 Whitney는 예능 영역에서 함께 놀고 있었다. 그들은 그들이 만지는 모든 것이 마술에 걸린 것처럼 가장하였다. "나는 풀을 만졌는데 그것에 마술을 걸었다." "풀이 너를 만질 것이고 이것도 마술이다." Whitney는 뛰면서 Robert의 머리 위에 병을 놓으면서 말한다. "이것이 마술이야, 이것이 마술이야." 만약에 교사가 돌연 끼어들어 Whitney에게 "풀은 사람에게 사용하는 것이 아니라 종이에 사용하는 거야."라고 말한다면 그 아동은 그 놀이를 멈추어버린다. 만약에 교사가 방해하지 않았다면 그 아동은 친구의 머리에 풀을 가지고 갈 것이다. 만약에 시간이 허락한다면 교사는 "내 종이에 마술을 걸어 줄래? 나도 끼워줘!"라고 말하면서 협력 놀이를 할 수 있다. 이것이 허락되면 놀이는 계속될 것이다. 만약에 시간이 허락되지 않으면 교사는 사실성을 위한 설명자로서 방해해야만 한다. 그러면 그 놀이는 멈추게 될 것이다. 따라서 Robert는 그의 머리에 풀이 칠해지지 않는다. 이러한 결정이 가장 힘든 것이다. 세심한 교사는 이러한 결정을 내릴 때 사회적 · 문화적 · 역사적 요인을 고려할 것이다.

실외 놀이 구성

교사는 신중한 상호작용에 의해 실내 놀이로부터 놀이를 바깥으로 이끌어낸다. 안내는 실외 놀이 구성으로 제공되어야 한다. 만약에 한 아동이 다른 아동을 때렸다면 교사는 중재를 해야만 한다. Maslow(1959)의 체계에서 건강과 안전은 우선적으로 고려되어야 한다고 분류하고 있다. 중재를 하지 않는 교사는 이러한 행동을 수락했다는 의미를 표현한 것이다. 안전과 건강은 항상 가져야 할 절차로 중요하다. 다른 아동을 다치게 한 아동은 다른 아동을 다치게 해도 좋다는 의미로 결론을 내린다. 이러한 결론은 어떤 아동이 상처를 입히거나 상처를 입었어도 개의하지 않는다. 실외 놀이 구성에서 안내된 놀이를 위한 안내 전략은 Van Hoorn, Nourot, Scales, Alward(1999)에 의해 제안되었다. 이러한 역할은 예술의 도제 계급, 출입구 관리자, 평화주의자, 관찰자, 중매자, 이야기꾼, 서기가 포함된다. 맡겨진 역할에 대한 평가는 아래에 제시되었다.

- 예술의 도제 계급자는 재료와 받침대를 움직여주는 것에 의해 놀이를 촉진한다. 집에서 블록 지역으로 전화를 움직이는 것은 그의 형성된 신뢰 공간 상태에서 구조자가 전화를 허락해야만 한다.
- 출입구 관리자는 놀이에 조심스럽게 들어갈 수 있도록 촉진해 주는 것으로 놀이를 보호한다.
- 평화주의자는 제공되는 양자택일에 있어서 충돌을 해결하는 데 도움이 된다.
- 관찰자로서 교사는 아동이 요구하였을 때 피드백을 제공하고 청자로서 돕도록 한다.
- 교사는 특정한 아동이 다른 아동과 놀이를 함께 하겠다고 제안했을 때 중매자로서 돕는다.
- 이야기꾼은 놀이를 재연하기 위한 이야기를 제공한다. Vivian Paley는 그녀의 책인 『Walley의 이야기(Walley's Stories)』(1981)에서 이야기꾼의 역할에 대하여 정의내릴 수 있는 많은 활동에 몰두하고 있다. 미학에 기초한 이러한 접근은 아동들이 하나의 이야기를 재연하는 것은 물론 그들의 읽고 쓰기 능력 개발을 위하여 인정된다.
- 서기의 역할은 이야기 대신에 예술을 사용하고, 또한 이런 방법을 확장시킨다. 이러한 역할은 놀이를 확장하고 지원한다. 교사는 아동의 놀이를 공유하는 데 그림과 제목을 활용한다.

놀이 평가

놀이 평가는 확실하게 진행되는 평가를 사용하여 놀이와 학습 모두에 기록할 기회가 교사에게 제공된다. 사정을 통한 정보는 안내 변화와 상호작용에 활용될 수 있다. 추가적인 관찰은 변화에 대한 결론에 관계된 정보를 제공할 수 있다. 놀이 평가는 기관에서 관찰하는 것을 포함하고 놀이는 각각의 기관에서 일어난다. 처음에 어떤 목록은 모두 기관의 방안에서 만들어질 수 있다. 각각의 기관에서 아동의 명찰은 가장 인기 있는 것으로 나타날 것이다. 기관을 방문하는 대부분의 아동은 기관을 살펴보고 재미없는 기관을 바꿀 것이다. 관찰할 수 있는 기관의 유용성은 매년 정규적으로 평가될 것이다. 이는 전체적인 사용법을 제공하지만 기관 안에서 진행되는 놀이의 질에 관한 정보는 제공되지 않는다. 놀이의 질을 평가하는 것은 또 다른 시각이 요구된다. 그리고 이 장의 끝부분에서 놀이 평가와 기술에 대하여 논의할 것이다.

예술을 통한 놀이 확장

> 음악은 우주의 영혼, 마음의 날개, 상상의 비행…
> 그리고 모든 것에 생명을 부여한다.
>
> —Plato, 360 B.C.

취학 전 아동은 음악, 율동, 미술, 이야기 재연을 통해 그들의 세계를 탐험하고 경험한다. 예술을 토대로 한 프로그램은 놀이와 기초 교과 모두에 균형을 이루는 방법을 제공한다. 아동들이 예술을 창조할 때 그들은 매체의 색칠로 탐구할 것이고, 고차원의 상징 활동을 하게 될 것이다. 그들은 상징을 통하여 그들의 생각, 경험, 느낌을 표현하는 방법을 발견할 것이다(Seefeldt, 1995). 놀이 또한 상징을 사용한다. 놀이와 예술은 읽고 쓰기 능력을 위하여 필요한 추상에 속하는 그들의 능력을 발달시킴으로써 아동의 인생의 질을 높일 것이다.

미 술

미술은 취학 전 아동이 학교에서 매일 경험할 중요한 일부가 될 것이다. 칠판에 그림을 그리는 것에서 찰흙으로 만드는 것까지 아동들은 매일 미술을 위한 기회를 가질 것이다. 아동들이 그리기 놀이를 위하여 큰 종이를 사용할 때 그들은 쓰기에 마음이 끌릴 것이다. 아동들이 성곽과 같은 것을 그림－단지 그들만 알아봄－에 색칠을 했을 때, 그들은 그들의 놀이에 생명력을 부여하고 추상적인 그들의 능력을 사용한다. 이는 모방과 예술을 통하여 촉진될 수 있는 기초 교과 기술을 발달시키는 기회로 제공된다.

아동들은 그들의 예술적 능력을 발달시킴으로써 몇 가지 단계를 밟아간다. 3～4세의 많은 아동들은 미술적 발달의 **기초 형태 단계**(basic forms stage)에 있다(Isbell & Ranes, 2003). 그들은 아장아장 걷는 유아 때보다 소

매일 그림 그리기의 기회를 갖는 아동들은 예술세계에서 그들의 관점을 표현할 수 있다.

근육 운동 통제와 눈과 손의 협응이 잘 이루어진다. 그들은 악필을 조정하게 되고 기호를 반복할 수 있다. 이 시기의 아동에게는 한 페이지 가득 동일한 기호를 쓰는 것을 볼 수 있는 것은 이상한 일이 아니다. 그들이 놀이에 대해 하나의 이야기로 그림을 그릴 때 어떤 아동은 한 장 가득 채우고, 그가 어떤 날 바다에서 놀고 있다고 말한다. 사실 그 아동은 물 상자 앞에서 놀았는데, 아마도 그것이 그녀에게는 바다였던 것이다.

재료에 대한 아동의 처음 탐구는 미술적 능력이 반영될 것이다. 이 연령기(출생~2세)의 몇몇 아동은 악필을 조정하는 상태에 여전히 있을 것이다. 그리고 좀더 발달된 단계로 이동하기 시작할 것이다. **전도식 단계**(preschematic stage)는 4~7세 사이에 나타나며 아이디어, 사고, 경험, 감정 표현에 상징을 사용한다(Isbell & Raines, 2003). 이 단계는 취학 전 학급에서 시작되고 1학년 교실에서 세련된다.

음 악

음악은 놀이를 풍요롭게 만든다. 취학 전 프로그램에서 통합된 음악이 2장에서 논의된 것처럼 조기 교육에서 선구자적 역할을 담당할 수 있다. 1700년 Rousseau는 어머니들이 그들의 아동들에게 박자와 화성을 알게 하기 위해서 노래를 어떻게 부를까에 대하여 가르칠 것을 권유하였다. Froebel(1895)이 그의 유치원에서 사용했던 노래는 오늘날에도 여전히 불리고 있다. 20세기 동안 음악은 취학 전 교육과정의 한 영역이 되어 왔다. 현행 연구들은 유아를 위한 프로그램에 음악의 사용을 지원한다(Kenny, 1997).

음악에 흥미가 있는 취학 전 아동들은 그들의 문화와 사회적 배경을 반영한다. 음악에 있어서 아동의 배경은 취학 전 교실에서 금방 분명해진다. 몇몇 아동들은 고전음악을 즐기고 그들이 듣는 음악이 Bach가 작곡한 것을 알게 된다. 몇몇 다른 아동들은 재즈, 팝, 민요, 랩, 혹은 종교 음악에 반응하고 즐긴다. 부모들이 학교에서 그들 소유의 음악을 가지는 것을 촉진할 때, 신

매일의 음악 경험은 확장된 놀이에서 지식의 출처가 된다.

뢰의 분위기를 만들고 부모의 문화를 반영한다. 모든 아동은 다양한 음악을 접하게 됨으로써 문화적 상호작용이 촉진된다. 예외적으로 격렬하거나 공격적인 언어를 지닌 음악을 사용하기도 한다. 격렬한 주제를 가지고 있는 랩 음악은 기관에서는 사용하지 않는다.

3~4세 아동들은 손뼉을 치면서 노래하고 율동하기를 원한다. 그들은 간단한 멜로디를 즉흥적으로 연주할 수 있고, 잘 알려진 노래의 한두 음조를 피아노로 치기도 한다. 음악은 정신 운동, 지각, 정서, 인지, 사회, 문화, 미술적 기술을 통하여 아동의 전체적 발달에 기여한다(Isenberg & Jalongo, 2001).

유아교사와 음악

음악은 성인에 의해 오로지 교실 안에서 이루어진다. 특정한 날에 음악을 사용하는 것은 편안한 유아교사들에게 강한 도구가 된다. 교실에서 노래 부르기는 발달될 수 있다. Linda Neelly(2002, p. 81)는 긍정적인 태도가 아래에 제시된 것들을 깨달으면서 확립될 수 있다고 믿었다.

- 노래 부르기는 노래 부르기를 통해 학습된다.
- 교사는 아동들 스스로 가수로서 생각하게 한다.
- 아동들은 노래 부르기를 통해서 그들의 느낌을 표현하길 좋아하고, 세상을 이해하길 좋아한다.
- 교사들은 모든 아동을 가수로 생각한다. 가수가 아닌 사람은 없다.
- 매일 아동들의 노래 부르기는 학습과의 연계에 중요한 교육의 일부이다.
- 노래 부르기에 참여하는 데 열성적인 교사는 아동의 잠재적 음악 능력을 발달시키는 것을 촉진한다.
- 노래 부르기는 발달적으로 적합한 실제가 이루어진다.

유아교사와 음악가를 훈련한 Thomas Moore는 환영 음악으로 교사들을 격려하고, 전사회적 관계에 음악을 사용한다(2002).

취학 전 아동을 위한 노래

3세 연령 아동은 좋아하는 음색, 좋아하는 노래를 지적할 수 있다. 다양한 문화들은 그 문화가 다음 세대에 전수하기 위해 전해 내려온 노래가 있다. 예를 들면 ≪Go Tell Aunt Rhody≫와 ≪This Train≫과 같은 노래는 미국의 농촌에서 100년 동안 전해 내려온 노래이다. 다른 문화로부터 학습된 노래는 다중 문화주의를 촉진할 수 있다. 간단한 노래를 배우는 것은 음악과 멜로디 모두를 연습시킨다. 개념을 가르치기 위해 고안된 과다 노래(plethora of songs)도 있다. 그러나 소수의 사람들은 아동에게 음악으로 세계의 이해를 가르치려 하고 즐기는 음악으로 Ella Jenkins의 음악을 사용하여 지속적인 영향을 주는 것을 인정하지 않는다.

운 동

대부분 취학 전 아동들은 걸을 수 있고, 깡충깡충 뛸 수도, 달릴 수도, 도움닫기 할 수도, 질주할 수도, 뛰어다닐 수도, 오를 수도 있다. 운동은 아동들이 놀이를 할 때 자연적으로 일어난다. 교사들은 놀이를 통하여 운동을 촉진할 수 있다. 최선의 연습을 위한 지도로 국제 스포츠와 체육교육협회(National Association for Sports and Physical Education)의 한 분과인 아동체육교육협회(Council on Physical Education for Children)에 의해 만들어진 『3~5세의 아동을 위한 발달적으로 적합한 체육 교육 실제(Developmentally Appropriate Physical Education Practices for Young Children ages 3-5)』(1992)를 들 수 있다. 이 연령의 아동을 위한 운동 프로그램의 목표는 다음과 같은 시민에 의해 만들어진다.

- 신체적 기술을 숙련할 필요가 있는 시민
- 신체적 활동에 정기적으로 참여하는 시민
- 신체적 활동에 비용/혜택을 이해하는 시민
- 건강 선택의 오랜 기간 혜택을 인지하고 있는 시민(Wellhousen, 2002).

취학 전 아동은 **기초적 운동 단계**에 있다(Gabbard, 1992). 이 단계에서는 취학 전 아동들이 나중에 운동에 기초로 제공되는 기술을 발달시켜야 한다. 이 단계의 아동들은 실내외에서 일어나는 계획되거나 계획되지 않은 활동 모두를 포함해야 한다. 교사는 다양한 활동에 뛰어다니기, 깡충깡충 뛰기,

안전하게 오르기, 도움닫기, 달리기에서 다양한 균형 활동에까지 다양한 기술을 발달시키기 위한 기회를 제공해야 한다. 이 단계에서 다양한 수준의 활동이 나타날 것이다. 한 발로 서 있기에서 몇몇 아동들은 쉽게 서 있지만 몇몇 아동들은 한 발로 서 있는데 곤란을 겪기도 한다.

가정 밖에서 돌봐지는 수많은 아동들은 신체 건강을 위하여 좋은 습관을 발달시킬 기회를 가지는 것이 필요하다. 실외 놀이는 아동의 신체적 발달에 적합해야 하고 즐거워야 한다. 이 연령에서 운동을 즐기는 아동들을 돕는 것은 평생 동안 많은 영향을 미칠 것이다. 운동의 혜택에 대해서는 9장에서 좀 더 논의하도록 한다.

학습을 위한 매체로서 놀이

> 우리는 학습에서 놀이가 중요한 역할을 하는 것을 알고 있고, 모든 정서적 · 사회적 · 신체적 발달에도 주요한 역할을 담당하고 있는 것을 알 수 있다. 학습 활동에서 여러 유형의 놀이는 개개 아동의 특별한 단계와 이해 수준을 위한 교육과정에 자연스럽게 접근하여 일반화시킬 수 있다. 그러므로 학습에서 동등한 기회를 제공하는 것이 가장 중요하며, 모든 발달 영역에 매우 중요한 영향을 미친다 할 것이다.
>
> —Vicky Hurst & Jenefer Joseph, 1998

교과 영역을 위한 기초가 매년 만들어지고 발달된다. 교과 영역은 읽고 쓰기 능력, 산수, 과학, 사회, 체육, 건강, 음악 혹은 미술과 같이 기술되는 기초 교과의 하나로서 배우는 것을 말한다. 놀이는 이런 시간 동안 학습을 위한 매체로서 지원된다. 블록을 가지고 노는 아동들은 쌓고 허무는 방법을 배운다. 세발자전거를 타는 아동들은 장비를 조정하는 것을 배운다. 아기 인형을 가지고 노는 아동은 다음 세대를 위하여 양육과 돌보는 것을 배운다. 이러한 모든 놀이는 교과 영역에서 기초적 형태로서 매우 중요하다. 쌓고 허무는 것은 계획 완성; 결과에 대한 아이디어 순환; 다른 분야에서 도구 사용을 위한 조작된 도구 준비; 사회 연구에서 기초가 되는 보호 요구를 제공한다. 운동, 음악, 미술은 교육과정 안에서 통합되기 때문에, 이러한 영역은 놀이와 읽고 쓰기 능력, 산수, 과학, 사회 사이의 관계를 고려하게 될 것이다.

언어와 읽고 쓰기 능력

언어는 부모들이 말하는 것처럼 태어나기 전에 시작된다. 아동이 태어난 후에 그들은 언어와 의사소통 발달에 몰두한다. 동일한 방법으로 읽고 쓰기 능력에 대한 열중은 아동의 읽기 지식을 촉진한다. 1998년 국제읽기협회(International Reading Association; IRA)와 전국유아교육협회(National Association for the Education of Young Children; NAEYC)는 부모와 교사를 위해 어려운 수준의 읽고 쓰기 능력을 촉진해 줄 수 있는 지침서를 공동 논문의 주제로 삼고 연구를 한다. 취학 전 아동은 단계 I, 즉 자각과 탐구 단계에 있다. 단계 I의 내용을 아래의 목록에 제시한다.

아동들은 읽고 쓰기를 학습하기 위하여 그들의 환경을 확장하고 기초를 세운다. 아동은

- 이야기 책을 듣고 토의하기를 즐긴다.
- 인쇄물에 메시지를 옮기는 것을 이해한다.
- 읽고 쓰기 시도를 이끌어낸다.
- 그들의 환경에서 명명과 신호를 동일시한다.
- 리듬화된 게임에 참석한다.
- 몇몇 문자를 동일시하고 몇몇 문자와 소리의 연합을 형성한다.
- 문자를 알고 사용하거나, 쓰기 문자에서 나타나는 유사한 문자를 알고 사용한다(특히 이름과 같은 의미 있는 단어나 '사랑한다'와 같은 문자).

교사들은

- 큰 책을 포함하여 아동과 함께 책을 공유하고 읽기 행동을 시범 보인다.
- 이름과 소리에 의한 문자에 관하여 말한다.
- 읽고 쓰기 능력에 관한 풍부한 환경을 세운다.
- 좋아하는 이야기를 반복해서 읽는다.
- 읽고 쓰기 능력에 관계된 놀이 활동을 촉진한다.
- 쓰기 경험에 아동들을 격려한다.

읽고 쓰기 능력이 풍부한 환경을 만들기 위해 다음과 같은 것들을 포함할

것을 제안한다:

- 개개인의 아동에게 반응적 대화를 촉진시켜 주는 어른과의 긍정적이고 교육적인 관계, 읽고 쓰기 행동의 모델, 읽고 쓰기에 있어서 아동의 사전 학습과 읽고 쓰기의 즐거움
- 아동들이 알아볼 수 있는 도구와 기회를 제공할 수 있는 풍부한 인쇄물 환경, 다양한 목적을 위해 쓰인 언어 사용, 특별한 문자와 단어에 아동의 주의를 끌어내기 위한 교사의 그림 활용
- 매일 매일 개개의 아동 혹은 소집단으로 양질의 책을 읽게 하고, 아동의 개성, 가족 언어, 문화가 긍정적으로 반영된 책을 포함하기
- 아동에게 어떤 것을 읽었는지에 관하여 말할 기회와 의미는 물론 언어의 일부분 및 소리에 초점을 두고 말할 수 있는 기회 제공
- 극적 놀이에서 쓰여진 필요 목록, 블록 짓기에서 만들어진 기호, 컴퓨터 게임을 탐험하기 위한 아이콘과 단어 활용과 같은 읽고 쓰기 능력 도구를 통합하는 놀이를 촉진시켜 주는 기회
- 공동사회에서 여행, 다양한 도구, 목표, 재료에 대한 탐색과 같이 아동의 어휘를 확장시키는 직접적 경험

부가적 정보는 국제읽기협회(International Reading Association; IRA)와 전국유아교육협회(National Association for the Education of young Children; NAEYC)의 연합 진술인 「읽고 쓰기를 위한 학습: 유아를 위한 발달적인 접근 실제(Learning to Read and Write: Developmentally Appropriate Practices for Young Children)」를 보라.

수 학

놀이는 수학적 획득을 지원하기 위하여 최선의 환경을 제공한다. Kamii와 Housman(2000)에 의해 지적 발달의 전조작기 단계의 유아는 신체적 지식, 논리적-수학적 지식, 사회적-전제 지식을 통하여 세계를 이해하는 것을 구축한다. **신체적 지식**은 특정한 사물의 관찰 가능한 진술에 대한 지식을 말한다. **논리적-수학적 지식**은 아동이 두 가지 사물 사이의 관계를 구축할 때 일어난다. **사회적-전제 지식**은 사회에서 사회적으로 형성되는 지식을 말한다.

예를 들면 왼쪽에서 오른쪽으로 읽어내려가는 것, 일주일은 7일, 알파벳 같은 것들이 포함된다. 읽기 기술은 사회적-전제 지식으로 기술될 수 있다. 신체적 · 인지적 기술은 신체적 지식에서 배울 수 있다. 수학 기술은 오로지 논리적-수학적 사고를 통하여 발달된다. 이렇게 유아는 그들의 정신적 구조 안에서 관계를 형성해야만 한다. 이러한 기술은 놀이를 통하여 발달된다.

전국수학교사협회(National Council for Teaches of Mathematics)는 수학에 있어서 손가락과 손으로 하는 접근을 포함하기를 권유한다. 그룹 배치 안에서의 취학 전 아동은 자연적으로 수학으로 협동하는 놀이에 속하게 된다. 집안에 책상을 놓았을 때 아동들의 학습 유형과 수 세기가 나타난다. 그들이 블록 조각으로 쌓기를 할 때 기하학을 배우게 된다. 아동들은 그림을 그리면서 선, 모양, 공간의 이해가 발달된다. 아동들이 알려고 하는 모든 수학적 지식은 놀이와 다른 수학 활동을 하는 동안 사고할 수 있고 사고가 형성된다. 취학 전 교실에서 사용되는 교재와 연습 문제지는 아동에게 적합하지 않다. 아동들은 구체물을 가지고 수 세기를 배우는 것이지, 부모나 교사들이 아동들에게 아무런 의미를 부여하지 않고 쓰는 '1'이라는 숫자는 채색된 것에 불과하다.

과 학

과학 지식 또한 논리적-수학적 사고를 통하여 발전한다. 취학 전 아동은 자연스럽게 그리고 놀이를 하면서 과학에 대해 탐험한다. Einstein은 아동의 눈을 통하여 세계관에 대한 능력이 유지된다고 지적했고, Erikson은 '승리를 거둔 아동'으로써 Einstein을 언급했다(Rogers & Sluss, 1999). 그는 아동이 자연스럽게 호기심을 나타내고 새로운 아이디어를 만들었다고 지적했다. 과학에 대한 이러한 특성은 교육될 수 있고 교육되어야 한다. 놀이는 과학을 위하여 자연스러운 중재를 제공한다. 아동들이 컵을 탐색하거나 실외에서 다른 덮개를 탐색할 때 그들은 그들의 관찰 기술을 활용한다. 아동들이 "왜?"라고 질문할 때, 그들은 이 세계가 어떻게 돌아가는지에 대한 그들의 이해를 발달시킨다. 이것이 세계의 과학관을 발달시키려는 첫 단계가 된다. 교사들은 Jeffery Trawick-Smith(1994)가 유아에게 과학이라고 불리는 자극에 대한 교육과정을 창조하라고 한 지적을 명심해야 된다. 과학의 기초 과정 기술

과학적 탐구는 놀이의 자연스러운 부분이다.

은 놀이를 통하여 교육한다.

아동들에게 최신의 아동용 비디오에 의한 환경보다는 그들의 직접적 환경을 탐색하는 것이 비판력을 더 키워줄 수 있다. 아동들이 결코 볼 수 없는 전체적인 열대 우림보다는 한 그루 나무의 지식을 지원하는 것이 더 좋다. 아동들은 그들의 정신적 구조에서 연결시킬 수 있는 주제를 만지고 느껴보게 하는 것이 좋다. 아동들이 무엇을 만질 수 있는가? 아동들이 무엇을 느낄 수 있는가? 아동들은 나뭇잎, 견과류, 껍질, 선인장, 바위, 모래, 눈, 물을 만져 볼 수 있다. 취학 전 아동들은 땅에 씨앗을 심고, 그것들이 성장하는 것을 지켜보고 식물에서 야채를 수확하는 것을 알게 된다. 집에서 심은 씨앗은 종종 잘 성장하지 않을 때도 있다. 과학에서 자연스러운 실제 접근은 가장 좋은 접근이 된다. 아동의 자연 환경을 활용한 연구가 기초된 접근은 과학 기술의 발달을 위한 최선의 방법이다.

사 회

취학 전 아동을 위한 사회는 일반적으로 읽고 쓰기 능력에 집중되어 있다. Lucy Sprague Mitechell(nd)의 "현재(Here and Now)" 접근은 사회 교육과정을 위한 지침으로 제공되는 20개 영역에서 발달되었다. "**현재**(Here and Now)" **교육과정**은 아동의 미시 체계로서 Brofenbrenner(2000), Pelligrini와

Boyd(1993)의 관점에 접목하여 아동에게 근접시킬 수 있는 것에 초점을 두었다(Scefeldt & Barbour, 1998). 취학 전 아동은 전에 그들이 추상적으로 감행했던 그들의 실제 세계에 대한 이해를 요구하고 감각을 형성한다. 3세 아동을 위한 방에 있는 컴퓨터는 아동에게 가까워지면서 나타나는 변화이다. 아동들은 그들이 전에는 주의 수도를 암송하던 것에서 마루 지도 위에 그들의 이웃을 표현하기를 요구한다. 우리가 알고 있는 것을 상기하는 것은 가장 낮은 수준의 지식 획득으로 나타난다. 종종 성인들은 2주 동안의 특정 날을 기억하지만 특정한 방문객이 이틀 동안 나타날 것이라는 것은 이해하지 못하는 것을 발견한다. 아동들이 그들의 학습 수준에 적합하고 진정한 방법으로 학습할 때 그들의 지식에 대한 기초는 좀더 많이 발달한다.

취학 전 아동의 사회 과목은 단원과 목표에 따라 이루어진다. 주제와 단위는 여러 해 동안 사용되어 왔다. 이러한 시도는 아동의 수준과 흥미가 반영될 때, 발달적으로 적합하게 이루어진다. 단원은 아동들이 마음에 특별한 목적을 갖도록 만들어지고, 유아교사가 아동의 흥미에 토대되어 변화를 받아들일 때 적합하게 이루어진다. 많은 자원은 단원의 발달과 수행을 지도하는데 활용된다. Bank Street Program은 이러한 영역에서 전문적 지식을 가지게 함은 물론 좋은 웹사이트에 나와 있는 몇몇 주제를 활용할 수 있게 한다.

아동들이 **프로젝트 접근**(project approach)을 활용할 때, 그들이 특별한 주제에 대한 깊이 있는 연구를 통해 지식이 구축된다. 이 프로젝트 접근은 탐구와 놀이를 통하여 모든 주제 영역에 통합된다. 이 프로젝트 접근법은 이미 4장에서 토의된 Reggio Emilia 접근의 교육과정을 위한 기초로서 활용된다. 비록 이 프로젝트 접근은 1970년 Katz와 Chard(1989)에 의해 만들어졌지만, 이는 Reggio Emilia와 매우 밀접하게 연관되어 있다. 추가적 정보는 이 장의 마지막 부분에 있는 구성주의 영역에서 다룰 것이다.

놀이 환경 구안

취학 전 교실에서 놀이 기관은 안전과 질서, 바른 예의로서의 놀이 영역으로 정의된다. 아동들에게 매일 공평하고 선택의 기회가 있는 놀이 영역이 제공된다. **선택 판**(choice board)은 선택하는데 좋은 방법이다. 선택 판은 교실에서 활용할 수 있는 모든 종류의 선택이 설명된 판이다. 선택 판은 원형으로 만들 수도 있고, 아동들은 빨래집게(그것들 위에 그들의 이름을 가지게 하는)를 놓을 수도 있고, 혹은 그것들을 직사각형으로 만들 수도 있으며 말뚝이나 경첩에 아동을 위하여 그들의 이름을 걸어둘 수 있는 공간을 마련할 수도 있다. 만들어진 선택 판에는 많은 방법이 있다. 중요한 것은 "이것은 오늘 내가 놀 장소야."라는 것을 아동(그리고 교사)에게 의사소통의 체계로서 활용된다는 것이다. 아동은 만약에 그들의 처음의 선택에 만족하지 않는다면 다른 놀이 영역을 선택할 수 있다. 영역 놀이를 위하여 한 시간 혹은 그 이상 할당하는 것은 놀이로부터 질적 결과를 보장할 수 있다. 종소리가 울리면 또 다른 놀이 영역에 아동을 보내는 것은 놀이를 중단시키는 것이다. 이러한 기술은 집중 기술을 발달시키는 데 방해가 된다. 놀이 영역은 미술, 음악, 운동, 책, 블록, 집, 옷 입기를 포함할 수 있다. 사회극 관여 영역은 순환시켜야 한다. 3~4세가 되었을 때 아동에게 너무 많은 선택과 너무 많은 재료로 질리지 않게 하는 것은 중요하다. 교실 내외에서 놀이 영역과 매체를 순환하는 것이 좋다.

미술/쓰기 영역

미술 영역은 다양한 목적으로 활용될 수 있다. 미술 영역은 물과 가까이 있어야 한다. 만약 타일 바닥이 아니라면 플라스틱 물 휘장이나 그 주변을 깨끗이 할 수 있는 유사한 어떤 것이 있어야 한다. 화판은 그리기를 선택한 아동에게 활용될 수 있다. 화판이 있으면 완성하기 쉽고 재료에 접근하기 쉽다. 그림 그리기 작업복은 손발을 뻗을 수 있는 곳에 있어야 한다. 화판 가까이의 옷걸이에 걸려 있는 작업복을 아동 스스로 입을 수 있도록 허락한다. 선반은 아동들의 작품을 건조하기 위하여 편리한 장소에 제공한다. 또한 일정 영역은 완성된 작품을 전시하기 위하여 사용될 수 있다. 책상 혹은 편평한 표면 영역은 미술 영역으로 필요하고 손가락 페인팅을 위하여 활용할 수 있고, 건조 시간을 요구하기 위하여 다른 활동을 할 수도 있다. 훌륭한 작품은 미술 기관에 전시되어 있다. 이러한 작품들은 인쇄되어 있는 달력에서 수집될 수도 있다. 대부분 취학 전 아동은 Monet, Picasso, Van Gogh의 작품을 즐긴다.

보관 선반은 아동들이 종이, 크레파스, 마커를 자유롭게 사용할 수 있도록 가깝게 있어야 한다. 도장, 유형, 형판은 확장하여 선택한다. 대부분의 영역은 아동들이 책과 잡지를 만드는 쓰기 영역으로서 미술 영역을 활용하기도 한다. 몇몇 영역에는 활용 재료가 있다. 부모들은 활용할 수 있는 재료를 모아 재료로 제공한다. 월요일에 신문을 가져오는 부모는 신문을 두고 간다. 그들이 가져다준 신문은 재료 활용 면에서 학급에 기여하게 되고 그 학급은 그들의 기증으로 도움을 받는다. 취학 전 아동은 문자를 찾기 위해 오래된 신문을 활용하기를 즐긴다. 미술 영역에서 중요한 것은 아동의 수준에 맞는 재료 준비이다. 안전 가위와 같은 도구의 활용은 명심해야 한다. 올리고 내리는 커튼은 좋은 손잡이가 필요하다.

음악과 운동

음악과 운동 영역은 아동의 대근육 및 소근육 운동을 발달시키는 데 매우 중요하다. 이러한 영역은 블록과 책 주변에서 떨어져 있어야 한다. 대부분의 취학 전 아동은 계단을 오를 수 있고, 경사도를 걸을 수 있고, 음악에 맞추어 춤을 출 수 있다. 공을 쳐서 방풍용 칸막이를 넘길 수 있고, 사다리 오르기 운동을 촉진할 수도 있다. 거울 주변에 탬버린이나 종과 같은 악기를 활용하여 음악과 운동을 촉진한다. 안전 운동을 고려하는 것은 이 연령에서 매우 중요하다.

도서 영역

책은 방에서 차지하는 모든 놀이 영역에 포함된다. 책장은 모퉁이에 놓을 수 있다. 도서 영역에서는 녹음된 테이프로 된 책을 들을 수 있고, 무릎에 앉아 좋아하는 이야기를 듣고, 좋아하는 책을 둘러 볼 수 있는 조용한 장소가 제공되어야 한다. 책 보관은 아동과 정면으로 마주 볼 수 있도록 정리해야 한다. 아동들이 자유롭게 가져가고 올려놓을 수 있도록 한다. 도서 영역은 심미적으로 흥미를 끌 수 있어야 한다. 지역과 멀리 떨어진 문화가 그려진 벽지가 적절하다. 시간표는 아동의 눈높이에 맞추어 놓아야 한다. 손인형, 면판, 책 지지대를 추가하는 것은 이 영역에서 흥미를 촉진시키고 이야기를 재연하는 것을 촉진시켜 줄 수 있다.

블 록

블록은 한 세기를 넘어 취학 전 아동의 환경에 주요한 부분이었다. 다양하게 블록을 활용할 수 있다. 3세에는 스펀지, 카드 보드 블록을 좋아할 것이고, 4세에는 나무 블록에 좀더 흥미를 발견할 것이다. 버스, 헛간, 집과 같은 모형물을 추가하는 것은 유아의 놀이 수준을 끌어올리는데 필수적이다. 어린 3세 아동은 좀더 사실적인 장난감이 더 좋다. 안전한 거울과 방풍용 책상은 이 영역에 흥미를 일으키게 한다. 블록 영역은 혼잡한 것에서 멀리 떨어뜨려 놓아야 한다. 나날이 확장되는 놀이에 아동들을 허락해야 하는 장소를 마련해야 한다. 양탄자가 깔린 곳에 블록을 놓는 것이 제일 좋다. 만약에 오로지 타일만을 선택해야 한다면 그 영역의 한쪽 모퉁이에 양탄자를 마련하여 놀이 시간 동안 꺼내 놓을 수 있어야 한다. 블록 구조의 그림 배치는 사전에 벽에 걸어놓아야 한다.

가정 영역

취학 전 아동들은 집과 같은 영역을 요구한다. 이러한 영역은 가족 구성원의 사진을 포함하기도 한다. 그들은 집에 있는 것처럼 놀이를 할 수도 있고 그들과 관계되어 야기되는 어떤 상황에서 행동을 하기도 한다.

Montessori(1914)는 그들을 집에서처럼 돌보기 위한 준비 방법으로 교실에 미니어처용 가구를 사용했다. 취학 전 학급에서 가정 영역의 목표는 사회극 놀이를 촉진하는 것이다. 실질적 구체물은 가장 놀이를 촉진한다. 격리불안을 경험한 아동들은 연속되는 집 놀이에 포함됨으로써 안정되곤 한다.

장난감 영역

퍼즐, 손으로 다루는 물건과 장난감을 가지고 하는 놀이 영역은 모든 취학 전 교실에 포함되어야만 한다. 그들은 친구, 성인, 그들 자신과 함께 조용한 놀이를 할 수 있는 공간을 요구한다. 이러한 영역은 공기를 가지고 놀 수도 있고 안전하게 앉을 수 있는 범위를 가질 수도 있다. 몇몇 영역은 보관 장소 없이 캐비닛을 활용한다. 그들은 아동을 위하여 안전한 장소를 만들기 위하여 충전물과 커튼을 추가한다. 퍼즐이나 손끝과 같이 순환되는 재료들은 흥미를 증가시킨다.

사회극 놀이를 자극하는 장난감과 놀이 재료는 특히 더 도움이 된다. 이러한 이유는 몇몇 프로그램들이 그들의 놀이 기관에서 순환된다. 자극이 되는 특별한 주제에서 사용되는 재료와 장난감은 기관 실내와 실외에서 순환될 수 있는 이동 상자 안에 놓여 있어야 한다. 어떤 상자는 꽃집으로 설정될 수

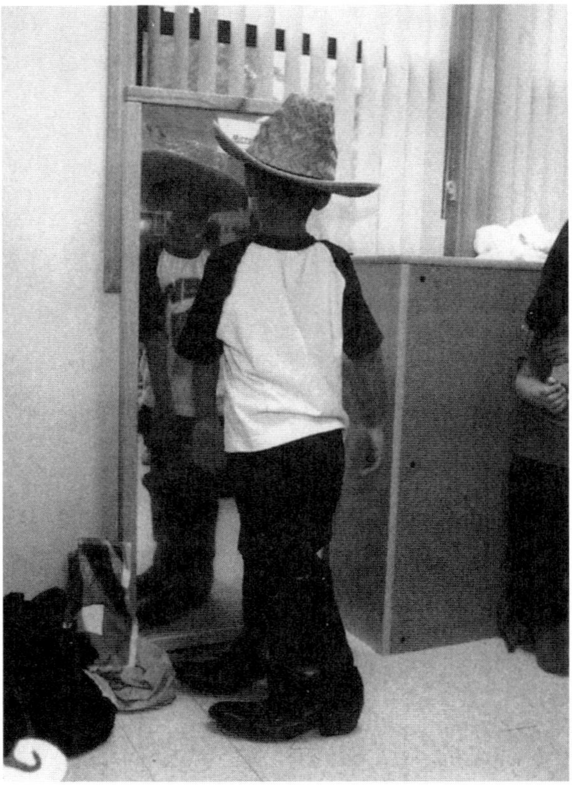

모방 놀이는 아동에게 다른 역할을 하도록 해 준다.

있는 재료들이 있어야 한다. 또 다른 상자에는 의사, 치과 의사, 식료품 가게, 수의사를 위한 재료가 포함된다. 추가적 정보를 위하여 『The Complete Learning Center Book』(Isbell, 1995)을 참고하라.

취학 전 아동들은 손 인형을 활용할 수 있다. 3세 이전의 유아는 속이 채워진(봉제) 동물 인형을 가지고 놀 수 있다. 그러나 인형의 개념을 이해하지 못한다. 취학 전 아동은 이들이 흉내 내는 것을 이해한다. 인형 놀이는 아동들에게 이야기 개념을 발달시키려는 그들의 강점을 행동으로 표출하도록 도와준다. 아동들은 보편적인 인형 놀이만큼 손가락 인형 놀이를 즐긴다. 인형의 좋은 점은 무한하다.

운동 기술은 발달하고 아동들은 달리기, 오르기, 모듬 뛰기를 좋아한다. 그들의 소근육 운동 기술은 좀더 발달된다. 손으로 조작하는 블록, 퍼즐, 물건들은 좀더 발달된다. 사회적으로 취학 전 아동은 복잡한 규칙을 가진 게임을 싫어하고 그들이 게임에 지는 것을 이해하지 못한다. 그러므로 신체 운동 활동을 포함한 게임은 협력적 목표를 세우는 것이 중요하다.

통합 놀이 프로그램

역사적으로 유아를 위한 프로그램은 놀이 프로그램에서 시작되었다. 촉진시키는 놀이를 위한 구안은 가능한 교실 놀이 영역으로서 이 장에서 기술된다. 유아교육자는 놀이를 어떻게 사용할 것인가를 선택할 수 있었고, 철학은 그들의 선택을 어떻게 안내할지 선택할 수 있다. 몇 가지 프로그램 모델은 교육과정 조직을 위한 토대를 제공할 수 있다. 일반적으로 이러한 모델은 하나의 시작에 대한 시각을 촉진하는 철학적 토대로 사용된다. 몇몇 기관은 그들의 교육과정을 위한 토대로서 하나의 체제를 선택할 것이고 그들의 선택은 이루어지는 놀이의 형태에 영향을 준다. 발달 접근의 예로 Montessori Model(1914)을 들 수 있다. 인지적 접근을 반영한 프로그램은 발달적 상호

좋은 환경은 놀이를 촉진한다.

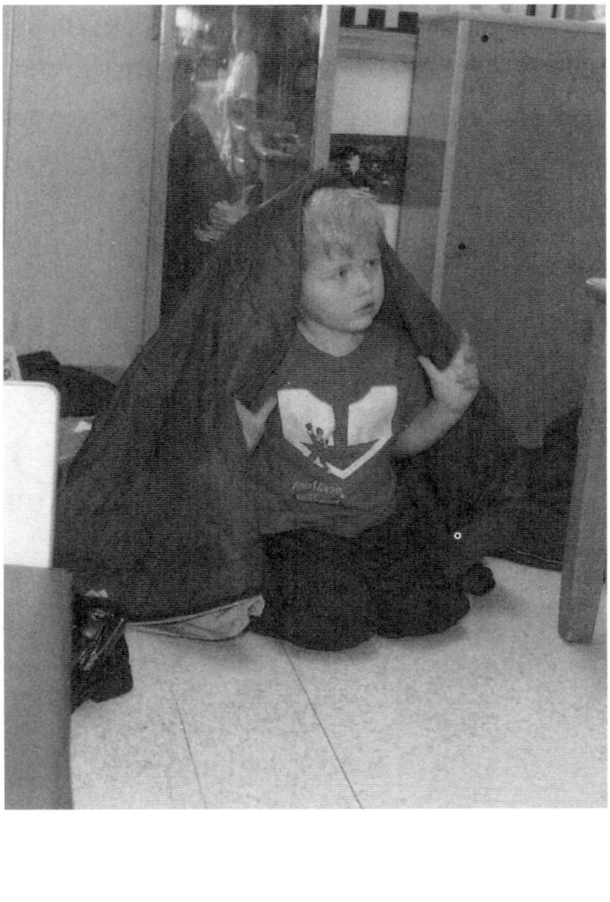

작용 접근, 인지가 토대가 된 접근, 구조주의적 모델 및 Reggio Emilia 모델(Edwards, Gandini, & Forman, 1998)을 포함한다. 창조적 교육과정(Dodge, Colker, & Heroman, 2002)은 전형적인 보육원 모델에 토대가 된 전문적 발달을 위한 프로그램으로서 나타난다. 많은 전문적 발달 프로그램은 훈련 모델로서 활용되기 때문에 여기에 포함된다.

기관에 있는 모든 학급에 알리려는 프로그램 유형의 활용에 있어서 장점은 아동들에게 일관된 접근을 시도할 수 있다는 것이다. 만약에 아동들이 한 학급에서 발달적-상호작용 접근과 또 다른 교실에서는 Montessori에 기초된 접근을 활용하려는 취학 전 학교에 있다면 곤란하다. 양질의 프로그램은 기관에서 프로그램을 지도하는데 구성된 이론적 접근을 활용한다. 몇몇 일반적 모델은 다음 절에서 논의된다.

발달적 상호작용

발달적 상호작용 접근(4장)은 세상과의 상호작용을 통하여 아동의 발달을 촉진하는 데 토대가 된다.

Bank Street는 교육실험국(Bureau of Educational Experiments)으로서 1916년 Lucy Sprague Mitchell에 의해 최초로 시작되었다. 해가 거듭되면서 학교는 진보주의적 교육적 관점인 John Dewey(1930)와 나중에는 정서적 · 발달적 관점인 Erikson(1950)에 의해 영향을 받아 왔다. 그 목표는 모든 아동을 교육시키는 것이었고 신체적 · 사회적 · 인지적 · 정서적 및 미학 영역도 포함한다. 특별한 강조는 진보주의와 정서 건강에 있었다.

학습 환경

발달적 상호작용 교육과정은 진보주의와 경험적 학습의 기초가 된다. 기본적으로 교육과정은 매일의 생활 활동으로 구성된다. 이들은 일상적인 것을 포함하고 활동은 매일 매일 재료를 사용한다. 다음은 취학 전 아동들의 활동이다.

- 감각 경험: 모래, 물, 놀이 가루 반죽, 면도 크림, 요리 계획.
- 대근육 운동 활동: 교실은 아동들이 들어가기, 타기, 오르기, 통과하기, 숨으면서 움직일 수 있게 구성하고, 방안에 물건을 이곳저곳에 놓

고 그들이 높게 혹은 아래에 숨길 수 있어야 한다. 기어오를 수 있는 방은 공간적 개발을 위하여 활용된다.

- 블록: 블록은 교실에서 핵심 물체이다. 유아에게 필요한 예술작업, 블록 쌓기와 같은 것은 과정을 강조할 뿐이지 결과를 강조하지 않는다.

교육과정

취학 전 교육과정은 최소한 매일 계획에서 매주 계획까지 조직화되지 않아야 한다. 강조점은 지식에 놓여야 하고 교사의 준비는 모든 원리를 이해해야 하고 교실에서 그것들을 충족시켜 줄 수 있어야 한다. 이러한 프로그램에서 아동들은 민주적인 교실에서 활동들을 적극적으로 실행하게 된다. 사회 연구들은 교육과정의 핵심을 형성한다. Cuffaro, Nager, Shapiro(2000)는 사회적 연구를 "사람과 그들의 환경 사이, 우리가 살고 있는 세계와 놓여 있는 세계 사이의 관계이다. 이러한 관계는 가까이 혹은 멀게, 그리고 과거와 현재와 관계된다."고 정의를 내렸다(p. 267). 교사의 역할은 질문하고 계획하고, 출처를 제공하고, 관계를 가속화한다.

Bank Street는 세상에 대한 아동을 소개하는 방법으로서 현장 견학을 활용한다. 아동이 현장 견학을 경험한 후에 특정 구성 단위는 계획된 활동과 개선된 교수를 위한 지도로서 활용된다. 프로그램에서 강조되는 또 다른 영역은 읽고 쓰기 능력이다. 아동, 교사, 부모는 그들의 읽기, 쓰기, 작업을 계획하는 것을 촉진시켜 준다. 몇 가지 더 많은 정보를 위해서는 이용 가능한 재료와 가르치는 방법의 영역을 위한 Bank Street 웹사이트를 방문하길 바란다.

High/Scope

High/Scope는 처음 Perry Preschool Project로서 시작되었고, 연구 모델로서 세워진 첫 취학 전 프로그램의 하나이다. 4장에서도 언급하였지만 이 프로그램은 적극적인 학습자로서 아동을 보는 Piaget의 아동 발달 이론에 기초가 되고 핵심 학습 경험의 발달이 촉진된 아동에게 제공되는 행동 중심 활동으로 고안되었다. 취학 전 아동을 위한 매일의 일상 과정은 매일 아침 **계획-수행-점검**이 포함된다. 이는 조직 놀이를 위한 골자이다. 처음에 아동들은 그들이 무엇을 하려는지 계획하고 그들의 과제를 어떻게 성취할 것인지 토의한다. 다음으로 그들은 작업 시간 동안 순환의 부분으로 “수행”을 촉진한다. 이러한 시간 동안 교사들은 교실을 비우게 되고, 비계 설정된 놀이에 질문을 사용하고 아동들 사이의 상호작용을 관찰한다. 청소는 이러한 단계의 일부분이다. 주의는 보관 장소에 조심스럽게 도구를 올려놓는데 사용된다. 도구는 그들의 원래 위치에서 재료를 놓았을 때 아동들이 수학적 개념을 배울 수 있도록 조직화된다. 점검 시간은 이러한 순환의 마지막 영역이다. 아동은 그들이 무엇인가 성취하려 할 때, 다양한 방법으로 그들의 작업을 표현하려 할 때 재검토한다. 몇몇은 이야기를 받아쓰게 할 것이고, 몇몇은 그들의 작업에 관하여 말할 것이고, 또 다른 몇몇은 그림을 그릴 것이다. 점검은 아동들에게 그들의 언어와 읽고 쓰기 능력 기술을 발달시키는 기회를 제공한다.

대집단 시간은 음악이나 운동으로 함께 할 수 있는 시간을 아동에게 제공한다. 주요한 취학 전 경험은 다음과 같다:

- 창의적 표현
- 언어와 읽고 쓰기 능력
- 진취적이고 사회적 관계
- 운동
- 음악
- 분류
- 배열
- 수
- 공간
- 시간

프로그램이 놀이에 기초된 프로그램으로서 그 자체가 강요되는 것이 아니긴 하지만, 계획과 점검의 “수행”이라는 영역은 놀이를 위한 대부분의 시간이 작업 시간으로 불린다. 교실 설계를 기술하는 데에는 이 프로그램에서는 젖어 있고/건조되어 있는, 시끄럽고/조용한 영역의 ‘네 개의 구획’으로 분명한 작은 경계가 요구된다. 평가는 High/Scope, 즉 아동 관찰 기록(Child Observation Record)에 의해 발전된 도구를 사용한다. 효과에 있어서 중요한 점은 한 명의 직원에 10명 이하의 취학 전 아동과 집단 크기는 20명으로 제한하는 것을 지켜야 한다.

구조주의자

많은 훌륭한 구성주의자들이 미국에 있다. 4장에서 토의된 Regio Emilia 프로그램은 최근 이러한 접근에 대한 홍미 때문에 구성주의를 위한 모델로서 선택되었다. Regio Emilia의 취학 전 학교들은 세계 최고로 많은 사람들에게 인정받고 있다. 2차 세계대전이 끝 무렵에 부모들의 지도자인 Louis Malaguzzi에 의해 시작된 Regio Emilia의 학교는 이탈리아의 지역 자치정부인 Regio Emilia에 의해 후원을 받게 되었다. Malaguzzi는 Dewey(1930)와 Vygotsky(1978)의 영향을 받았다. 그는 아동들이 세상을 아는 많은 방법을 가지며, 이것을 『100 언어의 아동(The Hundred Languages of Children)』으로 표현했다(Edward, Gandini, & Foreman, 1998). Reggio Emilia의 취학 전 학교는 성인과 환경에 의해 완화되어 아동의 홍미가 반영되고 그들의 관심이 표현되는 교육과정을 포함한다. 예술의 즐거움은 아동의 세계에 중요한 구성 성분이고, 놀이는 교육과정에서 중요한 역할을 가진다. 3세 아동을 위해 교실에 있는 전형적인 영역은 블록 영역, 가정 영역, 의상 혹은 가공의 영역, 컴퓨터 영역, 도서 영역, 집단 모임 영역, 대근육 운동 영역, 미술과 음악을 위하여 밀폐된 영역을 포함할 것이다. 각각의 방은 두 명의 교사들에 의해 감독된다. 매일의 일상은 매일 매일의 중요한 활동으로 정의되는 아동의 관심과 함께 매우 융통성이 있다.

Reggio Emilia에서 취학 전 학교는 매우 많은 프로젝트 작업을 한다. 이 개념은 Dewey의 진보주의 교육 관점의 일부분이었고, Katz와 Chard(1989)의 프로젝트 접근법에 기초가 되었다. 이 프로젝트는 교사와 아동이 시작할 수 있다. 취학 전 아동은 많은 현장 체험을 한다. Bank Street의 학교처럼 3~4세 아동들은 한 시간 동안 밖으로 나가는 것에 참여한다. 예를 들어 Reggio Emilia의 친구에 의해 산출되는 비디오에서 사자나 광장에 관한 프로젝트를 논의한다. 사자를 찾기 위해 광장을 여행하는 아동들은 사자의 모습과 행동을 관찰한다(Fu, Stremmel, & Hill, 2002). 현장 체험으로 시작된 이 프로젝트는 찰흙과 종이를 사용하여 3차원 사자를 만드는 활동으로도 전개한다.

창조적 교육과정

창조적 교육과정(Creative Curriculum, 2002)은 취학 전 아동의 교사에게 유용한 교재를 4판에 담았다. 이 프로그램은 관리학교 혹은 대학과 제휴되어 있지는 않지만, 절충주의적 접근을 활용한다. 이 교육과정의 뼈대는 Dodge, Colker, Heroman(2002, p. xiv)에 의해 사용되었다. 처음 영역은 교육과정의 틀을 포함하는데 그 내용은 다음과 같다.

1. 아동들이 얼마나 발달하고 배웠는가?
2. 학습 환경
3. 아동들이 무엇을 배웠는가?
4. 교사의 역할
5. 가족의 역할

두 번째 영역은 블록, 극 놀이, 장난감과 게임, 예술, 도서, 발견, 모래와 물, 음악과 운동, 요리, 컴퓨터, 실외의 11개 관심 영역이 포함된다. 주차별 활동계획을 위한 도표는 부모를 위한 도구로서 많은 프로그램에서 활용된다.

부모를 위한 도구로서 많은 프로그램에서 활용된다. 창조적 교육과정은 매우 분명한 도구를 제시한다. 그들의 전문적 발달 프로그램은 유아교육자를 위한 매우 가치 있는 정보를 제공한다.

가족 아동 보호

가족 영역은 각각 프로그램에서 서로 다른 내용을 선택하는 것에 의해 절충주의적 모델이 언급되고 활용된다. 예를 들면, 몇몇 유아교육자들은 High/Scope, 계획-수행-점검의 몇몇 면과 Bank Street 프로그램의 몇몇 부분을 활용하는 것을 선택한다. 교육과 그 프로그램의 철학을 세우는 것은 중요하다.

놀이 사정과 기록

취학 전 아동을 위한 사정은 형성하는 것과 개괄적인 것 모두에서 이루어져야 한다. 형성적인 사정은 확실한 사정(authentic assessment)이라고 불리는데 그 프로그램의 철학을 반영한다. 다른 프로그램 유형은 그들의 프로그램 철학과 연합하여 사정 계획으로 활용되는 것 위에서 기술되었다. 예를 들면 Bank Street는 아동의 총체적 진전에 초점을 맞춘 접근으로 활용한다. High/Scope는 인지 발달의 주요 요소를 살펴보는 Piaget식 접근을 활용한다. High/Scope 프로그램은 프로그램의 목표와 목적을 반영한 프로그램에 대해 특별히 만들어진 도구를 활용한다. Reggio Emilia는 교수-학습의 사회적 구성주의 간에 토대된 사정 체제를 활용한다. 기록판과 포트폴리오에 의해 아동의 학습 과정이 기록된다. Reggio Emilia는 규준이라 용어로 아동들을 보살피지 않는다. 집단의 전후 관계에서 아동의 지식 구조에 초점을 맞춘다. 교육과정은 그들의 교재 안에서 사정 체제를 포함한다. 몇몇 취학 전 학교 프로그램은 그들만의 독특한 체제를 만들어 다른 요소를 결합한다. 그해 진행되는 체제에서 이루어지는 사정은 교수와 상호작용을 지도하는데 사용될 수 있는 정보를 제공하기 때문에 확실한 혹은 형성적 사정이라고 불린다.

개괄적 사정은 아동이 어떤 목적을 가지고 특별한 영역에 지식을 가지기 위해 결정되는 시간의 마지막 부분에서 활용된다. 놀이를 통하여 일어나는 학습은 검사하는 동안 유용하게 사용될 수 있다. 자연스럽게 놀이가 기초가 되는 사정은 형성적, 혹은 개괄적일 수 있다. 행동, 활동, 경험을 지도하는데 계속되는 방법으로 활용될 때 형성적이 되고, 프로그램의 끝에서 사용될 때 개괄적이 된다. 다음 영역에서는 놀이가 토대가 된 평가와 경계선이 없는 체제로 만들어진 교육과정 안에 집중된 방법에 대해 논의한다.

놀이 기반의 사정

놀이를 관찰하는 것은 상대적으로 쉽다. 놀이를 사정하는 것은 좀더 많이 어렵다. 사정하는데 첫 질문은 “사정의 목적 혹은 목표가 무엇인가?”이다. 놀이 기반의 사정 목표는 아동의 발달과 놀이 기술을 촉진하기 위한 아동의 놀이 수준을 이해할 때 아동의 놀이 수준을 검토하려는 것이다. 성취하기 위한 한 가지 방법은 블록 놀이(표 5-4 참조)와 같은 특별한 영역에서 놀이를 가속화한다. 또 다른 도구는 인지를 측정하기 위해 고안되고, 사회적 수준은 놀이에서 나타난다. 관찰 척도(Rubin, 1989)는 1장에서 설명하였다.

표 5-4 평가 블록 놀이

블록 놀이 수준	1일	2일	3일	4일	5일	총계
단계 1 아동이 블록을 운반한다.						
단계 2 아동이 블록을 운반한다. 블록을 수직으로 세우거나 수평으로 쓰러뜨린다.						
단계 3 아동들이 다른 블록과 연결하여 놓는다.						
단계 4 아동들이 블록을 연결하여 모양을 만든다.						
단계 5 추가로 블록을 연결하여 만든다. 다양한 대칭이 관찰된다.						
단계 6 아동들이 구조물에 이름을 짓는다.						
단계 7 아동은 극적 놀이에 구조물을 사용한다.						
추가설명						
블록 영역 안에서 놀이 관찰을 위해 블록 놀이의 각 단계에 포함되는 아동의 수는 나누어져야 한다. 개별적 아동의 정보가 제공되지 않지만 한 주 동안 나타났던 놀이의 유형에 대한 단면을 제공한다.						

출처: Johnson(1984)으로부터 인용

이는 아동의 놀이 행동의 모습을 제공한다. 이러한 도구는 특별한 시간 기간의 시작과 끝에 아동 놀이의 모습을 획득하는 데 사용된다. 예를 들어 이것은 혼자 놀이를 하거나 블록을 가지고 구성주의 놀이를 하는 취학 전 유아에게는 보편적으로 나타나지 않는다. 사실상, 이는 매우 전형적인 행동이다. 그러나 만약에 어떤 아동이 서로 다른 세 가지 경우가 관찰되고 같은 방법으로 동일한 재료를 사용한다면 그때는 근접된 관찰이 요구된다. 오로지 이러한 도구는 아동이 무엇을 하는지 보여 준다. 어떠한 다른 목적으로도 사용될 수 없다.

놀이를 사정하기 위한 다른 정보 기술은 사진 에세이와 기록판이 포함된다. 사진 에세이는 오로지 아동의 상상은 물론 다른 사람을 위한 아동의 놀이 해석도 한다. 기록에서 아동의 놀이를 포착하는 것은 비슷하다. 설명과 해석이 추가된다. 사진 에세이와 기록판의 차이는 사진 에세이는 컴퓨터나 종이로 제작할 수 있다는 것이고, 기록판은 일반적으로 다른 사람들이 보기 쉽게 고안된 큰 종이에 나타내며 1년 동안 제시된다. 이 기록판은 학교의 역사를 추가하는 데도 사용할 수 있다.

놀이의 질적 평가를 위한 또 다른 방법은 미술을 통하여 할 수 있다. 아동은 그들의 놀이를 그릴 수 있다. 그들은 놀이 이야기를 만들기 위하여 벽을 사용하거나 큰 복사용지(12″×18″)를 활용한다. 그들은 또한 그들의 놀이를 작은 인형을 사용하여 활동할 수 있다. 또 다른 가능성은 드라마를 포함할 수 있고 Vivian Paley(1981)의 방법과 유사한 것들로 나타나기도 한다. 아동들은 그들의 놀이에서 표현한다. 창조적인 교사는 아동의 표현을 좀더 이해하는 방법을 찾아 아동의 놀이를 관찰할 것이다. 놀이를 하는 동안 사정은 아동과 아동의 놀이에 관하여 얻어지는 정보를 위하여 자연적 환경을 제공한다. 많은 교사들은 아동들이 한쪽 발로 뛰뛰기를 하지 못하지만 놀이 장소를 뛰어다닐 수 있는 지에 대하여 표시하면서 뛰뛰기 사정에 대한 일화 이야기를 가질 수 있다. 놀이가 기초된 사정은 우리가 취학 전 아동의 잠재성을 고려할 수 있게 한다.

놀이 조망의 반추

Juan은 '놀이 연령'이었고, 철학적 놀이를 매우 즐긴다. 그는 블록을 가지고 움직이면서 쌓아올리는 등 몇 가지 실제적 놀이를 한다. 그는 이해력이 빨라 이야기를 만들고, 노래와 율동을 통하여 이야기를 표현한다. 추상적 개념에 있어서 Juan의 능력 가운데 산수와 읽기, 쓰기를 지도했다. Rosalie는 Juan이 법인 아동 보호 기관에서 활동을 즐기고, 자신의 인생과 학교에서 실행될 교육적 경험을 준비할 있을 것이라고 인식했다. 이 기관에 있는 많은 다른 부모들처럼 Rosalie는 놀이와 학습 사이의 관계를 이해한다. 교사들은 부모들이 이 기관에서 놀이의 가치를 이해할 것을 기대한다.

요약

취학 전 아동은 요구하는 단계에 있을 때 '놀이 연령'에 속하게 된다. 이 장은 놀이에 대한 가장 낙관적인 기회를 위한 시간으로서 취학 전 놀이에 관한 사고 방법을 제공하도록 고안하였다. 성인은 놀이, 관찰, 놀이 지도와 놀이 평가를 거쳐 계획하고 놀이에 대한 내용을 만든다. 취학 전 기관에 대한 미학적 접근은 음악, 미술, 운동을 하면서 자연스러운 학습 기회를 갖는다. 취학 전 아동이 그들의 세상에 대하여 배움으로써 그들은 읽고 쓰기 능력, 수학, 과학, 사회 또한 학습한다. 취학 전 기관의 교실에서 특별 관심 영역은 블록, 집, 손으로 다루는 것들, 책 영역 및 장난감이 포함된다. 놀이에 집중된 프로그램에는 High/Scope, Bank Street, Reggio Emilia도 포함된다. 이러한 프로그램은 프로그램의 철학을 반영한 사정 계획을 가진다. 가족 기반의 보호는 어떠한 상업적 모델 혹은 그들 소유의 체제를 창조하는 권한을 줄 수 있다. 놀이 기반의 사정은 모방을 이해하기 위한 매개물로서 미술, 극, 음악을 사용한 미적 접근에서 비롯된다.

핵심 용어

계획-수행-점검	기초 운동 단계	기초적 형태 단계
논리-수학적 지식	놀이 연령	놀이 틀

또래 교사	사회-전제 지식	선택 판
신체 지식	실제를 위한 화자	전조작 단계
프로젝트 접근법	"현재" 교육과정	협력 놀이

유용한 웹사이트와 과학기술자원

◆ **국제아동교육협회**(Association for the Childrenhood Education International; ACEI)

http://www.udel.edu 국제아동교육협회의 웹사이트는 확실한 정보, 현장에서의 전문성, 아동 교육에 있어서 새로운 출처와 연결되어 만들어진 사이트이다.

◆ **전국유아교육협회**(National Association for the Education of Young Children; NAEYC)

http://www.naeyc.org 전국유아교육협회의 웹사이트는 취학 전 아동에 관한 정보의 뛰어난 출처가 된다. 이 사이트는 높은 질의 연계와 미학적 정보의 출처를 제공한다. NAEYC는 놀이 · 정책 · 실제(PPP)의 집단에 관심이 있고 놀이에 관한 정보처로서 도움이 된다.

◆ **남캐롤라이나 의과대학**(Medical University of South Carolina; MUSC)

http://www.musckids.com 남캐롤라이나 의과대학의 아동 병원 호스트는 취학 전 기관 놀이에 관한 좋은 정보를 제공하는 웹사이트이다.

◆ **Bank Street 대학의 교육**(Bank Street College of Education)

http://www.bnkst.edu Bank Street 대학은 그들의 도서 저장을 가속화하는 것은 물론 많은 좋은 정보를 띄워주는 훌륭한 웹사이트이다.

◆ **창조적 교육과정**(Creative Curriculum)

http://www.teachingstrategies.com 창조적 교육과정은 취학 전 놀이와 교육과정에 관한 특별한 정보를 제공하는 웹사이트이다.

◆ **Lucille Packard 아동병원**(Lucille Packard Children's Hospital)

http://www.lpch.org Standford 대학 메디컬 센터의 Lucille Packard 아동

병원은 촉진되는 놀이에 관한 우수한 사이트이다.

활동

1. 교실에서의 활동

A. 취학 전 아동을 위한 교실 구성에 대하여 이 장에서 논의되는 개념을 설명하라. 영역을 알고 화제, 안전을 진술하고 허가된 기준을 진술하라. 또한 교육기준을 체크하라. 6′×6′ 크기의 종이에 교실을 그려라. 모든 집단이 그들의 과제를 완성하였을 때 교실의 구성을 벽에 걸어 놓고 공유하도록 하라.

B. 벽에 놓여진 과제를 보라. 인지적 · 사회적 · 신체적 놀이를 자극하는 영역을 결정하라. 음악, 미술, 드라마를 위하여 사용되는 영역은 어느 곳인가? 기능적 · 상징적 사회극 놀이, 게임의 규칙을 위하여 활용될 수 있는 영역은 어디인가? 여러분이 필요하다면 또 다른 준거를 설명하라.

C. 교실 한쪽에 버팀목 상자를 만들어 보라. 아동을 위하여 극복된 학습의 도해를 포함하라. 교실 안에서 버팀 상자와 설명을 공유하도록 하라.

2. 연구와 탐문

A. 두 시간 동안 취학 전 기관 교실을 방문하라. 아동 놀이 관찰 기록을 완성하라. 취학 전 기관 아동의 특성 목록을 구성하라. 몇 가지 신체적 · 사회적 · 인지적 특성을 확인하라.

B. 유아-걸음마기 유아 기관의 놀이와 취학 전 기관의 놀이는 어떻게 다른가?

C. "놀이는 아동의 일이다"라는 진술을 많은 취학 전 기관에서 사용하고 있다. 처음으로 이 진술을 사용한 사람은 누구인지 도서관을 방문하여 조사하라. 교실에 여러분의 답을 가지고 와서 여러분의 발견을 공유하도록 하라.

3. 봉사 학습

A. 1주에 2시간씩 취학 전 기관에서 자원 봉사자로서 지원하라. 기관에 필

요한 부가적인 놀이 재료가 있는가? 놀이 전에 환경 구성을 도와줄 수 있는가?

B. 지역 취학 전 기관을 위하여 웹사이트를 만들어 자원 봉사하라.

C. 지역 센터를 연결하고 그들의 가족의 밤 모임 중 하나를 위한 프로그램 혹은 놀이를 실행할 수 있도록 요청하라.

4. 가족 연계

여러분은 부모에게 놀이를 자극하기 위하여 가정에 보낼 수 있는 편지를 만들어 보라. 표 5-5에 있는 편지는 견본이다. 여러분의 지리적 영역과 지역적 문화에 대한 독특한 정보를 추가하라.

5. 놀이 옹호

A. 여러분의 협의회에서 놀이 프로그램을 위하여 어떤 준비를 합니까? 연합적으로 특징된 프로그램입니까? 주프로그램에서 무엇을 적용합니까? 지역적 학교 체제에 어떤 독자가 있습니까? 여러분 주위에서 아동을 지원할 수 있는 지역적 단체를 시작하고 찾아보라.

표 5-5 부모를 위한 편지 견본

부모님께!

아동은 놀이를 통하여 배웁니다. 다음의 목록은 여러분의 가정에서 놀이를 촉진하는 데 활용할 수 있는 몇 가지 활동들입니다.

1. 집에 온 잡동사니 우편물을 수집하십시오. 아동들이 우체국을 만들어 보도록 하십시오. 그들은 친척과 친구들을 위하여 그림을 그릴 수도 있고 잡동사니 우편봉투를 우편물로 꾸밀 수도 있습니다. 몇몇은 배달되기도 할 것입니다.
2. 버려진 몇 개의 상자를 가지고 아동들에게 집을 지을 수 있도록 하십시오. 그들은 남은 종이로 예쁜 주름을 잡을 수도 있고, 박스를 담요로 여길 수도 있고 천막을 만들 수도 있습니다. 그 가능성은 끝도 없습니다.
3. 깨끗한 식료품 상자와 플라스틱 병을 수집하십시오. 아동들에게 식료품 가게를 꾸미도록 해 보십시오.
4. 아동들이 상점에서 쿠폰을 사용할 수 있도록 하십시오. 그들은 여러분이 쇼핑을 하는 동안 가게인 척하고 쿠폰과 맞는 품목을 진열할 수 있습니다.
5. 블록은 참 좋은 도구입니다. 여러분은 다양한 크기의 블록을 구입할 수 있고, 혹은 종이에 쓰여진 지시에 따라 블록을 만들 수 있습니다.
6. 요리는 매우 좋은 활동입니다. 걸쭉하게 들러붙는 것을 위한 조리법에는 옥수수 전분과 물이 필요한데, 사용하지 않은 재료는 반죽하여 플라스틱 용기에 넣어 냉장고에 보관하십시오. 이러한 활동에 대하여 질문이 있다면 저에게 연락하십시오.

담임교사로부터

B. 만약에 지역을 NAEYC 발의자들의 분류를 원한다면 지역 클리닉이나 협의회 기관에 요청하라. 안내책자에 나와 있는 재료에 금액을 올려 신청하라. 놀이에 관계된 몇몇 책자를 선택하고 놀이에 관계된 또 다른 주제에 관한 책자를 선택하라.

참고문헌

Bergen, B. (2002). The role of pretend play in children's cognitive development. *Early Childhood Research and Practice, 4* (1), 1-13. Retrieved July 10, 2003, from http://ecrp.uiuc.edu/v4n1/bergen.html.

Berk, L. (1994). Why children talk to themselves. *Scientific American, 271* (5), 78.

Bodrova, E., & Leong, D. (2003). Chopsticks and counting chips: Do play and foundational skills need to compete for the teacher's attention in an early childhood classroom? *Young Children, 58* (3), 10-17.

Boston, C. (2002). *The concept of formative assessment.* (ERIC Digest). College Park, MD: ERIC Clearinghouse on Assessment and Evaluation. (ERIC Document Reproduction Service No. ED346082).

Bredekamp, S., & Copple, C. (1997). *Developmentally appropriate practice in early childhood programs.* Washington, DC: National Association for the Education of Young Children.

Bronfenbrenner, U. (2000). Ecological theory. In A. Kazdin (Ed.), *Encyclopedia of psychology* (pp. 129-133). Washington, DC & New York: American Psychological Association and Oxford University Press.

Cuffaro, H. K., Nager, N., & Shaprio, E. (2000). The developmental-interaction approach at Bank Street College of Education. In J. P. Roopnarine and J. Johnson (Eds.), *Approaches to early childhood education* (3rd ed.) (pp. 263-276), Upper Saddle River, NJ: Merrill/Prentice Hall.

Dewey, J. (1930). *Democracy and education.* New York: Macmillan.

Dodge, D. T., Colker, L. J., & Heroman, C. (2002). *The creative curriculum for preschool*, 4th ed. Washington, DC: Teaching Strategies.

Edwards, C., Gandini, L., & Foreman, G. (Eds.). (1998). *The hundred languages of children: The Reggio Emilia approach—Advanced reflections.* (2nd ed.) Greenwich, CT: Ablex.

Elkind, D. (2003). Thanks for the memory: The lasting value of true play. *Young Children, 58* (3), 46-52.

Erikson, F. (2000). *Childhood and society.* New York: Norton. (Originally published in 1950.)

Forman, G. (1998). Constructive play. In D. P. Fromberg & D. M. Bergen (Eds.), *Play from birth to twelve and beyond: Contexts, perspectives, and meanings* (pp. 392-400). New York: Garland Publishing.

Froebel, F. (1895). *The songs and music of Freidrich Froebel's mother play (mutter und kose lieder).* New York: Appleton.

Fu, V., Stremmel, A., & Hill, L. (2002). *Teaching and learning: Collaborative explorations of the Reggio Emilia approach.* Columbus, OH: Merrill.

Gabbard, C. P. (1992). *Lifelong motor development.* Dubuque, IA: Wm. C. Brown.

Hurst, V., & Joseph, J. (1998). *Supporting early learning, the way forward.* Buckingham: Open

University Press.

International Reading Association (IRA) and the National Association for the Education of Young Children (NAEYC) joint position paper. (1998). Learning to read and write: Developmentally appropriate practices for young children. *Young Children, 53* (4), 30-46.

Isbell, R. (1995). *The complete learning center book.* Beltsville, MD: Gryphon House.

Isbell, R., & Exelby, B. (2001). *Early learning environments that work.* Beltsville, MD: Gryphon House, MD.

Isbell, R., & Raines, S. (2003). *Creativity and the arts with young children.* Clifton Park, NY: Thomson Delmar Learning.

Isenberg, J., & Jalongo, M. (2001). *Creative expression and play in early childhood.* Columbus, OH: Merrill.

Johnson, H. (1933/1984). The art of block building. In E. S. Hirsch (Ed.) *The block book* (pp. 8-26). Washington, DC: National Association for the Education of Young Children.

Johnson, J., Christie, J., & Yawkey, T. (1999). *Play and early childhood development.* New York: HarperCollins.

Jones, E., & Reynolds, G. (1992). *The play's the thing: Teachers' roles in children's play.* New York: Teachers College Press.

Kamii, C., & Housman, L. (2000). *Young children reinvent arithmetic: Implications of Piaget's theory* (2nd ed.). New York: Teachers College Press.

Katz, L., & Chard, S. (1989). *Engaging children's minds: The project approach.* Norwood, NJ: Ablex.

Kenny, S. (1997). Music in developmentally appropriate integrated curriculum, In C. H. Hart, D. C. Burts, & R. Charlesworth (Eds.), *Integrating curriculum and developmentally appropriate practice: Birth to eight* (pp. 103-144.) Albany: SUNY Press.

Maslow, A. (1959). Psychological data and human values. In A. H. Maslow (Ed.), *New knowledge in human values.* New York: Harper.

Montessori, M. (1914). *Dr Montessori's own handbook.* New York: Frederick A Stokes.

Moore, T. (2002). If you teach children, you can sing! *Young Children, 57* (4), 84-85.

National Association for Sport and Physical Education (NASPE). (1992). Developmentally appropriate physical education practices for young children. A position statement of the council on Physical Education for Children of NASPE. Reston, VA: AAHPFRD.

Neelly, L. (2002). Practical ways to improve singing in early childhood. *Young Children, 57* (4), 80-83.

Olson, L. (2002). Starting early. In Education Week quality counts 2002: Building blocks for success. *State Efforts in Early Childhood Education, 21*(17), 10-22.

Paley, V. (1981). *Wally's stories.* Cambridge, MA: Harvard University.

Pelligrini, A. D., & Boyd, B. (1993) The role of play in early childhood development and education: Issues in definition and function. In B. Spodek (Ed.), *Handbook of research on the education of young children* (pp. 105-121). New York: Macmillan.

Pianta, R., & La Paro, K. (2003). Improving early school success. *Educational Leadership, 60* (7), 24-29.

Plato. (1986). *The Republic.* (A. D. Bloom, Trans.). New York: Basic Books. (Original work published 360 B.C.)

Puckett, M., & Black, J. (2000). *Authentic assessment of young children: Celebrating development and learning* (2nd ed). New York: Macmillan.

Rescorla, L. A., Hyson, M., & Hirsh-Pasek, K. (Eds.). (1991). Academic instruction in early childhood: Challenge or pressure? *(New directions for child development,* No. 53). San Francisco: Jossey-Bass.

Rogers, C. S., & Sluss, D. J. (1999). Revisiting Frikson's views on Einstein's play and inventiveness. In S. Reifel's *Play contexts revisited, Play and culture series*, Vol. 2, (pp. 3-24). Greenwich, CT: Ablex.

Rubin, K. (1989). *The Play Observation Scale.* Waterloo, Canada: University of Waterloo.

Seefeldt, C. (1995). Art—serious work. *Young Children, 50* (3), 39-45.

Seefeldt, C., & Barbour, N. (1998). *Early childhood education: An introduction.* Columbus, OH: Merrill.

Smilansky, S., & Shefatya, L. (1990). Rough-and tumble-play, aggression, and dominance: Perceptions and behavior in children's encounters. *Human Development, 33,* 271-282.

Smith, P. K., & Connolly, K. J. (1980). *The ecology of preschool behavior.* Cambridge, England: Cambridge University Press.

Trawick-Smith, J. (1994). *Interactions in the classroom: Facilitating play in the early years.* New York: Macmillan.

Van Hoorn, J., Nourot, P., Scales, B., Alward, K. (1999). *Play at the center of the curriculum.* New York: Macmillan.

Vygotsky, L. (1978). *Mind in society: The development of higher psychological processes.* Cambridge, MA: Harvard University Press.

Wellhousen, K. (2002). *Outdoor play every day: Innovative concepts for early childhood.* Clifton Park, NY: Thomson Delmar Learning.

Wheelock, L. (n.d.) *My life story.* Unpublished autobiography Cited in *Childhood Education, 76* (3) 164-169. By Catherine C. Ducharme.

Willer, B. (1990). *Reaching the full cost of quality in early childhood programs.* Washington, DC: NAEYC.

CHAPTER 6

유치원에서의 놀이 지원

우수한 프로그램의 필요조건은 아마도 모든 어린이에게 성공감과 놀이의 기회를 균형 있게 제공하는 것이다.

— Teri Lewis, Geoff Colvin, & George Sugai, 2000

학습 개요

놀이는 유치원 프로그램의 핵심이다. 이 장에서는 현대 유치원에서 질적으로 우수한 놀이 프로그램의 실행을 점검해 보고자 한다. 모든 아동들을 위한 실내 놀이 환경(블록 영역, 가사 영역, 퍼즐 영역, 장난감 영역, 문해 활동 영역)을 조성하기 위해 교사의 역할, 환경, 교육과정, 음악, 움직임, 미술 등이 중요한 역할을 한다. 또한 실내 놀이를 위한 형식적 · 비형식적 평가와 기록에 관해서도 이 장에 기술되었다.

학습 목표

이 장을 읽은 후, 여러분은 아래와 같은 목표를 성취할 수 있다:

- 효과적인 유치원 프로그램의 특성에 관한 지식을 학습한다.
- 전통적인 유치원 프로그램에서 찾아볼 수 있는 다섯 개의 놀이 영역에 대해 학습한다.
- 놀이를 통한 아동의 언어와 문해 기술 방법을 학습한다.
- 놀이를 통한 아동의 학습에 관한 평가 전략을 학습한다.

놀이 조망

Jamal은 유치원에 가기를 싫어했다. 그는 할머니 집과 일상 활동을 좋아했다. 그는 할머니와 그들이 매일 겪는 일상의 일들을 그리워했다. 지금 그는 집에서 무슨 일들이 일어나는지 알지 못하기 때문에, 집에 정말 가고 싶어 한다. Jamal은 선생님이 블록 쌓는 것을 보면서 눈물을 흘렸다.

"Jamal, 선생님이 쌓은 블록보다 더 높이 쌓아 보겠니?"라고 선생님이 질문했다.

그는 블록을 쌓기 시작하면서 다른 일을 할 수 있음을 알게 되었다. 그는 다른 사람이 만든 집처럼 보이는 블록을 보고 그보다 더 크게 쌓을 수 있었다.

한 시간 후에 등불이 어두워지며 모두에게 정리할 시간임을 알려주었다. 그러나 Jamal은 멈추고 싶어 하지 않았다. 그는 블록 놀이가 좋았다. 할머니 집에는 블록이 없기 때문에 아마도 그는 유치원을 좋아할 수 있게 될 것이다.

놀이 자극

학급에서 놀이를 유발시키기 위해 선생님과의 상호작용, 시간, 그리고 자료들이 필요하다. 선생님은 놀이를 위해 한 시간을 할당하고, 블록과 다른 자료들을 놀이에 사용하게 하며, 교실을 돌아다니며 놀이 활동을 격려할 수 있다. 유치원에 오는 몇몇의 다른 아동들처럼 Jamal은 전이가 잘 되지 않는다. Jamal에게 놀이는 정화제이다. 놀이는 Jamal에게 이러한 상황을 통제하고 자신의 감정을 조절할 수 있는 공간을 제공한다(Erikson, 2000). 유치원의 놀이 중심 프로그램은 공립학교로의 긍정적인 전이를 촉진한다. 유치원의 첫날은 어떤 아동들과 어른들에게는 혼란스러운 날이다. 만일 Jamal의 할머니가 손자와 함께 몇 년 동안 낮에 TV를 보아 왔다면 그녀 역시 Jamal이 없는 낮 시간 동안 똑같은 어려움을 겪게 될 것이다. 최초로 유치원을 가기 위해 집을 떠나게 될 때 이와 관련된 감정은 복잡할 수 있다. 그러나 교사는 아동과 가족이 유치원 프로그램을 경험해야 할 필요성을 인식해야 한다. 따라서 놀이 자료와의 상호작용은 놀이 경험에 대한 흥미와 관심을 불러일으키기 위해 필요하다. 교사는 또한 아동마다 제각기 다른 놀이의 가변성을 인식해야 하며, 모든 아동에게 놀이 경험을 제공하고 촉진해야 한다. 표 6-1에 묘사된 것과 같이 놀이 경험의 후속 결과는 매우 크다.

유치원 프로그램

> 공적 자금에 의해 운영되는 많은 유아 프로그램들이 공립학교에서 하향 연장되고 있는 것을 볼 때, 아동의 놀이에 대한 권리를 지지할 필요가 있다.
>
> —Francis Wardle, 1999

유치원의 역사는 독일의 Froebel(1887/1902)에서 기원되었다고 볼 수 있다. 유치원(kindergarten)이라는 용어를 번역하면 "아동들의 정원"이라는 의미를 갖고 있다. 2장에서 언급된 바와 같이 아동은 정원의 꽃처럼 자유롭게 성장해야 한다고 Froebel은 생각했다. 이러한 Froebel의 생각은 미국에서 그의 제자에 의해 설립된 초기 2개의 유치원에서 뚜렷이 볼 수 있다. Froebel은 미국인은 유럽인들보다 아동들이 학교에서 더 자유로워야 한다고 생각할 것으로 믿었다. Margarethe Schurz(1832~1876)는 위스콘신 주의 Watertown에서 미국 최초의 유치원을 설립하였고, Caroline Luise Frankenberg는 오하이오 주의 Columbus에서 Froebel이 유치원을 설립하기 이전에 유치원을 설립하였다. Froebel에 의해 영향 받은 또 다른 사람으로 최초의 영어 사용 유치원을 설립한 Elizabeth Peabody와 미주리 주의 St. Louis에 최초의 공립 유치원을 설립한 Susan Blow 등을 언급할 수 있다(Froebel, 1887/1902;

표 6-1 내가 알아야 할 필요가 있는 모든 것을 나는 유치원에서 배웠다!

- 모든 것을 다른 사람과 나눈다.
- 공정하게 놀이를 한다.
- 다른 아동을 때리지 않는다.
- 물건을 제자리에 놓는다.
- 자기 것을 깨끗이 닦는다.
- 남의 것을 갖지 않는다.
- 다른 사람에게 상처를 입혔으면 미안하다고 말한다.
- 먹기 전에 손을 씻는다.
- 생기 있고 활기차게 생활한다.
- 따뜻한 과자와 찬 우유가 좋다.
- 생을 균형 있게 산다—매일 조금씩 배우고 생각하고 그림을 그리고 노래하고 춤추고 놀이하고 일한다.
- 매일 오후에 낮잠을 잔다.
- 밖에서는 신호등을 잘 보고 손을 들고 협력하여 건넌다.
- 신비로움. 스티로폼 컵에 있는 작은 씨앗을 상기해 보자. 뿌리가 아래로 뻗으며 식물은 위로 성장하지만 우리가 그런 것처럼 아무도 왜, 어떻게 그렇게 되는지 모른다.
- 금붕어, 햄스터, 흰쥐, 스티로폼 컵에 있는 작은 씨앗—그들은 모두 죽는다. 우리가 그런 것처럼.
- 당신이 경험했던 첫 번째 세계와 Dick과 Jane 책들을 상기해 보자. 세상에서 가장 위대한 것, 그것은 보는 것이다.

『내가 알 필요가 있는 모든 것을 나는 유치원에서 배웠다』 Robert L. Fulghum, 1986, 1988.

Brostarman, 1997).

Patty Smith Hill은 처음에는 Froebell의 영향을 받았지만 나중에는 Stanley Hall의 아동 연구에 대한 과학적인 접근에 영향을 받았다. 그녀는 오늘날의 유치원에서 사용하고 있는 단위 블록을 만들고, 생일 노래 ≪Happy Birthday to You≫를 작곡하는 등 전통적인 유치원의 핵심이 되는 것들을 만들었다. 그녀는 사회적 기술을 강조하는 유치원 프로그램에 관심이 많았다. 오늘날 종일제와 반일제 유치원 프로그램은 공립학교 체제의 일부분이다. 이러한 유치원 프로그램은 공적 자금에 의해 운영되며, 초등학교와 함께 공립학교 건물에 위치하고 있다.

Froebell이나 Hill의 유치원에 기본이 되는 많은 개념들은 사라졌고 블록 놀이나 역할 놀이는 학문적인 내용이나 연습지로 대치되었다. 국제유아교육협회(Association for Childhood Education International; ACEI)에서 제기한 의견서에서 Joan Moyer(1999)는 이러한 상황이 초래된 데에는 아래와 같은 다섯 가지의 잘못된 견해 때문이라고 하였다:

1. 아동의 조기 학습에 관한 사회적 강조
2. 아동의 학습 방법에 대한 이해 부족
3. 유치원 아동에게 선택된 부적절한 교재
4. 훈련된 교사의 부족
5. 학교의 필요한 영역에 훈련된 교사의 재배치

표 6-2 좋은 유치원의 특징

좋은 유치원의 특징
1. 아동은 의미 있는 활동이나 또래와 상호작용할 수 있는 활동에 참여한다.
2. 아동은 다양한 교재와 활동을 한다. 즉, 블록 쌓기, 역할 놀이, 그림책, 그리기와 다른 미술 활동, 레고, 페그보드, 퍼즐 등의 다양한 활동을 한다.
3. 아동들은 개별 활동, 소집단 활동, 대집단 활동을 한다.
4. 아동들은 벽에 전시할 창작물들을 완성한다.
5. 아동들은 교수를 위한 기본 개념 틀로 활용될 수 있는 자연적인 활동에 참여한다.
6. 한두 시간의 여유 있는 시간을 갖고 놀이에 참여한다.
7. 아동들은 날씨가 허용하는 한 매일 실외 활동을 할 수 있다.
8. 아동들은 이야기 시간 외에도 책을 읽거나 듣는 시간을 가질 수 있다.
9. 아동들은 성공감을 느낄 수 있는 도전적인 과제를 능력별로 제공 받을 수 있다.
10. 아동들과 부모는 학교에서의 경험을 즐긴다.

출처: Bredekamp와 Copple(1997)

감각 놀이는 유치원의 중요한 요소이다.

잘 훈련된 교육자는 교육의 방향을 변화시킬 수 있다. 이것은 효과적인 프로그램을 아는 것과 질적으로 낮은 프로그램을 개선하거나 폐쇄하는 것보다 더 중요하다. 적합한 실제를 위한 지침서에서 Bredekamp와 Copple(1997)은 좋은 유치원 프로그램의 특징을 분석하였고, 이것을 표 6-2와 같이 제시하였다. 선택성과 놀이는 좋은 유치원 프로그램의 주된 구성 요소이다.

성인의 역할

> 삶을 살아갈 가치가 있도록 하는 것 중의 하나는 살아가는 이유가 있는 것이며, 살아가는 가장 큰 이유는 나에게는 유아를 교육하는 것이다. 유치원을 처음 경험하면서 나는 이 일에 평생을 종사하기로 하였다.
>
> — Lucy Wheelock, 2000

초기 유치원 프로그램은 Rousseau의 신념과 놀이를 중요시 생각하는 사람들에게 영감을 받은 르네상스의 영향을 받았다. 유치원 교사들은 놀이 중심의 교육과정에 영향을 받았다. 유치원 초기부터 시작된 연구 결과들은 놀이 중심의 유치원 프로그램의 효과를 지지해 주었다(Bredekamp & Copple, 1997). 불행히도 오늘날의 몇몇 유치원 프로그램들은 놀이가 주요 목표가 아니다. 오늘날의 프로그램들은 현대 사회의 요구와 추세를 반영하고 있다. 많은 유치원 교사들은 매순간 주된 목적을 상실케 하는 새로운 교육과정의 영향을 받는다고 생각한다. 주립학교 프로그램에 위배되는 학교에 대한 대중매체의 영향을 부정하는 것은 아니다. 시골의 많은 유치원을 방문할 때면 교실 문이 하루 종일 안에서 잠겨져 있는 것을 발견한다. 아동들과 교사는 자유로이 출입할 수 있지만 불법 침입자는 교실 안으로 들어갈 수 없다. 오늘날 질적으로 우수한 프로그램을 선택하려 하는 교사들은 학교에서 많은 어려움에 직면하게 된다. 5세 아동은 놀이를 해야 하며 그들의 전인 성장 발달을 촉진하는 교육과정을 필요로 한다.

유치원의 전통을 따르는 교사는 아직도 놀이를 유치원 교육과정의 핵심이라고 생각한다. 이 장은 놀이가 핵심인 프로그램에 대해 언급하고 있다. 프로그램을 수행하기 위해서 사회, 학교, 교사의 교육적 철학뿐만 아니라 지방과 주의 지침에 영향을 받는다. 학급 교사는 유치원 프로그램을 개발하기 위해서 사회적인 기대, 정부의 지침 그리고 아동의 능력을 고려해야 한다. 과거의 유치원 교사는 유치원의 존재를 옹호해야만 했다. 유치원 프로그램을 옹호하기 위해 전국을 돌아다녔던 Lucy Sprague Mitchell에 관한 이야기는 무성하다. 그녀는 여행을 빠르고 쉽게 하기 위해 옷 안에 잠옷을 입고 다녔다. 현대의 유치원 교사들도 유아들에게 적합한 프로그램과 놀이를 지지하기 위해 그녀처럼 행동할 필요가 있다.

이론적 기초의 전개

오늘날의 많은 유치원들은 시대의 변화에도 불구하고 여전히 그들 자신의 교육과정을 개발해야 한다. 교사의 철학에 따라 하루 일과의 프로그램이 운영되고 학급 운영에 영향을 미칠 이론들이 결정된다. 표 6-3에 제시된 이론들은 유치원 교육과정에 영향을 미친 이론들이며, 이 교재 전체를 통해서 논의되고 있는 이론들이다.

교사는 이러한 이론들을 재해석하여 유치원을 운영하게 된다. 아동의 성장과 발달에 대해 교사가 어떻게 이해했는가에 따라 이러한 이론들의 영향은 달라진다. 각각의 이론들은 교육에 대해 독자적인 견해를 갖고 있다. 이러한 이론들은 기본적인 욕구에 대한 Maslow의 이론을 제외하고 앞 장에서 이미 논의되었다. Maslow의 이론은 유치원 철학의 기초이기 때문에 놀이에

표 6-3 유치원 철학에 영향을 미친 이론들

이론적인 관점	학 자	놀이 중심의 교육과정 모델에 미친 영향
	성숙의 관점	
기본적인 욕구에 대한 이론	Maslow(1998)	욕구에 대한 위계 전형적인 유치원 프로그램
심리사회적 이론	Erikson(2000)	Bank Street 프로그램 전인 아동에 대한 사회적 · 정서적 강조
애착 이론	Bowlby(1988)	성인과 아동 사이에 존재하는 생물학적인 유대와 영향 받은 행동들
영아 양육시 애착 이론	Honig(2000)	영아를 돌볼 때 애착과 관련된 문제에 유의해야 함
	구성주의적 관점	
인지적 발달	Piaget(1962)	구성주의에 입각한 모델 Fosnot(1996) DeVries & Zan(1994)
사회 문화적 이론	Vygtosky(1978)	Reggio Emilia 접근 Edwards, Gandini, Foreman(1998)
인지적 적응	Bruner(1990)	
다중 지능	Gardner(1995)	
	다른 관점들	
생태학적 체계 이론	Bronfenbrenner(1979)	가족 중심 관계 놀이를 위한 환경
뇌에 관한 연구들	Shornkoff & Phillips (2000)	물과 연습 그리고 다른 요인의 영향에 따라 뇌에서 발생하는 화학적 변화

관한 Maslow의 영향에 대해 이제부터 논의하고자 한다.

기본적인 욕구에 대한 Maslow의 이론

Abraham Maslow(1998)는 모든 인간에게 필요한 기본적인 욕구에 대한 위계(hierarchy) 이론을 정립하였다. 그림 6-1에서와 같이, 그의 이론은 많은 유치원 프로그램에 이론적인 기초를 제공하였다. 아동은 그의 생존에 필요한 기본적인 욕구가 충족되지 않으면 성장할 수 없다. 아동의 성장을 생각하기 전에 기본적인 세 단계의 욕구가 충족되어야 한다.

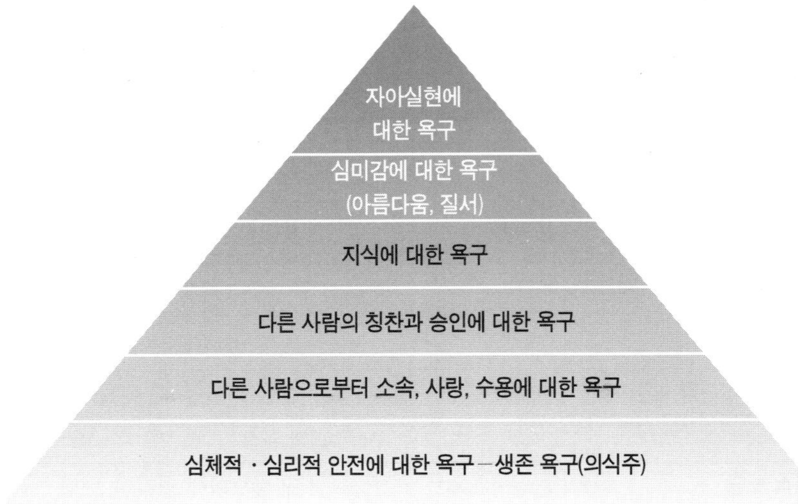

그림 6-1 Maslow의 욕구의 위계

생존을 위한 첫 번째 기본적인 욕구는 생리적이고 심리적인 만족이다. 이러한 욕구로는 음식/배고픔, 물/갈증, 안식처/육체적인 안정 등이다. 이러한 인간의 기초적인 생존의 욕구는 동물과 마찬가지이다. 생리적인 욕구를 만족시키지 못한 아동은 다음 수준의 욕구로 이동할 수 없으며, 이러한 결핍은 놀이에 영향을 미친다. 이러한 현상은 개발도상국가에서 현저히 목격할 수 있다. 충분한 음식과 물을 제공받지 못한 아동들은 뛰는데 필요한 힘과 에너지를 갖지 못하며, 이러한 현상은 또한 미국의 관심거리이기도 한데 미국에서도 많은 아동이 기아와 가정의 상실을 경험하고 있기 때문이다(Kids Count, 2004). 어떤 교사들은 아동이 화장실에 가는 것을 제한한다. 화장실 사용을 제한 받은 아동들은 놀이를 할 수 없다. 이러한 아동들은 교실을 배회하고 방관자적 행동을 하며 혹은 놀이에 대해 문제를 갖게 된다.

생존을 위한 두 번째 기본적인 욕구는 소속감, 사랑, 수용에 대한 욕구이다. 정서적 안정에 대한 욕구는 음식이나 안식처에 대한 욕구와 마찬가지로 중요하다. 애착이 형성되지 않은 아동은 부모가 교실이나 집에 없으면 놀이에 전념하지 못한다. Eric Erikson(2000)은 그의 고전적인 책인 『아동과 사회(Childhood and Society)』에서 가족의 죽음을 경험한 아동의 놀이에 관하여 상당 부분 언급하고 있다. 그 아동은 할머니의 죽음을 블록 놀이에 투영시켜서 가족들이 그를 버렸다고 표현하였다. 오늘날의 아동들은 이와 같이 현실에서 실제적으로 받은 상처들과 스스로 지각한 공포에 의해 영향을 받는다. 많은 교사들은 2001년 9월 11일에 일어났던 쌍둥이 빌딩 폭발 이후 어린이들의 놀이에 변화가 생겼다고 기술한다. 모순되고 과민한 교사들은 유아에게 비슷한 영향을 미친다. 아동들의 정서적인 불안은 놀이에 영향을 미친다.

생존을 위한 세 번째 기본적인 욕구는 아동의 긍정적인 자아존중감을 위해 영향을 줄 수 있는 사람들의 인정, 칭찬, 승인이다. 모든 아동들은 그룹에 소속되길 원하고 다른 사람들로부터 칭찬 받길 원한다. 이것은 아동이 성장하는 데 필요한 기본적인 욕구이다. 유치원 아동들은 규칙적으로 극 놀이나 사회극 놀이에 참여한다. 놀이를 주도하는 아동들은 누가 놀이에 참여하고 제외되어야 하는지 결정한다. 모든 아동들은 버스 놀이나 보트 타기 놀이 등에 선택되어 그룹의 일원이 되기를 원한다. 놀이에서 자주 제외되는 아동들은 교사가 중재하지 않는다면 자주 눈물을 흘리게 될 것이다. 유치원의 학기 말에는 한 영역에 7～8명의 유아가 집중되어 있고 다른 영역은 텅 빔으로써 소속에 대한 욕구가 놀이 영역에서 관찰된다. 그룹에 소속되지 못했다고 느끼는 아동들은 적극적으로 활동에 참여하지 못하며 놀이하는 다른 아동들의 적극적인 사회적 상호작용을 쳐다보고 있게 될 것이다. 아동을 비웃고 빈정거리는 교사는 아동의 자존감을 손상시킨다. 확고한 성취감에 기초한 자아존중감이 부족한 아동들은 성장하고 발달하는 데 어려움을 경험한다.

Maslow의 다음 단계의 욕구는 생존을 위한 기본적인 욕구가 아니고 건강한 인간으로의 성장과 발달을 위해 필요한 것이다. 네 번째 수준의 욕구는 지식에 대한 욕구이다. 기본적인 생존의 욕구를 충족시키면 인간은 지식을 추구함으로써 성장에 대한 욕구를 갖게 된다. 같은 맥락으로 아동의 기본적인 욕구가 충족되면 그들의 놀이는 성장한다. 아동들은 버스에 대한 관심이 생기면 학교 버스를 만들 수도 있으며, 버스에 대한 지식을 더 갖고 싶어서 교사에게 묻거나 책을 읽기도 한다.

성장을 위한 다섯 번째 욕구는 미학, 아름다움, 진실, 정의감이다. 이것은 아동의 놀이에 영향을 미친다. 아동들은 블록 쌓기 단계에 따라 단순히 블록을 쌓는 것에서부터 블록의 균형을 맞추는 단계로 발전한다. 어떤 사람이 놀이시 공정하지 못하면 아동들은 "그것은 공정하지 못하다."라고 항의를 할 것이다. 이러한 복잡한 구조의 블록과 공정함에 대한 논의는 생존을 위한 기본적인 욕구가 충족되지 않으면 학급에서 발생하지 않게 된다.

성장을 위한 마지막 단계는 Gandhi, Jesus나 Martin Luther King Jr.와 같은 사람을 제외하고는 실현시키지 못했던 모든 사람들이 갈망하는 자아실현에 대한 욕구이다.

안정감이 있는 양육 환경을 제공하는 성인과 생활하는 아동은 기꺼이 위험을 무릅쓴다. 그들은 그들의 수행과 소속이 반드시 연결되어 있지 않다는 것을 안다. 그들이 구성한 블록이 무너진다고 해도 그들은 여전히 그룹의 구성원이고 블록 자체가 불안정하다는 것을 이해한다. 생리적・심리적으로 안정된 환경은 자아존중감과 자율성을 확립하는데 긍정적인 환경을 제공하며, 모든 교육과정을 수행하는데 기본으로 작용한다.

유치원의 심미적 접근

심미주의적 접근은 의미 있는 활동 속으로 음악, 미술, 율동 등을 통합한다. 통합적 접근은 아래와 같다:

> 예술적 개념과 연습은 넓은 의미의 교수와 학습 목표에 연결되어 있다. 이와 같이 개념과 과정을 연결시키는 것은 각각의 영역에 대한 지식이 다르고 각자의 영역별 고유한 내용들이 있기 때문에 원칙을 통일시키는 작업을 포함하게 된다(Wright, 2003, p. 262).

심미주의적 접근은 노래로 1주일의 요일을 가르치는 것과는 다르다. 오히려 이것은 구조와 표현과 과정의 한 면을 통합시키는 것이다. 시와 음악은 하나로 창작된다. 모든 영역들은 예술을 통해 표현될 수 있다. 심미주의적 접근은 아래와 같이 산출물과 과정에 대해 아동이 통합적으로 표현할 수 있다.

- 음악(듣기, 즉흥곡, 작곡, 음악책 학습)
- 춤(모방, 해석, 안무)
- 연극(역할 놀이, 인물 구성, 흉내, 이야기 구성)
- 시각적 예술(예술적 매체를 사용하여 소품 만들기, 마스크, 의상, 구조물, 빛을 사용한 이미지 만들기) (Wright, 2003, p. 265)

아동들은 놀이를 통해 발달한다.

Wright(2003)는 교육과정 개발을 위한 기본으로 이야기 들려주기를 권장한다. 이야기는 줄거리를 포함한 기본적인 구조를 갖고 있기 때문에 아동이 마스크, 의상 및 음악 등을 만듦으로서 음악과 미술 활동으로 확장될 수 있다. 이야기 들려주기는 인간의 기본적인 구성 요소이며 모든 문화에서 찾아볼 수 있다. Vivian Paley(1981)는 교육과정의 기본 구성 요소로서 이야기 사용에 대해 연구했다. 아동들은 그들의 이야기를 그리고(drawing), 말하고, 연출함으로써 그들의 삶을 풍요롭게 한다. Paley의 책은 이 영역에 대한 많은 정보를 제공하고 있다.

심미주의에 기초한 놀이 프로그램은 놀이 동안 혹은 놀이 후에 미술 활동을 촉진한다. 블록 놀이시 음악을 들려준다. 이야기를 하고 그것을 기록하며 혹은 그것에 관한 그림을 그린다. 조각하고 창조하고 그리는 기회가 매일의 일과이다. 춤은 음악 영역 혹은 사회극 놀이를 하면서 옷을 입고 음악에 따라 움직이면서 행해진다. 놀이가 끝날 때 아동은 그들의 이야기를 그림으로 그리고 말하고, 활동으로 옮긴다. 놀이를 통한 예술의 통합은 놀이와 예술 모두를 풍부하게 해 준다.

학습 내용 영역 교육과정을 위한 수단으로서의 놀이

학습을 강조하다 보면 놀이 시간대신 아동에게 학습지와 카드를 제공하게 된다. 펜실베이니아 주에서는 하루의 일과에서 일정한 시간은 특정한 과목에 할당되도록 법에 규정되어 있다(Olfman, 2003). 놀이를 통해 자연스러운 학습이 이루어지고 아동이 상징 놀이를 하는 시기에 있다면, 이때 상징 놀이는 학습을 위한 수단이 된다. 이 장에서는 예술에 기초한 놀이 프로그램을 통해 아동이 어떻게 학습하는지 살펴보고자 한다.

언어와 문해

유치원 교실만큼 다양한 언어가 사용되는 곳은 없다. 어떤 아동들은 영어를 사용하지 않는 문화권에서 오기도 하고, 어떤 아동들은 언어 사용에 어려움을 갖기도 한다. 이러한 아동들에게 단어를 사용하며 자연스럽게 놀이를 함으로써 언어 능력을 습득할 수 있게 해 준다. 놀이를 하는 동안 아동은 단어를 다양한 방법으로 사용한다. 그들은 날아다니는 시늉을 하고 블록으로 소란스러운 소리를 내고, 옷 입기 놀이를 하는 등 다양한 소리를 낸다. 블록 놀이 영역에서 아동들이 그들의 구조물에 이름을 붙이고, 집 영역에서 이야기를 하고, 예술 영역에서는 그들의 세계를 시각적으로 재표현하고, 퍼즐 영역에서는 시각적인 단서를 사용해서 그림을 완성하고, 책 영역에서는 책들을 살펴봄으로써 문해 능력이 발달한다. 음악은 보편적인 언어이다: 노래 가사의 단어를 많이 모르는 아동들도 멜로디는 즐길 수 있다.

문해 능력은 이러한 접근을 통해 풍부해진다. 아동이 이야기를 행동으로 옮길 때 이미 갖고 있는 읽기 기술을 통해 그 이야기에 대한 감각을 발달시킬 수 있다. 인형을 이용해 어떤 이야기를 극화시키는 아동들은 이야기의 인물과 줄거리에 대해 학습한다. 그들은 또한 이야기의 도입, 전개, 결말에 대해서도 알게 된다. 놀이를 발달시킬 수 있는 기회를 갖게 된 아동들은 그들의 이야기 능력과 문해 기술도 동시에 발달한다.

언어와 문해 능력은 다음과 같은 놀이를 통해 촉진된다:

- 아동이 그들의 놀이를 그림으로 그리고 이야기하고 행동으로 표현할 때 문해 능력이 촉진된다.

- 놀이 영역에서 아동이 서로 상호작용하며 의사소통을 할 때 아동의 언어 능력은 촉진된다.
- 놀이 영역에서 아동이 그들의 놀이에 대한 이야기를 활동으로 표현하고, 이야기하고 그림으로 그릴 때 문해 능력이 촉진된다.
- 읽고 쓰기 재료들은 집에서도 이용할 수 있으며, 블록 영역, 의상과 재료들은 역할 놀이를 촉진시킨다. 역할 놀이를 촉진하기 위한 소품(상자)들은 집 놀이 영역에 배치되어 있다. 이것 역시 아동들로 하여금 문자에 친숙해질 수 있게 해 준다. 교환할 수 있는 쿠폰 역시 놀이를 풍부하게 해 준다. 다른 주제의 소품 상자들은 일정한 수준에서 교환된다.
- 아동의 언어는 하루 일과 중 말할 기회를 제공해 주고 적절한 모델을 사용할 때 확장된다.
- 아동들은 권위적인 의자, 도표 만듦, 요리, 연극, 손가락 놀이, 읽기 지도, 잡지, 시, 큰소리로 읽기, 쓰기, 이야기 듣기와 같은 활동에 참여한다.

수 학

놀이 환경은 자연스러운 수학 환경이다. 몇 명의 아동이 한 활동 영역에서 놀고 있을까? 너무나 많은 아동이 한 활동 영역에서 놀이를 한다면 무슨 일이 발생할까? 저녁 식사를 위해 몇 개의 접시가 필요할까? 블록 영역은 공간관계, 대칭, 모형 등과 같은 수학 개념의 발달을 촉진시킨다. 퍼즐과 장난감은 비판적인 사고와 문제 해결 능력을 촉진한다. 놀이를 통한 수학적인 사고는 아래와 같은 활동을 통해 촉진된다:

- 놀이 영역은 수학적인 사고를 촉진시킨다.
- 선반 등의 보관 시설물들은 접시, 가정용품이나 그 밖의 다른 물건들을 작은 것에서 가장 큰 것으로 분류하여 보관함으로써 보관 능력을 촉진시킨다.
- 자료에는 접시, 가정용품 등이 포함되며 이러한 자료들은 분류 능력을 촉진시킨다.
- 정리 시간에 일대일 대응 교수. 선반에 이름을 적어 놓고 아동으로 하

여금 선반에 적힌 이름과 일치하는 블록을 선반에 정리하게 한다.

- 여러 가지 종류의 쌓을 수 있는 뚜껑이 달린 상자들을 이용하여 수 세기를 하거나 조작을 한다.
- 다른 자료들과 마찬가지로 형태와 구슬 카드 등을 근처에 비치한다.
- 모래나 물놀이 영역의 소품들은 측정 능력을 촉진시킨다.
- 시계, 달력, 시간표 등을 일과에 사용한다.
- 여러 다른 놀이 영역에서 돈을 사용한다.

과 학

놀이 환경은 과학 학습을 촉진시킨다. 만약 아동이 물놀이 영역에서 물을 갖고 놀고, 실외에서 거품 놀이를 하고 모래와 물과 그림물감을 갖고 놀이를 한다면 그들은 무엇인가를 탐구하게 된다. 아동들은 한 쪽 테이블에서 다른 쪽 테이블로 공을 부는 놀이를 통해 기본적인 과학적 개념들을 습득하게 된다. 아동이 온도계를 실외에서 실내로 가져온다면 기온을 어떻게 측정하는지 학습하게 될 것이다. 아동이 까만색으로 칠하고 빛으로 여러 가지 형태의 별자리로 치장한 냉장고 안에서 캠프 놀이를 한다면 하늘의 낮과 밤 사이의 차이를 알게 될 것이다. 이러한 기초적인 개념은 과학 개념의 기초가 된다. 아동이 예술, 음악, 이야기 등을 통해 과학놀이를 한다면 그들은 그들 세계의 일부분으로서 과학적인 관점을 발달시키게 되며, 이것은 어떤 아동들에게는 미래에 과학 분야에 종사하게 되는 하나의 자극이 될 수도 있다. 예술과 놀이는 아래와 같은 활동들을 통해 기본 개념을 가르치기 위해 통합할 수 있다:

- 모든 영역은 과학과 탐구 학습을 촉진시킨다.
- 자석, 돋보기, 간단한 저울 등과 같은 탐구 도구는 일과 속에서 아동들이 사용할 수 있게 한다.
- 실제와 다른 결과가 초래되는 활동들은 아동이 그러한 결과들에 대해 생각함으로써 도전적인 사고를 하게 된다.
- 과학적 사고는 모래놀이 영역과 물놀이 영역에서 다른 소품들을 사용할 때 촉진된다.
- 식물은 교실 환경의 지속적인 한 부분이며, 모든 식물에 해를 주지 말

아야 한다.

- 다양한 종류의 악기들은 음악 소리를 탐구하기 위해 이용된다.
- 그림이나 다른 표현 도구들은 의사소통과 탐구를 위해 이용된다.

사회 과목

유치원에는 사회적 탐구를 할 수 있는 많은 활동들이 있다. 집 놀이 영역과 사회극 놀이 영역들은 사람과 환경 사이의 관계인 사회적 탐구 활동을 중점적으로 할 수 있는 영역이다. 경제, 역사, 지리, 다문화 등의 영역에서는 사회적 조사 활동을 할 수 있다. 유치원 학급에서 행해지는 놀이 활동은 사회적 기술을 가르치기 위한 유용한 방법이다. 옷을 입히는 놀이를 통해 다른 사람의 역할을 연습해 볼 수 있다. 어떤 주제에 관해서 이야기할 때 주제와 관련하여 사용하는 소품들은 주제에 대한 지식을 확장시켜 준다. 사회적 조사를 위한 지원은 아래와 같은 환경이 제공될 때 놀이를 통해 일어난다:

- 놀이 중심의 교육과정은 민주적인 학급 운영에 의해 실현된다. 아동이

아동들은 사회극 놀이를 하는 동안 다른 역할들을 시도해 본다.

자신의 활동 영역을 결정할 때, 그들은 그룹 안에서 모든 권리와 책임을 갖는 시민이 된다.

- 놀이 중심의 교육과정은 주제, 단원 혹은 프로젝트에 따라 다른 문제를 탐구하게 된다.
- 아동들은 사회적 탐구와 관련된 이야기를 듣거나 책을 본다.
- 아동들은 Martin Luther King Jr. 날과 같은 공휴일에 대한 경험을 한다.
- 음악은 축제일이나 축하할 날들에 사용된다.
- 예술은 문화적인 표현을 위한 수단으로 이용한다.
- 연극은 프로그램의 일부분이다.

놀이 공간의 구성

환경 디자인은 성인과의 상호작용만큼 놀이에 중요한 영향을 미친다. 실내 환경은 이 장에서 논의되었으며, 실외 환경은 9장에서 언급된다. Reggio Emilia 학교는 교실에서 환경을 제3의 교사로 간주한다(Edwards, Gandini, & Forman, 1998). 교실의 활동 영역들은 아동들에게 다양한 경험을 하게 한다. 몇 개의 공통 영역은 블록, 집, 특정 사회극 놀이 영역이다.

블 록

나무 블록보다 더 확실한 교육과정은 아마도 유치원에 없을 것이다. 전에도 언급했듯이 나무 블록은 오래 전부터 유아교육에서 중요한 역할을 해왔다.

놀이를 격려하기 위해, 블록 영역은 복도에서 멀리 떨어져 있어야 한다; 낮은 선반에는 무거운 블록을 놓는다; 모든 선반에는 블록의 이름을 붙여 놓는다. 여러 종류의 소품들을 비치하여 가장 놀이나 복잡한 놀이를 촉진하도록 한다. 쓰기 자료들과 함께 벽에 블록 구조물의 명칭과 차트나 그림을 붙여 놓으면 학습이 촉진된다. Plexiglas 유리 책상이나 거울을 설치해 놓으면 블록 영역이 더 즐거운 곳이 된다.

블록 놀이 영역에서 이루어지는 구성 놀이는 연습 놀이와 상징 놀이가 혼합된 것이다. 아동들은 블록을 쌓고, 건축물을 구성하고 창조하면서 그 구조물들이 자기가 원하는 어떤 것인 양 가장한다. 이러한 과정을 진행하는 동안 아동은 빨리 다시 가상 세계에서 실제의 건축물로 돌아간다. 만들고 그것을 무엇인가로 가장하는 행동들은 아동의 정신적 민첩성을 촉진시킨다.

블록 놀이는 공간과 외형적인 형태를 이해할 수 있는 능력을 촉진시킨다. Wolfgang과 Wolfgang(2002)의 최근 연구들은 이러한 이론을 지지해 준다. 그들의 연구에 의하면 높은 수준의 블록 놀이를 하는 아동들은 고등학교에서 높은 수학점수를 받았다. 또 다른 연구는 블록 놀이가 유치원 교실에서 가치 있는 활동임을 지지해 주고 있다.

집 놀이 영역

집 놀이 영역은 연극과 사회극 놀이를 촉진한다. **연극 놀이**는 아동이 가작을 하기 위해 상징을 사용할 때 발생한다. 사회극 놀이는 그룹의 아동들에게 대본을 나누어 주고 함께 놀이하는 기술을 발달시킨다는 점에서 다르다. 유치원 아동들은 가장 놀이를 가장 많이 하며, 집 놀이 영역에서 여러 가지 다양한 놀이의 대본을 만들어낸다. 유치원기 이전의 아동들은 유치원기의 아동들에 비해 놀이 대본이 단순하다. **놀이 대본**은 사회극 놀이가 진행되는 동안 일어나는 대화와 상호작용을 묘사하기 위해 사용된다. 아동들은 특별한 역할을 가정하고 지정한다. 이러한 놀이를 통해 아동은 세상에 대한 지식을 확고히 한다. 모든 아동들에게 사회극 놀이의 발달을 촉진시키기 위해 집 놀이 영역에는 여러 다양한 문화를 대변할 수 있는 자료들을 비치해 놓아야 한다. 집 놀이 영역에는 다양한 문화에 관한 자료들을 시대별로 비치해 놓을 수 있다. 문화 상자는 모든 아동들이 서로 다른 문화권에서 왔다 하더라도 교실 안에서 비슷한 물건을 갖고 있다는 것을 알도록 해 준다.

집 놀이 영역에 비치된 다양한 문화권의 물건들을 보면서 아동들은 전 세계 어디에서도 동일하게 음식, 집, 옷들이 필요하다는 것을 이해하게 된다. 집 놀이 영역에는 가스레인지, 냉장고, 싱크대 등 음식을 준비하기 위한 도구들을 비치하여 활용할 수 있다. 또한 식탁, 접시 그리고 인형을 위한 유아용 침대 등을 비치한다. 모든 자료들을 보관하기 위한 보관함이 사용 될 수 있으며, 이름을 적어 놓는다. 옷 입히기는 가장 놀이를 촉진시키기 위해 사용되고, 단추 채우기, 끈매기 등과 같은 자료들은 자조 기술을 익히기 위해 사용된다. 갈고리 행거, 캐비닛 등은 자료들을 보관하기 위해 사용한다.

특별한 사회극 영역

집 놀이 영역에는 일반적인 집 놀이를 할 수 있는 부분을 할당하고 그 외에 치과 영역 등의 특별한 사회극 놀이를 하기 위한 영역을 마련한다. 이것은 아동이 치과를 방문하고 다시 집으로 돌아올 수 있게 하기 위함이고, 여러 아동 그룹에서 가장 놀이를 촉진하기 위함이다. 이 영역들은 아동들의 흥미가 증가하거나 감소하는 등 변화하기 때문에 2~3주 단위로 변화시켜야 한다. 아동들에게 특별히 흥미를 주는 사회극 놀이 영역들은 병원, 치과, 애견숍, 꽃집, 식당, 야채 가게, 옷 가게, 컴퓨터 가게, 동물 병원 등이다. 아동들에게 친숙할 수 있도록 영역을 꾸미면 아동의 가장 놀이가 촉진된다. 아동은 청진기를 들고 심장 박동을 듣거나 맥박을 짚어 보는 의사 역할을 해 볼 수 있다. 정서적인 문제가 개입된 상황에 대한 역할 놀이를 하면서 아동은 상황에 대한 대처 능력이 생기며, 이를 통해 감정이 정화된다.

소품 상자

5장에서 언급한 것처럼 소품 상자는 특별히 이 연령대의 아동들에게 유익하다. 소품 상자는 사회극 놀이를 촉진하기 위한 자료들을 보관하기 위해서 사용된다. 사회극 놀이 영역은 방의 한쪽 공간에 고정되게 설치할 수 있으며, 소품 상자는 이동 가능해야 한다. 소품 상자는 밖에서 가져올 수 있고 혹은 책 영역에 비치할 수 있다. 특별히 소품 상자는 은행, 캠프, 여행사, 건축물 등 주제별로 구성할 수 있다. 유치원에 있는 소품 상자들은 유아원 교실에 비치되어 있는 것들보다 좀더 복잡한 자료들이 포함되어 있다.

미술 영역

미학에 기초한 프로그램에서 미술 영역은 놀이를 위한 중심 영역이다. 미술 영역은 아동들이 물감이나 다른 감각 자료들을 갖고 매일의 일과 안에서 무엇인가를 창조할 수 있는 기회를 제공해 준다. 미술 영역에는 좋은 물감, 여러 종류의 크기가 다른 종이, 붓, 아동용 가위, 여러 다른 유형의 반죽 놀이와 창작을 위한 자료들을 구비해야 한다. 포스터를 만들기 위해 스탬프도 준비해야 한다. 아동들이 도움 없이 혹은 도움을 받아 사용할 수 있는 미술 영역은 언어, 문해, 쓰기, 창의성 등을 촉진한다.

모래와 물 영역

Montessori는 어린 유아에게 감각적인 자료가 유용하다는 것을 최초로 주장한 사람이다. 물놀이 영역에서 아동들은 여러 종류의 배를 띄우고 침몰시키는 실험을 할 수 있다. 물의 흐름과 강도는 물을 쏟고 펌프질해 봄으로써 탐색할 수 있다. 모래는 조작하고, 쏟고, 움직여 볼 수 있는 감각적인 재료이다. 모래로 마을과 집들을 건축할 때 소품들이 보조적으로 사용될 수 있다. 놀이를 확장하기 위해 측정 도구들을 비치하여 활용한다.

장난감과 퍼즐

이 영역에서는 상징 놀이와 간단한 규칙 있는 게임을 할 수 있다. 아동은 퍼즐을 조작함으로써 문제를 해결할 수 있다. 게임 놀이와 로토 놀이를 통해 아동은 규칙을 알게 된다. 또한 조작적인 장난감 놀이를 통해 아동의 지각과 소근육 운동 기술이 발달된다. 이 영역은 아동과 일대일 놀이를 통해 특별한 기술들을 발달시킬 수 있는 유일한 영역이다.

책 영역

책 영역은 유치원 교실에서 특별히 중요한 영역이다. 많은 교사들은 아동에게 조용한 영역을 제공하기 위해 다락방 같은 것을 만들기도 한다—이러한 영역은 물리적으로 교실의 다른 영역으로부터 분리되어 있다. Plexiglas 유리는 안전한 반투명의 울타리 역할을 할 수 있다. 책 영역에 비치되어 있는 책은 질적으로 우수한 책이어야 하며 주기적으로 교환한다. 책 영역에는 카세트테이프로 들을 수 있는 책들, 책에 나오는 주요 인물들을 설명하기 위한 융판과 글자들도 비치되어 있어야 한다. 여러 수준의 다양한 책들이 학급에서 활용되어야 한다.

컴퓨터 영역

대부분의 유치원 영역에는 적어도 한 대 이상의 컴퓨터가 비치된 영역이 있어야 한다. 한두 명의 아동들이 주도적으로 컴퓨터 영역을 사용하는 것은 바람직하지 않으며, 일과 속에서 아동들이 교대로 사용할 수 있도록 한다. 컴퓨터 프로그램에는 유치원 교사들이 활용하기에 적합한 쓰기 활동을 촉진하는 프로그램이 많이 있다. 아동들은 이야기를 쓰거나 받아쓰기를 할 수 있다. 그림이 첨부될 수도 있으며, 부모님이나 다른 성인들과 함께 놀이를 할 수도 있다.

기 타

어떻게 시작할까? 언제 시작할까? 어떤 요소가 중요한가? 표 6-4에서와 같이 두 명의 유아교육자들이 전통적인 영역 안에서 어떻게 프로그램을 재구성하는지 살펴보라.

표 6-4 그들 자신의 단어들

학급의 공간 디자인을 통한 사회극 놀이의 촉진

Arizona 주립대학의 Pradnya Patet 철학박사
Arizona 주립대학의 유아 프로그램 담당자인 Britta Pells

왜 유아가 좁은 길을 기어다니는 것을 좋아하는지 혹은 완충 장치가 있는 곳에서 트램폴린 안으로 뛰는지 생각해 본 적이 있는가? 우리가 그러한 생각을 해왔든 하지 않았든 상관없이 우리 모두는 공간의 구성과 자료들에 의해서 영향을 받는다. Kritchevsky, Prescott Walling(1969)이 주장한 "아동들은 공간적인 내용과 배열에서 제시한 대로 행동한다."(p. 152)라는 사실을 강력하게 지지한다. 잘 구조화된 물리적 환경은 아동들의 놀이 수준에 많은 영향을 미친다.

잘 구성된 물리적 환경은 놀이와 학습의 모든 측면에 효과적이며, 특히 가장 놀이에 관한 물리적 환경의 효과에 초점을 맞추어 연구가 이루어졌다. 일반적으로 아동은 가장 놀이를 하는 동안 여러 다른 수준의 인지적 · 사회적 발달을 보인다. 이러한 발달 수준은 아동의 생활 연령, 발달 연령과 관계가 있다. 놀이의 발달은 인지적으로 볼 때 기능 놀이로부터 상징 놀이 그리고 역할 놀이 순으로 발달하며, 역할 놀이는 궁극적으로 사회극 놀이로 발전한다. 또한 사회적 측면에서의 놀이의 발달은 방관적인 놀이에서 단독 놀이, 병행 놀이, 연합 놀이 그리고 마지막으로 협동 놀이로 발전한다(자세한 내용은 1장을 참조).

우리는 공간을 재구성할 방을 예비 관찰하였다. 관찰 결과 아동들 상호작용의 대부분은 병행 놀이나 연합 놀이로 제한되어 있었다. 관찰된 공통의 행동들은 아동들이 서로의 행동을 모방하는 것, 짧게 같이 놀이하는 것, 공격적인 상호작용, 놀이 자료의 일반적인 사용 등이다. 아동의 가장 놀이는 어른에 대한 역할 놀이로 제한되어 있었으나 가끔은 어떤 주제를 계획하기 위해 협동하기도 하였다. 관찰된 아동들은 3~5세이며, 이러한 행동들은 이 연령대의 유아들에게는 일반적이지만 만약 방의 구조를 변화시키면 그들의 놀이가 변화하고 더 높은 수준의 놀이를 할 수 있는지 궁금했다.

방은 두 개의 측면을 강조하여 다시 재구성하였다. 첫째, 영역을 실제와 거의 흡사하게 구성하여 유아들의 가장 수준을 촉진하여 사회극 놀이를 할 수 있도록 했다. 둘째, 작고 잘 정돈되었으나 분리되지 않은 피난처와 같은 역할을 하는 공간을 유아들에게 제공하였다. 그 결과 그곳에서 유아들의 언어는 정교한 수준에 이르고 사회극 놀이를 촉진했다. 물리적인 환경이 제일 우선이라고 강조했음에도 불구하고 사회극 놀이를 촉진하기 위해서 교사의 적극적인 개입도 역시 필요하였다.

표 6-4 그들 자신의 단어들(계속)

실제 상황과 비슷하게 영역 구성하기

일반적으로 주출입구 반대쪽 벽의 한쪽 구석에 부엌을 만들고 다른 쪽에는 다락을 만드는데, 그 사이에는 분장한 소품들을 빼곡히 진열한다. 전체 영역은 물 영역이나 장난감들과 마찬가지로 부엌, 의류 및 액세서리를 위한 소품들을 위한 창고 기능을 한다. 그러므로 모든 자료들은 철저히 탐구된다. 사회극 놀이를 위한 무대를 만들기 위해 분장실을 없애고 그것을 방의 다른 쪽에 배치하고 부엌으로 가는 다락방 층계를 교대로 배치시켰다.

새로운 위치에 놓여진 다락방은 책이 있어서 더 서재처럼 보이고 부엌을 확장한 것처럼 보인다. 다락방에 놓여진 부드러운 베개와 천들이 이전의 활동적인 놀이인 읽고 기어오르고 하면서 발생되었던 소음을 감소시킨다. 다락방은 지금은 아동들이 그 위에서 아래에서 행해지는 놀이를 관찰할 수도 있고, 놀이에 참여할 수 있는 적당한 순간을 포착할 수도 있는 공간으로 이용되었다. 한 아동이 다락방에서 아래에 있는 부엌을 쳐다보면서 말을 한다. "얘들아! 저기 아래에서 팬케이크를 만들고 있다. 내려가자." 실제적인 세상과 비슷한 상황들은 아동들에게 분리된 소품들의 구색들보다 전체적인 상황을 제공해 준다.

부엌 영역을 실제 집에 있는 부엌과 같은 느낌이 들게 하기 위해서 싱크대 위에 인공적인 창문을 만들고 꽃들을 놓고, 냄비, 프라이팬, 행주를 걸어 놓을 수 있는 페그보드를 놓았다. 우리는 또한 다리미판 위에 있는 벽에 진짜 전화기를 매달았다. 이와 같이 새로 단장된 영역은 미적인 아름다움 외에도 아동들의 사회극 놀이에 변화를 가져 왔다. 그들은 인형의 옷을 다리면서 전화기를 귀와 어깨 사이에 걸치고 가상적인 대화를 하기 시작했다. 요리하고 그것을 먹는 전형적인 병행 놀이는 아동들이 테이블에 둘러앉아 차를 마시는 협동 놀이로 변화하였다. 다음 해 학기 초에 벌써 새로운 아동들에게서 좀더 사회적 수준이 높은 놀이를 관찰할 수 있었다.

주된 테마와 관련하여 소품들을 배열시킴으로써 전체적인 상황을 보다 잘 연출할 수 있음을 발견했다. 첫째 날에 분장실에서 극장 놀이에 적합한 소품들을 골랐다. 우리는 의상들과 의자들을 진열하고 이용할 수 있는 티켓들을 만들었다.

몇 명의 아동들이 즉시 연기하기 위해 의상들을 입었고 다른 아동들은 방청객의 역할을 하고 표를 샀다. 아동들은 극장의 입장과 극장 안에서의 적절한 행동 수칙도 만들었다. 연극 대본을 만들기 위해 아동들은 여러 다른 수준에서 나름대로 참여했다. 상징 놀이를 하기 위해 아동들은 자신들의 주먹을 마이크로 사용했다. 몇 명의 아동들이 "목걸이를 달고 여기에만 있을 수 있다."는 등의 법칙을 정하면서 역할 놀이의 초기 단계로 진입하고 있는 동안, 어떤 아동들은 연기자 혹은 관객의 역할을 했다. 역할 놀이를 할 수 있는 의상들을 진열함으로써 아동들은 소품들을 보다 명확히 눈으로 볼 수 있어서 소품에 대한 근접성을 높여 주었다. 따라서 전체적으로 조화된 물리적인 환경이 중요하다는 사실을 다시 한 번 확인할 수 있었다. 개방형 주제를 제시하기 위한 소품들을 연결시킨 것은 아동들의 가장 놀이가 초지일관된 형태로 나타날 수 있도록 촉진하였고 그 결과 아동들의 상징 놀이 수준이 더 높게 향상되었다. 이러한 가장 놀이가 나타나게 하기 위해 우리는 어떤 것도 계획할 수 없다. 주제 영역은 사회극 놀이의 발달에 중요하다는 것을 보여 주었고(Woodard, 1984), 공간을 디자인하는 것은 사회극 놀이의 출현에 큰 영향을 미친다는 것을 알았다.

표 6-4 그들 자신의 단어들(계속)

사적이고 정교한 대화를 위한 비밀 장소

공간을 재구성하기 전 방을 관찰했을 때 작은 비밀 장소가 필요하다는 것을 발견하였다. 교사는 아동의 안전을 고려하여 소란스러운 놀이를 감소시키기 위해 다락방의 한쪽 구석에 텐트를 쳤다. 순식간에 텐트는 완성되었고, 그 안에서 협동 놀이가 진행되었다. 여자 아동들이 인형을 가져왔고 어린 아기를 돌보면서 집 놀이를 했다. 텐트 밖에서 뛰면서 소란스럽게 아동들이 놀이를 하는 동안 텐트 안에서 사적인 대화가 이루어지는 것을 보는 것은 흥미 있는 일이었다. 텐트는 시끄러운 활동들 속에 피난처를 제공해 주었다. 우리는 공간을 재구성할 때 다락방과 같은 가장 영역을 만들었고 이것은 텐트 같은 소품, 냉장고 상자 혹은 요구가 발생할 때 기어들어 갈 수 있는 큰 상자 등으로 만들었다. 우리는 피난처라고 생각하지 못했던 한 영역에서 매우 흥미로운 것을 발견했다.

다락방 근처에서 일어나는 소란스러운 행동을 제어하기 위해 우리는 적합하고 안전한 통로를 만들었고 기고 싶은 아동들의 육체적인 요구가 발생할 것을 인식하여 그 길을 따라 기어다닐 수 있도록 하였다. 가장 흥미 있는 놀이 중의 하나가 다락방 밑에 만든 이 작은 공간에서 발생하였다. 두 명의 여자 아동과 한 명의 남자 아동이 다락방 아래에서 조용한 놀이를 하기 위해 몇 개의 인형을 집었다. 그 남자 아동이 놀이를 위한 대본을 즉시 만들었고 여자 아동들에게 역할을 말하였다. "아기를 데리고 자러 가고 나는 가게에 간다." 여자 아동들은 자는 체했으나 아기를 데리고 가진 안았다. 남자 아동은 역할에서 무언가 빠진 것을 알았고 "무엇이 잘못됐지? 왜 너는 내가 나가는 동안 아기를 돌보지 않았니?" 하고 질문했다. 놀이는 각각의 아동들이 맡은 역할을 함으로써 다른 주제들로 진행되었다—남자 아동은 왕이 되고 두 여자 아동들은 공주가 되었다. 좋은 사람들의 역할을 기꺼이 하고 상상해서 만든 나쁜 사람의 역할도 했다. 좋은 사람들이 죄 없는 아기를 나쁜 사람들로부터 구해냈다. 그들은 정리 시간이 될 때까지 많은 자세한 부분들을 연기해냈다.

사회극 놀이를 위한 공간을 연출할 때 필요한 것이 숨을 수 있는 공간이라는 우리의 믿음은 확실했다. 때때로 아동들은 자기 스스로 놀이 하는 것을 좋아하고, 공포, 웃음, 두려움 등의 주제를 연기할 때 성인들의 참여를 원치 않을 수도 있다. 이러한 숨을 수 있는 공간은 아동들이 사적인 시간을 갖고 싶을 때 교실의 다른 아동들에게서 뿐만 아니라 교사로부터 피할 수 있는 공간을 제공해 준다. 이러한 종류의 상황을 가능케 하기 위한 물리적 공간은 중요하다—물론 모든 시간에 성인의 감독이 필요하다는 것은 명심해야 한다.

수주 후 아동들의 놀이는 다시 병행 놀이로 퇴행했다. 높은 수준의 놀이는 새로운 주제나 소품들이 소개되고 성인이 아동의 놀이에 개입할 때 이루어졌다. 연구들에 의하면 아동의 놀이에 있어서 성인의 개입은 어떻게 개입하느냐에 따라서 놀이를 상당 부분 촉진시키고 오래 지속할 수 있도록 해 주거나 아니면 놀이를 방해한다(Johnson, Christie, & Yawkey, 1999). 환경을 계획함으로써 놀이의 새로운 측면을 제시하고자 할 때는 아동의 놀이에 보조자의 역할을 하거나 높은 수준의 놀이를 촉진하기 위한 아동의 주도에 따르는 것이 좋다. 놀이가 소개될 때 아동의 개입 수준은 놀라울 정도다. 아동은 더 이상 한 영역에서 다른 영역으로 돌아다니면서 가끔 사회적인 상호작용을 하고 이 장난감, 저 장난감을 만지는 행동을 하지 않는다. 개방적이고 응집력 있는 상황이 제공되면 아동의 놀이는 의미 있게 전개된다.

주의 깊게 제공된 물리적 환경은 이러한 상황을 제공할 수 있지만 성인이 개입되었을 때의 효과만은 못하다. 반대로 아동들에게 의미 있는 대화를 할 수 있게 해 줌으로써 더 높은 수준의 놀이를 하고, 교사가 훈육할 필요가 있는 상황을 최

표 6-4 그들 자신의 단어들(계속)

<table>
<tr><td>소화시킬 수 있는 그러한 잘 정비된 물리적 환경은 교사 개입의 효과를 더 증진시킬 수 있다. 이탈리아 Reggio Emilia 유아학교 교사들은 물리적 환경은 두 학급의 교사를 연결시켜 줄 수 있는 제3의 교사로 간주하며 우리는 전적으로 그러한 생각에 동의한다(Gandini, 1998). 편안한 환경은</td><td>아동에게 내적인 균형감을 제공하고 이러한 내적인 균형감은 아동의 학습 기회를 증진시킨다. 아동을 위한 이러한 환경의 중요성은 Ceppi와 Zini가 언급한 것처럼 "아동들은 사려 깊게 계획된 공간에서 교육 받을 권리가 있다."라는 말로 요약할 수 있다(Tarr, 2001).</td></tr>
<tr><td colspan="2">

참고문헌

Gandini, L. (1998). *Educational and caring spaces.* In C. Edwards, L. Gandini, & G. Forman (Eds.), *The hundred languages of children: The Reggio Emilia approach-advanced reflections* (pp. 161-178). (2nd ed.). Greenwich, CT: Ablex.

Johnson, J. E., Christie, J. F., & Yawkey, T. D. (1999). *Play and early childhood development.* (2nd ed.). New York: Addison Wesley Longman.

Kritchevsky, S., Prescott, E., & Walling, L. (1999). *Planning environments for young children: Physical space.* In K. M. Paciorek & J. H. Munro (Eds.), *Sources: Notable selections in early childhood* (pp. 152-157). (2nd ed). Guilford, CT: Dushkin/McGraw Hill.

Tarr, P. (2001, May). *What art educators can learn from Reggio Emilia. In Art Education.* Retrieved August 2002 from http://www.designshare.com/Research/Tarr/Aesthetic_codes_3.htm.

Woodard, C. (1984). *Guidelines for facilitating sociodramatic play.* Childhood Education, *60*, 172-177.

Acknowledgement: We would like to thank the staff of the College of Education Preschool, Arizona State University for their active and collaborative participation in this project.
</td></tr>
</table>

Pradyna Patet and Britta Pells. 저자의 허락 하에 사용됨.

프로그램 모델

개별적인 영역과 흥미 영역에서 놀이를 촉진하기 위한 아이디어를 제시하였다. 교사는 이러한 아이디어들을 어떻게 정리할 것인지 결정해야 한다. 몇 개의 프로그램들은 지침서에 따라 수행할 수 있도록 되어 있다. 이러한 프로그램들은 나름대로의 이론적인 관점을 개발시킨 철학적 기초에 근거하고 있다. 어떤 기관들은 그들의 교육과정을 구성하기 위한 하나의 틀로써 이러한 프로그램을 선택하고, 놀이의 유형은 이러한 선택된 프로그램의 영향을 받는다. 이 장에서는 몇 가지의 프로그램에 대해 언급하고 있다. 전통적인 미국 유치원 교육의 모델은 초기 모델에서 제공되었던 절충적인 이론적인 근거에 기초하고 있다. 구성주의는 유치원에서 가장 일반적으로 사용되고 있는 접근이다. 또 다른 모델로는 프로젝트 접근법, High/Scope 프로그램, Bank Street 프로그램, Creative Curriculum 및 Reggio Emilia 등이다. 이러한 프로그램들이 활용할 수 있는 프로그램들의 전부는 아니지만 일반적으로 많이 알려져 있고 이미 앞 장에서 언급해 왔던 프로그램들이다.

전형적인 유치원 프로그램

수년간에 걸쳐 미국에서 발달되어 왔던 전통적인 모델은 일과와 활동들이며, 이러한 일과와 활동들은 몇 년간 유치원에 종사했던 사람들에게는 익숙하다. 이러한 전통적인 모델은 아동의 전인 발달에 초점을 맞추는 프로그램이며, 전인 발달이란 인지적 · 사회적 · 언어적 · 육체적 발달을 지칭하는 것으로 아동을 전체적인 시각에서 보는 것을 의미한다.

유치원의 하루 일과는 보통 그룹 간의 경험 교류를 위한 아침 만남으로 시작된다. 노래, 율동 등이 그룹 활동에 포함된다. 그 다음에는 실내와 실외에서 놀이가 행해지고, 중간에 점심을 먹게 된다. 그 후 아동들은 동화를 듣고 낮잠을 잔다. 낮잠을 자고 난 후에 놀이하고 노래 부르고 집으로 돌아간다. 물론 프로그램의 특별한 점을 강조하는 다른 교육과정 접근이 있지만, 거의 모든 프로그램들이 위에서 언급한 일반적인 접근을 다소 변경한 것에 불과하다.

아동은 일과를 유치원의 규정으로 간주하기 때문에 규칙적인 일과를 통해 하루의 생활을 예견할 수 있다. 하루의 활동들을 생각해 본다면, 몇몇의 활동들은 매일매일 이루어지는 일과로 볼 수 있고 다른 활동들은 특별한 계획을 요하는 활동이다. Maslow의 이론에 기초하면 일과는 유아가 안정감을 획득하는 데 도움을 준다. 유치원의 시간 운영은 융통적이어야 하기 때문에 시간에 관해 엄격히 규제하지는 않는다. 전형적인 유치원의 일과는 아래와 같다:

1. 아침 인사
2. 오전 모임
3. 영역별 놀이

움직임은 오전 모임의 중요한 요소이다.

4. 실외 놀이
5. 점심
6. 이야기 시간
7. 수면
8. 영역별 놀이
9. 휴식
10. 오후의 서클타임
11. 하교

일과에 대한 자세한 사항은 다음 절에 설명하였다.

아침 인사

아동들은 학교에 도착해서 개별적으로 교실에 들어온다. 아동이 복도, 식당, 강당에서 교실로 들어갈 때까지 기다리기가 불편했기 때문에 마침내 교실로 들어갈 때는 즐거운 마음으로 환성을 지르게 된다. 아동들은 개별적으로 교실로 들어갈 수 있으며, 선생님과 다른 아동들에게 인사하고 그들의 이름이 적혀 있는 사물함에 물건을 집어넣고, 외투를 건 후, 산수 게임, 책, 조작 활동이나 다른 활동들을 선택하여 놀이를 한다. 아동에게 일과를 제공함으로 아동은 육체적 · 심리적 안정을 취하게 되고 자율성과 자아개념의 발달을 촉진시킨다. 자율성의 신장은 교육의 궁극적인 목적이다(Kami & Houseman, 1999). **자율성**이란 자신에 대해 신뢰하며, 독립적인 행동을 하는 것이다. 아침에 아동들에게 여러 가지 활동 중에서 선택하도록 하는 것은 중요한 일이다.

아침과 오후에 행해지는 전이시 문제가 가장 많이 발생할 수 있다. 따라서 아동에게 활동을 선택하게 하여 문제행동을 최소한으로 줄이고 아동의 자아존중감을 높인다.

오전 모임

유치원은 경험을 나누고 그룹으로 활동하는 곳이다. 아침 만남은 그룹으로 함께 하고, 새로운 뉴스를 교환하고, 그날의 활동들에 대해 보여 주고, 말하고 토론하기 위해 유아들에게 제공되는 시간이다. 해를 거듭하면서 아침의 활동들이 두 시간 이상 지속되게 되었고, 그것은 유아들이 조용히 앉아 있기에는 너무 긴 시간이다. 짧은 시간 동안이나마 아동들은 함께 할 필요가 있기 때문에 아침의 만남은 다른 어떤 시간보다 중요하다. 그들은 공유할 수 있는 것들이 필요하다. 보여 주고 말하는 것은 효과적이며 만일 교사들이 부모에게 편지로 유아가 아침 시간에 말하고 보여 줄 것을 가져오는 것에 대해 세부적인 지침을 제공한다면 유치원의 의도와 크게 벗어나지 않고 시행할 수 있을 것이다(부모에게 주는 첫 번째 지침은 비싼 장난감을 유치원으로 가져오지 않게 하는 것이다). 유아들이 두 시간 이상 앉아만 있을 필요는 없다. 아침 시간은 20분 혹은 그보다 더 적은 시간으로 제한해야 한다. 유아들이 영역들을 선택할 수 있도록 해야 하며, 그들은 자유롭게 그룹을 떠나거나 들어올 수 있어야 한다. 활동간 이동시 전이 활동을 한다. 유아들에게 영역을 선택하게 할 경우, 유아들에게 어떤 원칙 없이 좋아하는 영역을 선택하게 하면 자기가 좋아하는 영역을 차지하기 위해 빨리 뛰게 되어서 위험해진다.

전이 활동들

전이 활동이란 그룹의 유아들을 한 장소에서 다른 장소 혹은 한 활동에서 다른 활동으로 이동하는 것이다. 전이는 유아들에게 다음 활동에 대한 실마리를 제공해 주기 때문에 유용하다. 유아들은 무엇을 기대해야 되는지 알게 되고 활동을 수행하기 위한 계획을 세우게 된다. 어떤 전이 활동들은 유아들에게 특정한 색깔의 옷을 입은 유아들을 불러서 한 줄로 서게 한 다음 유아들에게 윗 글자와 아랫 글자를 주고 맞추게 한다.

아침의 활동 영역들

그림이나 글씨로 영역을 표시해 주어서 유아가 영역을 식별할 수 있도록 한다. 유아들이 영역을 선택할 수 있는 체계를 마련한다. 유아가 충분히 활동할 수 있도록 선택은 체계적이고 공정하게 이루어져야 한다. 유아가 그들이 선택한 영역으로 이동할 수 있는 기회가 주어졌을 때, 그들은 더 열심히 활동에 참여하고 좀더 복잡하고 고차원적인 놀이를 발달시킬 수 있다.

유치원에서 전통적으로 볼 수 있는 영역들은 블록, 집, 미술, 모래, 물, 책, 목공, 장난감과 퍼즐, 컴퓨터, 역할 놀이 영역들이다. 이러한 영역들에 대해서 앞 장에서 이미 언급했다. 유아들은 한 시간 정도 영역에 머무른다. 영역으로 가기 위해 유아들에게 벨을 울리거나 영역으로 가도록 요구하는 것은 적합하지 않다. 유아들이 영역을 자주 이동하면 그들은 놀이에 집중하는 기술을 습득하기 어렵고 오히려 집중하지 않도록 학습될 것이다. 그러나 유아들에게 한 영역에서 다른 영역으로 이동할 자유는 주어져야 한다. 어떤 일과에는 정리 시간이 필요하다. 교사들은 영역별 활동이 끝난 후에 정리를 도와주기 위해 다시 돌아와야 한다고 주장하였다. 영역별 시간 동안 교사는 방을 두루 돌아다닐 수 있다. 교사는 한 영역에서 다른 영역으로 돌아다니면서 유아들의 놀이를 관찰하거나 놀이에 직접 참여할 수 있다. 이 시간은 교사나 다른 성인들이 소그룹의 아동들과 함께 활동할 수 있는 부가적인 시간이기도 하다. 소그룹 활동에는 요리, 미술, 색칠하기, 평가 활동들이 포함된다. 어떤 학급에는 활동 중 배고픈 유아들을 위해 간식들을 제공하기도 한다. 유아들에게 그들이 선택하지 않은 활동에 참여하도록 강요해서는 안 된다. 다시 한번 강조하지만 모든 유아들이 그날의 모든 활동에 참여해야만 하는 것은 아니다. 유아들에게 스스로 활동을 선택하도록 하는 것이 더 바람직하다. 놀이가 끝나기 10분전에 방으로 가서 유아들에게 놀이가 곧 끝난다는 신호를 주어야 한다. 5분전에 경고를 다시 준다. 정리할 시간이 되었을 때 클래식 음악이나 즐거운 음악을 들려준다. 유아들은 시끄러운 소리에 민감하게 반응하기 때문에 정리하기 위해 큰 소리로 신호를 보내는 것은 삼가야 한다.

전 이

유아들은 그들이 활동했던 영역을 정리한 후 손을 닦고 아침 만남 장소로 다시 돌아올 수 있다. 이 시간은 노래와 율동을 하기에 좋은 기회다.

오전 휴식

실외 놀이 역시 유치원의 전통적인 일과다. 유아들은 친구들과 실외 놀이를 함으로써 많은 유익을 얻을 수 있다. 그들은 활동적인 놀이에 참여함으로써 사회적·육체적 기술을 발달시킬 수 있다. 그들은 또한 게임을 통해 인지적·도덕적 발달을 한다. 이러한 발달은 유아들에게 만족스러운 성취 결과들이다. 교사는 놀이를 감독하기 위해 운동장을 돌아다녀야 한다. 유아가 놀이를 하는 동안 교사가 다른 성인들과 이야기하는 것은 바람직하지 않다. 실외 놀이 시간에 사고가 순식간에 발생할 수 있기 때문에 교사는 방심해서는 안 된다. 어떤 영역들은 실외에도 배치할 수 있다. 이것에 관해서는 9장에서 더 자세히 언급하고자 한다. 휴식은 적어도 15분에서 한 시간 정도가 적당하다. 안전 수칙: 추운 날씨에 실외로 나갈 때에는 유아가 적합한 옷을 입었는지 확인하고, 더운 날씨에는 썬 크림을 발라야 한다.

전 이

실내로 다시 들어갈 때 유아에게 항상 신호를 주어야 한다. 줄을 서서 실내로 다시 들어갈 때는 기차 놀이와 같은 즐거운 방법으로 유아들이 한 줄로 움직일 수 있게 해 주면서 운동장을 도는 것이 좋으며, 유아들에게 억지로 줄을 서게 하지 않는다. 유아들이 다시 교실로 들어오면 세면실에서 손을 씻고 점심 먹을 준비를 한다. 이미 손을 씻은 유아들은 다른 유아들이 다 손을 씻을 때 까지, 앉아서 그림을 그리거나 간단한 글을 쓰면서 기다린다. 점심을 먹기 위해 유아들이 식당으로 이동할 때 전이 활동을 할 수 있다.

점 심

교사는 유아와 함께 점심을 먹는다. 교사가 유아와 함께 점심을 먹음으로써 유아에게 먹는 습관에 대한 모델을 제공해 줄 수 있고 유아들이 식사하는 것을 감시할 수 있다. 어떤 공립학교에 있는 병설 유치원 교사들은 자유로운 점심 식사를 위해 점심 시간 동안 유아들을 혼자 남겨 놓는다. 그러나 유아들을 교실에 혼자 남겨 놓으면 많은 문제가 발생하고 휴식에서 돌아온 교사는 그 문제를 해결해야 하기 때문에 휴식을 취한 의미가 없어진다. 어떤 학급은 교실에서 점심을 먹으며, 교사는 유아들이 점심 먹는 동안 음악을 틀어주고 식사 후에 이를 닦게 하고 다 닦은 유아는 책 영역이나 다른 영역으로 이동하게 한다.

이야기 시간

이 시간은 책을 크게 읽기에 좋은 시간이다. 이야기 시간은 유아의 흥미에 따라 15분에서 40분 정도 지속하는 것이 좋다. 이야기 시간이 끝난 후에 유아들은 그들의 코트나 타월을 들고 휴식을 하기 위해 이동한다.

휴식 혹은 낮잠 시간

휴식이나 낮잠 시간은 유치원의 중요한 일과다. 유아에게 성인들과 똑 같이 하루를 휴식 없이 지내게 해서는 안 된다. 휴식 시간은 유아에게 이완할 수 있는 기회를 제공한다. 불을 끄고 잔잔한 음악을 틀며, 유아들이 집에서 들고 온 인형이나 다른 물건들을 껴안고 휴식을 취하도록 한다. 이 시간은 클래식 음악을 듣기에 좋은 시간이다. 어떤 유아들은 이 시간에 책 읽기를 좋아한다. 유아들에게 휴식도 선택 사항이 되어야 하지만 적어도 40분 정도는 휴식하도록 해야 한다. 휴식 시간이 끝나기 5분전쯤에 반쯤 깨어 있는 유아들을 부드럽게 깨우기 시작해야 한다.

낮잠에서 일어난 유아들에게 화장실에 갈 기회를 주고 물을 마시게 한다.

오후 영역 시간과 휴식

하루의 길이에 따라서 유아는 오후의 영역별 활동들을 하거나 휴식을 취하거나 혹은 이 두 가지를 다 한다. 아침 시간에 행했던 활동들에 대한 지침과 비슷하게 활동을 수행한다.

오후 모임

오후 모임 시간은 이야기, 노래, 연극, 하루 일과를 마치는 시간으로 사용된다. 하루 일과를 끝내는 시간은 20분을 넘지 않는 것이 좋다. 교사는 오전에 각각의 유아에게 개별적으로 인사한 것 같이 오후에도 개별적으로 유아에게 작별 인사를 한다. 이것은 또한 유아가 가정으로 돌아가는지 교사가 확인해 볼 수 있는 시간이기도 하다. 유아들은 가정으로 돌아가기 전에 자신들의 물건을 점검해 보아야 한다. 유아들은 집으로 돌아가기 전까지 학급에 머무를

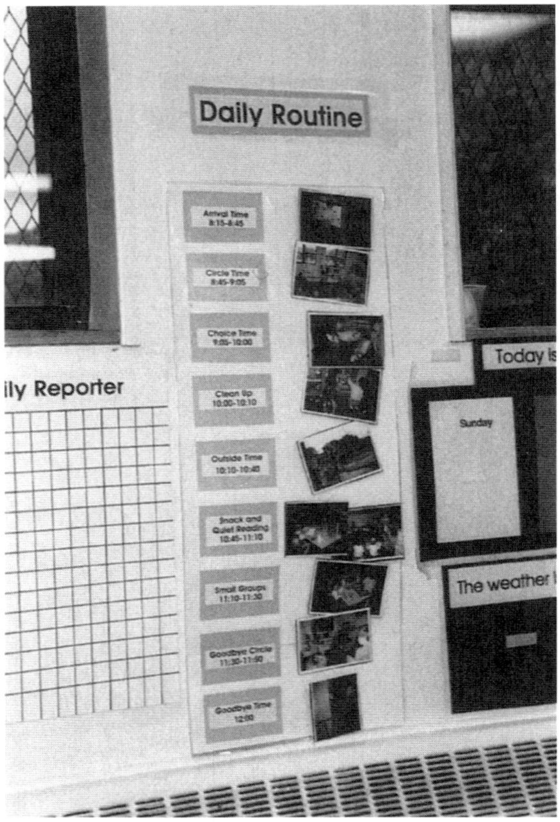

매일의 일과에서 놀이가 이루어지도록 한다.

수도 있고 운동장에서 놀이를 할 수도 있다. 카페테리아나 강당 등에서 아무런 활동도 하지 않은 채 유아들이 버스를 기다리는 것은 바람직하지 않다.

개 요

위에서 서술한 내용들은 전통적인 유치원에서 행해지는 하루의 일과에 대한 개요이다. 이와 같은 유치원의 하루 일과는 교사의 철학과 흥미, 주 정부의 지침, 학교의 방칙에 따라서 일반적으로 수정된다. 유아가 유치원에서 적합한 놀이 중심의 프로그램을 경험할 수 있도록 전달하는 사람은 교사이다. 어떤 교사들은 구성주의에 강한 영향을 받았으며, 구성주의는 4장에서 언급되었고, 이 장에서도 다시 언급되었다.

반일제 프로그램

반일제 프로그램은 아래와 같은 활동들을 포함할 수 있다:

1. 아침 인사
2. 오전 모임
3. 영역별 놀이
4. 실외 놀이

표 6-5 등교 첫날에 놀이를 촉진하기 위한 지침

1 놀이에 대한 경험이 없는 아동뿐만 아니라 경험이 있는 아동을 위해서도 계획을 세운다. 어떤 아동들은 유아원에 다녔기 때문에 놀이 경험에 대한 준비가 되어 있다. 반면에 어떤 아동들은 하루 종일 집밖에서 머무른 적이 없다.
2 제한된 수의 영역을 배치하라. 너무 많은 자료들을 제공하는 것은 아동을 과잉 자극하여 혼란스럽게 할 수 있다. 학기 초에 아동에게 적합한 영역들은 블록 영역, 집 영역, 조작 영역과 퍼즐, 미술 영역 등이다. 제한된 영역을 제공함으로서 아동의 상호작용과 교실 전체의 흐름을 관찰할 수 있다.
3 영역에 이름을 붙여서 아동이 어디로 가는지 알 수 있게 한다. 각각의 영역에 이름을 건다. 이름표는 볼 수 있도록 충분히 커야 하며, 두 개의 끈으로 묶어서 공중에 떠 있게 할 수 있다. 영역의 그림이 그려져 있는 하얀 도화지를 사용하여 시각적인 효과를 높여라.
4 아동들이 영역을 돌아볼 수 있게 하라. 아동들에게 영역을 보도록 하며, 자료들을 탐색해 보도록 하고 교실의 규칙을 만드는 것을 돕도록 하라. 영역별 시간이 끝나면 아동에게 정리의 중요성을 깨닫도록 한다. 아동들에게 교실이 낮 동안의 그들의 집이며 교사나 관리자가 많은 아동들을 위해 대신 장난감을 치워줄 수 없다는 것을 이해시키도록 하라. 선반은 명확하게 이름을 붙여서 아동들이 작업을 끝내고 그들이 사용한 자료를 다시 선반에 갖다 놓을 수 있도록 하라.
5. 아동들이 영역을 이동 할 수 있는 체제를 개발하라. 만약 당신이 전이 계획을 수립하지 않았다면, 아동들은 그들이 좋아하는 영역을 가기 위해 서로 밀치면서 넘어질 수 있으며, 처음 영역에 도착한 아동들끼리 다툼이 벌어질 수 있다. 등교 첫날에 일과에 대한 규칙을 정해 놓으면 1년 동안 발생할 수 있는 문제가 적어질 수 있다. 어떤 선생님들은 도표에 영역 이름을 작게 적어 놓고 아동들에게 영역을 선택하게 한다. 민주적인 학급을 운영하기 위해서 아동의 이름과 영역을 적은 카드를 만들어 영역선정을 위한 공정한 시스템을 아동들에게 경험하게 한다. 이러한 방식으로 아동들은 돌아가면서 첫 번째 영역을 선택한다.
6. 아동들에게 적어도 한 시간은 놀이할 수 있도록 한다. 놀이하는 동안 방해받는다면 아동들은 심층 깊은 놀이를 할 수 없다. 첫 등교일에 교사는 어떤 아동이 놀이를 잘하고 어떤 아동이 놀이하는 것을 지켜보는지 살필 수 있다. 놀이는 하지 않으면서 관찰만 하는 아동은 부가적인 지원과 시간이 필요할 수 있다.
7. 놀이 시간의 종료시 교사는 10분간 교실을 돌면서 아동들에게 놀이가 종료됨을 예고한다. 그런 후에 5분 정도 더 경고를 한다. 마침내 놀이가 끝났음을 불을 깜박이거나 벨을 울려서 아동들에게 알려준다. 아동들에게 내일 더 놀 수 있음을 알려준다.

5. 점심
6. 이야기와 그룹 모임
7. 하교

종일제 프로그램에 포함되었던 똑같은 활동들이 반일제 프로그램에도 포함된다. 이는 반일제 프로그램에도 많은 활동들이 포함되기를 원하기 때문이다. 그러나 양보다는 질적인 경험이 중요하다는 것을 잊어서는 안 된다. 반일제 혹은 종일제 프로그램을 운영하기 위해 표 6-5에 제시된 것을 참고하여 활용할 수 있다.

구성주의

구성주의는 유아가 환경과의 상호작용을 통해 자신의 지식을 구성한다는 개념에 기초한다. 구성주의는 인지적·사회적·상징적 구성주의로 해석된다. **인지적 구성주의**는 Jean Piaget의 이론에 기초하는 것으로 지식에 대한 유아의 내적 구성을 강조하고 있다. **사회적 구성주의**는 Lev Vygotsky의 이론에 기초한 것으로 유아의 지식 구성은 유아보다 더 유능한 다른 사람과의 상호작용을 통해서 이루어질 수 있다고 본다. **상징적 구성주의**는 Jerome Bruner에 의해 영향을 받은 것으로 유아의 지식 구성은 이야기체와 같은 상징적 시스템을 통해 발달한다고 하였다.

유아교육은 Piaget의 이론에 기초한 구성주의에 의해 가장 영향을 많이 받았다. Rheta DeVries와 Betty Zan이 저술한 책『도덕적 학급, 도덕적 아동들: 유아교육에서 구성주의적 분위기 창출(Moral Classrooms, Moral Children: Creating a Constructivist Atmosphere in Early Education)』에서 유아교육에 대한 Piaget의 영향을 알 수 있다(1994). 이 책은 교사가 학급에서 어떻게 아동의 지적·사회적·도덕적·정서적·인격적 발달을 촉진할 수 있는지 그 방법에 대해서 서술하고 있다. 구성주의 모델은 전장에서 언급한 전통적인 유치원 모델과 다소 다르다. 개별적인 교사가 프로그램을 어떻게 해석하고 수행하느냐에 따라서 프로그램은 달라질 수 있다. 만약 전통적인 유치원에서 묘사한 것처럼 교사가 행동주의적인 관점을 갖고 학습시키며 일과를 활용한다면 영역별 활동들은 매우 지시적인 교사 활동이 될 수 있다. 반대로 교사가 구성주의에 영향을 받았다면 영역 활동에서 아동에게 선택할 기회를 더 많이 주기 위해 노력할 것이다. 구성주의 철학에 영향 받은 학급은 사회적 · 도덕적 · 인지적 문제들과 교사와 아동 사이의 상호적인 존경과 협력에 초점을 둘 것이다.

구성주의적 접근에 영향 받은 교사들은 아래에 언급할 프로젝트 접근법을 많이 사용한다.

프로젝트 접근법

프로젝트 접근법은 구성주의 접근법 특히 아동은 세상과 상호작용하면서 자신의 지식을 구성한다는 신념에 기초하고 있다. 프로젝트 접근법은 교육과정의 구성을 위해 프로젝트를 사용한다. Vygotsky의 사회 문화적 이론은 이 접근법의 기초가 되었다. 사회 문화적 이론에 의하면, 학습은 더 유능한 또래와의 상호작용을 통해서 이루어진다. 아동은 다른 사람의 도움을 통해 지식을 쌓고 그것을 자신의 것으로 활용한다. 프로젝트를 하는 동안 비판적 사고 기술과 창의성뿐만 아니라 탐구 능력도 발달한다. 프로젝트 접근법을 통하여 아동은 사회적 · 인지적 발달을 극대화할 수 있고 프로젝트를 통해 부모도 개입할 수 있다.

프로젝트는 1단계, 2단계, 3단계로 나누어진다(Helm & Katz, 2001). 프로젝트는 여러 형태로 성인 혹은 아동들에 의해서 시작될 수 있다. 예를 들어 성인이 책상 위에 단서가 들어 있는 봉투를 놓고 나감으로써 하나의 새로운 프로젝트가 시작될 수 있다. 아동들은 해답을 찾기 위해 여러 단서를 활용해 봄으로써 문제를 해결하려고 노력할 수 있다. 아동의 말에 경청하는 반응적인 교사는 아동에게 자극을 줄 수 있는 상황을 포착할 수 있다. 예를 들면 한 유치원 학급에서 어떤 아동이 또래들과 상호작용하기 위해 가져온 빵에 관한 책을 보고 있었다. 아동들은 그들이 먹는 여러 종류의 빵에 대해서 이야기하고 빵의 종류가 다양하다는 것에 놀라고 있었다. 그때 교사는 이 상황을 하나의 자극으로 사용하여 빵에 관한 KWL 차트(Know-Want to Know-Learn: 알기를 원하는 것에 대한 학습)를 그리기 시작했다. KWL 차트는 아동들이 무엇을 알고 있는지 무엇을 알기를 원하는지 그리고 그들이 무엇을 배웠는지에 관하여 시각적으로 제시할 수 있는 좋은 도구이다. 표 6-6은 차트의 실례이다. 유아에게 프로젝트 접근법을 사용할 때 고려해야 하는 가장 중요한 측면은 적합성이다.

표 6-6 KWL 차트

1단계	2단계	3단계
이 주제에 대해 우리가 알아야 할 것은 무엇인가?	이 주제에 대해 우리가 알고 싶은 것은 무엇인가?	우리가 배운 것은 무엇인가?

빵에 대하여 그들이 무엇을 알고 싶어 하는지 토의한 후 그들은 질문 목록을 만들었다. 이러한 질문 목록은 탐구 학습의 시발점이 된다. 한 그룹은 첫 번째 질문에 대해 연구했고, 다른 그룹은 두 번째 질문에 대해, 그리고 세 번째 그룹은 마지막 질문에 대한 해답을 찾으려 하였다. 첫 번째 그룹은 학급 내에서 얼마나 다양한 종류의 빵들을 아동들이 먹고 있는지 조사하기 위해 모든 사람들에게 질문했다. 그것을 바탕으로 그들은 일련의 빵 목록을 작성했다. "빵을 어떻게 만드는가?" 하는 질문에 대한 해답을 찾고 있는 그룹은 요리 프로젝트를 담당하였다. 지역의 빵집을 견학한 후에 식료품 가게에서 필요한 물건을 샀다. 아동들은 견본용 빵들을 진열해 놓고, 빵을 굽고 팔기 위한 빵 영역을 만들었다. 아동들은 역할을 가장해 봄으로써 상징 놀이에 참여할 수 있게 되었다.

그들은 영역별 활동을 충분히 한 후에 차트를 점검해 보면서 다음과 같은 사항을 살펴보았다. 그들이 빵에 대해서 무엇을 배웠는지? 그들은 또한 요리과정에 대해서 무엇을 배웠는지? 이러한 경험을 통해 더 배운 것은 무엇인지? 아동들은 음악, 미술, 연극, 이야기 활동들을 통해서 그들이 습득한 지식에 대해서 이야기를 나눌 수 있었다. 어떤 교사들은 아동들의 성취를 그림이나 비디오테이프 형태의 기록으로 남겼다. 아동들은 그들이 습득한 지식을 표현하기 위해 이야기, 그림, 음악, 디지털 카메라를 사용할 수 있었다. 부가적으로 이것에 관한 참고서적은 Katz와 Chard(2000)의 『아동의 정신에 참여: 프로젝트 접근법(Engaging Children's minds: The Project Approach)』 혹은 Helm과 Katz(2001)의 『어린 탐구자: 유아기의 프로젝트 접근법(Young Investigators: The Project Approach in the Early Years)』,

Judy Helm과 Sallee Beneke(2003)의 『프로젝트의 힘: 유아학급에서 발생하는 현실적 도전에 대한 대처-전략들과 해결책(The Power of Projects: Meeting Contemporary Challenges in Early Childhood Classrooms—Strategies and Solutions)』 등이 있다.

High/Scope

High/Scope는 본래 유아원 프로그램으로 개발되었으나 유치원 프로그램으로 적용되어 왔다. High/Scope 프로그램은 인지 강조 프로그램이다. 이 프로그램은 사회 도덕적인 발달보다는 인지적 능력의 발달에 초점을 두었다. High/Scope 프로그램은 계획-수행-점검하는 형식을 갖춤으로써 기존의 프로그램들과 차별적이다. 이 과정은 5장에서 설명하였다. 연구 결과들에 의하면 이 접근법은 효과적이다(Barnett, 1995). High/Scope 프로그램에 참가한 아동들은 다른 프로그램에 참여한 아동들에 비해 수행 수준이 더 우수하였다. 20년 이상이 지난 지금도 그 효과는 현저한 것으로 나타났다. 이러한 효과로 말미암아 많은 유치원에서 이 접근법을 활용하고 있다.

발달적 상호작용

이전에 논의했듯이 발달적 상호작용은 1920년대 이후 Bank Street에 의해 사용된 모델을 의미한다(Cuffro, Nager, & Shapiro, 2000). 이 접근법을 사용하는 유치원은 민주적인 견해를 강조하고 있다. 이 프로그램은 John Dewey의 영향을 받았다. 이 프로그램의 모든 측면에는 인간과 시민으로서 아동을 존중하고 있다. 학습의 강조점은 실내와 실외 환경에서 행하는 매일의 경험적인 활동이다. 실내 환경은 예술, 감각 경험, 음악, 율동, 대근육 경험, 블록 등이다. 정규 교육과정 안에는 외출 혹은 현장 견학이 주기적으로 행해지며 두 개 혹은 세 개의 그룹으로 이루어진다. 교육의 목표가 다소 구성주의적 접근과 비슷하다고 할지라도 Erikson과 Dewey의 영향이 더 지배적이다. Bank Street 프로그램의 기본적인 철학적 이념은 아동의 발달은 세상과 다른 사람들과의 사회적 상호작용을 통해서 이루어진다는 것이다. 이 접근법은 교육과정이 더 지시적이고 문해 능력에 초점을 맞추고 있다는 측면에서 구성주의와 상당히 다르다.

지시적인 상호작용 접근법에 의해 영향을 받은 유치원 교사들은 아동이 사회적 · 정서적으로 건강하게 성장할 수 있도록 돕는다. 가정에서 기관으로 전이를 용이하게 하기 위해 가정 방문과 사물에 대한 애착을 증진시키는 것은 Bank Street 프로그램에 의해 직접적 혹은 간접적으로 영향 받은 프로그램에서 사용하는 기법이다. Bank Street 교육과정의 중심은 사회 활동이고 이를 유치원의 교육 목표에 잘 접목시키는 것이다. 사회 활동은 아동에 강조를 둔 유치원 교육과정으로 여기-지금 교육과정(here-and-now curriculum)을 강조한 것이다. 예를 들면 단원은 "나", "나의 가족", "내 이웃" 등의 주제로 발전될 수 있다. 단원은 사회적 활동을 교수할 수 있는 하나의 장이며, 학급과 지역사회 안에서 경험을 전개한다. Bank Street 프로그램에서 아동과 교사에 의해서 제작된 책들은 활동 안에서 사용될 수 있는 실제 경험이다. 실례들은 웹사이트를 통해서 볼 수 있다.

창조적 교육과정

High/Scope와 Bank Street는 많은 연구가 이루어진 모델들이다. 창조적 교육과정은 전문적 발달과 어떻게 시스템을 실행할 것인지 지침을 제공해 주는 책들로 구성되어 있다. 이 접근법은 Piaget, Maslow, Erikson, Dewey의 이론들을 종합적으로 반영하고 있다. 유치원에서 적용할 수 있는 정보들은 5장에 언급했다.

Reggio Emilia

Reggio Emilia는 이탈리아 북부에 위치한 도시 이름이며 이곳에서 사회적 구성주의 원리에 기초해서 모델이 만들어졌고 그 후 이 도시의 이름이 모델명이 되었다. Reggio Emilia 접근법의 철학적 원리는 Loris Malaguzzi(New, 2003)가 Dewey와 Vygotsky의 이론을 재해석해서 만들었다. 첫눈에 이 프로그램은 전통적인 유치원 일과와 비슷한 것처럼 보인다. 아동들은 영역들과, 실외에서 놀이를 하고, 먹고, 휴식하고 그룹 활동들을 한다. 그러나 Reggio Emilia 프로그램은 아동들이 일과를 따르지 않기 때문에 전통적인 유치원 프로그램과 아주 다르다. 아동들은 일과를 따르지 않는 대신에 자신의 흥미와 탐구에 의해서 활동한다. 부가적으로 아동과 성인의 상호작용은 효과적인 기록들은 아동의 관점에서 세상의 모든 것을 알 수 있게 해 준다.

대부분의 유치원 학급에서 볼 수 있는 것과 아주 다르다. Reggio Emilia 프로그램의 아동들은 전통적인 유치원에서 프로젝트를 수행할 때보다 더 많은 성인의 비계 설정을 받는다. 예를 들면 영역별 활동시 실외와 실내 놀이를 같이 할 수 있도록 테라스의 문을 열어 놓는다. 만약 아동이 꽃그림을 그리면 아동은 꽃의 사실적 묘사를 위해 꽃을 가까이에서 관찰하도록 격려 받고 아동이 최선의 노력을 다하도록 계속적으로 격려 받는다. 이것은 미국의 유치원과 아주 다르다. Reggio Emilia 프로그램을 수행하는 아동들은 그룹으로 활동한다. 모든 아동들이 모든 활동에 다 참여하는 것은 아니다. 강조점은 그룹이 협력하여 프로젝트를 완성하는 것이다.

Reggio Emilia에 의해 영향 받은 학교의 평가는 매우 다르고 이러한 평가는 전 세계의 유치원에 영향을 미칠 가능성이 크다. 평가는 **포트폴리오**와 **기록철**들을 포함한다. 각각의 아동들은 활동을 통해 수집된 포트폴리오를 갖게 된다. 포트폴리오는 아동의 최고의 작품들에 대한 견본품들을 포함한다. 기록철은 한 아동 혹은 그룹의 수행에 기초하여 작성된다. 기록철은 한 아동 혹은 그룹이 어떻게 프로젝트를 전개해 나가는지 보여 준다. 아동들이 그들의 지식을 어떻게 구성하는지 보여 주는 방법은 다양하다. Reggio Emilia 학교의 기본적인 철학은 모든 아동들은 그들 나름대로 수백 개의 언어와 수백 개의 지식 탐구 방법을 갖고 있다는 것이다. 이러한 철학은 사회적 구성주의의 평가 방법에 영향을 받았으며, 전형적인 발달 규준에 초점을 맞춘 전통적인 유치원과 매우 다르다.

그 외에 Reggio Emilia에 관한 정보는 『진정한 유아기: 학급에서의 Reggio Emilia 탐구(Authentic Childhood: Exploring Reggio Emilia in the Classrooms)』(Fraser & Gestwicki, 2000), 『Teaching and Learning: Collaborative Exploration of Reggio Emilia Approach』(Fu, Stremmel, & Hill, 2002), 혹은 『작업을 위한 조기 학습 환경(Early Learning Environment That Work)』(Isbell & Exelby, 2001). 물론 고전에 해당하는 『아동의 100가지 언어: Reggio Emilia 접근법－진보된 영향(The Hundred Languages of Child- ren: The Reggio Emilia Approach－Advanced Reflections)』(Edwards, Gandini, & Foreman, 1998)은 Reggio Emilia에 관하여 초보자에게 추천할 만한 도서이다.

장난감, 퍼즐, 자료

장난감들과 자료들은 유치원의 깊이와 넓이를 더해 준다. 장난감들은 아동에게 손잡이를 열고, 장난감을 조작할 기회들을 제공하고 아동들이 그들의 소근육 운동, 지각 및 비판적인 사고 기술을 발달시키는 동안 즐거움을 느낄 기회를 제공한다. 좋은 퍼즐들은 아동으로 하여금 부분이 모여서 전체를 이루는 수학적인 개념을 학습할 수 있게 함으로써 아동의 문제 해결 능력을 발달시킬 수 있다. 학급의 선반, 보관함 등에는 많은 다양한 장난감들이 있다. 다양한 장난감은 지각 놀이 운동 단계에 있는 아동들, 극 놀이 혹은 사회극 놀이에 몰두하는 아동들, 게임 놀이를 하고 있는 아동들 모두에게 중요한 역할을 한다. 다른 아동들이 촉각적인 장난감을 갖고 놀이를 하는 동안 어떤 아동들은 더 상위의 장난감들이 필요하다. 중요한 것은 다양한 장난감을 구비해 놓는 일이다.

평가

평가의 오용과 남용은 불행하게도 지난 수십 년 동안 다른 어떤 요소들보다 유아의 놀이에 더 많은 영향을 미쳤다. 유치원에서 행해지는 평가는 다양한 형식적 · 비형식적 도구들에 의해 수행된다. 일반적으로 **선별 도구**는 학기 초에 사용된다. 선별 도구는 더 세부적인 평가가 필요한지 알아보기 위해 사용되며 그 이상은 아니다. 많은 젊은 부모들은 그들의 자녀들이 유치원에서 행해지는 검사에 대비해 준비할 수 있도록 이러한 선별 자료들을 사준다. 그러나 이러한 선별 도구는 결코 입학 시험용으로 사용되어서는 안 된다. 그러나 아직도 불행하게도 많은 학교들이 유치원의 입학을 위한 기준을 설정하고 있다. 선별 도구들은 대부분 검사에 있는 항목의 성취에 기초한 준거 지향 검사로서 이것을 통해 입학 점수를 매기는 것은 검사의 오용이라고 볼 수 있다. 가장 불행한 일은 유치원 교육이 꼭 필요한 아동에게 입학이 허용되지 않는 것이다. 선별 검사를 받을 필요성이 있는 몇몇 아동들에게 검사를 행하게 되며, 검사 점수가 오용될 수 있다. 선별 검사 도구로는 Gesell, Brigance, LAPP, McCarthy, Peabody 언어 선별 검사들이 있다. 이러한 모든 검사 도구들이 적합하게 사용되어야만 한다.

형식적인 평가

5장에서 언급한 것처럼 **형식적인 검사**는 한 해 동안 이루어지며 교육과정 중심의 진단 도구를 포함된다. 체크리스트, 범주 점수, 1년간의 기록들은 형식적인 검사 목적으로 사용될 수 있으며, 놀이를 평가하기 위해 사용될 수 있다. 놀이의 평가는 두 가지 측면이 있다. 첫째는 아동의 놀이 수준에 대해 규칙적인 간격을 두고 평가하는 것이다. 아동의 블록 놀이 수준은 어떠한가? 아동은 상징 놀이에 참여하는가? 아동은 다른 아동들과 함께 사회극 놀이에 참여하는가? 이러한 질문에 대답하는 것은 아동의 놀이 수준에 대한 윤곽을 제공해 준다.

놀이 평가에 대한 또 다른 측면은 다른 영역을 촉진하기 위한 방법으로 놀이를 사용하기 위해 행해지는 것이다. 아동의 언어, 계산, 문자 인식, 깡충 뛰기, 껑충 뛰기, 이름 쓰기 등의 능력은 놀이를 통해서 평가될 수 있다. 블록 놀이는 아동의 대칭, 도형, 공간 관계에 대한 이해를 평가하기 위한 상황을 제공해 줄 수 있다. 한 해 동안 아동의 놀이에 대해 체크리스트를 작성하며, 이러한 체크리스트는 아동의 성장과 발전에 대해 파악할 수 있게 해 준다. 이야기를 받아쓰게 함으로써 아동의 문해 능력을 발달시킬 수 있다. 이러한 형식적인 평가는 아동의 전인 발달에 대한 윤곽을 얻기 위해 사용되며, 진정한 의미의 평가라고 할 수 있다. **진정한 평가**는 아동의 성장과 발달에 관한 전체적인 그림을 그릴 수 있게 해 주는 지속적인 평가를 의미한다.

디지털 기술이 평가에 영향을 미치기 시작했다. 포트폴리오가 많은 유치원에서 평가서를 대신하게 되었다. 교사들은 1일 혹은 1주일 단위로 아동의 학급 활동을 파악해서 포트폴리오에 첨가한다. 이러한 기술은 예술 공동체에서부터 시작되었으며, Reggio Emilia 학교와 많은 질적으로 우수한 프로그램에서 성공적으로 수행되고 있다. 놀이는 아동의 기술 발달을 파악하기 위한 좋은 방법이다. 물놀이를 하고 있는 아동들은 물에 대한 물리적인 속성을 발견할 수 있으며, 이러한 발견은 다른 어떤 도구를 통해서도 이루어질 수 없는 것이다. 이것은 아동의 사고의 핵을 포착하고 평가에 대한 Vygotsky의 견해를 반영한다. 평가는 평가 도구에 따라서 변화될 수 있으며, 평가 기술은 더 정교화되었다. 놀이는 아동의 사고의 윤곽을 포착할 수 있는 완벽한 도구이다. 아동이 세상을 어떻게 파악해가는가를 이해하는 것은 아동을 다른 아동과 비교하는 것보다 훨씬 가치 있는 일이다.

이것은 선별 도구의 가치를 떨어뜨리려고 하는 것은 아니다. 적절하게 사용할 수만 있다면 선별 도구는 단기간에 아동에 대한 많은 정보를 제공해 준다. 중요한 것은 도구를 올바르게 사용하는 것이다.

누적적인 평가는 아동이 일정한 기간 동안 얼마나 많은 것을 학습했는지에 관한 정보를 제공해 준다. 누적적이라는 것은 결국 아동이 성취한 것에 대한 합계이다. 많은 유치원의 행정가들은 학기말에 표준화된 검사를 한다. 그러나 표준화된 검사는 이 연령층의 아동들에게는 적합하지 않다. 이 연령대의 아동들은 그들의 주의집중 범위와 지각 기술이 충분히 발달되어 있지 않다. 만약 표준화된 검사를 사용한다면 개별적으로 사용해야 한다. 5세 아동은 육체적 · 인지적 · 사회적으로 집단 검사를 수행할 준비가 되어 있지 않다 (Bredekamp & Copple, 1997).

놀이 조망의 반추

Jamal과 그의 가족은 학기 초에 매일 학교에 출석하는 것이 어려울 수 있다. 생태학적인 접근을 사용함으로써 교사는 Jamal의 가정환경과 문화와 관련하여 그를 이해할 수 있었다. 그녀는 학교에서의 Jamal의 놀이가 그의 가정에서의 경험을 반영하고 있다고 확신했다. 그녀는 Jamal의 학교에서의 놀이에 관해 그의 할머니와 이야기하기 위해 Jamal의 놀이를 관찰했다.

애착 이론에 대한 지식이 있는 교사라면 Jamal이 유치원에 올 때 집에 있는 장난감이나 동물 인형을 가져오도록 할 것이다. Jamal이 그런 가족에 대한 그림은 그가 가족으로부터 사랑받고 있다는 것을 보여 준다. 그는 활동 영역에서 놀이할 수 있고, 가족 영역을 방문하고 다시 놀이로 돌아올 수 있다.

놀이 중심의 교육과정은 Jamal에게 복잡한 개념을 학습하기 위한 기초적인 능력을 촉진시킬 기회를 제공해 준다. 사회극 놀이는 상징적인 단어와 몸짓을 사용함으로써 Jamal에게 상호적인 사회적 놀이에 참여할 수 있는 능력을 개발시킬 수 있게 해 준다. 만약 그가 아기의 역할을 해야 한다면 그와 그의 동료들에게 그가 확실히 아기의 역할을 연기하고 있다는 것을 보여 주어야 한다. 실수 역시 학습하기 위한 기회가 될 수 있다. 놀이를 통해서 그는 부족한 기술을 발달시킬 수 있으며, 이런 기술의 부족은 그에게 학교에서 새로운 자료를 사용해 보도록 격려하는 기회를 제공해 줄 것이다. 추상적인 활동에 참여함으로 그는 상징을 보고 그것을 소리와 의미로 연결시킬 수 있게 된다. Vygotsky(1978)가 처음으로 놀이를 아동의 학습 수단으로 사용하는 것은 조심해야 한다고 경고하였지만, Jamal의 가족에게 놀이가 Jamal의 인생의 중요한 부분이라는 것을 이해하도록 하는 것은 중요하다.

유치원 학급에서 사용되는 교육과정은 Jamal의 초등학교 입학에 영향을 줄 것이다. 만약 교사가 구성주의에 입각한 교육과정을 운영한다면 Jamal은 자율성의 발달과 자아개념을 촉진시킬 수 있는 기회를 제공받게 될 것이다. 만약 Jamal이 그의 놀이가 수용되지 않는 학급에서 활동하게 된다면 그는 위축될 수 있고 집에서 안전하게 있고 싶어할 것이다. 유치원 학급에서 행한 놀이 경험은 후에 Jamal의 초등학교에서 행해지는 학습에 도움을 주게 될 것이다.

요약

유치원 프로그램은 수백 년 동안 이어져 왔으며, 앞으로도 공교육의 중요한 부분으로 존속될 것이다. 교사는 아동의 나이, 문화, 흥미를 고려한 교육 프로그램을 통해 주나 지방 정부의 지침에 적합하도록 아동을 가르칠 의무를 갖고 있다. 대부분의 유치원 학급에 있는 놀이 영역들은 블록, 집, 미술, 책, 모래와 물, 컴퓨터, 사회극 놀이, 장난감과 퍼즐 영역 등이다. 문해, 수학, 과학, 사회 영역들에 비치되어 있는 각종 자료들은 아동이 자료와의 탐색을 통한 놀이를 통해서 습득하게 된다. 유치원 프로그램으로 사용되는 모델 프로그램들은 High/Scope, Bank Street, Creative Curriculum, Reggio Emilia 프로그램들이다. 장난감과 보조 자료들은 유치원 학급에서 중요하다. 유치원에서는 형식적인 평가와 누적적인 평가 두 가지를 다 사용한다. 유치원에 입학하는 아동들은 사전에 일련의 테스트를 받는다. 선별 검사로는 Brigance, LAPP, McCarthy, Peabody 검사 도구들이 포함된다. 아동 관찰은 매일 이루어지며, 일화 기록, 체크리스트, 범주 점수 등으로 기록한다. 현재의 기술을 사용한 기록은 교사들이 어떻게 부모와 의사소통하고 놀이와 학습을 기록하느냐에 따라 변화되어 왔다. 누적적인 평가는 1학년에 들어가기 위해 아동을 테스트할 때인 유치원의 학기말에 행해진다.

핵심 용어

구성주의	극 놀이	놀이 대본
누적적 평가	사회적 구성주의	상징적 구성주의
서류철	선별 검사	실제적인 평가
인지적 구성주의	자율성	전이
포트폴리오	형식적 평가	

유용한 웹사이트와 과학기술자원

◆ **미국도서관협회**(American Library Association)

http://www.ala.org 이 사이트는 세계에서 가장 오래된 큰 도서관 협회이다. 이 사이트는 질적으로 우수한 도서관과 정보 서비스 및 대중의 정보에 대한 접근성을 촉진하기 위해 만들어졌다. 이 사이트는 교사와 아동 모두에게 유용하다.

◆ **Bank Street 교육대학(Bank Street College of Education)**

http://www.bnk.st.edu 미국 컬럼비아 대학 안에 있는 Bank Street 교육대학은 활동과 경험에 관한 연구에 근거한 정보들을 제공하고 있다. 이 사이트는 읽기 능력을 확장하기 위한 최근의 도서들, 추천들에 대한 정보를 제공하는 책 코너를 제공하고 있다.

◆ **창조적 교육과정(Creative Curriculum)**

http://www.teachingstrategies.com/ 창조적 교육과정이 이 사이트를 주관하고 있으며, 그들의 견본 자료들을 제공하고 있다.

◆ **국립놀이박물관(National Museum of Play)**

http://www.strongmuseum.org Strong 박물관에 위치한 이 박물관에는 비싼 장난감들이 소장되어 있다. 이 웹사이트는 수집된 활동들을 제공하고 비슷한 다른 사이트로 접속할 수 있도록 되어 있다.

◆ **Smithsonian 박물관 NASM**

http://www.nwrel.org 교육연구소와 미국 교육국 산하의 Northwest 지방 교육연구소의 학교 진보 프로그램에 의해서 수행된 학교 진보 연구물들이 제시되어 있다.

활동

1. 교실에서의 활동

A. 작은 그룹으로 나누어 여러분 지역의 유치원 학급에서 행해지는 놀이에 영향을 주는 최근의 이론들에 대해서 논의하라. 1장에서 논의한 소구조, 중간구조, 외부 구조, 대구조 등에 관해 도형으로 묘사하라.

B. 유치원 입학이 놀이에 미치는 영향에 관하여 논하라. 유치원에 늦게 입학하는 것과 일찍 입학하는 것의 영향을 비교하라. 늦게 입학하는 아동과 조기에 입학하는 아동 두 그룹에게 교사는 어떻게 도전적인 경험의 기회를 놀이를 통해서 제공할 수 있는가?

2. 연구와 탐문

A. 지역의 유치원 학급을 방문하라. 놀이 시간 동안 아동을 관찰하라. 어떤 활동들을 아동이 선택하는가? 가장 많이 활용되는 활동 영역은 어떤 영역인가? 두 영역에 대해서 아동이 다른 흥미를 보인다면 어떤 요소가 이러한 영역의 선호도에 영향을 미치는가?

B. 두 명의 유치원 교사들을 인터뷰하라. 그들의 교육 철학이 무엇인지 질문하라. 그들의 공통점은 무엇이며 차이점은 무엇인가?

3. 봉사 학습

A. 두 시간 동안 유치원 학급에서 자원 봉사하라. 어떤 아동들이 다른 아동들에 비해 놀이에 잘 참여하는가? 여러분은 아동들의 상호작용을 촉진시킬 수 있는가? 성공적이었는가? 왜 성공적이었으며, 혹은 왜 실패하였는가?

B. 지역의 유치원 학급에서 사용될 수 있는 장난감을 만들어 보라. 장난감의 모양에 영향을 미치는 요소는 무엇인가? 어떤 측면에서 안전성을 고려해야 하는가?

4. 가족 연계

A. 가정의 놀이 활동에 관해 부모님들과 협의하기 위해 편지를 쓰라. 이러한 편지 모형은 표 6-7에 제시되어 있다.

표 6-7 부모용 편지 모형

친애하는 학부모님께.
유아들은 놀이를 통해서 학습합니다. 아래의 항목들은 부모님들께서 자녀와 함께 가정에서 할 수 있는 놀이를 촉진하기 위한 활동들입니다. 항목들 중 어떤 것은 시중에서 구입하실 수 있고 어떤 것들은 직접 만드실 수 있습니다. 시중에서 구입하실 수 있는 게임들은

Cherry-O Candyland Uno

등입니다. 집에서 만드실 수 있는 게임들은

Checkers Bingo 간단한 게임을 위한 숫자 카드

등입니다. 간단한 놀이 활용법은 이 장의 뒤에 제시하였습니다.
질문이 있으시면 연락주십시오.

담임 교사

5. 놀이 옹호

A. 유치원 입학에 관한 주나 지방정부의 정책은 무엇인가? 아동들은 유치원에서 반나절 혹은 하루 종일 지내는가? 종일제 유치원에 대한 그룹지원이 있는가?

B. 여러분 지역의 유치원에서 학기 초 혹은 학기말에 시험을 보는가? 만약 시험을 본다면 이것이 교육과정과 놀이에 어떻게 영향을 미치는가?

참고문헌

Annie E. Casey Foundation (2004). *Kids count data book: State profiles of child well-being.* Baltimore, MD: author.

Barnett, W. S. (1995). Long-term effects of early childhood programs on cognitive.and school outcomes. *The Future of Children*, 5 (3), 25-50.

Bowlby, J. (1988). *A secure base: Parent-child attachment and healthy human development.* New York: Basic Books.

Bredekamp, S., & Copple, C. (Eds.) (1997). *Developmentally appropriate pracace in early childhood programs.* (Rev. ed). Washington, DC: NAFYC.

Bronfenbrenner, U. (1979). *Ecology of human development: Experiments by nature and design.* Cambridge: Harvard University Press.

Brostarman, N. (1997). *Inventing kindergarten.* New York: Harry N. Abrams.

Bruner, J. S. (1990). *Acts of meaning.* Cambridge, MA: Harvard University Press.

Cuffaro, H. K., Nager, N., & Shaprio, E. (2000). The developmental-interaction approach at Bank Street College of Education. In J. P. Roopnarine and J. Johnson (Eds.), *Approaches to early childhood education* (pp 263-276). (3rd ed.). Upper Saddle River, NJ: Merrill/Prentice Hall.

DeVries, R., & Zan, B. (1994). *Moral classrooms, moral children: Creating a constructivist atmosphere in early education.* New York: Teachers College Press.

Du Charme, C. C. (2000). Lucy Wheelock: Her life and work, *Childhood Education, 76* (3), 164-177.

Edwards, C., Gandini, L., & Foreman, G. (Eds.). (1998). *The hundred languages of children: The Reggio Emilia approach-Advanced reflections.* (2nd ed.). Greenwich, CT: Ablex.

Erikson, E. H. (2000). *Childhood and society* (3rd ed.). New York: Norton. (Originally published in 1950.)

Fosnot, C. (1996). *Constructivism: Theory, perspectives, and practice.* New York: Teachers College Press.

Fraser, S., & Gestwicki, C. (2002). *Authentic childhood: Exploring Reggio Emilia in the classroom.* Clifton Park, NY: Thomson Delmar Learning.

Froebel, F. (1902). *The education of man.* (WN. Hailmann, Trans.). New York: Appleton. (Originally published in 1826, copyright 1887.)

Fu, V., Stremmel, A., & Hill, L. (2002). *Teaching and learning: Collaborative explorations of the Reggio Emilia approach.* Columbus, OH: Merrill.

Fulghum, R. L. (1988). *All I really need to know I learned in Kindergarten.* New York: Villlard.

Gardner, H. (1995). *Frames of mind: Multiple intelligences.* New York: Basic Books.

Helm, J., & Beneke, S. (2003). *The power of projects: Meeting contemporary challenges in early childhood classrooms—strategies & solutions.* New York: Teachers College Press.

Helm, J., & Katz, L. (2001). *Young investigators: The project approach in the early years.* New York: Teachers College Press.

Honig, A. (2000). *Secure relationships: Nurturing infant/toddler attachment in early care settings.* Washington, DC: NAEYC.

Isbell, R., & Exelby, B. (2001). *Early learning environments that work.* Beltsville, MD: Gryphon House.

Kami, C., & Housman, L. (1999). *Young children reinvent arithmetic: Implications of Piaget's theory.* New York: Teachers College Press.

Katz, L. and Chard, S. (2000). Engaging children's minds: The project approach. Stamford, CT: Ablex.

Lewis, T. J., Colvin, G., & Sugai, G. (2000). The effects of pre-correction and active supervision on the recess behavior of elementary students. *Education and Treatment of Children, 23* (2), 109-121.

Maslow, A. (1998). *Toward a psychology of being,* (3rd ed). New York: Wiley (Originally published in 1962).

Moyer, J. (1999). The child-centered kindergarten. Association for the Education of Young Children position paper. Retrieved January 10, 2004, from http://www.acei.org/cckind.htm

New, R. (2003). Reggio Emilia: New ways to think about schooling. *Educational Leadership, 60* (7), 34-39.

Olfman, S. (Ed.) (2003). *All work and no play... How educational reforms are harming our preschoolers.* Westport, CT: Praeger.

Paley, V. (1981). *Wally's stories.* Cambridge, MA: Harvard University

Piaget, J. (1962). The stages of the intellectual development of the child. In S. Harrison & J. McDermott (Eds.), *Childhood psychopathology* (pp. 157-166). New York: International Universities Press.

Shornkoff, J., & Phillips, D. (2000). *From neurons to neighborhoods: The science of early childhood development.* Washington, DC: National Academy Press.

Vygotsky, L. (1978). *Mind in society: The development of higher psychological processes.* Cambridge, MA: Harvard University Press.

Wardle, F. (1999). In praise of developmentally appropriate practice. *Young Children, 54* (6), 4-12.

Wolfgang, C., & Wolfgang, M. (1999). *School for young children: Developmentally appropriate practices.* (2nd ed). Boston, MA: Allyn & Bacon.

Wright, S. (2003). *The arts, young children, and learning.* Boston, MA: Allyn & Bacon/Longman.

CHAPTER 7

초등학교 저학년 아동을 위한 놀이 지원

놀이는 아동이 미래와 그에 따른 과제들을 준비하기 위한 가장 유용한 도구이다.

—Bruno Bettelheim, 1987

학습 개요

놀이를 통해 음악, 체육, 미술 교과 영역 등의 활동이 수행되며, 놀이는 아동의 인지적·사회적·정서적·신체적 발달을 이루게 되며 이는 초등학교 저학년에서 시도되는 새로운 방법이다. 학교 시간과 방과 후 시간에 아동을 위한 장난감, 성인, 또래, 게임은 부가적인 측면을 더하게 된다. 이 장에서는 초등학교 저학년 아동을 위한 실내 환경(블록, 게임들과 조작, 미술, 문해와 쓰기 영역)과 실외 환경(휴식)에 대해서 논의될 것이다. 놀이에 대한 관찰과 평가에 관한 문제를 다루게 되며, 문해, 수학, 과학, 사회 등의 교과 영역들과 놀이 사이의 관계에 대해서 논의될 것이다.

학습 목표

이 장을 읽은 후, 여러분은 아래와 같은 목표를 성취할 수 있다:

- 초등학교에서 행해지는 놀이의 발달에 대한 영향에 관해 학습한다.
- 초등학교 저학년 학급에서 행할 수 있는 지원적인 놀이를 위한 전략에 대해 학습한다.
- 초등학교 저학년 학급의 놀이 영역에 대한 지식을 학습한다.
- 프로젝트를 계획할 수 있는 능력을 습득한다.
- 놀이 중심의 평가에 관한 지식을 습득한다.

놀이 조망

우주비행사는 착륙할 준비가 되어 있었다. "지상 통제, 지금 착륙할 수 있는가?" 통제실에서 우주선에: "기술자는 대기를 체크하라. 이상."

우주비행사는 착륙할 준비를 위해 우주선에서 움직인다. 그들은 엔진의 동력을 체크하고 우주선에서 착륙 지점까지의 거리를 계산하고 그들이 착륙했을 때 달을 탐색하기 위해 필요한 산소통을 점검한다. "지금 착륙할 수 있는가?"

통제실에서 우주비행사에게: "예, 착륙 준비. 시스템 점검."

이러한 상황은 지금 NASA에서 일어나고 있는 상황이 아니고 플로리다에 있는 Goldsboro Magnet 초등학교에서 일어나고 있는 상황이다. 학생들에게 그들의 놀이를 촉진시킬 수 있도록 모형 연습장이 제공되었다. 모형 연습장에서 아동들은 그들의 우주 경험을 위한 극 놀이를 하고 이러한 놀이를 통해서 우주에 대해 학습한다.

놀이 자극

놀이 자극은 착륙을 위해 인위적으로 꾸민 달, 비디오, 우주, NASA를 살펴볼 수 있는 컴퓨터실 등으로 구비된 모형 연습장 등이 될 수 있다. 아동들은 놀이에 몰두한다. 이것은 유치원 학급에서 행해지는 놀이와 비슷하지 않으나, 이것도 놀이의 한 형태라고 볼 수 있다. 이 연령대의 놀이는 좀더 정교해진 신체적 · 인지적 · 사회적 · 정서적 발달 수준이 놀이에 반영되기 때문에 유치원에서 행해지는 놀이와 다르다. 어떤 사람은 이것은 놀이가 아니라고 주장할 수도 있다. 이 장에서는 초등학교 저학년 아동의 다양한 놀이의 양상을 살펴보고 동시에 초등학교 저학년 아동의 놀이와 관련된 논쟁에 관해 살펴보고자 한다.

초등학교 저학년 아동의 놀이

초등학교 놀이는 전형적으로 학령기 아동에게서 볼 수 있는 놀이이다. 놀이에 영향을 미치는 세 가지 중요 특징들은 첫째, 질서에 대한 욕구, 둘째, 소속에 대한 욕구, 셋째, 자아개념 등이다. 인지 영역에서 아동들은 질서를 위해 필요한 논리적인 사고를 발달시킨다(Piaget, 1962). 사회적으로 아동들은 그의 동료들에게 수용되길 원하고 그룹에 소속되고 싶은 욕구를 갖고 있다. 이 시기의 아동들은 Erikson의 이론에 의하면 근면 대 열등감의 단계에 해당하며(Erikson, 2000), 초등학교 놀이 발달에 중요한 영향을 미치는 자아존중감과 자신에 대한 확신을 발달시켜야 한다.

초등학교 시기에는 상징 놀이의 빈도는 감소하고 규칙이 있는 게임 놀이가 증가한다. 초등학교의 놀이는 게임 놀이가 주도적이다. 아동은 자아개념이 발달함에 따라 그룹에 소속되기를 원하기 때문에 게임은 더 중요한 역할을 하게 된다. 학업 성취를 촉진시키기 위해 놀이가 사용되며 놀이를 통해 아동은 자연스럽게 배울 수 있게 된다.

성인의 역할

성인의 역할은 초등학교 시기에 변한다. 성인은 아직도 놀이를 지원해 주는 역할을 한다. 성인은 놀이의 장을 만들기 위해 아동 발달에 관한 지식을 활용해야 하며 프로그램을 개발하기 위해 노력해야 한다. 예를 들면 6세 정도의 아동은 **구체적 조작기**에 해당하기 때문에 이 시기의 아동은 인쇄물이 있어야 시각적 예견이 발달한다는 것을 성인은 알아야 한다. 교재에서 새로 습득한 지식과 논리적인 사고의 발달이 서로 연결됨으로써 아동은 복잡한 인지적인 과제를 수행할 수 있게 된다. 교사는 아동으로 하여금 새로운 것에 도전해 볼 기회를 제공하고 그것을 지원해 줄 준비가 되어 있어야 한다. 성인은 아래와 같이 놀이를 지원할 수 있다:

- 다양한 영역에서 새로운 재능을 발견할 수 있는 기회 제공
- 게임 계획
- 창조적인 극 놀이 촉진
- 놀이터에서 적절한 중재 제공
- 적합한 놀이 중심의 학습 경험을 연습할 수 있는 활동 제공

부가적으로 제공되는 자료들은 경험을 촉진하고 새로운 가능성의 기회를 제공해 준다. 표 7-1은 초등학생들을 위해 놀이를 확장시킬 수 있는 학습 자료와 다양한 기본적인 놀이를 제시하고 있다.

표 7-1 초등학교 저학년 아동을 위한 기초적인 놀이와 학습 자료들

• 모델을 만들고 환상적인 장면을 만드는 데 사용될 수 있는 작은 인물 모형들 • 실제 현실상황을 재현하기 위한 자료들(물건 사고팔기, 편지 보내기, 책 대출하기)과 놀이와 수행(역할 놀이 자료)을 위한 자료들(소품과 의상을 만들기 위한 것); 여러 종류의 인형들(그룹에서 아동에게 적당한 역할)이 친근한 이야기를 재연하고 수행이나 쇼를 위해 제공 • 놀이 장면과 모델을 만들기 위한 다양한 자료들－블록 혹은 구성 자료로 사용됨(6~7세) • 크고 다양한 퍼즐들(조각그림 퍼즐, 삼차원), 50~100 조각의 퍼즐, 지도 퍼즐들. • 크고 다양한 특별한 기술을 발달시킬 수 있는 자료들로 그림그리기 책 만드는 자료들, 수학적 조작물들, 측정 도구, 돈과 시간에 대한 학습 자료들, 과학 자료들(기후, 태양계, 식물과 동물의 생활, 인체 해부 등과 관련된 자료들을 포함), 컴퓨터 프로그램들.	• 공간적 · 수학적 그리고 예술을 이해할 수 있는 능력을 발달시키기 위한 복잡한 형태를 만드는 자료들(모자이크 조각들, 기하학적 퍼즐들) • 상호작용 기술들, 계획들, 전략의 사용, 게임의 법칙들을 이해할 수 있는 다양한 게임들; 단순한 읽기, 쓰기, 수학 게임들; 기억 게임들; 간단한 카드 게임; 시작 전략 게임(게임은 아동들에 의해서 만들어질 수도 있다.) • 크고 다양한 예술과 미술 공예 자료들로 실제적인 기술과 작품을 만들기에 적합한 자료들 • 그룹이 노래 부르기 위한 음악, 율동 활동들, 듣고 녹음하기 위한 장비들 • 공차기나 목표물 맞추기를 위한 자료들과 같은 특별한 스포츠를 위한 장비들과 다양한 종류의 공들 • 복잡한 실외 장비와 체조 장비들(등산 장비, 돌리기, 미끄러지기, 사다리, 시소 등)로 곡예를 위한 6~7세 아동용

출처: *The Right Stuff for Children: Birth to 8* (pp. 26, 42, 81) M.B. Brown, 1995, Washington, DC: National Association for the Education of Young Children. 저작권은 National Association for the Education of Young Children에 있음(1995). 허락하에 재인쇄함.

학습 수단인 놀이

유치원에서와 같은 시각으로 초등학교의 놀이를 살펴보면 초등학교 학급에서 발생하는 놀이는 미완성인 상태로 남을 수 있다. 초등학교 수준의 놀이는 더 많은 탐구와 탐색이 포함되며 상징 놀이가 감소함을 알 수 있다. 유치원 학급에서 놀이의 장은 블록과 집 놀이 영역인데 반해 초등학교 학급에서의 놀이의 장은 블록 영역을 포함할 수는 있으나 과학 실험을 하는데 필요한 자료나 프로젝트를 수행하는 데 필요한 자료들이 포함될 수 있다.

미 학

초등학교 학급은 아동의 학습 경험을 확장시키기 위해 통합된 내용의 미학에 기초한 접근을 한다. 음악, 수학, 미술과 문해, 체육과 사회 혹은 음악과 과학을 통합하여 아동에게 제공하면 신경들 간의 연결이 이루어질 가능성이 높다. 다지능에 대한 Gardner의 이론은 아동이 세계에 대한 지식 탐구를 위해 여러 가지 방법을 사용할 수 있다는 것을 제시해 주고 있다(Gardner, 1983). 미학에 기초한 접근을 함으로써 이해력을 높일 수 있다.

아동이 놀이를 통해 음악과 움직임을 통합시키며 그들은 오래 전에 일어났던 이야기를 연기함으로써 역사를 극화시킬 수 있게 된다. 아동이 수족관을 방문한 뒤 그림을 그릴 수 있는 아동 혹은 외부에서 관찰한 건물을 그릴 수 있는 아동은 기술과 지식만을 발달시키는 것이 아니라 학습 능력도 발달시킬 수 있게 된다.

음 악

초등학생은 음악을 즐기는 경향이 있기 때문에 다른 활동에 음악을 통합시켜서 학습할 수 있다. 이 연령대에 음악에 대한 재능이 싹트기 시작한다. 아동은 간단한 멜로디를 배울 수 있으며 간단한 악기를 연주하며 그들의 재능을 발달시킨다. 그들은 음악에 대해서 반응하고 완성하며 창조할 준비가 되어 있다. 음악과 읽기의 관계는 음악교사협회(Music Teacher's National Association; MTNA)의 웹사이트에서 이미 거론하였다. 음악에서 사용하는 상징 기호나 읽기에서 사용하는 상징들은 다 비슷하게 추상적인 사고를 요한다. 쉽게 읽지 못하는 아동이라도 쉽게 노래할 수 있다. 이러한 사실이 음악과 다른 영역을 통합할 수 있게 해 준다. 예를 들면 쓰기 시간에 배경 음악으로 잔잔한 음악을 틀어주면 아동은 음악의 리듬에 맞춰 똑똑 두드리거나 고개를 끄덕거리는 것을 볼 수 있다. 이것은 아동의 쓰기 활동에 자극을 주고, 편안하게 해 주며 긴장을 이완시켜 주는 역할을 한다. 이것이 음악, 쓰기, 놀이를 통합시키는 미학적 접근이다. 음악은 문화의 가교 역할을 한다. 문화와 인종에 대한 특별한 지식을 갖고 있는 아동은 음악을 공유할 수 있으며, 학급에서 공동체의식을 발달시킬 수 있다.

운 동

운동과 근육의 발달은 초등학교 저학년 아동에게 특별히 중요하다. 대근육

음악은 미학에 기초한 놀이 프로그램의 한 부분이다.

과 소근육 운동 발달은 초등학교 아동들에게 공간과 관련된 기술을 발달시킬 수 있게 한다. 예를 들면 아동은 토스 게임과 같은 운동과 학습이 포함된 게임을 좋아하는데, 이러한 게임은 아동이 공을 던지는 횟수를 더해야 하기 때문에 자연스럽게 덧셈에 대한 학습을 할 수 있다. 아동은 춤추는 것과 음악에 맞추어 움직이는 것을 좋아한다. 춤은 자신의 감정과 정서를 표현할 기회를 제공한다.

움직임이 교육과정의 한 부분이 되면, 다른 효과도 자주 발생한다. 비만율은 1970년 이후 2배로 증가하였기 때문에(Elliot, 2002) 운동을 촉진하는 것은 다른 것보다 중요하다. 실외 놀이는 운동을 촉진하기 위한 가장 좋은 방법이다.

미 술

미술 감상과 그림을 그리는 것은 중요한 일임에도 초등학교 학급에서 자주 간과되고 있는 부분이다. 음악과 미술로 하루를 시작함으로써 아동이 그날 수행해야 할 과제를 통합할 기회를 제공해야 한다. 아동은 모델링을 위해 다른 자료와 크레용을 사용해서 칠하고 그릴 수 있으며, 인형을 만들고, 콜라주를 하고, 종이 조각을 사용하여 여러 가지 다양한 창조 활동을 할 수 있다. 교사는 아동의 창작 활동을 촉진하기 위해 다양한 종류의 도구, 매개물, 자료들을 준비하여 아동이 사용할 수 있는 다양한 기회를 제공해야 한다. 그리기 위한 도구는 솔에서부터 깃털, 막대기, 줄 혹은 붓 등 다양할 수 있다.

그리기 위한 자료들은 플라스틱, 헝겊 등이다. 매개물은 페인트, 접착제 등이다. 도구, 매개물, 자료 등을 다양하게 제공하여 경험을 변화시키고 학습 기회를 최적화시켜야 한다.

미숱은 미학을 기초로 한 놀이 프로그램의 한 부분이다.

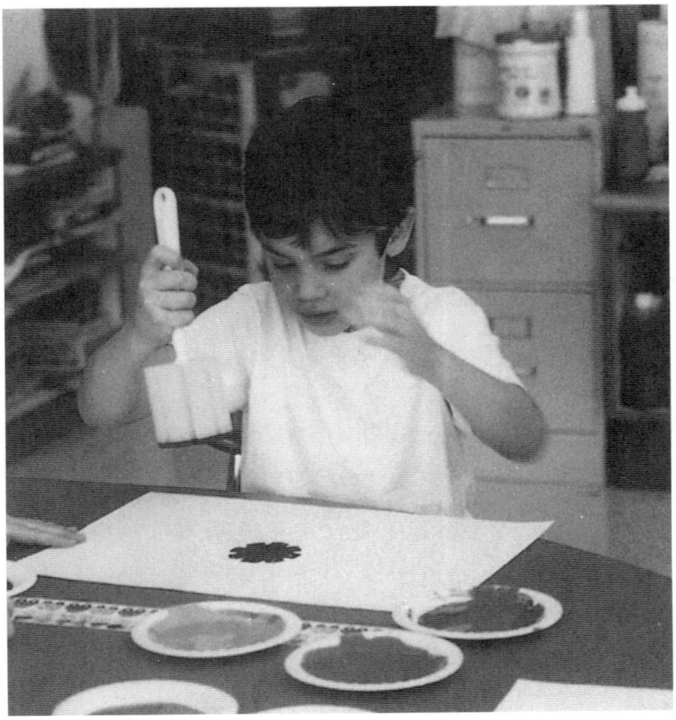

문 해

문해 기술의 촉진은 대부분의 학교에서 중요한 일이다. 그러나 이 목표를 성취하기 위한 활동들이 항상 만족할 만한 효과를 나타내는 것은 아니다(Hall, 2000). 놀이와 문해 기술을 통합하는 것은 초등학교에서 문해 기술을 촉진하기 위한 좋은 접근방법이다. 놀이는 아동들이 그것을 선택할 수 있기 때문에 어느 정도는 동기 부여가 된다. 같은 맥락으로 볼 때 문해 활동은 실제 생활에 활용할 수 있기 때문에 아동들에게 의미 있는 활동이 될 수 있다. 문해 활동은 실제 생활과 관련된 의미 있는 활동에 초점을 맞추어 놀이 중심의 문해 프로그램을 통해서 성취될 수 있다.

효과적인 문해 활동 프로그램은 아래와 같다:

- 매일 읽기 경험. 독립적으로 의미 있는 이야기와 광고문 읽기
- 의미 있는 읽기와 쓰기 활동을 위한 체계적인 부호 학습을 포함한 균형 잡힌 교육 프로그램
- 매일 쓰는 기회를 제공하고 교사는 이야기 책, 목록, 다른 사람의 전달 사항, 시, 보고서 등 다양한 목적을 위한 여러 종류의 교재 쓰기를 지원
- 처음에는 단순히 자음, 모음 등을 써보고 다음에 대화 형식의 쓰기를 함
- 다른 아동들과 협력과 교수에 초점을 두기 위해 소그룹 활동을 할 기회제공
- 세상과 단어에 대한 지식을 확장시킬 수 있는 교육과정
- 만약 아동이 읽는 기술에 진보가 없거나 문해 능력이 우수한 경우 개별 교육을 하거나 교수 전략을 수정함

전국유아교육협회(National Association for the Education of Young Children)와 국제읽기협회(International Reading Association)는 4장에서 언급했듯이 초등학교 수준의 읽기에 대해 입장을 표명했다. 예능을 활용하여 읽기 능력을 향상시키는 것은 학습의 다양한 유통 경로를 갖고 있는 아동들에게 유용하다.

수 학

초등학교 저학년 수준의 수학 교수는 손을 사용하여 수학 개념을 발달시킨다. 아동이 논리적・수학적 사고를 발달시킴에 따라 수학 능력이 발달한다. 전국수학교사협회(National Council of Teachers of Mathematics; NCTM)는 많은 주에서 사용할 수 있는 수학적 발달 단계에 대한 국가적인 표준을 제시했다. Sisan Sperry Smith(2001)는 "현대 아동들에게 21세기를 준비시키기 위해 도전적인 수학 교육과정을 운영하여 각각의 아동들에게 다양한 수학적 경험을 제공해야 한다."고 주장했다(p. 15). 이러한 표준은 내용과 과정에 대한 수준을 포함한다. 내용의 수준은 학생이 각자의 수준을 아는 것에 대한 지식에 초점을 맞추는 것으로 (1) 수와 조작, (2) 대수, (3) 도형, (4) 측정, (5) 자료 분석과 확률 등이 포함된다. 과정에 대한 표준은 습득 과정과 문제 해결을 위해 지식을 활용하는 것에 초점을 맞춘다. 과정의 표준은 문제 해결, 논리와 증명, 의사소통, 연결, 표현 등이 포함된다. 전국수학교사협회의 웹사이트를 보면 그 외의 정보를 얻을 수 있다.

전국수학교사협회는 초등학교 시기에 수 조작과 도형을 강조하도록 제안하고 있다. 모양과 측정 및 자료 수집은 이해를 돕고 모든 활동 안에 통합되어야 한다. 놀이는 이러한 수학적 요소들을 자연스럽게 연결시켜 준다.

놀이를 통해 수학을 가르치는 방법에는 두 가지가 있다. 하나는 계획된 활동, 경험 및 단절된 게임을 통해 가르치는 것이며, 다른 하나는 이 장의 뒷부분에서 언급될 통합된 놀이 주제를 통해 가르치는 것이다. 교사들은 수학 교수가 재미있고 여학생들이 포함되게 하기 위해 특별히 노력해야 한다. 이것은 지난 십년간 노력해 왔던 일이며 효과가 입증되었다. 제3차 국제 수학과 과학 연구(Third International Mathematics and Science Study; TIMSS)에서 미국은 시험 점수에서 성에 대한 편견이 없는 국가가 되었다. 전반적인 수학 지식에서 여자와 남자는 똑같이 좋은 점수를 받았다(미국교육국, 1997a, 1997b).

계획된 활동, 경험, 게임은 의미가 있어야 하며, 실제 현실 생활을 반영해야 하고 초등학교 아동들에게 적합해야 한다. 수학 자료들은 항상 교실에 비치되어 있어서 아동들이 수학 조작이나 게임을 할 때 사용할 수 있어야 한다. 아동들이 물리학과 도형에 대한 개념을 익히기 위해 초등학교에서는 블록이 수학 프로그램의 일부여야 한다. 아동들은 블록 놀이를 통해 삼각형, 반원을 만들면서 도형을 학습하게 된다. 레고는 여아나 남아 모두에게 흥미 있는 교재다. 테이블에 게임을 놓으면 아동들은 수업을 시작하기 전 기다리면서 자연스럽게 게임 놀이를 한다. 게임은 초등학생들의 학습을 위한 가장 좋은 방법이다.

같은 자료를 사용해서 학년에 따라(1학년, 2학년, 3학년) 다르게 게임을 가르치기 위해 사용할 수 있다. 예를 들어 두 명의 아동이 선반에서 주사위를 가져오고 상자에서 종이를 꺼냈다. 한 아동이 주사위를 굴리기 시작했다. 4와 3이 나왔다. 만약 그녀가 1학년이라면 종이에다 숫자를 쓰고 그것들을 더할 것이다. 그러나 만약 그녀가 3학년이면 수를 곱할 수 있을 것이다. 놀이 시간이 지나고 아동이 높은 숫자와 낮은 숫자로 나누어진 게임 판을 돌릴 수 있다. 만일 스핀볼이 높은 곳에 떨어지면 높은 숫자를 갖은 아동이 이기고, 낮은 곳에 떨어지면 적은 숫자를 갖은 아동이 이긴다. 이러한 게임은 아동들에게 이기고 지는 기회를 제공해 준다.

Constance Kami(2000)는 1학년부터 6학년 아동들이 사용하는 게임에 관하여 연구하였다. 그녀의 연구에 의하면 아동들이 학습지를 완성하는 대신 게임 놀이를 할 경우 계산을 더 빨리 할 수 있고 수학적인 개념을 더 빨리 이해한다. 그녀는 학급 교사들과 함께 학년 수준에 따라 Piaget 게임의 전개 방법에 관한 책을 집필했다. 이러한 책들은 놀이를 기초로 한 수학 교육과정을 개발할 때 중요한 참고 자료로 사용될 수 있다.

과 학

과학과 놀이는 항상 연계된다. 과학은 세상을 경험하기 위한 방법이다. 대부분의 저명한 과학자들은 그들의 생각을 놀이로 표현했다(Rogers & Sluss, 1999). 과학을 가르치는 목표 중 하나는 질문을 통해 세계를 탐구하는 것이다. 질문에 기초한 학습은 대상과 사건을 묘사하고, 질문하고, 해답을 가정하고, 가정한 해답을 실험해 보고, 마지막으로 다른 사람들의 결과와 비교해 보는 것 등을 의미한다. 초등학교 학생들은 항상 "왜"라는 질문을 하는 과학자와 같다. 국립과학교육규준(National Science Education Standards; NSES)은 질문이 과학 교육의 중추적 핵심이라고 인정한다. 더 나아가 그들 영역은 초등학교 저학년 학급에 중요한 일부분이다.

은 질문은 발달에 적합하고, 흥미롭고, 관계적이고 다른 과목과 통합적이고 관계된 것이어야 한다고 주장한다. 놀이는 과학적 원리를 이해하기 위한 자연적인 수단이다.

초등학생은 다음과 같은 몇 가지 과학적인 성향이 있다. 첫째, 그들은 호기심이 많다. 그들은 모든 사건에 대해 왜 그리고 어떻게 이루어지는지 알고 싶어 한다. '당신이 세상에 대해 알고 싶어 하는 모든 것'을 포함하는 책들은 풀의 색깔, 바람이 부는 이유 등에 대한 답을 말해 준다. 둘째, 그들은 질서를 좋아하고 복잡한 것에서 수집하는 것을 좋아한다. 그들은 어떤 것에서 수집하고 수집한 것을 매혹적인 장소에 보관한다. 그들은 수집하고 나눔으로써 자료들을 분류하고 자신감을 발달시키게 된다. 셋째, 많은 아동들은 후의 직업 선택에 영향을 미치게 되는 재능을 발달시키게 된다. 최근에 한 과학자와의 대화에서 그가 과학에 대한 관심을 갖게 된 계기는 초등학교 때 과학 프로젝트를 함께 수행한 교사 때문이었음을 알게 되었다. 넷째, 초등학생은 소속감을 갖기 원한다. 그래서 문제 해결을 위해 다른 아동들과 상호작용하는 것은 긍정적인 사회적 출구를 제공해 준다.

과학 학습은 주제, 단원, 프로젝트로 진행되거나 이 장의 마지막에 기술될 놀이 프로그램을 통해서 이루어진다. 주제 혹은 단원은 몇 가지 목표, 활동 및 평가를 교사가 계획하여 구성한다. 프로젝트는 지식의 증가에 따라서 다양한 결론에 도달할 수 있는 열린교육이다. 프로젝트는 발견을 위한 최적의 기회를 제공하기 때문에 과학적이다.

사회 활동들

사회 활동들은 다른 어떤 영역보다 놀이와 연관이 있다. 1920년대의 Bank Street와 다른 놀이 학교들은 사회 활동을 교육과정의 기초로 삼았다. 현대의 초등학교 학급을 위한 교육과정으로 아래와 같은 세 가지 유형을 추천할 수 있다(Seefeldt, 2000): (1) 사회적 기술 교육과정, (2) 지금-그리고-여기(here-and-now) 교육과정, (3) 국경일 교육과정. 사회적 기술 교육과정은 실생활에 필요한 기술의 발달에 중점을 두고 있다. 차례 지키기, 자조 기술, 지

아동은 개인적으로 놀고 작업할 장소가 필요하다.

시 따르기와 같은 사회적 기술들은 시민 의식을 배양하는 데 기초가 된다. 지금-그리고-여기 교육과정은 아동에게 의미 있고 관계있는 것에 초점을 둔 교육과정이다. 지금-그리고-여기 교육과정은 초등학교에서 가장 적합한 접근방법으로 간주된다. 국경일 교육과정은 국경일과 관련되어 구성된다. 많은 교사들은 이것을 캘린더 교육과정이라고 부르는데 이것은 아동이 추수감사절, 대통령의 날 및 Martin Luther King Jr. 등 국경일에 관해 아동이 친숙할 수 있는 기회를 제공하기 때문이다. 국경일 교육과정을 사용하는 많은 사람들은 국경일로 크리스마스와 부활절을 포함시키기도 한다. 이것은 국가적인 기념일이기보다 종교적인 기념일이다. 종교적인 기념일이 한 민족에게 축하할 행사라면 학급의 다른 종교들도 축하해야 하나, 현실적으로 그렇지 못하다. 따라서 학교에서 국경일을 축하하고 가정에서 종교적인 기념일을 축하한다면 더 민주적이라고 할 수 있다.

놀이를 통한 사회적 기술의 형태는 정보를 통합하여 제시할 수 있는 단원, 주제 혹은 프로젝트 등이다. 예를 들면 학급에 은행을 만들어 역할 놀이를 함으로 아동들에게 은행원의 직업에 대한 이해, 돈을 교환하는 과정에 대한 이해 및 일생 동안 지속될 경제 활동에 대한 관심을 발달시킬 수 있다. 아동들은 생활비에 대한 기본적인 지식을 발달시킴에 따라 살아가는 데 발생하는 요구를 이해하게 된다.

교육과정의 연결

놀이 중심 교육과정의 내용을 연결시킬 수 있는 하나의 방법은 프로젝트이다. 프로젝트 방법은 6장에서 소개되었으며, 프로젝트를 통해 아동은 질문과 비판적 사고 기술을 활용할 수 있게 된다. 이장은 초등학교 수준에서 프로젝트를 수행하기 위한 정보를 제공한다.

1단계: 계획과 조직

프로젝트 주제 선정을 위한 자극은 아동들, 부모, 교사, 지역사회, 대중매체로부터 받을 수 있다. 이때 교사의 역할은 주제 선정 과정에 대해 안내하는 것이다. 프로젝트의 주제는 연령 수준에 적합해야 하고 의미 있어야 하며 또한 문화적으로 적절해야 한다. 예를 들면 미국의 북서 지역에 사는 아동들은 나무, 눈 혹은 얼음 등과 관련된 주제를 선정하는 경향이 있고, 미국 남부에 사는 아동들은 바다와 관련된 주제를 선정하는 경향이 있다. 아동이 주제를 점검해 보도록 하기 위해 "지금-그리고-여기(here-and-now)"의 법칙을 고려해 보고 특별히 그 지역의 식물과 동물에 대해서 점검해 보도록 한다.

KWL

6장에서 언급했던 KWL 차트는 프로젝트 접근법의 한 부분으로 사용될 수 있다. 기본적으로 이 차트는 세 가지 질문(우리는 무엇을 알고 있는가? 우리는 무엇을 알기 원하는가? 우리는 무엇을 배울 것인가?)에 중점을 두었다. KWL 차트는 프로젝트를 조직화하는 데 도움을 주며 학습된 내용을 알 수 있게 해 준다. KWL 차트는 프로젝트를 조직화하는 데 유용한 도구이다. 표 7-2는 KWL 차트의 예를 보여 주고 있다.

프로젝트망

프로젝트를 전개할 때 초등학생들은 프로젝트망을 사용하는 것이 유용하다. 프로젝트망은 아동들의 사고를 조직해 준다. 예를 들면 벤다이어그램은 매우 유명한 그래픽 조직이다. 초등학교 아동들은 수평적이지 않은 방법으로 지도 개념을 이해하기 위해 그래픽 조직을 사용할 수 있다. 이것은 창조성과 비판적 사고를 촉진시키며 매우 재미있다. 아동들은 바다와 같은 주제로 출발할 수 있다. 페이지의 중앙에 주제를 놓고 그린 후 질문에 대해서 생각해

표 7-2 프로젝트 개발을 위한 KWL 차트

1단계	2단계	3단계
이 주제에 대해 알고 있는 것은 무엇인가?	무엇을 알기 원하는가?	우리는 무엇을 학습했는가?
• 바다는 모래로 된 해변이 있다. • 바다에는 물고기와 동물들이 살고 있다. • 파도가 치면 바다에서 큰소리가 난다. • 해변에는 조개껍질이 많다.	• 모래는 어디에서 오는가? • 얼마나 많은 물고기와 동물들이 바다에 사는가? • 고래는 공룡보다 큰가? • 바다는 파란색인데 바닷물을 양동이에 담으면 왜 파란색이 아닌가?	

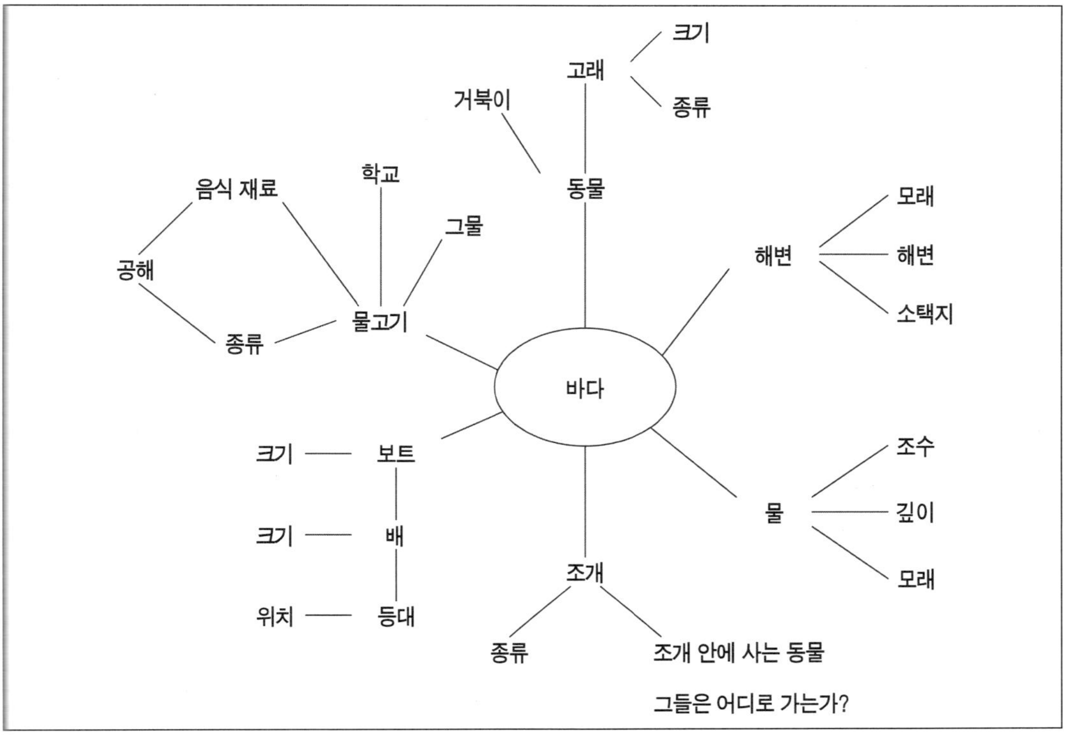

그림 7-1 프로젝트 개발을 위한 KWL 차트

보거나 주제와 관련된 흥미에 대해서 생각해 본다. 그들이 가능한 흥미 영역을 생각함으로써 어떤 영역이 가장 흥미롭고 그들의 학습에 유용한지 결정한다. 이러한 방법은 사고를 촉진시키며, 하나 혹은 두 개의 사고의 틀을 창조하는 즐거운 작업이 된다. 이 활동은 아동들에게 놀이가 된다.

그림 7-1은 주제망의 예시이다. 주제는 바다이다. 바다를 주제로 한 주제망에 포함될 수 있는 내용은 바다의 자연적이고 비자연적인 것들로 동물들, 기술, 수송, 공해, 인간과 바다의 관계 등이 될 수 있다. 아동들은 바다를 탐색함으로써 수학(바다의 깊이, 물고기의 크기, 조개껍질의 분류), 과학(바다의 구성, 물고기의 분류, 조개껍질, 동물 혹은 보트), 사회(수송, 오염, 세계를 둘러싼 해변) 학습을 한다. 그들은 미술(벽화 그리기, 바다 그림, 바다에 대한 다양한 예술가들의 관점), 음악(바다에 대한 음악을 듣고 작곡하기), 율동(춤추기)을 활용한다.

2단계: 프로젝트 수행

1단계에서 최초의 계획을 수립한 후 아동들은 자신들의 질문에 대한 해답을 찾기 시작한다. 예를 들면 조개껍질에 관해 두 가지 질문을 할 수 있다. 조개는 어디에서 온 것인가? 해변에는 얼마나 많은 종류의 조개가 있는가? 첫 번째 질문에 대한 답을 찾기 위해 교사는 아동들과 함께 도서관에 가서 해변에 관한 책들을 읽거나, 조개 안에 살고 있는 동물들에 대해서 이야기해 줄 수 있는 사람을 초청해서 강의를 들을 수 있다. 두 번째 질문에 대한 해답을 찾기 위해 교사는 아동들을 데리고 바닷가로 가서 바닷가에 있는 조개의 종류, 크기를 관찰해 보게 할 수 있다. 아동들의 수학적 기술을 강화시킬 수 있는 분류 등과 같은 경험을 통해 아동은 다양한 능력을 발달시킨다. 아동들은 동물들에 대한 생태학적 위치를 보고 바다와 해변에 대해 더 많은 학습을 하고 싶어 하게 된다. 이러한 활동은 최상의 과학 학습이 될 수 있다.

프로젝트 영역

아동이 프로젝트를 마쳤을 때 그들은 프로젝트 영역에 대해 많은 것을 학습하게 되었다. 프로젝트 영역은 프로젝트 작업을 하기 위해 방에 꾸며진 영역이다. 세면대 근처에 프로젝트 영역을 배치하는 것이 좋다. 프로젝트 영역은 아동이 프로젝트를 수행하고 떠났다가 다음 프로젝트 수행 시간에 돌아올 수 있게 준비된 영역이다. 이것은 반드시 설정해야 하는 영역은 아니지만 이것을 설정해 놓으면 아동의 이용률이 높아진다. 아동이 프로젝트 영역을 떠난 후 3일 후에 다시 돌아올 때는 프로젝트 주제와 관련해서 탐구의 깊이와 흥미가 더 심화되었을 것이다.

바닷가에서 돌아와 프로젝트에 참여하는 아동들은 확대경, 현미경, 과학 일지, 계란판, 분류할 수 있는 선반 등이 구비된 과학실을 원하게 될 것이다. 이 연령대의 아동들에게 수집과 분류는 즐거운 작업이다. 영역에 실험실 가운을 비치해 놓으면 과학적인 권위가 더 있어 보이게 된다. 바닷가 근처에 사는 아동들의 지식 수준은 다르다: 그들은 조개, 물고기, 보트, 해양 생물학에 대한 많은 지식을 갖고 있다. 아동이 그들의 이러한 산지식을 학급에 와서 이야기한다면 그들의 사고는 더 확장되고 깊어질 것이다. Reggio Emilia 프로그램에서 수행하는 프로젝트의 가치 중 하나는 프로젝트가 그 지역과 지역의 문화와 서로 연결되어 있다는 것이다. 그것은 아동들에게 실제적인 경험들을 제공하게 된다. 예를 들면 아동들은 일반적으로 추수 때면 포도밭에 가서 포도 수확을 돕는다. 이러한 활동은 그들 문화에 적합한 것이나 다른 지방의 아동들에게는 의미가 없다. 이것은 그들의 문화이고 그들의 실제 생활이다. 이러한 이유로 다른 지방의 사람들이 Reggio Emilia 학교의 프로젝트를 모방하려 할 때 실망하게 된다. Reggio Emilia를 모방하려 하기보다 교육자는 그들 자신의 생태 환경을 관찰하고, 거기에서 아동들과 관계가 있고 아동들의 흥미를 유발시킬 수 있는 주제를 찾는 것이 좋다.

해변에서 경험한 것들을 어떻게 교실에 가져올 것인지 아동들과 함께 계획하는 것이 좋다. 그들은 해양 연구소를 만들거나, 해변 청소기, 구조 감시소를 만들고 싶어 할 수 있다. 아동들이 그들의 질문에 대해 창조적으로 해답을 찾도록 도와주기 위해서 유아교육자와 질문에 기초한 교육위원회 양측 다 예리한 관찰 기술이 필요하다.

미 학

아동들은 그들의 경험에 대해 벽화로 표현하고, 시를 짓기도 하고 이야기를 쓰기도 한다. 어떤 아동들은 놀이 창조를 하고 싶어 할 수도 있고 가상적 인물에 대해 인형쇼를 하고 싶어 할 수도 있다. 또 다른 아동들은 바닷가 근처에 사는 사람들의 실생활을 알고 싶어 하기도 하여 바닷가에 사는 사람들에 대한 책을 읽고 싶어 한다. 바닷가에 대한 노래와 음악은 그들의 흥미를 넓혀 준다. 어떤 아동들은 바다에서 나는 소리를 율동으로 표현하고 싶어 하기도 한다. 실제 모형을 만들어 보는 것 또한 경험을 재창조하는 작업이다.

게 임

게임은 프로젝트 경험을 확장시켜 주는 또 다른 방법이다. 여러 다른 종류의 조개로 수 게임을 할 수 있다. 규칙은 학습자의 지식 수준에 따라 설정할 수 있다. 또 다른 가능성은 여러 종류의 조개로 간단한 빙고 게임을 할 수 있다. 아동들은 그들 자신이 만든 게임에 대해 매료된다.

아동들이 프로젝트에 대해 피곤해 하면 이제 프로젝트를 끝낼 시간이 된 것이며, 이 시기는 세 번째 단계인 마지막 단계이다.

3단계: 프로젝트 마무리

아동들에게 그들의 KWL 차트를 다시 보도록 하라. 그들은 무엇을 학습했는가? 그들은 학습한 것을 차트에 기록하거나 다른 방법으로 기록할 수 있다. 수행한 프로젝트가 모든 사람들에게 다 흥미롭지 않으면, 차트에 정보를 기록하는 것으로 충분하며 계속적인 탐구를 위해 가능한 주제를 고려해 본다. 프로젝트에 흥미와 참여를 유발시키기 위해 결과들을 기록하는 방법은 다양하다. 아동은 프로젝트를 통해 얻은 그들의 경험을 발표함으로써 발표 능력을 증진시킬 수 있다. "그들은 처음, 두 번째, 그리고 세 번째에 무엇을 했는가?" "그들은 무엇을 학습했는가?" 이렇게 체계적으로 질문해 보면서 아동들은 자신이 발견한 것들에 대해 과학적인 태도로 의사소통하는 방법을 학습하게 된다.

첨가해서 말하면 그들은 자신의 발견에 대해 쓰거나, 책을 예로 들거나, 그들의 경험을 포착하기 위해 사진을 찍거나 이야기로 만들 수 있다. 또 다른 방법으로 TV 인터뷰와 같은 놀이를 하거나 경험에 대해 시집을 출판하거나 벽화로 전시할 수 있다. 한 학급이 그들의 프로젝트를 예술품으로 전시하고 바이올린 연주를 하는 형태로 지역사회에 전시할 수 있다. 기회는 무한하다. 3학년은 전형적으로 프로젝트 후에 그들의 결과를 파워포인트로 제시한다. 부모는 이러한 파워포인트 자료를 웹상에서 포토 에세이로 만들 수 있다.

프로젝트 평가

평가에 대한 어려움 때문에 프로젝트가 일반적으로 사용되는데 어려움이 있다. 프로젝트를 수행하며 조심스럽게 모은 자료들은 아동의 학습을 기록하기 위해 사용될 수 있다. 포토 에세이를 사용하고 토론을 기록하고, 혹은 6장에서 기술한 전자 포트폴리오 등은 프로젝트 평가를 촉진한다. 또 다른 방법은 이 장의 마지막 부분에 기술하였다. 집단 프로젝트에 대한 개인의 수행평가는 프로젝트 작업에 대한 커다란 도전이며 연구해야 할 부분이다.

프로그램 모델들

초등학교 저학년 놀이 프로그램들은 유치원 놀이 프로그램과 다르다. 많은 교사들이 Bank Street, High/Scope, Creative Curriculum 유치원 프로그램과 초등학교 프로그램이 비슷하다고 생각할지 모르지만 그렇지 않다. Selma Wasserman이 고안한 놀이 프로그램이 가장 잘 알려져 있다. 그녀의 책인 『초등학교 교실에서의 심각한 놀이자: 적극적 학습 경험을 통한 아동 강화(Series Players in Primary Classroom: Empowering Children Through Active Learning Experiences)』(1990)에서 놀이 중심 프로그램에 대해 기술했다. 그녀는 초등학교 학급에서 어떻게 놀이 중심 프로그램을 적용할 수 있는지 단계별로 자세하게 서술했다. 프로그램 모델은 아래에 제시했다. 아래의 프로그램 목록들은 완전한 것은 아니지만 많이 사용되는 프로그램들이다. 이러한 모델은 가장 일반적으로 알려진 Wsserman의 모델, 구성주의, 발달적 상호작용/Bank Street, Creative Curriculum, Reggio Emilia이다.

Wasserman의 초등학교 저학년 놀이 모델

Wasserman의 『초등학교 교실에서의 심각한 놀이자: 적극적 학습 경험을 통한 아동 강화』에 기초하여, 이 접근법을 놀이 프로그램으로 분류한다. 이 모델의 초점은 놀이, 탐색, 다시 놀이하기를 통해 학생들은 할 수 있다는 자신감을 갖게 된다. Wasserman의 관점에 의하면 놀이, 탐색, 다시 놀이하기의 세 단계는 교수를 위한 하나의 체계적인 접근이다. 놀이의 목표는 생각을 탐구하는 것이다. 따라서 놀이 활동은 탐구할 기회를 제공하도록 고안되어야 한다. 재탐색 단계는 놀이 경험을 통해 얻은 산출물을 재고해 보고 반영해 보는 것이다. 다시 놀이하기는 재료들에 대한 재탐색이다. 이 프로그램에서 중요한 부분이 아침 시간의 미술 영역에서 이루어진다. 이 접근법의 많은 측면들은 John Dewey의 접근법과 비슷하며, 많은 활동들이 질문 중심의 교수와 비슷하다.

초등학교 저학년 교실의 구성주의자

구성주의 접근은 DeVries와 Zan의 저서인 『도덕적인 교실, 도덕적인 아동

초등 저학년 교실에서 활동 영역의 활용은 놀이 중심 교육과정을 촉진한다.

들: 유아교육에서의 구성주의 분위기 창조(Moral Classrooms, Moral Children: Creating a Constructivist Atmosphere in Early Education)』(1994)에 의해 기초적인 틀이 확립되었다. 이 책은 교사들에게 프로그램을 정착시키기 위한 지침을 제공해 주었다. 이 접근의 핵심은 사회도덕적 분위기가 다른 사람들을 존중함으로써 가다듬어야 하고 끊임없이 연습되어야 한다는 것이다(1994, p. 1). Wasserman의 접근과 마찬가지로 이 접근도 20세기 초에 John Dewey가 주장한 민주적인 학급을 실현하는 것이다.

John Dewey는 미술 활동을 주장하였다. 예술은 초등학교 놀이 프로그램의 한 부분이어야 한다.

> 놀이와 미술은 많은 공통점이 있다. 두 영역은 다 상상력에 의해 참여하게 되며, 활동에 대한 반영을 해야 하고 기술을 촉진시키며, 경험에 의해 새롭게 발견한 것을 일반화시키려 하는 경향이 있다. 두 영역은 다 재능을 발견하게 하고 미국 교육의 우선순위에서 벗어나 있다. 나의 관점으로는 만약 예술과 놀이가 우리들의 학교에서 좀더 영향력을 발휘하려면 그들이 살고 있는 지역사회가 아동과 문화를 좀더 존중해야 한다(Eisner, 1990, p. 55).

발달적 상호작용

Bank Street와 같은 발달적-상호작용 프로그램은 초등학교 저학년 교육의 모델에 포함된다. 초등학교 프로그램은 전장에서 언급된 것처럼 이론적인 원리에 기초한다. 6~8세까지의 아동들을 위한 프로그램은 중학교 프로그램이라고 부르며 이것은 초등학교에 기초한 자료를 찾기 위해 노력하는 사람에게 혼란을 준다. Bank Street 초등 교육과정은 사회 공부, 읽기와 쓰기, 수학과 과학, 미술, 음악과 운동, 체육, 불어나 스페인어 등이다.

창조적 교육과정(초등학교 저학년 교실)

초등학교 저학년 수준을 위한 Creative Curriculum 접근은 1999년 Bickart, Jablon, Dodge가 저술한 『초등학교 저학년 교실 구성: 교수와 학습을 위한 완전한 지침(Building the Primary Classroom: A Complete Guide to Teaching and Learning)』에 기초적인 개념이 잘 정리되어 있다. 프로그램은 두 부분으로 나누어진다: 1단계는 교수 전략이며 2단계는 내용이다. 1단계의 교수 전략은 아래와 같다:

- 당신이 가르치고자 하는 학생에 대해 알기
- 학급 공동체를 구성하기
- 학급의 구조를 확립하기
- 학생의 학습 지도
- 학생의 학습 평가
- 가족과 협력

2단계는 언어와 문해, 수학적 사고, 사회 공부, 과학적 사고, 기술, 미술 영역의 내용이다. 이 접근법에서 사용하는 학습 환경은 아래의 영역과 같다:

- 모임 장소
- 가구와 책상 배열
- 필수품과 자료 조직
- 공간 진열
- 인간적 소속과 작업

Reggio Emilia

이탈리아의 영유아를 위한 Reggio Emilia는 세계적으로 유명하다. 몇몇의 학자들은 이 이론을 초등학교와 중학교에 적용시켜서 실제적인 정보를 제시했다(Fu, Stremmel, & Hill, 2002). 그러나 많은 노력을 했음에도 불구하고 초등 교실에서 Reggio Emilia 프로그램을 적용하는 데 정보를 제공해 줄 수 있는 프로그램 모델은 매우 적다. 초등 교실에 이 이론을 적용해 보고 싶은 사람은 출발점으로 Reggio Emilia 프로그램의 기본적인 원리를 사용해 보는 것이 좋다.

초등학교 저학년 교실을 위한 공간 구성

초등학교 저학년 교실은 유치원 교실보다 더 도전적이도록 공간을 구성해야 한다. 아동들에게 아직도 활동 영역이 필요하지만 그보다도 개인적 혹은 그룹 활동을 할 수 있는 공간이 더 필요하다. 예술은 유치원 교실과 동등하게 초등학교 저학년 교실에서도 중요하다. 식물에 물을 주고, 물고기에게 먹이를 주고 혹은 우편물을 나누어주는 것은 아동에게 책임감을 가르치는 것이며, 아동의 질서와 소속에 대한 욕구를 충족시키고 유능감을 느끼게 하기 위한 것이다. 교실의 영역은 아래에 열거한 활동들을 할 수 있도록 배열한다.

출입구 혹은 비상구

출입구/비상구는 안전해야 하며 위험한 물건을 놓아서는 안 된다. 출입문 가까이에 아동의 옷을 걸 옷걸이와 아동의 개인적인 물건을 놓을 공간을 마련하여 아동이 아침과 저녁에 쉽게 이동할 수 있도록 한다. 어떤 초등학교 저학년 교실의 문은 방에 대한 흥미를 유발시킬 수 있게 만들어졌다. 교실은 그 교실에서 진행되는 활동 과정에 아동이 참여할 수 있도록 구성해야 한다.

대그룹 활동 장소

모든 초등학교 저학년 교실은 아동이 그룹으로 앉을 수 있도록 사각형의 카펫, 이불 혹은 담요 등이 필요하다. 많은 교사들은 그룹 배열 형태로 U자형을 선호한다. 이러한 모양은 서로 의견일치를 보지 못한 문제를 해결해야 할 경우 아동들에게 문제 해결을 위한 장소를 제공해 준다. 큰 모임 장소에는 칠판을 준비해서 그룹의 의견을 기록하도록 한다. 대그룹 공간은 사회 활동, 권위적 의자, 시 낭독, 이야기 재현 활동들을 포함하여 많은 다양한 활동을 위해 유용하게 활용된다. 학급에 차트를 걸어 놓음으로써 모든 아동들에게 그들이 매일 해야 할 일들을 상기시킨다.

소그룹 활동 장소

학급의 외곽에 책상을 놓거나 소집단 활동을 위해 필요한 경우 낮은 책상을 이동시켜 공간을 만든다. 아동이 그룹으로 혹은 팀으로 활동할 때 자신의 자아개념을 발달시키게 된다. 소집단은 대집단 활동 장소, 혹은 소파, 소집단 테이블 혹은 마루 바닥에 앉아서 모임을 할 수 있다. 카펫은 아동에게 영역에 대한 경계를 표시해 준다. 소집단 활동은 게임 놀이 형식으로 제공되며, 할당된 시간까지 아동들은 게임을 한다. 그들은 도움 없이 게임을 시작하고 끝낼 수 있다. 교사가 사용한 커피로 수학 게임을 할 수 있다. 아동들은 그 게임이 두 명 혹은 네 명의 사람이 필요하다는 것을 안다. 아침에 커피를 얻은 아동들은 게임을 하고 카펫을 선정하여 교사가 아침 모임을 위해 부를 때까지 게임을 한다. 아동들은 더하기와 곱하기를 사용하는 게임을 함으로써 놀이를 통해 학습한다. 이러한 게임 자료들이 있으면 자연적으로 놀이 활동

아동들은 놀이와 학습을 위해 사용할 수 있는 다양한 공간이 필요하다.

이 이루어진다.

개별 활동 장소

이 연령대의 아동들은 질서에 대한 개념을 발달시키기 때문에 각 아동에게 그들의 외투를 놓을 곳, 집으로 보내고 다시 가져올 우편함을 놓을 장소, 개별 책상을 놓을 수 있는 장소를 지정해 주는 것이 좋다. 개별 책상은 필요에 따라 두 명, 네 명 혹은 여덟 명의 아동이 앉을 수 있는 책상으로 변형될 수 있는 것을 사용한다. 어떤 교사들은 테이블을 선호하지만 개별 책상은 다용도로 사용될 수 있으며, 아동들에게 자신만의 개인적인 책상이란 인식을 줄 수 있어서 더 유용하다. 그들은 자신의 책상에 물건을 놓으면 안전하다는 것을 안다. 개별적인 책상대신 테이블을 사용하게 되면 개인 용품을 놓을 장소가 별도로 필요하게 된다. 교실에는 또한 한 명 또는 두 명의 아동이 조용히 쉴 공간이 필요하다. 이러한 공간으로 어떤 교사들은 긴 의자 등을 사용하고 어떤 교사는 냉장고를 치장하여 만든 우주선을 사용하기도 한다.

보관함과 장비

자료는 아동들이 쉽게 접근하여 사용될 수 있는 곳에 보관해야만 한다. 모든 물건에 명칭을 붙여서 아동들이 자료를 사용하고 다시 갖다 놓거나, 다음 프로젝트를 위해서 자료를 스스로 수집함으로써 독립심을 발달시킬 수 있다. 자료들, 크레용, 가위들을 어떻게 분배할지 생각해 보아야 한다. 만약 아동들이 그러한 자료들을 개인 사물함에 보관한다면 아동들이 쉽게 그것을 가져올 수 있도록 해야 한다. 학급의 전체 아동들에게 자료를 나누어줄 경우 그룹이나 팀 단위로 배분하여 그들이 그룹 내에서 나누어 쓰도록 한다. 2학년과 3학년은 팀이라는 용어를 사용하는 것을 좋아한다.

교실이 어지럽혀 있거나 낡은 자료를 점검하기 위해 교실을 주기적으로 체크해야 한다. 아동의 활동 범위 안에 비치된 자료들은 아동이 사용할 수 있어야 한다. 아동 스스로 어떤 것은 사용할 수 있으며, 어떤 것은 사용할 수 없는지 판단할 수 없기 때문에 교사가 아동의 포트폴리오가 있는 선반 안에 자료나 평가서 등 교사에게 중요한 서류를 보관해서는 안 된다.

예 술

초등학교 저학년 교실을 아름답게 꾸미는 것은 아동의 삶의 질을 향상시킨다. 조명, 배치, 학급 배열 등은 질서감, 심미감, 혼동감 등의 발달에 영향을 미친다. 자연적인 조명과 램프는 학급의 조도를 변화시킨다. 식물이나 그림을 돋보이게 하기 위해 벽을 하얀색으로 칠하는 것은 예술품을 전시하기 위해 깨끗하고 흐트러지지 않은 캔버스를 준비하는 것이다.

아동의 작품은 주의 깊게 전시해야 한다. 프로젝트를 적게 운영하고 그것을 창조적으로 전시하는 것이 매일 학습지를 하는 것보다 좋다. 교사가 만든 전시물을 칠판에 진열하는 것은 아동이나 문화를 반영하고 있지 못하기 때문에 그들이 함께 방금 끝낸 프로젝트의 그림이나 아동의 작품을 사용하는 것이 더 적합하다. 지역의 문화를 학급에 반영하는 것은 아동의 정체성을 증진시킬 수 있다.

흥미 영역들

블록과 수학 영역. 블록과 수학으로 장식된 영역은 많은 효과를 볼 수 있다. 초등학생은 단위 블록과 레고 등 블록 놀이를 통해 많은 것을 배울 수 있다. 아동들은 계산을 위해 수학적 조작물들이 필요하다. 많은 아동들이 정상적인 속도로 수학 게임을 할 수 없기 때문에 매일 이러한 블록들을 사용하게 하면 수학에 대한 흥미를 촉진시킬 수 있다.

책 영역. 학급 문고와 책 영역은 초등학교 저학년 교실에서 새로운 것은 아니나, 책 읽는 아동들을 위해 읽기 편한 장소를 제공하는 것은 새로운 생각이다. 대나무 바구니에 하나 가득 책을 넣어 두면 아동들을 쉽게 책 영역으로 유인할 수 있다. 책읽기 영역에 긴 의자를 놓아두거나, 배 밑에 쿠션을 놓아두면 책을 읽기에 편하다.

프로젝트 영역. 프로젝트 작업을 촉진하기 위해 학급의 한 구석에 프로젝트 영역을 마련한다. 아동들은 프로젝트 작업을 하기 위해 이 공간으로 이동하여 탐구를 마치거나 다양한 대본으로 역할 놀이를 한다.

학급의 구조를 계획하고 창조하는 것은 어떠한 모델에 기초하건 상관없이 매우 도전적이고 자극적인 작업이다. 교장 선생님은 아동들에게 실외 놀이 공간을 계획하는 데 참여하도록 할 수 있다. 표 7-3은 아동과 함께 공간을 계획하고자 하는 사람들에게 유용한 모델이 될 수 있다.

표 7-3 그들 자신의 언어

Clemson 초등학교의 놀이 영역 개발
Clemson 초등학교의 교장인 Paul Prichard

새로운 학교를 지을 때 건축 계획을 도와줄 건축 위원회를 구성한다. 위원회는 교사나 지역사회 주민들의 도움을 받을 뿐만 아니라, 학생들로부터도 정보를 수집한다. 아동들은 참신한 아이디어를 갖고 있다. 아동은 그들의 요구를 표현하고 많은 흥미로운 구조들을 그림으로 그린다. 아동들은 공놀이, 미끄럼틀, 그네와 같은 전형적인 구조물들을 요구할 뿐만 아니라 그 외에 창조적인 생각도 갖고 있다. 그들은 암벽, 실외 학급, 자연적인 오솔길과 동물 사육장 등을 원한다. 우리는 새 학교를 건축할 때 가능 한한 아동들의 요구를 수렴하고자 노력했다. 아동들은 유명한 동화책에 나오는 주제가 있는 정원도 제안했다. 그들은 『Peter Rabbit』 『이상한 나라의 Alice(Alice in Wonderland)』와 『Harry Potter』 『비밀의 정원(A Secret Garden)』 등을 제안하였다.

우리는 학교 운동장이 전체적인 학습 환경의 중요한 부분이라고 생각하여 우리의 학교 건축에 아동들의 생각을 반영하고자 했다. 각 학년 수준에 적합한 운동장 조성을 위한 재정은 부모님과 지역사회의 후원금으로 충당했다. 유치원 학생들을 환영하기 위해 큰곰과 거북이 장식을 했다. 그네, 모래 상자, 등반 장비와 미끄럼틀은 학생들에게 자유 놀이 활동을 제공한다. 1학년과 2학년을 위한 운동장의 초입은 고릴라와 사자가 지키고 있는 정글 탐험 장비로 시작된다. 그리고 나서 아동들은 두 마리의 악어를 피하기 위해 늪을 가로질러 백합 발판으로 간다. 마지막으로 아동들은 암벽을 기어오르고 미끄러져 내려온다. 그곳은 또한 뛰고 사냥할 수 있는 넓은 열린 공간이 있다. 고학년을 위한 학교의 또 다른 영역으로 예술 공간, 농구, 암벽 등반, 길에서 하는 게임 영역 등이 있다. 우리는 또한 타악기를 연주할 수 있는 음악 공간도 만들었다. 작은 목장 안의 가축 우리에는 동물들이 있고 교육과정에 따라 아동들이 방문할 수 있도록 했다.

주제별 정원은 책을 읽고, 야채를 키우고 친구를 만나거나 자유 놀이를 위한 공간이다. 우리들의 교실은 많은 창조적인 활동 기회를 제공함으로써 실내 활동을 실외 환경으로 확장했다. 대그룹 활동을 위한 계단식 극장은 인형극, 노래와 춤을 추기에 환상적인 공간이다. 100년 된 오크 나무 근처에 건축을 하여 그늘이 있고 전망이 빼어나다.

학교에는 구조적인 놀이와 자유 놀이를 증진시키기 위한 활동을 할 수 있는 다양한 공간이 있어야 한다. 학교는 아동이 인생의 총체적인 삶을 학습할 수 있는 장소여야 한다. 다른 사람과 상호작용하는 기술은 놀이를 통해 배운다. 우리가 건축한 학교는 이러한 학습을 가능하게 할 수 있는 곳이라고 믿는다.

출처: Clemson 초등학교 교장 선생님인 Paul Prichard(Ed. D.)

장난감과 자료

초등학생의 특징(자아존중감의 발달, 질서와 구조, 소속감), 그들의 주된 놀이 관심, 규칙 있는 게임들은 그들이 활용하는 장난감과 자료들에 의해 영향 받는다. 이 연령층의 다양성을 감안하여 다양한 선택이 이루어질 수 있어야 한다. 이 시기의 아동들을 위해 인형극, 극적인 산출물을 위한 소품들, 게임 혹은 수집품들이 필요하다. 인형 놀이가 감소하면서 사람의 형상은 역사적인 인물의 재창조나 실체 모형을 통해 등장하게 된다. 초등학생은 그룹 안에서 자신의 자아개념을 확립하기 위해 위험한 놀이를 하기 때문에 안전에 대해 다시 한 번 관심을 가져야 한다.

평가

초등학교에서 행해지는 평가는 유치원의 평가와는 많이 다르다. 초등학교 저학년 교실에서 표준화된 검사가 주기적으로 행해지며, 학교와 교사들은 아동들을 비교하고 서열화하기 위해 검사 결과를 활용한다. '고난위도'의 시험이 치러지고 결과들이 참조된다. 많은 사람들은 이러한 고난위도의 시험은 아동들과 교사 모두에게 적합하지 않다고 생각한다. 각각의 과목에 대해 전문가협회가 있으며 각 전문가협회는 표준 성취 수준을 설정하고 있다. 국제읽기협회(IRA), 전국수학교사협회(NCTM), 전국영어교사협회(NCTE), 전국사회협회(NCSS), 전국과학교사협회(NSTA) 등등. 전문가 협회에서 제시한 규준은 법적 구속력을 갖고 있는 것이 아니기 때문에 주에 따라 학급 교사들은 이런 규준들을 사용하기도 하고 무시하기도 한다. 그러나 많은 주에서 전문가 협회의 이런 규준들을 자기 주의 규준을 개발하기 위한 기초 자료로 사용하고 있다. 물론 어떤 주들은 이런 규준과는 무관하게 자체 규준들을 개발하기도 한다. 또한 주마다 그리고 지역마다 규준 검사에 차이가 있다. 평가가 이런 규준 검사에 의해서 실시될 때 초등학교 저학년 교실에서 놀이가 설 자리는 어디겠는가?

초등학교 저학년의 놀이는 유치원의 놀이와는 많이 다르다. 초등학교 놀이는 규칙 있는 게임으로 구성되었으며, 이때 놀이의 평가는 다르다. 초등학교의 놀이 평가는 학습과 놀이를 연결시키는 유용한 정보를 제공한다. 놀이 중심의 프로그램을 제안한 Wassserman(1990)은 반향과 대화에 기초한 평가 시스템도 제안했다. 그녀는 또한 초등학교 교실에서 문자를 사용하지 말 것을 제안했다. 초등학교의 학년 배치는 토론과 사고력을 요하는 대화를 통해 재배치되어야 한다. 이것이 훌륭한 생각이라고 할지라도 많은 공립학교 교사들은 이러한 시스템을 수행할 수 없다.

초등학교에서 발달에 적합한 평가를 하기 위해 아동의 발달 수준, 연령, 문화를 반영할 기회가 제공되어야 한다. 좀더 구조화된 규칙이 있는 게임을 하는 초등학생들은 자아개념과 소속감을 발달시켜야 한다. 만약 이러한 특징이 평가 시스템을 갖춘 구조화된 놀이 프로그램에 사용된다면 진정한 평가가 이루어진다고 할 수 있다. 초등학생을 위한 진정한 평가는 게임, 팀웍, 포트폴리오 그리고 프로젝트 작업이다. 진정한 평가의 유형 중 하나는 기록 작업으로 이는 이탈리아의 Reggio Emilia 학교에서 기원되었다. 이러한 기록 작업을 통해 학습 과정 중 의사소통이 촉진된다. 이러한 내용은 5장과 6장에서 깊이 있게 다루어졌다.

게 임

게임은 수학에 대한 평가와 연결시킬 수 있는 우수한 수단이다. 열린 수학 게임을 활용하는 것은 아동들에게 많은 도전을 준다. 수학 저널을 구독하는 아동들은 그들이 습득한 지식을 기록할 수 있다. 수학 저널은 주제별로 시험을 볼 수 있어서 영역별로 잘 할 수 있는 영역과 취약한 영역을 알 수 있으며, 필요한 경우 취약한 부분에 대한 개선 프로그램도 제공된다. 초등학생들은 게임하는 것을 즐긴다. 도시나 건축을 건설하는 것 등과 관련된 사회적인 게임들에 대한 연구에 의하면 이러한 활동이 놀이와 예술을 통합하며, 창조적인 활동 속에 포함된 내용들은 매우 유익한 것이라고 하였다.

협력 활동(팀)

그룹 작업은 다양한 기술을 갖고 있는 아동들이 과제를 완성하기 위해 함께 활동할 수 있는 기회를 제공해 준다. 활동들에는 이야기를 재현하는 것, 유아를 위한 인형 쇼, 지역에 대해 시를 쓰고 과학 잡지에 점수를 기록할 수 있는 과학 실험을 완성하는 것들이 포함된다.

포트폴리오

포트폴리오는 기록하기 위한 방법을 제공해 준다. 아동과 교사는 우수한 작품을 선택하여 준비된 장소에 포트폴리오를 보관한다. 예를 들면 시에 관해 이야기한 후 아동은 시를 쓰거나 연구를 하여 그것을 포트폴리오에 기록할 수 있다. 언어와 예술에 대한 포트폴리오는 두 가지 모두 발달적으로 적합하며 해를 거듭할수록 진보가 눈에 뛰게 나타난다.

프로젝트 작업

프로젝트 작업은 언어 예술, 미술, 수학, 음악, 재현을 통해 과학과 사회를 탐구할 수 있도록 해 준다. 프로젝트의 종결 시 학생들은 그들이 발견한 것들을 공유할 기회를 갖는다. 프로젝트 작업을 수행하기 위해 탐구, 필기, 수학과 계산, 의사소통과 사회적 상호작용 등의 기술들이 사용된다.

게임, 포트폴리오, 협력적 학습 팀, 프로젝트 작업을 사용하는 평가 프로그램을 고안하는 것은 아동의 학습 방법을 알기 위한 것이다. 이러한 시스템은 초등학년에서 학습을 촉진하기 위한 적합한 방법이다.

방과 후 프로그램의 평가

자가 학습에 대한 평가 도구는 방과 후 프로그램을 위해 활용할 수 있다. 학령기 아동의 보호 환경 평가 척도(SACERS, Harms, Jacobs, & White, 1996)는 방과 후 프로그램에 대한 질을 쉽게 평가할 수 있도록 고안된 평가 도구이다. SACERS를 사용하는 평가자는 이 도구를 사용하기 전 훈련을 받아야 한다. 이 평가 도구를 사용하는 사람들은 테이프와 워크숍을 이용할 수 있다. 평가 범주에 포함된 영역은 공간과 가구들, 건강과 안전, 활동, 상호작용, 프로그램 구조, 스텝 개발, 특수한 요구들이다.

놀이 조망의 반추

이 장 첫 부분의 놀이 조망에서 기술한 놀이는 초등학교의 놀이가 학습의 수단으로 적합한 교수 활동이라고 생각한다. 이 수준에서의 놀이는 일반적으로 프로그램 모델을 따르기보다 프로그램을 적용하는 교사의 개인적인 견해에 의해 수행된다. 평가 또한 다양하다. 우주 정류장의 다양한 측면에서 차트에 참여하는 것과 놀이에 대한 평가 보고들이 학생들의 상호작용과 학습 내용에 대한 평가 지표가 된다. 만약 학생들이 달에서 걸어다니고 지구에 보고하는 활동들이 포함된 놀이에 참여한다면 학생들은 의사소통하는 방법과 장비 사용 방법을 알아야 한다. 독립된 기술을 측정하기보다 학생들의 전반적인 수행이 놀이를 통해 평가되어야 한다.

요약

이 장에서 초등학교의 놀이는 교수와 학습의 수단으로써 거론되었다. 성인은 놀이를 위한 자연적인 환경을 구성하는 데 중요한 역할을 한다. 예술은 특별한 기술 영역에서 방과 후 프로그램으로 중요하다. 문해, 수학, 과학, 사회, 건강, 체육 교육 프로그램에 대한 내용 영역의 통합된 학습은 놀이를 통해 확장된다. Bank Street, High/Scope, Wasserman, 구성주의자 및 Creative Curriculum 등의 초등 교육과정은 총체적인 접근을 촉진한다. 형식적 · 비형식적 상황에서 공간, 장소, 재료들은 중요하다. 진정한 평가 기회는 놀이를 통해 학습이 일어날 수 있는 가교의 역할을 한다.

핵심 용어

구체적 조작 단계

유용한 웹사이트와 과학기술자원

◆ **Bank Street**

http://www.bankstreetbooks.com 이 웹사이트를 통해 수업 계획, 단원, 아동들이 쓴 책의 견본을 이용할 수 있다.

◆ **Goldsboro Magnet School**

http://www.goldsboro.scps.k12.fl.us Goldsboro Magnet 초등학교. 프로그램의 개관을 보려면 'Kids Space Station'을 클릭한다.

◆ **국제읽기협회(International Reading Association)**

http://www.reading.org 읽기 교수를 위한 가장 큰 공식 사이트.

◆ **전국 과학(National Science)**

http://books.nap.edu 전국 과학 교육과 규준 참조.

◆ **전국영어교사협회(National Council of Teachers of English)**

http://www.ncte.org 영어교사전문가협회의 공식적인 사이트. 2학년과 3학년 영어 교육을 위한 새로운 아이디어 제공.

- **전국수학교사협회(National Council of Teachers of Mathematics)**
  http://www.nctm.org 공식적으로 가장 큰 수학교사전문가협회 사이트. 미국의 수학 교수에 대한 최근의 연구와 실제를 제공.

- **전국사회교육협회(National Council of Social Studies)**
  http://www.ncss.org 공식적으로 가장 큰 사회교사전문가협회 사이트.

- **전국음악교사협회(Music Teachers National Association)**
  http://www.mtna.org/home.htm 전국음악교사협회 사이트. 부모를 위한 규준과 지침 제공

- **전국과학교사협회(National Science Teachers Association)**
  http://www.nsta.org 전국과학교사전문가협회 사이트. 초등학교 2학년에서 5학년에 초점이 맞추어졌음.

- **프로젝트 접근법(Project Approach)**
  http://www.project-approach.com 프로젝트 접근법에 관한 책을 저술한 Sylvia Chard가 계발한 사이트.

- **프로젝트 접근법(Project Approach)**
  http://ecap.crc.uiuc.edu 유아기와 부모 협력을 위한 공식적 사이트(ECAP). 프로젝트 접근법에 관한 훈련 정보를 제공.

활동

1. 교실에서의 활동

A. 1~3학년의 교육과정 영역에서 놀이 계획을 개발하라. 예를 들면 수학을 위한 놀이로 1학년과 2학년에서 블록 놀이를 계획할 수 있다. 작은 블록들과 전학년 아동들을 위한 조작물들 및 다양한 수준의 게임들. 집놀이 영역과 다른 영역에서 놀이를 통해 수학 학습을 촉진시키는 방법

이 기술되어야 한다.

B. 2~3학년용 프로젝트 주제를 위한 그물망을 개발하라. 평가 시스템을 위한 계획은 학습기록에 사용될 수 있다.

2. 연구와 탐문

A. 초등학교에서 교육과정에 놀이를 활용하는 학급을 두 시간 동안 방문하라. 같은 학년으로 놀이를 활용하지 않는 다른 학급을 두 시간 동안 방문해서 두 학급을 관찰하고 비교해 보라. 이론적인 지식에 근거하여 어떤 이론들이 학급에 영향을 미쳤는가? 이러한 이론은 이 학급의 놀이 빈도에 영향을 미쳤는가?

B. 1학년이나 2학년 중에서 두 개 주(州)의 같은 학년을 선택하여 교육과정을 비교해 보라. 교육과정이 어떻게 비슷하고 다른지 살펴보라. 어떤 학급이 놀이를 더 많이 하고 더 적게 하는가? 그들의 교육과정에 영향을 미친 것은 무엇인가?

C. 1장에서 설명했던 놀이에 관한 이론을 상기해 보라. 놀이 중심 교육과정을 사용하는 학급과 그렇지 않은 학급을 비교해 보라. 소구조, 중간 구조, 외부 구조, 대구조 중에서 놀이에 가장 영향을 미친 것은 어느 것인가? 구체적인 통계 자료를 갖고 답을 찾아보라.

D. 소도시에 위치한 학교에서는 어떤 숙제를 내주는가? 1~3학년 교사들을 인터뷰하라. 그들은 얼마나 많은 숙제를 내주는가? 이러한 숙제가 방과 후 놀이에 어떻게 영향을 미치는가?

3. 봉사 학습

A. 1주일에 두 시간 동안 방과 후 프로그램에 자원 봉사자로 활동해 보라. 여러분은 어떤 종류의 놀이를 관찰할 수 있는가? 아동들이 그들의 놀이를 통해 무엇을 학습하는가?

B. 특정한 수학 기술을 강화할 수 있는 방과 후 프로그램에서 활용할 수 있는 수학 게임을 개발하라.

C. 지역의 방과 후 프로그램을 방문해 보라. 놀이를 촉진시키기 위해 게임 선반을 새로 꾸며 보라.

D. 비경쟁적인 게임을 위한 지시 사항과 법칙을 제공해 줄 수 있는 정보지

를 개발하라. 이러한 정보지를 지역의 방과 후 프로그램을 운영하는 곳에 배부하라.

4. 가족 연계

A. 만약 여러분이 부모들을 위해 "가족의 밤"을 개최할 수 있는지 물어 보라. 그들은 각자 가족들이 먹을 음식을 조금씩 가져와서 전체 가족이 같이 음식을 먹는 것을 계획할 수 있다. 저녁 시간에 아동들은 그들의 프로젝트에 관해 작품을 보여 주고 토론할 시간을 갖는다. 작품은 개인적인 수행 실적보다는 전체 학급 프로젝트에 초점을 맞춘다.

B. 또 다른 "가족의 밤" 프로그램은 초등학교에서 활용할 수 있는 놀이를 제공해 주는 것을 포함할 수 있다. 이 연령대의 아동의 발달에 관한 정보를 제공하는 것은 그들이 아동들에게 어떻게 좋은 놀이 파트너가 될 수 있는지 집에서 어떻게 놀이를 지원할 수 있는지 등에 대해서 부모에게 정보를 제공해 줌으로써 과도의 불필요한 활동들을 줄일 수 있다. 통계자료를 갖고 부모에게 설명하라. 여러분의 설명을 지지할 수 있는 논문이나 정보를 간략하게 기술한 유인물 등을 사용해야 한다.

C. 아동들에게 학급에서 다른 아동과 함께 들을 수 있는 특별한 음악을 갖고 있는 사람이 있는지 물어 보라.

D. 예술적인 창조물을 축하하기 위한 "가족의 밤"을 계획해 보라. 지역의 고등학교나 대학에서 음악을 연주할 수 있는 학생을 초청해서 연주회를 계획해 보라.

5. 놀이 옹호

A. 최소한의 설명만으로 놀이를 할 수 있는 초등학생을 위한 게임을 개발하라. 지역사회의 병원이나 고아원 같은 시설에 게임을 기증하라.

B. 여러분이 살고 있는 주에서 아동들을 대변할 수 있는 단체를 찾아보라. 초등학교에서 아동들을 대변해 줄 사람이 누구인가?

C. 어떤 주의 법이 초등학교의 놀이에 영향을 미쳤는가?

D. 요구된 평가가 지역사회 학교의 놀이에 어떻게 영향을 미쳤는가? 게임과 놀이를 통해 아동의 발달을 평가할 수 있는 평가 계획을 수립하라.

참고문헌

Bettelheim, B. (1987, March). The importance of play. *Atlantic*, pp. 35-46.

Bickart, T., Jablon, J., & Dodge, D. (1999). *Building the primary classroom: A complete guide to teaching and learning*. Washington, DC: Teaching Strategies.

Bronson, M. B. (1995). *The right stuff for children*. Washington, DC: National Association for the Education of Young Children.

DeVries, R., & Zan, B. (1994). *Moral classrooms, moral children: Creating a constructivist atmosphere in early education*. New York: Teachers College Press.

Eisner, E. (1990). The role of art and play in children's cognitive development. In E. Klugman and S. Smilansky (Eds.), *Children's play and learning* (pp. 43-56). New York: Teachers College Press.

Elliott, V (2002). Adult options for childhood obesity? Doctors say the high number of extremely overweight young people is serious enough to consider radical interventions. *American Medical News*, *45* (20), 27.

Erikson, E. (2000). *Childhood and society*. New York: W. W Norton. (Originally published in 1950.)

Fu, V., Stremmel, A., & Hill, L. (2002). *Teaching and learning: Collaborative exploration of the Reggio Emilia approach*. Columbus, OH: Merrill.

Gardner, H. (1983). *Frames of mind*. New York: Basic Books.

Hall, N. (2000). Literacy, play, and authentic experience. In K. A. Roskos and J. F. Christie (Eds.) *Play and literacy in early childhood: Research from multiple perspectives* (pp. 189-204). Mahwah, NJ: Lawrence Erlbaum.

Harms, T., Jacobs, E., & White, D. (1996). *School Age Care Environment Rating Scale*. New York, NY: Teachers College Press.

Hughes, F. (1999). *Children, play, and development*. Boston: Allyn and Bacon.

International Reading Association (IRA) and the National Association for the Education of Young Children (NAEYC) joint position paper. (1998). Learning to read and write: Developmentally appropriate practices for young children. *Young Children*, *53* (4), 30-46.

Kami, C. (2000). *Young children reinvent arithmetic: Implications of Piaget's theory* (2nd ed.). New York: Teachers College Press.

Piaget, J. (1962). *Play, dreams, and imitation*. Norton. (Original work published in 1962.)

Rogers, C. S. & Sluss, D. J. (1999). Revisiting Erikson's views on Einstein's play and inventiveness. In S. Reifel's *Play contexts revisited, Play and culture series*, Vol. 2 (pp. 3-24). Greenwich, CT: Albex.

Seefeldt, C. (2000). *Social Studies for the Preschool/Primary Child* (6th ed.). Upper Saddle, NJ: Prentice-Hall.

Smith, S. (2001). *Early Childhood Mathematics* (2nd ed.). Boston, MA: Allyn & Bacon.

U.S. Department of Education. (1997a). National Center for Education Statistics. *Pursuing excellence: A study of U.S. fourth grade mathematics and science achievement in international context*. Washington, DC: U.S. Government Printing Office.

U.S. Department of Education. (1997b). National Center for Education Statistics. *Pursuing excellence: A study of U.S. twelfth grade mat hematics and science achievement in international context*. Washington, DC: U.S. Government Printing Office.

Wasserman, S. (1990). *Serious players in the primary classroom: Empowering children through active learning experiences*. New York: Teachers College Press.

CHAPTER 8

특별한 요구가 있는 유아를 위한 놀이 지원

통합 환경에서의 놀이는 다양한 유아의 요구에 부응해야 하기 때문에 개방적이어야 한다.

—Catherine Marchant & Cheryl Brown, 1996

학습 개요

이 장은 장애 아동 혹은 발달 지체 아동의 놀이에 대해서 기술하고 있다. 이 장의 주된 내용은 특별한 요구가 있는 유아의 놀이 효과, 필요한 수정을 위한 기법들 그리고 특별한 요구가 있는 유아와 또래들 간의 통합 놀이 지원을 위한 교사의 중요성 등이다. 그 외에 장난감의 수정, 보조 공학, 놀이 평가를 위한 초학문적 접근 등에 관하여 다루게 된다.

학습 목표

이 장을 읽은 후, 여러분은 아래와 같은 목표를 성취할 수 있다:

- 특별한 요구가 있는 유아를 위한 놀이의 효과에 대해 학습한다.
- 아동 중심 중재에 관한 지식을 습득한다.
- 성공적인 통합 교육을 위한 지침에 관하여 학습한다.
- 학급 내에서 특별한 요구가 있는 유아들의 놀이를 위한 지원 자료에 대해 학습한다.
- 통합 환경에서 놀이 증진을 위한 보조 공학 활용 기법을 학습한다.
- 초학문적인 놀이 평가의 효과와 방법을 습득한다.

놀이 조망

오늘 아침 Sheena는 다운증후군이 있는 세 살 된 딸 Twila를 유치원에 데리고 갔다. 이것은 Twila의 첫 번째 그룹 활동 경험이며, Sheena는 Twila가 또래 아동들과 상호작용하는 것을 보며 놀라워했다. Twila는 친구를 사귀었는지? 다른 친구들은 Twila와 함께 놀이를 하려고 했는지? 이러한 것들을 알아보기 위해 Sheena는 유치원에 전화를 했지만 기다려야만 했다. 그녀는 이 유치원이 놀이 중심의 프로그램으로 운영되며 그녀의 딸이 잘 보호받고 있다는 것을 알고 있었다. 그러나 이제 그녀는 딸을 데리러 유치원에 가는 것을 더 이상 지체할 수 없었다.

그녀가 유치원에 도착했을 때 Twila는 집에서 가져온 인형을 손에 들고 의자에 앉아 있었다. Sheena는 그녀의 딸이 오늘 친구를 사귀었는지, 오늘 하루 종일 무엇을 했는지 궁금했다.

놀이 자극

놀이를 유발시킬 수 있는 자극들은 인형 혹은 학급에 있는 다른 자료 등이다. 전형적인 발달 아동들은 직관적으로 새롭고 창조적일 수 있는 장난감이나 자료들에 매력을 느낀다. 특별한 배려가 필요한 아동은 그들의 놀이를 지원하기 위해 특별한 장비나 자료의 지원이 필요하다. 장애 유아도 놀이를 할 수 있고 하려고 하나 부가적인 지원이 필요하다. 모든 부모들처럼 Sheena도 그녀의 딸이 친구를 사귀고 놀이를 하기 원한다는 것을 주목하라. 아마 Twila의 친구들이 그녀를 혼자 남겨두거나 혹은 하루 종일 놀이 상대 없이 놀았을지도 모른다. 유아교육자만이 그러한 사실을 알 수 있다. 장애 유아의 놀이를 촉진하기 위한 유아교육자의 역할은 매우 중요하며 이 장에서 철저하게 다루게 될 것이다.

유아교육에서의 놀이

비장애 유아의 성장과 발달을 위한 놀이의 가치는 그 동안 많이 입증되었으며(Bredekamp & Copple, 1997; Piaget, 1962), 비장애 유아뿐만 아니라 발달 지체 유아에게도 놀이는 더 중요한 가치가 있다. Cook, Tessier, Klein(2000)은 "놀이는 유아 특수 교육에서 유일하게 가장 중요한 개념"(p. 31)이라고 했다. 놀이는 사회적 상호작용과 인지 발달을 위한 기회를 제공해 준다. 감각 손상, 운동, 인지 혹은 정서적 측면의 장애는 속성상 놀이에 영향을 미친다. 경도의 장애 아동들에게 놀이는 비장애 아동과 함께 활동할 수 있는 계기를 마련해 준다. 놀이는 집에서 혹은 통합 프로그램에서 할 수 있다. 중증 장애 아동들에게 놀이는 즐거움을 선사하고 가족들에게 좀더 정상적인 가족처럼 느끼게 해 준다. 놀이는 가정이나 통합 유치원 혹은 유아 특수 교육 기관에서 할 수 있으며, 중증 장애 아동이나 의학적으로 문제가 있는 아동을 위한 유아 특수 교육 프로그램에는 놀이에 대한 특별한 준비가 되어 있다.

연방 지침서

70년대 PL 94-142에 의거하면 공립학교는 **자연적인 환경**의 요구에 근거하여 장애 아동을 입학시켜야 한다. 자연적인 환경이란 만약 아동이 장애가 없었으면 활동할 수 있었던 환경을 의미한다. 아주 어린 유아들을 위한 자연적인 환경은 가정이다. 또한 1997년 장애인교육법에 의거하면 장애 유아에게 자연적인 환경은 일반 유치원이다. 이러한 자연적인 환경에 대한 요구에 의해 초등학교나 유치원 프로그램은 장애 유아나 발달 지체 유아의 요구에 부응할 수 있도록 수정되어야 한다. 유아교육자가 모든 아동들에게 최상의 실제를 반영할 수 있도록 노력하고 있지만 특별한 요구가 있는 유아에게 적합한 경험들을 제공하는 것은 어려운 일이다. 따라서 이 장에서는 통합을 촉진하기 위해 발달 지체 유아나 장애 유아의 요구에 부응하기 위해 놀이의 수정에 관한 정보가 제공된다.

전문적인 지식에 근거한 추천들

조기 중재자와 유아 특수 교사들은 유아교육 내의 유아특수교육분과협회(Council of Exceptional Children Division of Childhood; CEC-DEC) 등의 전문가 협회에 소속되어 있다. 『조기중재/유아특수교육에 관한 유아교육분과의 추천실제(Division of Early Childhood Recommended Practices in Early Intervention/Early Childhood Special Education)』에 관한 출판물들은 장애 유아에게 놀이를 권장하고 있다(Sandall, McLean, & Smith, 2000). 특별한 요구가 있는 유아나 특수 교육적 요구를 갖지 않은 아동 모두 교사 주도의 활동보다 아동 주도의 활동을 할 때 더 적극적으로 활동에 참여한다(Diamond, Hestenes, & O'Connor, 1994, p. 93). 또한 발달적으로 적합한 모든 아동은 놀이를 할 수 있다.

실제(DAP)에 참여하는 것이 추천되고 있다; DAP는 아동들에게 더 많은 선택의 기회를 주도록 하고 있으며, 아동의 흥미에 대한 가치를 높이 평가하고 아동의 즐거움과 놀이를 강조한다. 유아교육분과(DEC)는 활동들과 놀이, 평가들이 특별한 요구가 있는 유아에게 발달적으로 적합하도록 보장해야 한다고 하였다.

DEC는 직접적 그리고 간접적인 서비스를 제공해야 한다고 추천한다. 직접적 서비스는 아동과 가족이 직접적으로 참여하는 서비스를 의미한다. 직접적인 서비스는 아래와 같다:

- 진단
- 아동 중심 중재
- 가족 중심의 실제
- 초학문적 모델
- 공학 적용

아동의 놀이할 권리를 보장하기 위해 어른의 역할이 중요하다.

간접적인 서비스는 직접적인 서비스를 전달하기 위한 지원 체제다. 간접적인 지원은 아래와 같다:

- 정책, 절차 및 시스템의 변화
- 개인적인 준비

조기 중재는 장애 영아나 발달 지체 영아가 그들의 발달을 가족 상황 하에서 최대화하기 위해 특수한 서비스를 받는 것을 의미한다. 직접적 서비스와 간접적 서비스 모두 특별한 요구가 있는 영아-걸음마기 유아를 돌보거나 교육하는 교육자에게 영향을 미친다.

연구 결과

특별한 요구가 있는 아동을 위한 놀이는 일반적으로 아동 보호 센터에서 볼 수 있는 놀이와 다르다. 전형적인 발달을 하고 있는 2세 아동 앞에 공을 던지면 아동은 아마도 공을 던지거나 발로 차려고 시도할 것이다. Piaget(1962)의 연구에 의하면 아동은 활동을 통해 지식을 발달시킨다. 전형적으로 발달하는 아동은 공을 던져보고 만져보고 굴려봄으로써 공에 대한 그의 지식을 구성해 간다. 장애를 가지고 있는 아동은 그의 앞에 놓인 공에 근접할 수도 있지만 근접하지 못할 수도 있다. 따라서 장애 유아에게는 성인 개입이 필요하다. 성인은 놀이를 어떻게 지원해야 하는지 방법을 알아야 한다. 개별 아동의 요구에 따라서 수정이 다양하게 이루어져야 한다. 아동을 보조하는 성인은 아동의 진단에 대한 지식이 있어야 하며, 놀이를 촉진하기 위해 활용 가능한 방법을 알아야 한다(Bicker & Cripe, 1992). 특별한 요구가 있는 아동을 위한 놀이는 전형적인 발달을 보이는 아동의 놀이와 다르다; 예를 들면 뇌성마비 아동은 다른 사람들이 보기에 상동행동이라고 여겨지는 흔드는 행동을 지속적으로 할 수 있다. 그러나 이 아동에게 이러한 상동행동은 놀이의 형태일 수 있다.

장애가 있건 없건 모든 아동은 놀이를 즐길 수 있다. 모든 아동들은 즐거운 경험과 놀이를 통한 행복감을 느낄 권리가 있다. 그러나 놀이는 즐거움 그 이상이다. 놀이는 장애 아동을 포함하여 모든 아동을 위한 학습 수단이다(Reynolds & Jones, 1997). 백년에 걸쳐 비장애 유아에 대한 놀이의 가치에 대해 연구해 왔다. 그러나 최근 들어 학자들은 장애 유아 놀이의 가치를 연구하기 시작했다(Cook, Tessier, & Klein, 2000). 특별한 요구가 있는 유아의 놀이를 이해하기 위해 Jean Piaget(1962)와 Lev Vygotsky(1978)의 연구를 살펴볼 필요가 있다. 놀이 영역에서 그들의 이론은 유아 특수 교사에게 시사해 주는 바가 있다.

Piaget

Piaget에 의하면 아동은 그들의 놀이를 하는 동안 학습하고 아동의 놀이는 그들의 인지 능력을 반영하는 것이라고 보았다(Piaget, 1962). 예를 들면 아동의 생활 연령이 7세라면 그의 놀이는 전형적인 이 연령대의 아동들이 할 수 있는 습득된 기술을 반영한다. 이 연령대의 아동은 극 놀이와 규칙 있는 게임에 참여한다. 그러나 만약 이 아동이 생활 연령은 7세인데 정신 연령이 2세라면 아동은 상징 놀이 단계나 기능 놀이를 통해 더 많은 이익을 보게 될 것이다. Piaget 이론가들은 아동들에게 발달에 적합한 경험을 제공하고 학급에 아동을 포함시키기 위한 방법으로 탐색 놀이나 감각 놀이를 하도록 제안할 수 있다. 예를 들면 아동에게 탐색할 수 있는 모래통을 줄 수 있다. Piaget 추종자들의 관점에 의하면 교사는 아동의 놀이 단계에 대한 지식이 있어야 아동에게 적합한 활동을 계획할 수 있다.

Vygotsky

한편 Vygotsky는 놀이를 다른 관점에서 보았다. 그는 놀이를 학습의 수단으로 보았다(1978). 그는 함께 놀이를 하는 아동들은 형식적인 학교 학습 이전에 높은 수준의 추상적인 사고를 할 수 있다고 믿었다. Vygotsky는 놀이를 하는 동안 아동은 근접 발달 영역(ZPD)을 만들 수 있다고 믿었다. ZPD는 아동이 다른 사람의 지원을 받는 지식의 단계에서 스스로 지식을 획득하는 단계로 이동할 때 만들어진다. 자전거 타기를 학습한 어떤 사람이 근접 발달 영역을 이동하면 혼자서 타는 스릴을 경험하게 된다. 장애 아동은 능력 있는 성인이나 또래와 함께 놀이를 할 때 근접 발달 영역이 이루어지게 된다. 근접 발달 영역을 이동할 수 없는 아동은 더 낮은 놀이 성취 수준에 머물게 될 것이다. 놀이는 아동의 인지 발달 상태를 반영한다. 아동은 그의 잠재 능력까지 도달할 수 있도록 도전 받아 오지 않았다. 아동이 가장 놀이를 할 상황에 직면할 경우 추상적인 놀이를 할 수 있는 능력을 발달시킬 수 있게 된다.

최근의 연구

Vygotsky가 아동의 놀이를 촉진시키기 위해 능력 있는 또래나 성인의 도움에 대한 필요성을 강조하였지만, 특별한 요구가 있는 아동의 놀이에 관한 최근의 연구에 의하면 이러한 제3자의 도움의 필요성이 더 지지 받고 있다. Odum과 Brown(1993)은 전형적인 발달 아동들은 장애 아동을 놀이 그룹에 주기적으로 포함시키지 않는다고 했다. 더 최근의 Brown과 Bergen(2002)의 연구에 의하면 전형적인 발달 아동은 성인이 함께 있어야 장애 아동을 그들의 놀이 그룹에 포함시킨다는 것을 발견했다. 성인의 중재 없이는 장애 아동이나 발달 지체 아동은 놀이를 경험할 기회가 없을 가능성이 높다.

놀이에 미치는 영향

놀이할 권리

장애 아동이나 발달 지체 아동의 놀이 상황이 몇 가지 요인에 의해 개선되었다. 첫 번째 요인은 아동권리에 대한 미국협의회(United Nations Convention on the Rights of the Child, 1989)와 놀이에 대한 아동권리를 위한 국제 놀이협회(International Play Association for the Child's Right to Play)에 의해 놀이에 대한 아동 권리를 인식하게 되었기 때문이다(Guddemi & Jambor, 1993). 모든 아동이 놀이할 권리를 갖고 있다는 생각은 최근에 일반적으로 받아들여지고 있는 개념이다. 오랜 기간 동안 장애 유아는 학습 기술을 위해 직접적인 교수를 해야 하며 놀이를 위해 소비할 시간이 없다고 생각해 왔다(Hanline & Daley, 2002). 장애 아동이나 발달 지체 아동 역시 놀이할 권리가 있다.

자연적인 환경인 놀이

놀이에 영향을 미친 또 다른 요인은 유아교육분과(Division of Early Childhood)의 지원이다. 어떤 아동들은 의학적으로 불안정하기 때문에 치료사와 병원 환경에서만 놀이를 할 수 있다. 영아를 위한 자연적인 환경은 가정이기 때문에 영아를 위한 많은 프로그램들이 가정을 기초로 구성되었다. 조기 중재자는 가정을 방문하여 아동과 가족에게 놀이 중심의 프로그램을 제공한다. 더 안정적인 아동들에게는 놀이할 기회가 더 많이 제공된다. 아동이 너무 자주 병원과 특수 치료실을 전전하게 되면 놀이할 시간이 없게 된다. 최근에 개별화 가족서비스 계획(IFSP)에는 놀이를 필요한 기술과 능력을 습득하기 위한 수단으로 간주하여 IFSP의 목표를 달성하기 위해 놀이에 규칙적으로 아동을 포함시키고 있다; IFSP에 관해서는 이 장의 뒷부분에 더 언급되어 있다. 놀이를 생명력 있는 학습 수단으로 간주하는 것은 특별한 지원을 필요로 하는 아동들에게 적합한 일이다.

세계적인 영향

장애 아동이나 발달 지체 아동의 놀이에 영향을 미친 또 다른 요인은 미국에 소개된 이탈리아의 Reggio Emilia 학교이다. 이 학교는 흥미를 갖은 부모와 유아교사들을 위한 모델을 제공해 준다. 그들은 1970년대 이후 유아들을 위한 통합 교육에 관여해 왔으며, 그들의 프로그램이 특별한 요구가 있는 아동에게 매우 유익하다고 인식했다. 특별한 요구가 있는 아동은 **특수한 권리**를 갖은 특수한 시민으로 인식되어 왔다(Smith, 1998). 모든 아동은 다양한 방법으로 자신을 표현할 수 있으며, 이러한 표현 방식이 반드시 성인에게 명확해야 하는 것은 아니다. 그들의 강조점은 학교에서 학생들이 행복한 것이다. 이러한 행복감은 학생들이 그들의 다양한 방법으로 자신을 표현할 수 있을 때 달성되는 것이다. 아동들이 활동에 참여하는 것은 그들이 원할 때이며, 그들이 피곤하거나 원하지 않으면 참여하지 않아도 된다. 아동이 장애가 있거나 의사소통에 문제가 있을 때 아동의 주도를 따르는 것이 다소 어렵더라도 그들의 주도를 인정해야 한다.

성인의 역할

장애 아동이나 발달 지체 아동을 위해 효과적인 환경을 마련해 주기 위한 유아교육자나 성인의 역할은 아주 중요하다. 이전에 언급했듯이 활동이나 협력 체계를 구축하기 위해 다른 성인들과 함께 일해야 하는 유아교육자는 놀이를 촉진시킬 수 있는 환경을 만들어야 하며, 놀이를 지원하기 위해 조정해야 하고 모든 아동들 사이의 상호작용을 촉진해야 한다. 그들은 또한 아동 발달을 위해 수행된 계획된 활동들에 대해 평가해야 한다. 성인은 특별한 요구가 있는 아동의 생활을 다르게 만들 수 있다.

통합을 위한 추천 실제는 아래와 같다(Sluss, 2000):

1. 장애 아동이 최우선이라는 것을 기억해야 한다.
2. 아동과 이야기할 때 **아동을 존중하는 언어**를 사용해야 한다. 장애명으로 아동을 부르지 않는다. 예를 들면 놀이 조망 글상자에서 언급했던 Twila는 장애명 대신 이름을 부른다.
3. 지역사회와 학교 시스템에서 활용할 수 있는 자원을 명시해야 한다. 아동, 가족, 교사를 위한 지원망을 구축한다. 이용할 수 있는 연방 자원은 무엇인가? 이용할 수 있는 주의 자원은 무엇인가? 이용할 수 있는 또 다른 어떤 자원과 지원이 있는가? 모든 주에는 조기 중재를 위한 연결망이 구축되어 있다. 어떤 자원을 이용할 수 있는지 찾아내야 한다.
4. 아동을 돌보는 가족 구성원, 후견자 혹은 다른 성인들과 IFSP 구성팀에 종사하는 사람들 간의 협력적인 관계를 형성한다. 의사소통을 위해서 상호간 신뢰하고 존경한다.
5. 모든 시간에 다루어졌던 문제들은 비밀이 보장되어야 한다.

6. 아동을 위한 적절한 수정이 이루어져야 한다. 통합과 아동의 장애, 발달 지체에 관한 모든 지식을 알아야 하는 것은 아니다. 각자의 아동은 유일한 존재이며, 각각의 장애도 유일하다. 상호작용을 촉진시키기 위해 학급과 자료의 수정 방법에 대해서 질문한다.
7. 통합 과정을 촉진시킬 수 있다면 보조 공학을 활용한다.
8. 놀이를 지원한다. 모든 아동을 위해 놀이를 촉진시킬 수 있는 환경이 통합을 위한 좋은 환경이다.
9. 의미 있는 평가를 고안하고 학습자가 산출한 결과를 개선하기 위해 프로그램 안에서 수정이 이루어져야 한다.
10. 장애 아동이 최우선이고 모든 아동은 놀이를 할 수 있다는 것을 기억한다.

통합 환경에서의 지원적인 놀이

특별한 요구가 있는 아동의 놀이에 대한 최근의 연구들에 의하면 유아교육자는 모든 아동들에게 발달적으로 적합한 놀이 중심 프로그램의 기회를 제공해야 한다. 이것은 통합에 대한 특별한 지식과 IFSP를 개발할 때 적극적인 참여를 통해서 성취될 수 있다. IFSP는 아동의 목표를 기술하고 이러한 목표에 어떻게 도달하는지 제시해 주고 있다. IFSP는 교사, 부모, 조기 중재자 간의 상호작용을 요구하는 팀 접근에 의해서 수행된다. 아동에게 수립된 많은 목표들은 만약 부모와 교사들이 모든 아동들에게 놀이가 효과적이라는 것을 인식한다면 놀이를 통해서 성취될 수 있다. **통합**이란 비장애 유아가 있는 환경에 장애 유아가 포함되는 것을 의미한다. 통합 환경은 특별한 요구가 있는 아동과 비장애 아동이 놀이나 다른 교육 활동에 함께 참여할 수 있는 곳을 의미한다.

유아교육자는 장애 아동이나 발달 지체 아동의 놀이에서 세 가지 주된 차이점을 알아야 한다. 첫 번째 차이점은 이전에 언급했듯이 특별한 요구가 있는 아동이 항상 놀이를 시작하는 것은 아니다. 그들은 그들 스스로 놀이에 참여하지 않을 수도 있다. 교사는 놀이를 촉진하기 위해 관여해야 하고 스스로 놀이를 할 수 있게 하는 전략들을 개발해야 한다. 두 번째 차이점은 그들의 특수한 장애 상태가 그들의 놀이에 영향을 미친다. 예를 들면 뇌성마비 놀이가 IFSP의 한 부분임을 확실하게 하기 위한 유아교육자의 역할은 회의적이다.

아동과 휠체어를 타는 아동은 운동 영역에 특수한 지원을 필요로 할 수 있으나 체스 같은 경쟁적인 게임은 할 수 있다. 시각 장애 아동은 체스 게임을 하기 위해 특별한 지원이 필요할 수 있으나 학급을 돌아다니는 데는 최소한의 지원을 필요로 한다. 특별한 요구가 있는 아동을 위한 놀이는 아동의 강점에 따라 개별적이어야 한다. 세 번째 차이점은 그들의 놀이가 전형적인 놀이처럼 보이지 않는다. 각각의 아동은 각자의 유일한 방법으로 놀이를 한다. 교사는 아동 개개인이 놀이를 하는 각자의 유일한 방법을 충분히 잘 알고 있어야 한다(Cook, Tessier, & Klein, 2000). 이러한 놀이 지원은 영아부터 초등학생에 이르기까지 모든 대상 아동에 적용할 수 있다.

영아-걸음마기 유아 센터

아동 보육 환경에서의 통합은 영아-걸음마기 유아 센터에서 시작되었다. 어떤 장애 아동이나 발달 지체 아동이 아직도 의료적인 치료를 받고 있거나 병원에 입원해 있다고 할지라도 그룹 환경에 참여할 수 있는 아동들은 통합되도록 해야 한다. 장애 아동의 부모가 그들의 자녀를 센터에 보내면 몇 가지 장점이 있다. 첫 번째, 가족에게 정상성을 부여해 준다. 그들의 아동을 센터에서 데려올 때 그들은 다른 가족과 같아 보일 수 있다. 또한 아동을 센터에 보내면 부모들은 일을 할 수도 있고 휴식을 취할 수도 있다. 때때로 장애 아동이나 발달 지체 아동의 부모들은 24시간 거의 휴식을 취할 수 없는 경우가 있다. 그러나 이것은 유아교사 측면에서는 부가적인 지식과 수정을 요구하게 된다. 장애 유아나 발달 지체 유아를 포함시키는 센터에서는 통합을 촉진시키기 위해 더 많은 직원이 필요할 수 있다. 또 다른 효과 중의 하나는 비장애 아동의 가족이 정규적인 프로그램 하에서 장애 아동과 상호작용할 수 있다. 이것은 지역사회에서 모든 아동들과 가족들 사이의 상호작용을 촉진시킨다.

유아원

유아원에서의 통합은 영아-걸음마기 유아 센터의 연장이거나 그룹 환경에 대한 아동과 가족의 첫 경험일 수 있다. 비장애 아동을 위한 발달에 적합한 교육과정은 장애 아동이나 발달 지체 아동을 위해 수정이 필요할 수 있다. 장애 아동을 위한 계획은 아동의 개별적인 요구에 의해 이루어져야 한다. IFSP에는 공립학교로 이동을 위한 전이 계획이 수립되도록 한다. **전이**는 아동이 중앙 정부의 지침과 재정에 의거해서 이루어지는 유아원 교육(0～3세)에서 지방의 교육 시스템에 의해 이루어지는 유아원 교육(3세 이상)으로 이동하는 것을 의미한다. 때때로 아동이 한 기관에서 다른 기관으로 원활하게 이동함으로써 전이가 용이하게 이루어진다. 그러나 어떤 경우는 전이가 원활하게 이루어지지 않아 어려운 문제가 발생하기도 한다. 교육자는 전이가 원활하게 이루어져서 아동의 발달을 최대화할 수 있도록 적극적인 역할을 해야 한다.

초등학교 저학년

이 시기는 아동들 사이의 사회적 상호작용을 원활히 하기 위해 교사의 역할이 특별히 중요한 시기이다. 초등학생은 또래에 소속되고 싶은 특별한 요구를 갖는 시기이기 때문에 또래와 특별한 차이가 있는 아동들은 특별한 그룹에 소속되고 싶은 아동들에게 거부되기 쉽다. 성인들이 감지하지 못하는 사이에 아동은 그룹을 지어 약자를 괴롭히기도 한다. 성인은 그룹 안에 있는 모든 아동들이 괴롭힘이나 학대를 당하지 않도록 유의해야 한다.

통합 환경에서의 아동 중심 중재

통합은 아동 중심 중재를 통해 촉진될 수 있다. **아동 중심 중재**는 아래와 같이 정의할 수 있다:

> 아동에 관한 어떠한 결정이나 실제들이 아동들을 위한 학습 기회를 구조화하고 제공하기 위해 사용된다. 이러한 결정이나 실제는 아동이 어떻게 생각하는지(즉, 학습을 확고히 하기 위한 전략과 연습들), 언제 어디서 교수적인 연습들이 제공되는지와 목표와 중재 방법을 수정하기 위한 결정을 하기 위해 아동의 수행을 어떻게 평가할 것인지 등에 관한 내용이 포함된다(Sandall, McLean, & Smith, 2000, p. 29).

아동 중심 중재란 용어 안에 아동의 교육적인 프로그램에 대한 모든 측면이 포함되어 있다.

아동 중심 중재란 (1) 적합한 환경을 설계하고, (2) 교육과정을 개별화하고 수정하고, (3) 긍정적인 결과를 산출하기 위해 체계적인 과정을 사용하는 것을 의미한다. 이 세 가지 요소는 아래에 언급되어 있다.

적합한 환경 설계

환경 설계에 대한 주된 목표는 아동이 학습 공동체의 구성원으로서 적극적으로 참여할 수 있도록 하는 것이다. 이것은 환경 설계의 다른 측면들을 살펴봄으로서 이루어질 수 있다.

물리적 환경

가장 첫 번째 기본적인 욕구는 육체적으로 안전하고 근접성이 있어야 한다. 학급은 주와 지역기관에서 제시한 지침을 따라야 한다. 아동은 그들의 건강이나 안전을 저해하지 않는 운동장과 교실에서 놀이를 할 수 있어야 한다. 책상에 접근할 수 없는 아동들은 체커(서양 장기)를 할 수 없다. 특수한 지원 없이 움직일 수 없는 아동들은 신선한 공기를 즐길 수 없고, 구름 위로 날아가는 연을 보는 즐거움을 만끽할 수 없다. 이러한 즐거움은 인간의 기본적인 욕구임에도 불구하고 장애 아동이나 발달 지체 아동들은 휴식 시간이나 영역별 활동 시간에 학습 센터에 가야 하거나 실외 놀이 시간에 돌아가야 하는 경우가 있기 때문에 즐길 수 없다. 장애 아동을 위해서 육체적으로 접근 가능한 물리적인 공간뿐만 아니라 놀이를 위한 시간도 계획해야 한다.

사회적 측면

심리적인 안정은 매우 중요하다. 발달 지체 아동과 작업할 때는 특별히 육체적인 안전이 매우 중요하다. 그러나 그에 못지않게 심리적인 안정도 중요하다. 때때로 장애 아동은 성인이 모르는 동안 괴롭힘을 당할 수 있다. 예를 들면 장애 아동이 놀이 영역에 들어오면 다른 아동들은 놀이 영역을 나가버릴 수 있다. 그러나 이러한 상황은 방금 아동들을 살펴본 성인에게는 감지되지 못하며 그 놀이 영역으로 들어오려는 아동들에게만 명백하게 된다. 유아교육자는 학급 안에서 발생하는 이러한 종류의 지속적인 학대를 허용해서는 안 된다. 성인은 장애 아동과 상호작용하는 긍정적인 모델을 아동들에게 제시해야 한다. 성인들은 학급에서 일반적으로 행해지는 놀이와는 다르게 보이는 아동의 놀이에 대해 질책 없이 받아들여지는 안정된 환경을 제공해야 한다. 만약 아동이 공이 발에 닿지 않아서 다른 방법으로 공을 잡으려고 시도할 때 야단을 맞는다면 아동들은 이러한 행동을 반복하려 하지 않을 것이며, 아동들은 놀이를 멈추게 될 것이다. 학급에서 장애 아동에게 심리적인 안정을 제공함으로 긍정적인 놀이가 행해질 수 있도록 해야 한다. 이것은 아동들에게 혼란을 야기하라는 것이 아니라 학급에 있는 모든 아동은 서로 다른 사람의 권리를 인정해야 한다는 것을 의미한다. 비장애 아동이 장애 아동이나 발달 지체 아동의·놀이를 이해하는 것이 익숙하지 않기 때문에 성인의 역할이 중요하다.

교육과정으로서의 놀이

환경은 모든 아동들 사이의 상호작용과 놀이를 촉진하도록 설계되어야 한다. 많은 IFSP에는 학급에서 수행할 수 있는 놀이 활동이 포함되어 있다. 학급의 구성은 학급에 있는 모든 아동의 놀이를 촉진할 수 있도록 설계되어야 한다. 이것은 휠체어를 탄 아동이 서있는 비장애 아동 옆에서 그림을 그릴 수 있도록 화판이 구비되어야 한다는 것을 의미한다. 또한 시각 장애 아동이 읽을 수 있도록 놀이 영역에 있는 그림들은 충분히 커야 한다는 것을 의미하며, 새로운 활동으로 전이가 어려운 아동을 위해 놀이를 끝내기 전에 큰 음악을 틀어줌으로써 놀이가 끝나고 다른 활동을 해야 한다는 것을 명확하게 제시해 주어야 한다는 것을 의미한다.

중 재

환경은 아동의 스케줄을 최소한 방해하는 범위 내에서 아동의 자연적인 환경에서 중재를 촉진하도록 설계되어야 한다. 조기 중재자는 아동의 안전을 책임져야 한다. 주어진 환경에서 자연스럽게 행해지는 중재는 아동에게 이익을 준다. 다음 장에 제시될 교수 전달 체계도 역시 통합을 위한 긍정적인 환경을 만들기 위해 포함된다.

개별화와 교수 실제의 수정

개별 장애 아동의 목표는 가족, 유아교육자, 조기 중재자 및 아동의 개별적인 장애에 관련된 전문가들로 구성된 팀에 의해 개발된다. 아동의 능력은 개별화 가족서비스 계획을 수립하는 팀 구성원들에 의해 주의 지침서에 따라서 열거된다. 많은 개별화 가족서비스 계획(IFSP)은 목표로서 혹은 목표를 위한 수단으로서 놀이를 포함한다. 자료 수집을 위한 계획이 수립되어야 하며 이러한 계획은 팀에 의해 수용되어야 한다. 수집된 자료들은 아동에 대한 이해를 도우며 놀이를 하는 동안 상호작용이나 교수를 계획하기 위해 사용된다.

유아교육자는 IFSP에 포함된 놀이 활동을 수행하는 데 적극적인 역할을 한다. 장애 아동과 비장애 아동이 상호작용하는 동안 성인 역할의 중요성은 여러 연구에서 밝혀졌다. Harper와 McCluskey(2003)는 통합 유치원 환경에서 교사와 아동, 아동과 아동의 상호작용에 관해 연구했다. 그들은 자유 놀이 시간에 24명의 유치원생(3～4세)의 상호작용을 관찰했다. 아동 중 과반수는 장애 아동이고 나머지는 비장애 아동이었다. 유치원생이 교사와 이야기하는 시간과 아동들과 이야기하면서 보내는 시간의 비중은 부정적인 상관관계가 있었다. 교사와 아동이 대화나 상호작용을 시작할 때마다 아동은 또래와 상호작용하는 데 적게 참여하거나, 또래와 상호작용을 적게 시작하였다. 유아교육자가 아동과 원활한 상호작용을 많이 하면 할수록 아동은 교사하고만 상호작용을 하는 결과를 초래하게 된다. 교사는 비계 설정을 이해하고 일관적으로 다른 비계 설정 기법을 활용함으로서 이러한 상황을 피할 수 있다. 첫째, 환경 안에 있는 모든 성인들은 도움을 주는 것과 비계 설정의 차

놀이는 유아의 생활에 중요한 부분이다.

이를 명확히 알아야 하며, 각각의 접근법을 사용할 때를 알아야 한다. 도움이란 아동이 현재의 상황에서 기능할 수 있도록 유능한 동료나 성인이 지원을 제공하는 것이다. 예를 들면 아동이 마루에 떨어져 있는 물건을 집으려고 할 때 장난감을 집어주는 것은 매우 적절한 행동으로 보인다. 이것은 아동의 손에 장난감을 쥐어줌으로써 아동을 도와주는 것이다. 이러한 행동은 현재의 상황에서 아동으로 하여금 놀이를 할 수 있도록 해 주는 것이다. 반대로 비계 설정은 좀더 유능한 사람이 아동으로 하여금 물체를 잡도록 하기 위해 좀더 나은 교수 전략을 사용해서 아동을 도와주고 지도해 주는 것이다. 비계 설정은 현재의 상황에서 사용될 수 있는 지원 전략이나 후에 아동은 혼자 스스로 할 수 있어야 한다. 아동이 연속선상에서 좀더 독립적으로 됨으로써 근접 발달 영역은 실현될 수 있다.

체계적인 절차 사용

환경의 가장 중요한 측면은 교실 안의 성인－교사 혹은 중재자－이다. 성숙한 놀이는 지식을 갖춘 성인이 놀이를 촉진할 때 일어난다(Reynolds &

Jones, 1997). Stanley Greenspan(1998)은 부모가 아동과 함께 활동하는 전략을 보여 주었다. 그들이 함께 콩 주머니를 주고받으면서 콩 주머니에 주의집중하는 아동의 능력을 촉진하였으며, 아동은 충분히 콩 주머니를 던질 수 있고 자기 차례가 되면 콩 주머니를 받을 수 있게 되었다. 아동은 Vygotsky가 말하는 근접 발달 영역으로 이동하고 있는 것이다. 처음 시작할 때 아동이 혼자서 놀이를 할 수 없었지만 놀이를 많이 하고 난 후에 도움 없이 물체를 던지고 받을 수 있게 되었다. 물론 이러한 일들은 서서히 일어나며 하루아침에 발생하는 것은 아니다. 이러한 과정은 놀이를 촉진시키는 방법을 아는 성인의 도움을 필요로 한다.

놀이를 촉진시키기 위한 계획된 프로그램 중의 하나는 Diane Bricker와 Juliann Cripe(1992)에 의해서 개발된 활동 중심 접근법이다. 계획된 활동의 사례로 물놀이, 반죽 놀이, 옷 입히기 및 소방서 놀이 등이 있다. 이러한 활동들은 환경 안에 있는 모든 아동들의 놀이를 촉진한다.

모델 프로그램

통합 프로그램들은 장애아동협회(Council for Exceptional Children)－유아교육분과(Division of Early Childhood, 2000)에 의해서 제안된 추천 실제를 반영해야만 한다. DEC(Sandall, McLean, & Smith, 2000, pp. 53-54)는 아래와 같이 구성된 초학문적 모델을 제안하고 있다:

- 팀에는 의사결정에 동참하고 함께 활동할 가족 구성원을 포함
- 다양한 영역의 전문가들
- 중재는 서비스가 아닌 기능에 초점
- 아동의 학습을 위해 가장 적합한 기회를 제공하기 위해 정규 교육자와 정규 과정.

놀이 중심의 모델 프로그램을 개발하기 위해 위에 언급한 사항들은 서로 관계가 있다. 첫째, 아동과 상호작용하는 모든 성인들은 의사결정에 동등하게 참여해야 하고 이러한 결정에 대한 책임을 져야 한다. 둘째, 팀에 속한 모든 사람들은 아동의 이익을 위해 노력해야 한다. 셋째, 중재는 서비스가 아

니라 기능에 초점을 맞추어야 한다. 중재는 "아동이 살고 있는 상황 하에서 사회적 관계, 아동의 독립성과 참여를 촉진하는 것이어야 하며, 이러한 중재는 아동에게 즉각적으로 유용해야 한다(Sandall, McLean, & Smith, 2000, p. 49). 만약 아동이 운동장으로 이동하기 위해 특수한 장비가 필요하다면 전체 팀은 이것을 전체의 목표로 간주해야 한다. 넷째, 학습은 전체적이기 때문에 중재는 가능한 한 단순화되어야 하며 그룹 안에서 이루어져야 한다. 이것은 유아교육자가 중재를 아동의 전체적인 측면에서 생각해야 한다는 것을 보여 주는 것이고 놀이가 학습을 위한 수단으로써 가치가 있다는 것을 보여 주는 것이다. 따라서 유아교육자는 모든 아동의 놀이를 촉진시키기 위한 방법을 알아야 한다. 이러한 지침은 아래에서 언급될 유아를 위한 통합 프로그램에서 명백히 볼 수 있다.

가족 중심 실제

아동과 함께 일하는 성인과 주단위로 아동에게 중재를 제공하는 성인들과 가족이 파트너로 협력하는 것은 피할 수 없는 상황이다. 이러한 협력은 아동에게 이익이 된다. 만약 아동이 학교에서 블록 놀이에 관심을 보인다면 부모는 집에서 블록 놀이를 촉진시킬 수 있다. 만약 아동이 집에서 종이를 구겨서 공을 만들어 놀이를 하였고, 교사가 이러한 사실을 몰랐다면 아동이 학교에서 종이를 구기는 행동에 대해 교사는 부정적인 시각을 갖게 될 수도 있다. 따라서 가족과 전문가가 함께 일한다면 아동은 진보하고 이익을 얻게 된다.

아동이 할 수 없는 것 대신에 아동의 강점이나 할 수 있는 것에 초점을 맞추는 것은 가족과 팀 구성원 사이에 긍정적인 관계 형성을 촉진시킨다. 아동이 무엇을 성취했는가에 대해 초점을 맞춤으로써 아동의 능력을 측정하게 된다. 전형적인 발달을 준거로 하는 측정 대신에 아동의 개인적인 강점, 능력, 성장률 등을 측정해야 한다. 생활 연령에 근거한 발달 수준에 의거한다면, 5세 아동은 극 놀이 활동에 참여해야 한다. 만약 아동이 이러한 수준에 못 미친다면 부모와 전문가 모두 실망하게 된다. 아동의 현행 수행 수준이 감각 운동 놀이라고 언급하기보다 더 긍정적인 측면으로 아동의 능력이 기술되어야 한다.

보조 공학

보조 공학은 "장애인의 기능 능력을 개선, 유지 혹은 증가시키기 위해 당장 구입할 수 있거나 수정하거나 혹은 주문 제작하여 얻을 수 있는 장비, 품목 혹은 생산체계"로 정의된다(Sandall, McLean, & Smith, 2000, p. 165). 보조 공학을 언급할 때 많은 교사는 컴퓨터를 연상하지만 아동이 퍼즐을 맞추기 위해 퍼즐에 손잡이를 만드는 것도 보조 공학이다. 보조 공학은 간단한 것에서 복잡한 것에 이르기까지 다양하다.

장난감들

성인은 장난감 선정을 통해 사회적인 상호작용을 촉진할 수 있다. 장애 아동을 위한 장난감들은 수정이 필요하다. 예를 들면 장난감 선반 위의 비행기를 조작하는데 소근육 운동 기술이 필요하다면 협응 능력이 부족한 아동들을 위해 다른 비행기가 필요하다. 트럭을 사용하기 위해 키를 돌리는 것이 필요하다면, 큰 손잡이가 부착된 수정된 트럭을 사용할 필요가 있다. 장난감의 수정은 아동의 장애에 맞춰 이루어져야 한다. 일반적으로 장난감은 근접성이 용이해야 하고, 수정할 수 있고 협력적인 상호작용이 가능해야 한다.

보조 공학은 놀이를 가능하게 만든다.

접근성

모든 아동들은 유치원 활동 영역에 있는 장난감들에 접근할 수 있어야 한다. 유치원생들은 교사의 도움 없이 블록, 인형, 책 혹은 공 등을 쉽게 접할 수 있어야 한다. 어떤 특정한 아동들에게만 너무 많은 장난감이 주어져서는 안 된다. 이러한 문제가 발생한다면, 정규적으로 장난감을 교환하도록 하는 것이 좋다. 학급을 관찰할 때 놀이 자료나 장난감의 접근성을 살펴보아야 한다. 개별 아동의 요구를 고려해야 한다. 미술 자료는 휠체어를 탄 아동이 쉽게 접근할 수 있도록 배치되어야 한다. 시각 장애 아동을 위해서 아동의 시각 손상 정도에 따라서 큰 그림 자료나 점자 자료를 사용할 수 있다. 시각 장애 아동에게 자료와 선반의 위치를 확인시키기 위해 학급의 위치를 파악하게 한다.

수 정

장난감은 간단하게 혹은 최신 첨단 공학을 통해 수정될 수 있다. 대부분의 교육자는 보조 공학을 컴퓨터나 컴퓨터화된 시스템과 부속물 등으로 생각한다. 이러한 것은 어떤 아동에게는 필요하고 효과적이다. IFSP에 이러한 것들에 대한 요구가 명시되어 있다면 보조 공학 전문가가 이러한 시스템을 구축하도록 지원할 것이다. 스위치는 긍정적인 결과를 초래한 최첨단 공학적 수정이다. 스위치의 사용으로 장애 아동은 독립적으로 다른 아동과 놀이를 할 수 있게 되었다. 아동은 원인과 효과를 경험할 수 있게 되었고 그 결과 성취감을 얻게 되었다. 그 외에도 아동은 다른 아동들과 즐길 수 있는 특별한 장난감을 갖게 되었다. 전기 스위치는 장난감을 조작하는데 한계를 갖고 있는 아동들에게 장난감을 조작할 수 있도록 하였다. 예를 들면 아동의 CD 플레이어에 스위치를 달면 아동이 스위치를 누르기만 하면 기계가 작동되어 음악이 나오게 된다. 같은 방법으로 스위치를 달아 소가 울고 자동차가 달리는 등의 물리적 활동을 할 수 있다. 스위치를 달게 되면 장난감을 움직일 필요가 없게 된다. 활동들은 간단하게 스위치를 누름으로써 조정될 수 있다. 수정된 장난감들은 일반적으로 가장 많이 사용하는 영역에 비치하여 사용할 수 있으며, 인터넷을 통해 주문할 수 있다. 라디오에 스위치를 부착하면 아동은 도움 없이 채널을 돌릴 수 있다.

낮은 수준의 공학적 수정도 유용하며 교사가 쉽게 할 수 있다. 최소한의 공학적 수정은 퍼즐에 큰 손잡이 달기, 블록에 접착포를 붙이기 혹은 크레용에 손잡이 달기 등이 포함된다. 간단한 물건들로 머핀 팬이나 부드러운 공들이 놀이에 사용될 수 있다. 부드럽고 다양한 색깔로 만들어진 방울술 장식의 머핀 팬이 일반적으로 영아를 위한 첫 번째 퍼즐로 추천되고 있으며, 발달 지체 유아에게도 똑같이 효과적이다. 청각 장애 아동이나 시각 장애 아동을 위해 미술 자료가 수정되어야 한다. 밀가루 반죽 놀이를 할 때 바닐라와 같은 향을 첨가시키면 시각 장애 아동의 경험을 확장시킬 수 있다. 공 안에 공기돌 같은 것을 달면 시각 장애 아동들이 공을 차면서 공의 움직임을 느낄 수 있다. 다시 한 번 강조하면 장난감을 수정할 때는 개별 아동의 요구를 반영해야 한다.

협동적인 상호작용

협력을 증진시킬 수 있는 장난감을 선택하여야 한다. 공은 아동들이 서로 주고받으면서 아동들 사이의 상호작용을 촉진시킨다. 두 명의 아동이 필요한 트럭과 장난감은 협력을 촉진시킨다. 물놀이와 집 놀이는 사회적 놀이로 고안될 수 있다. 성인은 사회적인 상호작용을 촉진시킬 수 있는 장난감을 선택할 수 있다. 예를 들면 부드러운 천으로 만든 블록만이 유일하게 사용될 수 있는 블록이라면 아동들은 기꺼이 가지고 와서 쌓아 올리거나 블록 위에 앉거나 할 것이다. 다른 블록을 놓거나 블록 영역 안에 소방관 모자를 비치하면 소품으로 사용되어 역할극 놀이를 촉진하게 되고 좀더 성숙한 놀이로 발전할 수 있다. 장애 아동에게 유능한 또래와 좀더 성숙한 놀이에 참여할 수 있는 기회를 제공하는 것이 중요하다. 장애 아동을 위한 수정된 자료는 통합을 촉진시킨다.

아동이 함께 놀이를 할 때 놀이는 부분을 합친 합보다 더 큰 효과를 볼 수 있다. 물놀이는 운동 발달(대근육 운동과 소근육 운동 발달), 사회 발달(다른 아동과의 상호작용), 인지 발달(감각 자극, 언어 발달)을 촉진시킨다. 이러한 전인 발달뿐만 아니라 물놀이는 그것 자체로 즐거움을 준다. 아동은 놀이를 하고 그것에서 즐거움을 느낀다. 놀이를 통한 즐거움은 모든 아동을 위한 놀이 가치의 핵심이다.

놀이 평가

놀이를 사정하기 위해 관찰, 평가 등이 사용된다. 유아 특수 교육에서는 놀이 중심의 초학문적 접근을 통해 아동의 놀이를 평가한다. 놀이 중심의 초학문적 평가란 전문가 팀이 동시에 아동의 놀이를 관찰하고 아동의 놀이와 상호작용을 각각의 측면에서 평가하는 것이다. 아동을 위한 프로그램을 계획할 때 아동이 할 수 없는 것보다 아동이 할 수 있는 것들에 대해 초점을 맞춘다. 같은 맥락으로 놀이를 계획할 때 아동이 할 수 있는 것이 무엇인지 관심을 갖는다. 아동의 독특한 놀이 양식을 평가하는 것이 우선이며, 그리고 나서 더 성숙된 수준으로 운동을 촉진시킨다.

놀이 조망의 반추

Sheena는 Twila가 하루 종일 무엇을 경험했는지 알지 못했다. Twila는 오늘 하루 종일 모래와 블록 놀이를 했지만 이것을 말로 설명할 수 있는 능력이 없다. Twila는 실외 놀이를 하는 동안 중재를 제공하는 물리 치료사인 Mary Beth를 보고 있었다는 것을 Sheena에게 말로 설명할 수가 없었다. 또한 오늘 점심 시간에 두 명의 친구와 함께 식사를 한 것에 대해서도 말로 설명할 수가 없었다. Sheena는 오늘 Twila에게 무슨 일이 일어났는지 모르지만, 그녀는 Twila가 IFSP의 목표와 관련된 경험을 했다는 것을 알 수 있었다. 그녀는 2주에 한 번씩 팀원들과 회의를 함으로써 Twila가 활동 경험을 통해서 얼마만큼 목표를 성취했는지 정확하게 알 수 있었다. 지금 Sheena는 Twila가 그녀의 질문에 반응적이어서 만족하고 있다. Sheena는 Twila의 물건을 정리하고 알레르기 약을 체크하고 집으로 돌아가기 위해 Twila의 선생님인 Tamara와 포옹을 끝냈다. Sheena는 우정과 놀이를 촉진시키도록 Twila를 통합 환경에 배치한 것은 올바른 선택이었다고 확신하며 만족해한다.

요약

놀이는 모든 아동을 위해 아동기의 중요한 부분이며 특별히 장애 아동이나 발달 지체 아동에게 중요하다. 이 장은 유아 특수 교육에서의 놀이에 초점을 맞추었다. 유아 특수 교육에서 놀이에 영향을 미치는 요인들은 주정부의 규정들, 전문가의 추천들과 세계적인 경향들이다. 영아-걸음마기 유아 센터, 유치원, 초등 학급의 통합 환경에서 놀이를 위한 지원 전략들이 제시되었다. 장난감과 자료의 수정에 관한 제안들이 제시되었다. 놀이는 환경, 교수적 수정과 평가에 초점을 맞추어 중재를 계획함으로써 지원할 수 있다. IFSP의 성공적인 계발과 성취를 위해 가족과의 협력은 필수적이다. 보조 공학은 인지 발달을 촉진하기 위해서뿐만 아니라 사회적인 상호작용과 발달을 위해서 사용된다. 가장 효과적인 평가는 아동의 자연적인 환경에서 행해지는 놀이 중심의 초학문적 평가이다.

핵심 용어

개별화 가족서비스 계획(IFSP)	보조 공학	아동 중심 중재
	아동의 초기 언어	자연적인 환경
전이	조기 중재	통합
특수한 권리		

유용한 웹사이트와 과학기술자원

- **Office of Special Education Programs(OSEP)**
  http://www.ed.gov OSEP의 공식적 웹사이트. 이 웹사이트는 출생에서 21세까지의 장애 영아와 아동에 관한 정보를 제공하고 있다. 이 웹사이트는 IDEA에 대한 많은 정보를 제공해 주며 질적으로 우수한 다른 웹사이트로 연결이 가능하다. 비영리 단체임.

- **Special Education Resources on the Internet(SERI)**
  http://seriweb.com 인터넷에 관한 특수 교육 자료(SERI)는 특수 교육 관련 분야가 포함된 인터넷 자료에 대한 정보를 수집해 놓았다. 이러한 수집된 자료들은 좀더 쉽게 온라인상에서 특수 교육 자료들을 볼 수 있도록 하기 위함이다. 이 사이트는 지속적으로 수정되고 보완되며 다른 정보 웹사이트와 연결된다. 비영리 단체임.

◆ **NECTAC site**

http://www.nectac.org 이 웹사이트는 전문가를 위해 제작되었으며 많은 다양한 자료들과 링크된다. NECTAC는 Chapel Hill에 위치한 North Carolina Frank Porter Graham 아동 발달연구소의 프로그램이다. 이 연구소는 미국교육국 내 특수교육 프로그램 국의 번호 ED-01-CO-0112로 연결된다. 비영리 단체임.

◆ **ISEI Site**

http://depts.washington.edu/isei ISEI 웹사이트는 시애틀의 Washington 대학 인간발달과 장애센터(Center on Human Development and Disability)에 있다. 이 사이트는 ISEI와 협력 위원과 링크, 회원 강령, 출판 정보 및 기타 관련 자료들을 포함한다. 비영리 단체임.

◆ **Family Resource Database**

http://fcsn.org Massachusetts 주의 위원회에 관한 정보를 포함하고 미국 전역의 가족에 관한 서비스와 정보를 제공. 비영리 단체임.

활동

1. 교실에서의 활동

A. 전형적인 발달을 하는 아동들에게 사용할 수 있는 장난감을 적어도 1개 이상 학급으로 가져오게 한다. 시각, 지체, 청각 및 그 외의 장애와 같은 각기 다른 장애를 갖은 아동의 요구에 부응하기 위해 이러한 장난감이 어떻게 수정될 수 있는가?

B. 6장에서 제시된 학급 디자인을 살펴보라. 운동 장애를 갖고 있는 아동과 작업하기 위해 학급 디자인이 어떻게 계획되어야 하는가? 다른 장애아동의 요구에 부응하기 위해 어떤 수정이 필요한가?

2. 연구와 탐문

A. 통합 학급을 두 시간 정도 관찰하라. 연속적으로 기록해 보라. 어떤 종류의 놀이가 학급에서 행해지는가? 놀이를 촉진하기 위해 성인이 한 역

할은 무엇인가?

B. 지역의 IFSP나 IEP 모임에 참여하라. 사용되는 모든 용어를 이해하는가? 관련된 모든 법규를 이해하는가? 계획 안에 놀이가 포함되어 있는가? 만약 포함되었다면 어떤 방법으로 포함되었는가?

C. 이탈리아의 Reggio Emilia 학교에서 행해지는 장애 아동을 위한 프로그램을 살펴보라. 그들의 프로그램을 미국의 프로그램들과 비교해 보라. 어떤 요소가 프로그램에 영향을 미치는가?

3. 봉사 학습

A. 지역에서 행해지는 특수 체육 올림픽의 진행을 돕기 위한 자원 봉사자가 되어 보라.

B. 통합 학급을 운영하는 유치원 교사와 만나보라. 학급에서 장난감이나 자료를 수정하는데 도움을 주기 위한 자원 봉사자가 되어 보라.

4. 가족 연계

A. 장애 아동의 부모와 인터뷰하라. 그들이 시간을 즐겁게 보낼 수 있도록 오후 한나절이나 저녁 시간에 아동을 돌보는 자원 봉사자가 되어 보라.

5. 놀이 옹호

A. 지역의 장애아동협회의 학생 모임에 참여하라. 어떤 문제들이 학생 모임에서 논의되었던 문제와 유사한가? 어떤 문제가 유사하지 않은가?

B. 지역 신문을 읽어 보라. 그들은 장애 아동에 관한 기사를 쓰고 있는가? 지역사회에서 볼 수 없는 시민이란 존재하지 않는다. 여러분의 지역사회에는 장애를 갖은 시민을 볼 수 있는가?

C. 표 8-1에 제시된 참고도서 목록을 지역 교사 모임 혹은 지역사회 모임에 배부하라.

참고문헌

Bicker, D., & Cripe, J. (1992). *An activity-based approach to early intervention*. Baltimore: Brooks.

표 8-1 놀이와 관련된 추가 도서

Blakely, K., Lang. M., & Sosna, B. (1995). *Toys & play: A guide to fun and development for children with impaired vision.* New York: The Lighthouse Inc. Johnson, J., Christie, J., & Yawkey, T. (1999). *Play and early childhood development.* New York: Longman. Monighan-Nourot, P., Scales, B., Van Hoorn, J., & Almy, M. (1987). *Looking at children's play: A bridge between theory and practice.* New York: Teachers College Press. Morris, L., & Schulz, L. (1989). *Creative play activities for children with disabilities.* Champaign, IL: Human Kinectics Books.	Paley, V. (1990). *The boy who would be helicopter.* Cambridge, MA: Harvard University Press. Paley, V. (1992). *You can't say you can't play.* Cambridge, MA: Harvard University Press. Scales, B., Almy, M., Nicolopoulou, A., & Ervin-Tripp, S. (1991). *Play and the social context of development in early care and education.* New York: Teachers College Press. Tertell, E., Klein, S., & Jewett, J. (Eds.) (1998). *When teachers reflect: Journeys toward effective, inclusive practice.* Washington, DC: National Association for the Education of Young Children.

Bredekamp, S., & Copple, C. (1997). *Developmentally appropriate practice in early childhood programs.* Washington, DC: National Association for the Education of Young Children.

Brown, M., & Bergen, D. (2002). Play and social interaction of children with disabilities at learning/activity centers in an inclusive preschool. *Journal of Research in Childhood Education, 17*(1), 26-37.

Cook, R., Tessier, A., & Klein, M. D. (2000). *Adapting early childhood curricula for children in inclusive settings* (5th ed.). Englewood Cliffs, NJ: Merrll.

Diamond, K. F., Hestenes, L. L., & O'Connor, C. D. (1994). Integrating young children with disabilities in preschool: Problems and promise. *Young Children, 4*(2), 68-75.

Greenspan, S. (1998). The child with special needs: Encouraging intellectual and emotional growth. Presentation to the OSEP Early Childhood Projects Meeting. Washington, DC.

Guddemi, M., & Jambor, T. (1993). *A right to play: Proceedings of the American Affiliate of the International Association for the Child's Right to Play,* Little Rock, AK: Southern Early Childhood Association.

Hanline, M., & Daley, S. (2002). "Mom, Will Kaelie always have possibilities?"—The realities of early childhood inclusion. *Phi Delta Kappan, 84*(1), 73.

Harper, L., & McCLuskey, K. (2003). Teacher-child and child-child interactions in inclusive preschool settings: Do adults inhibit peer interactions. *18*(2), 163-184.

Individuals with Disabilities Education Act P.L. 101-476. Stat. 1103 (1990) (codified as amended at 20 U.S.C. Secs. 1400-1485) (1997).

Marchant, C., & Brown, C. (1996). The role of play in inclusive early childhood settings. In A. Phillips, *Playing for keeps* (pp. 127-140). St. Paul, MN: Redleaf Press.

Monighan-Nourot, P., Scales, B., Van Hoorn, J., & Almy, M. (1987). *Looking at children's play: A bridge between theory and practice.* New York: Teachers College Press.

Odum, S., & Brown, W. (1993). Social interaction skills intervention for young children with disabilities in integrated settings. In C. Peck, S. Odum, & D. Bicker (Eds.), *Integrating young children with disabilities into community programs* (pp. 39-64). Baltimore: Brooks.

Piaget, J. (1962). *Play, dreams, and imitation in childhood.* New York: Norton.

Reynolds, G., & Jones, E. (1997). *Master players: Learning from children at play.* New York: Teachers College Press.

Sandall, S., McLean, M., & Smith, B. (2000). *DEC recommended practices in early intervention/early childhood special education.* Longmont, CO: Sophis West.

Sluss, D. (2000). *Towards inclusion in early education (TIES) training manual.* Johnson City, TN: East Tennessee State University (Grant Number HO24B60032-97).

Smith, C. (1998). Children with "Special Rights" in the preprimary schools and infant-toddler Centers of Reggio Emilia. In C. Edwards, L. Gandini, & G. Foreman (Eds.), *The hundred languages of children.* (pp. 199-214) Greenwich, CT: Ablex.

Vygotsky, L. (1978). *Mind in society: The development of higher mental processes.* Cambridge, MA: Harvard University

CHAPTER 9

유아를 위한 실외 놀이

만약에 우리가 자연의 기적과 축복에 대한 직접적인 경험을 그들에게 부여하지 않는다면, 우리가 아동들에게 학습하게 하고 사랑하게 하고 지구를 보호할 수 있게 하는 방법은 없다.

—Anita Olds, 2001

학습 개요

실외 환경은 놀이를 위하여 풍부한 기회를 제공한다. 성인은 실외에서 일어나는 놀이의 서로 다른 유형의 놀이를 이해하고, 놀이를 촉진시켜 주는 활동, 인지, 사회, 정서 그리고 신체 발달을 신장시켜 주는 상호작용에 의해 실외 놀이를 지원할 수 있다. 이 장은 거칠고 넘어지는 놀이가 강조된 실외 놀이를 지원하기 위하여 필요한 정보를 제공하려 고안되었다.

학습 목표

이 장을 읽은 후, 여러분은 아래와 같은 목표를 성취할 수 있다:

- 실외 놀이의 장점을 기술한다.
- 놀이 운동장의 서로 다른 유형을 분류한다.
- 놀이 운동장에서 일어나는 주요한 유형의 놀이를 분류한다.
- 영아, 유아, 취학 전 아동 그리고 초등학교 연령의 아동들을 위한 실외 놀이의 차이점을 기술한다.
- 격렬한 놀이의 장점을 설명한다.
- 실외 환경에 대한 사정을 검토한다.

놀이 조망

학교에서 나가는 것에 대해 Phillipi는 그의 주변에 있는 아동들이 즐거워함을 느낄 수 있었다. 그들이 실외 운동장에 도착했을 때 그들은 달린다. 몇몇은 기구에 가고, 몇몇은 나무에, 그리고 몇몇은 장외 구역으로 그리고 몇몇은 은신처 지역으로 간다. 그는 서로 놀이를 하는 것에 도전하는 소년들은 주시한다. 그들은 주제를 선택하고 William의 리더십을 주시한다. 소녀들은 이미 최신의 노래를 부르면서 밧줄 게임에 뛰어가기 시작한다. 그날 아침의 휴식은 아침을 중지하면서 제공한다. 만약에 그가 놀이의 기회를 얻으려 한다면 점심 때까지 만들 수 있다.

놀이 자극

이 계획안은 1790, 1890, 1990, 그리고 2004년에 세워졌다. 아동들은 실외 놀이에서 어떤 자극을 요구한다. 문화가 노래나 게임에 의해 영향을 받을지라도 양질의 운동장과 놀이 공간이 발달적으로 적합한 실외 놀이를 촉진하기 위하여 가장 알맞은 도전을 아동들에게 제공한다. 영유아는 모든 것을 만지고 움직인다. 취학 전 아동들은 달리고, 오르고 뛰어내리곤 한다. 유치원의 원아들은 모방 놀이를 한다. 첫 단계에서는 오로지 그들의 성에 적절한 놀이, 규칙에 주의를 할애하는 놀이를 시작하고, 신체적 영역 안에서 그들 소유의 감각적 능력을 발달시킨다. 실외 놀이는 어린 아동을 위하여 당연히 있어야 한다. 실외 놀이를 지원하는 성인은 놀이와 학습을 위하여 긍정적인 자연스러운 기회를 제공한다.

실외 놀이의 장점

> 사람은 놀이를 할 때만 온전한 인간이다.
>
> —Friedrich Schiller, 1954

실외 놀이는 모든 영역에서 아동들에게 좋다. 아동들이 실외에서 놀이를 할 때 그들은 친구들과 함께 놀고 달리는 기회를 좀더 많이 갖게 된다. 운동 기술은 발달되고 사회적 상호작용은 촉진된다. 유아는 신선한 공기를 마시게 되고 자연스러운 환경을 탐험하고, 잔디를 만지고, 구름을 보고, 떨어지는 폭포를 보고 꽃이 피는 것을 보는 기회를 갖게 된다. Jean-Jacques

자연은 학습을 위한 자연스러운 실험실을 만든다.

Rousseau는 3세기 전에 자연의 혜택에 대하여 언급했다. 현재 연구들은 성장과 발달을 위하여 실외 놀이를 지지한다(Forst, Wortham, & Reifel, 2001). 어떤 연구에서는 신체 대 구조적 놀이, 변화와 고정 교육과정, 자유와 통제 규모, 성인-아동 상호작용의 차이점이라는 놀이의 네 가지 차원을 살펴본다(Stephenson, 2002). 이는 모든 아동을 위하여 실외 놀이 기회를 보장할 것을 요구하는 것을 지지한다.

실외 놀이는 다음과 같은 독특성이 있다.

- **자유롭게 선택된 놀이에서 기회를 제공하라.** 아동들은 실외 놀이를 하는 동안 놀이 장소와 시간을 선택할 수 있다. 성인들이 실내 놀이는 통제하지만, 그들의 실외 놀이를 자유롭게 선택할 수 있도록 한다. 그들은 격렬한 놀이, 가장 놀이, 규칙을 가지는 게임을 선택할 수 있다. 이는 하루 동안 그들의 활동 수준을 조절할 수 있는 유일한 시간이다.
- **학습을 위한 독특한 환경을 만들어 보라.** 실외 놀이 영역은 학습을 위한 중복 기회를 가지는 환경을 만들 수 있다. 책을 읽는 것만으로는 바람을 이해하고 구름의 움직임을 이해하는 것은 어렵다. 실제적 경험에 대한 가치는 1세기 전에 Dewey(1930)에 의해 강조되었다. 대부분의 학교는 자연적 환경에서 상호작용하기 위한 실외 실험실을 만들고 있다.
- **아동 자신이 선택한 놀이 친구로서 서로 다른 사회적 참여를 격려하라.** 아동은

집단에서 친구들과 함께 혹은 혼자서 놀이를 선택할 수 있다. 추적 놀이를 하는 동안 모든 아동이 참가할 것이다. 줄이나 술래잡기를 하는 동안 작은 집단으로 분리되어 놀 것이다. 아동이 운동장에 있을 때 그들은 자유롭게 소년, 혹은 소녀와 함께 혹은 혼자서 놀이를 선택할 수 있다. 이것은 실외 놀이의 장점이라고 할 수 있다. 만약에 아동들이 바라면 실외 놀이를 하지 않을 수도 있다. 그들이 선택한다면 그들은 혼자서 앉아 있을 수도 있고 하늘을 볼 수도 있다. 그들은 그들 수준의 사회적 약속을 선택한다.

- **또래 혹은 좀더 유능한 사람과 상호작용하는 동안 도덕적 기준이 발달한다.** 아동이 또래와 놀이를 하는 동안 문화적 규범을 전수한다. 나이 많은 아동과 놀이를 하는 유아는 사회의 규칙을 배우고 그들의 요구들이 충돌할 때 바꿀 수 있다. Piaget(1997)는 스위스 제네바의 거리에서 이러한 사회적 상호작용을 관찰했다. 게임을 시작할 때 규칙을 말하지 않았던 아동들은 다른 사람과 상호작용함으로써 규칙들을 배운다. 규칙 중 몇 가지는 변화하지만 규칙이 변할 수 있다는 것을 아는 아동도 있고 그렇지 않은 아동도 있다. 실외 놀이는 그들이 집단의 구성원이 되었을 때 타협하기도 하고, 협동하기도 하며 아동들을 격려하면서 문맥을 제공한다.

  실외 놀이를 하는 동안 문화적 규범을 전수하기 위한 기제는 게임에서 사용되는 노래, 리듬, 관습을 통해 일어난다. Opie와 Opie(1959)는 성인이 아동들과 함께 공유하지는 않았지만 17세기와 18세기를 거슬러 올라가는 노래와 리듬을 사용하는 것을 발견했다. 놀이 운동장에 있는 아동들은 서로에게 그들의 노래와 리듬을 전수한다. 성인에게서 아동에게 전수된다기보다는 오히려 아동에게서 전수된다. 실외 놀이는 아동의 문화를 전수하기 위한 특별한 문맥을 형성한다.

- **신체적 움직임과 좋은 건강을 촉진한다.** 휴식의 역할에서 가장 중요한 것 중 하나는 최근 아동의 신체적 건강 수준을 개선하는 것이다. "최근 조사에 의하면 유아의 약 40%가 비만, 고혈압, 높은 콜레스테롤, 그리고 비활동적인 생활 유형이 포함된 심각한 심장병 위험 요인을 가지고 있다."(주연방 교육국에 있는 국제유아전문가협회, 2003) 많은 아동들이 심장과 폐의 건강 발달을 위한 충분한 운동을 하지 않는다. 1999년 10

월, 농무성은 10만 명의 미국 아동(5명 중 1명)이 과체중으로 나타났고, 아동의 8%가 이미 취학 전 연령에서 과체중으로 나타나고 있다고 보고하였다(주연방 교육국에 있는 국제유아전문가협회, 2003).

아동의 비만 상태에 관하여 관계하고 있는 또 다른 조직은 활동 수준을 높이는 것, 특별히 실외 놀이를 증가시킬 것을 권하고 있다. 이 조직에는 미국의료협회(2004), 미국심장협회(2004), 국제건강통계센터(2004), 아동 그리고 미국 청소년 정신의학 아카데미(2004)가 포함된다.

놀이 공간

실외 놀이가 자연스럽고 자발적이라고 해도 놀이의 질은 놀이 운동장에 포함된 높은 질과 성인의 높은 질적 지원을 통해 향상된다. 사회와 학교의 놀이 공간은 그 사회의 본보기를 제공한다. 몇몇 지역은 가장 최근의 연구와 시설을 반영한 놀이 공간을 갖춘다. 그들은 아동을 들어오게도 하고 뛰게도 하고 놀이에 초대하기도 한다. 또 다른 몇몇 지역은 아스팔트 표면에 2~3개의 종류의 시설을 운동장에 갖춘다. 아동들은 놀이를 할 수 있는 또 다른 공간이 없기 때문에 놀이를 한다. 최악의 경우 몇몇 사회는 어린 유아나 아동들이 안전하게 놀이를 할 수 있는 장소를 가지고 있지 않다. 자동차들은 빈터에 주차하고 길모퉁이에는 마약상인이 서성거리고, 안전하지 못한 거리 때문에 아동들은 잠긴 문안의 실내에 있어야만 한다. 이런 아동들은 오로지 그들의 가족과 여행을 갈 때만 바깥세상을 볼 수 있다. 이러한 차이는 아동의 일상생활에서 실질적이고 현저한 차이를 만든다. 만약에 우리가 일반대중이 자연환경을 감상하게 교육하려면 아동은 그들의 삶에서 실외 경험이 풍부해야만 한다.

실외 놀이 영역은 아동들이 어디든지 갈 수 있는 비구조화된 열린 공간에서 울타리가 있어 모을 수 있는 공간까지 포함되며, 특히 놀이 운동장은 감독되어야 한다. 완전한 연속은 아래에 기술한다. 놀이 운동장의 역사에 대한 전체적 개요는 Joe Frost와 Barry Klein이 쓴 『아동의 놀이와 놀이 운동장(Children's Play and Playground)』(1983)과 Joe Frost, Sue Wortham과

Stuart Reifel이 쓴 『놀이와 아동 발달(Play and Child Development)』(2001)을 참고하라.

자연스러운 놀이 공간

자연스러운 놀이 공간은 성인에 의해 규정되지 않고, 놀이하는 아동을 위하여 공간을 제공하려는 영역을 의미한다. 예를 들어 지역 공원은 놀이 운동장처럼 경계가 결정되어 있지 않지만 아동들은 달리고, 뛰어넘고, 쫓아 잡기 위하여 활용할 수 있는 열린 지역으로 되어 있다. 국립공원은 놀이 운동장으로서 특별히 규정되지는 않았지만, 놀이를 위한 공간으로서 제공된 많은 열린 구역이 있다. 너무 빈번하게 실외 놀이는 오로지 실외 놀이 운동장과 동일시한다. 양질의 놀이 운동장은 아동들을 위하여 구획이 잘 정리되고 안전한 시설을 제공하지만, 실외 놀이를 얼마만큼 관찰해야 하는지에 대한 규정은 없다. 대부분의 현대 학교는 그들의 교실 활동을 확장하려는데 실외 지역을 포함한다. 놀이는 늘 일어나는 것으로 꼭 놀이 운동장에 한정짓는 것은 적절하지 않다.

규정된 놀이 공간

규정된 놀이 공간은 다음과 같다. 성인은 아동 놀이를 위하여 떨어져서 앉을 수 있는 공간이 마련되어 있어야 한다. 이는 전통적인 놀이 운동장이다. 제한된 놀이 공간은 아프리카의 왕처럼 집단에 의해 활용된다. 성인은 세상을 통하여 놀이에 대한 아동의 욕구를 깨닫고, 몇몇은 놀이를 위하여 떨어져 있는 공간에 앉는다. David Elkind(1981)는 30년 전 도시에 있는 놀이 공간과 놀이 운동장의 사라짐을 경고했다. 제한된 놀이 공간은 여전히 몇몇 사회에서 존재하지만 너무 자주 제한된 놀이 공간은 축구장, 티볼, 작은 리그, 혹은 다른 스포츠 활동을 위해 제공된다. 미국 사람들은 비경쟁 놀이를 경쟁 운동만큼 동일한 수준으로 응원하면서 즐기지는 않는다.

전통적 놀이터

전통적 놀이터는 1920년에 처음 만들어졌다(Frost, 1992). G. Stanley Hall은

미국의 놀이터를 개조한 사람이다. 그는 원숭이 막대(monkey bars)처럼 시설을 회전시키는 자연스러운 전개가 아동들의 실외 놀이에 의해 촉진된다고 믿었다. 시설을 갖춘 공간은 놀이를 촉진시킬 수 있지만 반면에 놀이터가 원숭이 막대기 미끄럼틀, 체인 고리에 의해 지지된 아스팔트 위의 그네를 포함하곤 한다. 이러한 유형의 놀이터는 오로지 제한된 움직임만을 촉진한다. 가끔 이런 놀이터에서 사고가 나기도 한다. 놀이터 안전을 위한 국제 프로그램(National Program for Playground Safety; NPPS, 2003)은 200,000명의 아동이 매년 놀이터에서 다치고 있다고 보고하였다. 사자, 얼룩말, 말처럼 보이는 플라스틱 모형의 동물 장난감은 큰 코일스프링에 놓여 있다. 이 스프링은 땅에 고정되어 있지 않고, 아동들이 올라타려 할 때 떨어지기 쉽고, 코일이 지면에서 튀어 오르면 공중으로 날아갈 수 있다. 그것들은 앞뒤로 진동하기 때문에 아동들이 공중으로 튀어 올라 떨어지면 매우 심하게 다치게 된다. 아동들은 이런 아스팔트 놀이터에 있는 철 시설들을 거의 파괴할 수 없다.

현대 놀이터

현대 놀이터는 매우 다양한 놀이를 촉진시킬 수 있다. 일반적으로 이러한 놀이터는 여러 가지의 지면 보호와 다양한 연령과 수준을 위하여 고안된 시설들을 갖추고 있다. 현대 놀이 구조는 일반적으로 나무로 만들어지고 타이어 그네, 꼭대기에 승강단이 있는 미끄럼틀, 오르기 구역을 갖추고 있다. 이러한 놀이터에는 세발자전거, 수레, 그리고 유모차를 운전할 수 있는 공간과 다양한 신체적 도전을 제공할 수 있는 그늘진 지역이 포함되어야 한다. 몇몇 현대적 디자인은 매우 다채롭고 현대적인 것처럼 보이지만 엄밀히 조사해 보면 매우 전통적이다. 아동들에게 가장 적절한 놀이터는 다음과 같은 특징이 있다.

- 기초선이라 할 수 있는 NPPS 지침을 활용하여 안전이 점검되어야 한다.
- 안전기준에 다양한 지면 보호가 포함된다.
- 움직임을 위한 많은 기회가 마련되어야 한다.
- 다양한 기술 수준을 형성하려는 모든 아동들을 위하여 놀이를 촉진한

다. 미끄럼틀은 다양한 수준으로 만들어 줄 수 있는데 승강단에 가기 위해 사다리를 오르고 보행을 적용시킬 수도 있다.

- 다른 종류의 움직임을 촉진한다. 아동들은 위, 아래, 옆, 넘기, 오르기, 기기, 뛰기를 할 수 있다.
- 창조적인 주장을 촉진한다. 좋은 시설은 끝이 열려 있고 사회극 놀이를 촉진한다.
- 반투명의 물질을 포함하고 아동들이 둘러볼 수 있는 장소를 제공하고, 다양한 통로를 통해 다른 아동과 대화를 할 수 있다.

공동체 혹은 모험 놀이터

모험 놀이터 놀이는 2차 세계대전 후에 스칸디나비아에서 시작되었고, 1960년 영국에 도입되어 유럽에 전해졌다. 오늘날 덴마크나 스칸디나비아에서는 여전히 놀이터로서 세계를 이끌고 있지만 영국은 진보하고 있다. 반면에 미국은 소수의 모험 놀이터를 가지고 있다.

아동들에게 세울 수 있고, 무너뜨릴 수도 있고, 다시 세울 수 있게 허락된 공간으로서 모험 놀이터 운동은 덴마크의 Copenhagen에서 처음 시작되었다. 모험 놀이터는 놀이 지도자로서 성인을 고용한다. 이 지도자는 놀이를 지원하여 전념할 수 있게 하고 매체의 공급을 책임진다. 놀이터를 위한 영역은 1/2에이커(약 2023.4m^2)에서 1에이커(4046.8m^2) 사이로 규정한다. 동물은 대부분 살아 있고, 자라는 식물, 꽃 그리고 온실과 같은 작은 농장이 있다. 아동과 성인은 이 구역에서 일하도록 촉진되고 많은 가족들은 야채들을 기른다.

철조망으로 된 울타리가 있거나 없는 놀이터 같지 않은 모험 놀이터는 트럭이 충분히 들어갈 수 있는 넓은 문이 있는 나무 울타리에 의해 둘러싸여 있어야 한다. 이러한 울타리는 두 가지 목적을 가지고 있다. 첫 번째는 아동들이 놀이터를 매우 혼란스럽게 만들기 때문에 복잡한 놀이로부터 아동들을 보호할 수 있다. 두 번째는 그들이 놀이에 있어서 아동들을 위하여 사적인 것을 제공할 수 있다. 미국인의 안전에 대한 강박 관념에 비해 많은 놀이터가 나무 울타리에 의해 둘러싸여 있지 않은 것은 놀랄 만한 일이다. 준비된 재료를 위한 건물과 비가 오는 날도 놀이를 늘 할 수 있도록 목욕탕 시설은 건물 안에 있어야 한다.

통합 놀이터

미국의 최근 경향은 장애가 있는 아동을 위하여 고안된 놀이터가 발달되어 왔다. 이는 1990년 미국장애인법(American with Disabilities Act)과 1997년 IDEA의 개정의 결과이다. 장애를 가진 모든 아동은 어떠한 공공시설에서도 거부할 권리가 없다. 공공 영역으로서 놀이터는 자유롭고 모든 사람에게 열려 있다. 모든 놀이터는 통합되어 있고 새로운 놀이터는 모든 아동이 가까이 할 수 있어야 하고 특정의 또래와 함께 자극된 놀이를 하도록 고안되었기 때문에 분리된 범주로서 구별되어져야 한다. 통합 놀이터는 장애를 가진 아동들이 다른 아동들과 함께 놀이를 할 수 있는 영역으로서 접근 영역이 고안되었다. 포장된 도로는 오르기를 위하여 나란히 걸을 수 있다. 이는 친구들과 함께 놀이터를 끼고 이동할 수 있도록 한다. 유사하게 모래상자는 휠체어를 탄 아동들이 모래에서 다른 아동들과 함께 놀이를 할 수 있도록 만들어졌다. 몇몇 비영리적인 집단을 통합 놀이터를 만들어 주곤 한다. Kaboom과 Boundless 놀이터는 비영리 집단으로 모든 아동을 위하여 만들어진 놀이터이다. 도움이 되는 웹사이트나 공학적 출처는 이 장의 끝에 있는 웹사이트를 참고하라.

주제 중심의 놀이터

몇몇 놀이터는 정신을 극복하려는 특별한 학습 주제로 발달되어 왔다. 이 생각은 아동들이 실외 놀이를 즐길 것이고 부수적으로 매체에 대한 만족을 학습할 것이다. 이러한 개념의 한 예로서 뉴욕의 Flushing Meadows 공원에 있는 과학 놀이터를 들 수 있다. 대규모의 과학 놀이터는 30,000평방 피트의 공간으로 Western Hemisphere에 세워졌다. "과학 놀이터는 큰 미끄럼틀, 접시(whisper dishes), 물놀이 영역, 빛이 촉진된 운동조각(light activated kinetic sculptures), 12명의 아동들이 균형 잡을 수 있는 시소를 사용하여 손뿐만 아니라 모든 신체를 활용하여 이끌어 나타내려는 묶음이다."(Hymes-Dusel, 1999, p. 51) 주제화된 또 다른 놀이터는 이야기 중심으로 만들어졌다. 예로서 Underhill 놀이터를 들 수 있다. 이 놀이터는 러시아 전설을 주제

놀이터는 의사소통의 본보기를 제공한다. 이러한 놀이터는 놀이를 강조하는 전원 지역에 위치하고 있다.

로 사용하고, 활동은 신체적 움직임 동안에 가장 놀이가 촉진될 수 있도록 고안되었다.

놀이를 위한 놀이

주제 중심이라는 용어는 디즈니랜드처럼 상업적 공원으로 언급된다. 해적선과 같은 하나의 주제로 묘사된 큰 종류의 놀이터는 시설의 제품화에 의해 활성화된다. 이런 것들은 과학 놀이터와 동일하지는 않다.

그 차이점은 주제 놀이터는 과정을 통해 성장과 학습에 대한 기회를 유아에게 제공하는 영역이다. 상업적 놀이 공원은 오락을 위하여 고안되었다. 주제 중심의 시설은 오로지 놀이의 한 유형을 촉진하기 위해서 고안되지만 Underhill 공원은 아동들에게 주제를 확장시켜 촉진되는 성장을 제공하였다. 이는 제한된 놀이보다 확장된다.

서로 다른 놀이터는 낙천주의적 사회, 인지주의 그리고 신체 발달의 경험을 제공한다. 성인들은 어떻게 이런 것들이 일어나는지에 대한 차이점을 형성하고 그들의 중요한 역할에 대해서는 다음 영역에서 토의한다.

성인의 역할

> 너무 많은 돈과 획일적인 사고는 종종 고정된 놀이 장치에서 보내게 한다. 이것은 오로지 비품에 불과하다는 것을 명심해야 하고, 재능의 정도는 아무런 문제도 되지 않음은 물론, 놀이터에서는 결코 혼자서 놀지 않는다.
>
> —Arvid Bengtsson, 1974

성인은 실외 놀이를 촉진하는데 중요한 역할을 담당한다. 그들은 줄넘기를 하는 동안 노래를 위한 정보의 출처로서 지원하고, 술래잡기나 농구의 규칙에 대한 관리인, 혹은 안전하게 오르고 내리는 방법을 발견하려는 아동들에게 안내자로서 지원한다. 성인 역할은 조직자, 관찰자, 감독자, 평가자라는 네 가지 영역으로 분류된다(Seefeldt & Barbour, 1998). 게다가, 성인은 놀이터에서 아동의 안전을 책임져야 한다.

조직자

실외 놀이를 위해 조직된 매체는 영역을 조사하고, 놀이를 관찰하고, 실외 놀이를 위한 목표를 고려해야 하는 것을 포함한다. 실내외로 이동하는 매체를 위한 계획은 부가적인 활동을 세울 때 필요할 것이다. 아동은 놀이를 위하여 적합한 매체와 충분한 시간을 가져야 한다. 즉, 기후에 따라, 실외로 나가기 위해서는 구두와 외투를 입기 위한 시간이 요구되며, 자외선 차단제가 필요할 수도 있다. 몇몇 교사들은 실외로 크레이트를 가져가야 한다. 놀이 크레이트는 놀이를 자극하는 데 사용되는 매체를 포함한다. 예를 들면 하나의 놀이 크레이트에 서로 다른 공을 가득 채울 수도 있고, 또 다른 크레이트에는 다양한 종류의 종이를 포함할 수도 있고, 모형 건물로 대치될 수도 있다. 교사들은 건물을 칠하는데 물을 사용하는 것과 같이 실외에서 특별한 목표를 세울 수 있다. 이러한 활동은 아동들에게 선택할 수 있게 제공한다.

관찰자

관찰하는 것은 전체적인 장면을 살펴볼 수 있는 기회를 교사에게 제공하는 것이다. 숙련된 관찰자로서의 교사는 다양한 수준의 놀이 기술을 볼 수 있을 것이다. 몇몇은 매우 중요한 상징 놀이를 촉진하기도 할 것이다. 다른 몇몇은 그저 주변을 걸으면서 돌 것이다. 활동을 관찰하고 기록함으로써 교사는 어디에서 언제 활동해야 할지 알게 될 것이다. 실외 놀이를 지켜보는 시간을 갖는 것은 매우 중요하며 책임성을 갖고 지켜봐야 한다.

감독자

아동의 안전과 건강을 지키는 것은 매우 중요하다. 누군가가 일상생활의 검토, 놀이터에서 실행 유지, 아동들이 사용하는 시설을 감독하는 것을 담당해야 한다. 아동들이 안전한 방법으로 매체 사용을 보장하는 것은 매우 중요하다. 표 9-1은 놀이터에서 안전하지 못한 시설과 매체를 검토하는데 사용되는 목록이다. 신체적 안전은 Maslow(1969)에 의해 밝혀진 첫 번째 기본 욕구이며 양질의 놀이에 필수적 요소이기도 하다(Rogers & Sluss, 1992).

아동의 안전을 책임지는 성인들은 모든 놀이 장면을 관찰해야 한다. 주변이 안전한가? 놀이터 주변에 성인이 있는가? 이동할 때 들 것이 필요한가? 시설이 안전한가? 감독자로서 성인은 놀이터 주위를 맴돌면서 모두를 둘러볼 수도 있고, 일대일이 기본이 되는 아동들의 상호작용을 감독할 수도 있다. 그네를 밀어주고, 미끄럼틀 오르는 것을 도와주고 한 개의 공을 서로 소유하려는 아동들의 상호작용은 놀이 경험을 더 풍부하게 만든다.

성인은 놀이터에서 아동 집단을 감독하는 동안 다른 사람들과 말하는 것을 피하도록 한다. 만약에 사고가 일어나면 성인은 그 사고에 대한 설명을 해야 할 의무가 있으므로, 만약 사고를 목격하지 못했다면 곤란하게 된다.

평가자

평가하는 놀이는 학급에서 조금 덜 분명한 것에 대한 통찰을 제공한다. 깡충깡충 뛰기를 할 수 없던 아동이 준형식적 사정에서 그렇게 하도록 요청될 때 일정기간 후에 깡충깡충 뛰기가 관찰되기도 한다. 실외 놀이는 관찰, 모니터, 사정, 평가의 기회를 유아교육자에게 제공하고, 좀더 복잡한 놀이를 위하여 새로운 계획으로 발전된다. 부가적인 정보는 이 장 뒷부분의 사정 영역의 절에서 제공된다.

모든 아동을 위한 안전 문제

자외선 안전

안전문제는 영아와 걸음마기 유아를 위하여 특별히 중요하다. 미국피부의학협회(The American Academy of Dermatology)는 영아와 걸음마기 유아에게 특별히 신경을 쓸 것을 권고한다. 6개월 이하의 영아는 직접적으로 햇볕에 노출시키는 것을 최소화해야 한다. 실외에서는 덮개가 있는 유모차를 사용하기를 권한다. 좀더 높은 연령의 영아나 걸음마기 유아는 실외에 있는 동안 30분에 한번씩 자외선 차단제를 발라줘야 한다. 자외선 차단제를 사용하기 전에 알러지 반응에 대한 검사를 해야 한다. 이 연령의 아동에게 자외선 차단제로서 UVA와 UVB가 포함되어 있어야 하고, 최소한 15의 SPF 정도의 차단 효과가 있어야 한다(Geller et al., 2002). 아동들에게 모자와 선글라스 및 자외선 보호 옷을 입히도록 한다. 어떤 기후에서는 오전 10시에서 오후 4시 사이에 실외 시간을 제한하기도 한다. 태양에 대한 과도한 노출은 이 연령에 매우 중요하게 관계된다. 그래서 아동들이 얼마나 오랫동안 직접적으로 햇볕에 노출되어 있는지를 주의 깊게 관찰해야 한다. 부가적 정보는 미국피부의학협회(American Academy of Dermatology)의 웹사이트에서 찾아볼 수 있다.

놀이터 안전

놀이 영역은 아동들에게 안전한 피난처이어야 한다. 놀이터는 튼튼한 울타리로 둘러싸여 있어야 하고 안전한 시설과 충격 흡수 표면 처리가 되어 있어야 한다(Rogers & Sluss, 1992). 아동의 독특한 요구가 고려되어야 한다. 만약에 아동에게 벌에 대한 알러지가 있다면 성인이 필요한 물품을 갖추고 있어야 한다. 매우 자주 알러지를 가진 아동들은 건물 안에 머물러 있곤 한다. 성인들은 모든 아동들이 실외 경험을 가질 수 있게 보장할 수 있는 책임감이 있어야 한다. 어떤 교사들은 부모들에게 실외 시간 동안 학교에 오도록 부탁하고, 부모들은 그들의 자녀들이 안전한 경험을 가질 수 있도록 그들의 작업을 계획할 것이다. 성인들은 표 9-1에서 볼 수 있는 바와 같이 놀이에서 장벽을 극복할 수 있는 창조적인 방법을 발견할 것이다.

표 9-1 공공 놀이터의 안전 검사 목록

<table>
<tr><td colspan="2" align="center">소비자 상품 안전 위원회(Consumer Product Safety Commission)
공공 놀이 안전 검사 목록
CPSC 문서 #327</td></tr>
<tr><td colspan="2" align="center">여러분의 공립 놀이터는 놀이 장소로 안전 합니까?</td></tr>
<tr><td>매년 200,000명이 넘는 아동들이 미국 병원 응급실에 실려가는데 놀이터의 시설과 관련된 부상이 그 원인이 되고 있다. 대부분의 부상은 시설에서 지면으로 떨어지면서 일어난다.</td><td>여러분의 지역 사회와 학교 놀이터를 안전하게 하려는데 도움을 주기 위해서 다음과 같은 검사 목록의 활용은 놀이하는데 안전한 장소가 될 것이다.</td></tr>
<tr><td colspan="2" align="center">공공 놀이터 안전 검사 목록</td></tr>
<tr><td>1. 놀이터 시설 주변에 좀더 확실한 표면을 만들기 위해서는 최소 12인치의 나무 토막, 짚, 모래, 콩자갈, 안전 점검된 고무 매트, 고무와 같은 물질들로 만들어진다.
2. 보호 표면이 놀이 시설에서 최소 6피트로 확장되어 있는지 살펴보라. 그네는 앞과 뒤에 지면이 확장되어야 하고, 2배의 무게를 지탱할 수 있는 거는 기둥인지 확인하라.
3. 놀이 구조물은 30인치 이상의 높이와, 영역별 공간은 최소 9피트로 만들어 보라.
4. 열려 있는 S자 고리나 삐져나온 나사못 끝과 같은 철물의 위험을 살펴라.
5. 열려져 있는 난간 혹은 사다리 고리 사이와 같은 발판은 3.5인치 이하 혹은 9인치 이상으로 확실한 공간을 만들어 보라.</td><td>6. 시설에서 날카롭거나 가장자리를 확인하라.
7. 노출된 콘크리트 발판, 나무 뿌리나 바위와 같이 걸려 넘어질 수 있는 위험물을 살펴보라.
8. 승강장이나 경사로와 같은 높은 표면과 떨어지는 것을 막기 위한 난간을 만들어 보라.
9. 시설과 표면이 좋은 조건을 가질 수 있도록 놀이터를 정규적으로 둘러보라.
10. 아동들이 안전을 확실히 하기 위해 놀이터에서 아동들을 주의 깊게 감독하라.</td></tr>
<tr><td colspan="2">여러분은 또 다른 놀이터 안전 수칙을 고찰해 볼 수 있다.</td></tr>
<tr><td>• 여러분에게 미국 소비자 상품 안전 위원회(U.S. Consumer Product Safety Commission)와 KaBOOM에서 제공하였다. 국제 비영리 조직은 "KaBOOM! 우리 놀자."라는 캠페인으로 미국의 아동을 위하여 안전한 놀이터가 세워질 것을 위탁한다. 좀더 많은 정보를 위하여 1-888-789-PLAY로 자유롭게 연락하거나 웹사이트 www. kaboom.org에 접속하라.
• 소비자는 CPSC의 웹사이트의 발표, 혹은 여러분의 발표 요청에 의해 info@cpsc.gov에서 보내진 부가적 발표 정보에 의해 얻을 수 있다.</td><td>• 이러한 문서는 공공 영역에 있다. 허락 없이 개별적 혹은 조직에 의해 부분적 혹은 전체적으로 변화 없이 재연될 것이다. 그러나 만약에 재연된다면 위원회는 사용법에 대한 지식을 판단할 것이다. US. Consumer Product Safety Commission. Office of Information and Public Affairs, Washington, D. C. 20207로 편지를 보내거나 info@cpsc.gov로 e-mail을 보내도록 하라.</td></tr>
</table>

다음 절에서는 연령집단에 정보의 특성을 제공한다. 실내 놀이처럼 영아와 취학 전 아동의 차이점을 실외 놀이에 서로 성장하는 아동에 따라 동일한 독특성을 가진다.

안전의 첫 걸음: 오르기 구조물은 아스팔트 위에 설치하지 않는다.

영아와 걸음마기 유아를 위한 실외 놀이 환경 설계

영아와 걸음마기 유아는 매일 신선한 공기를 필요로 한다. 실외 놀이는 서로 다른 학습 환경의 경험을 허락한다. 잔디와 자연 매체는 걸음마기 유아에게 흥미를 끌게 한다. 미끄럼틀과 터널은 실내 환경에서는 가능하지 않은 운동을 위한 기회를 제공한다. 영아와 걸음마기 유아는 매일의 실외 놀이에서 이 점이 요구된다.

영아와 걸음마기 유아를 위한 놀이 공간은 취학 전 놀이 공간과 분리되어 있다. 햇볕에 노출을 예방하고 비가 오는 날에도 놀이를 진행하기 위하여 부분적인 그늘 덮개가 있어야 한다. 이 영역은 모래와 물과 같은 감각 운동 활동이 포함되어야 한다. 잔디가 깔려 있는 장소는 영아와 걸음마기 유아를 위한 감각 경험을 형성한다. 색칠하기, 거품, 반죽 놀이와 같은 활동은 실외에서 할 수 있는 즐거운 활동이다. 이 놀이 영역은 작아야 하며 아동들에게 안전하고 편안함을 보장해야 한다. 운동장의 지면은 다양한 표면을 포함한다. 낮은 경사로와 층계 시설은 아동들의 대근육 운동 기술을 개선시키는 걷기와 오르기 기술을 실행할 수 있다. Karyn Wellhousen(2002)은 Joe Frost (1992)의 연구에 기초하여 실외 놀이 구안을 위한 네 가지 원리를 기술한다.

1. 안전과 편안은 놀이 공간을 살펴볼 때 고려해야 할 가장 중요한 면이다. 수직으로 안정되게 발달하는 영아와 걸음마기 유아는 취학 전 아동과 분리되도록 한다.
2. 움직임을 위해 큰 영역을 제공하라. Frost(1992)는 "네 발로 기기 위한 부드러움, 낙하를 위한 방법, 앉았을 때 차가움"이 있는 놀이 영역을 주장한다(p. 260). 영아와 걸음마기 유아는 안전한 환경에서 발달될 수 있는 장소를 요구한다. 놀이 영역은 일반적으로 잔디, 모래, 실내용 카펫과

같은 다양한 덮개가 마련되고 아동에게 낮은 모빌과 높은 모빌 모두를 위한 장소를 포함한다.

3. 감각 자극을 위한 계획을 세워라. 바람, 햇살, 잔디, 바위, 나무는 자연이 주는 최고의 선물이다. 이런 것들을 활용할 수 없을 때 모래와 물 경험, 바람 종, 그리고 예술 활동을 활용한다.
4. 다양한 소설과 도전적인 활동을 제공하라. 주어진 빈상자는 아동들이 늘 흥미를 가지면서 안전하게 모을 수 있다. 목도리는 아동들에게 바람을 막을 수 있게 해 준다. 놀이 영역은 늘 흥분되어 실외로 이동하게 된다.

영아-걸음마기 유아 놀이 장소의 예

영아-걸음마기 유아 놀이 영역은 좀더 높은 연령의 아동을 위하여 고안된 놀이 영역과 구별된다. 다음은 놀이터에 포함되어야 하는 영역이다.

- ◆ 그늘 영역
- ◆ 모래 상자
- ◆ 잔디 영역
- ◆ 달리기, 오르기, 구르기와 같은 운동력 있는 놀이를 위한 장소
- ◆ 작은 언덕

부가적 매체로 다음과 같은 것이 포함된다.

- ◆ 잔디 위에 앉을 때 담요나 부드러운 물질
- ◆ 빈 상자

영아-걸음마기 유아 놀이터에서 놀이 유형

실외 놀이는 실내에서 발견되는 놀이보다 서로 다른 종류의 놀이를 촉진한다. 걸음마기 유아들의 놀이는 달리고, 뛰어오르고, 네 발로 기고, 미끌려 내려오는 활동이 일어난다. 오르기는 걸음마기 유아들이 제일 좋아하는 것이다. 실외 놀이 영역은 오르기와 탐험하기 위한 안전한 장소를 제공할 수 있다. 또한 걸음마기 유아는 달리기를 즐기고 격렬한 놀이를 한다. 영아는 실외에서 탐험, 감각 운동과 운동 놀이를 한다. 영아와 걸음마기 유아의 연령

안전한 환경은 운동 기술을 발전시키기 위한 긍정적인 기회를 제공한다.

에는 집단 놀이를 하지 않는다. 그들은 혼자 놀이를 하던지 보호자와 상호작용을 한다. 일반적으로 상호작용은 서로의 상호성보다는 교차점에 의해 일어난다.

오르기는 문헌에서 드물게 토의되는 활동이긴 하지만 자연스러운 활동이다. 비록 그 가치는 적지만, 좀더 높은 연령의 영아와 걸음마기 유아가 할 수 있는 활동이기도 하다. 아동이 오르기에 대하여 흥미를 갖는 이점으로 발전시키려는 운동 기술 향상을 위하여 아동의 자연스러운 관심을 활용할 수 있다. 오르기는 사고와 동작의 특정적 연합이 요구된다. 첫 번째, 아동이 원해야 한다. 몇몇 아동은 다른 아동보다 오르기에 흥미를 좀더 갖는다. 오르기를 즐기는 아동은 높은 곳을 제외하고 그 동기가 적다. 둘째, 그들은 큰 머리와 신체가 지지되는 구조물 안으로 넣고 당기는 힘과 기술을 가지고 있어야 한다. 두 살 끝 무렵의 거의 모든 아동들은 오르기를 할 수 있다(Readdick & Park, 1998). 놀이터는 아동들의 오르기 기술을 촉진하기 위하여 손 난간이 마련된 오르기 구조, 낮은 미끄럼틀, 그리고 낮은 계단이 있어야 한다. 물론, 부드럽게 덧대어진 충격 완화면은 확실한 안전을 위해 필요하다. Readdick과 Park(1998)은 높이의 조정을 매년 30cm로 제한할 것을 권고한다. 따라서 12개월 된 유아를 위한 오르기 구조는 30cm 높이의 한 계단으로 되어 있다. 두 살 된 유아를 위한 오르기 구조는 2피트 이하여야 한다. 유아들은 오르기를 좋아하기 때문에 모든 시설에 그들이 오르기를 할 때 보호해 줄 수 있는 울타리가 주변에 설치되어 있어야 한다. 대부분의 울타리는 고리 연결로 되어 있고 이러한 것이 안전한 오르기 보호막이 된다. 나무는 영아와 걸음마기 유아를 위한 놀이터에서 좀더 좋은 선택이 된다.

영아와 걸음마기 유아를 위한 안전

태양에 대한 안전을 고려하라. 6개월 이하의 영아는 태양광선에 직접적으로 노출되는 것을 막기 위하여 차양 혹은 텐트 가리개를 갖춘 놀이 영역이 필요하다. 영아나 걸음마기 유아는 주의 깊게 감독하여야 하고 실외에서 동반자 없이 남겨져서는 절대 안 된다.

취학 전 아동들은 구조물이 다양한 움직임을 촉진해 줄 수 있도록 고안되었을 때 오르기를 좋아한다.

취학 전 아동을 위한 실외 놀이 환경 구안

취학 전 아동들은 매일 실외 시간과 신선한 공기를 요구한다. 이러한 연령 집단은 아동들이 운동 능력, 문제 해결, 협의 기술, 상호작용에 있어서 능력을 획득할 때 실외 놀이로부터 많은 혜택을 얻는다. 취학 전 아동은 실내에서 하기 힘든 곡예적 활동을 즐긴다. 놀이터는 서로 다른 유형의 놀이를 위한 기회를 제공한다. 취학 전 아동은 오르기에 대한 요구를 뛰어넘어서 움직이고 격렬한 놀이를 하기 시작한다. 격렬한 놀이는 "놀이 모습, 달리기, 추적, 피하기, 레슬링, 그리고 손뼉치기와 같이 그 뒤에 따라오는 행동들로 구성되어 있다. 유아들에게 격렬한 놀이는 희생과 희생자 사이의 양자택일을 하게 하는데 효과적"으로 구성되어 있다(Pelligrini & Boyd, 1993, p.115). 취학 전 아동은 오로지 이 단계에서 격렬한 놀이를 공격적인 행동과 혼돈해서는 안 되는 것은 중요한 사항이다. 격렬한 놀이는 실내에서는 좋지 않으나 실외에서는 수용된다.

아동들이 사회적 상호작용을 하는 동안 놀이 친구를 선택할 수 있다. 중재는 아동이 다른 아동과 목적을 가지고 제외시킬 때 필요하다. 반응하는 교사는 방해하지 않으면서 조심스럽게 중재해야 한다. 예를 들어, 한 아동이 어떤 그룹에서 제외당하고 있을 때 성인은 그 집단을 신체적으로 움직일 수 있고 그들의 놀이에 들어갈 수 있다. 전체 그룹에서 제외당하고 있는 아동을 데리고 들어가 성인이 놀이에서 퇴장할 적절한 시간을 주시해야 한다.

취학 전 아동은 달리기, 뛰기, 깡충깡충 뛰기, 모듬 뛰기, 질주하기 및 그들의 친구들과 놀 수 있는 방이 필요하다. 그 공간은 확실한 안전을 위한 울타리가 있어야 한다. 성인은 매일 시설과 놀이 영역을 살피도록 해야만 한다. 시설은 바퀴그네, 낮은 미끄럼틀, 오르기 장치, 모래상자, 물책상, 그리고 당기고 밀고 탈 수 있는 수레차가 포함되어야 한다. 이 공간은 세발자전거, 수레를 위한 타기 영역은 다양한 지면으로 포장되어야 한다. 낡은 바퀴는 정확히 달 수 있는 훌륭한 그네이고 오르기와 앉기를 위한 지원 영역으로 활용할 수 있다.

표 9-2 놀이터에서의 일곱 가지 영역

서로 다른 영역이 흥미와 도전을 제공한다.
1. 만들기/창조
2. 투사/공상
3. 초점/사회
4. 사회/극
5. 신체
6. 자연
7. 전이(결합 영역)

출처: Ebensen, 1990

취학 전 학교의 놀이 공간 구안

취학 전 아동을 위한 영역은 영아와 걸음마기 유아의 영역보다 좀더 복잡하고 도전적이 되어야 한다. 복잡성의 수준은 더 높아져야 하고 좀더 다양하고 독립적인 놀이를 할 수 있어야 한다. Ebensen(1990)에 의해 제시된 취학 전 아동을 위한 일곱 가지의 서로 다른 영역은 표 9-2에 제시하였다.

취학 전 학교 놀이터의 놀이 유형

취학 전 학교 연령 동안 가장 지배적인 놀이는 흉내 내기이다. 격렬한 놀이를 통해 분명해지고 가장 놀이는 그것의 절정에 달하게 한다. 아동들이 실외에 있을 때 그들은 새가 나는 것처럼, 개가 달리는 것처럼, 괴물로부터 누군가를 구하는 것처럼 가장할 수 있다. 그들은 좀 덜 자기중심적이고, 이러한 시간 동안은 연합과 협동 놀이를 한다. 기본 게임은 분명하지만 이 연령에서는 에피소드가 많은 자연적 놀이로서 짧게 나타난다.

안전 논쟁

취학 전 아동에 대한 감독은 조금 덜 하지만, 여전히 감독이 필요하다. 이 연령의 아동들은 그들의 능력을 사정하여 필요한 기술을 갖고 있지 않은지 살펴본다. 실외 놀이를 하는 동안 그들의 안전을 보장하는 것은 교사들의 의무이다. 유아들은 실외 놀이를 할 때 자외선 차단과 적절한 옷이 주어져야 한다. 대부분의 학교는 이런 시간에 과자와 아이스크림을 주곤 하는데 이는 현명하지 못한 행동이다. 만약에 아동들이 이 시간을 간식 먹는 시간으로 활용한다면 그들의 놀이 시간이 뺏길 것이다. 그들이 먹기를 마치고 손을 씻지 않은 채 끈적거리는 손으로 시설을 사용하는 것은 사고를 일으키는 원인이 될 수 있다. 아이스크림이나 음식을 먹었을 때 종이를 실외에 두는 것 또한 벌이나 다른 곤충으로부터 공격을 당할 수 있다. 벌에 알러지가 있는 아동은 실외 놀이가 위험을 초래할 수도 있다. 실내에서 과자나 아이스크림을 먹게 하면 이러한 문제를 최소화시킬 수 있다.

초등학교 저학년 아동을 위한 실외 놀이 환경 구안

초등학교 저학년 아동은 친구들과 함께 흔들기, 미끄러지기, 오르기를 할 수 있는 시설이 필요하다. 그들은 집단 놀이를 시작하고, 줄넘기와 집단 추적 놀이를 할 수 있는 공간이 필요하다. 그들은 여전히 모래 놀이가 효과적이고 진흙을 팔 수 있는 공간을 즐긴다.

놀이 공간

취학 전 아동에 비해 시설은 좀더 복잡해지고 도전적이지만, 초등학교 저학년 연령의 아동은 표 9-2에 목록화된 일곱 가지 영역 안에서 기회를 요구한다. 초등학교 저학년 연령의 아동은 달리기와 던지기를 할 수 있는 집단 게임을 위한 공간이 필요하다. 성인은 소녀와 소년들이 동일한 공간에서 가까이 할 수 있도록 해야 한다. 너무 자주 소년들은 놀이터에서 공간을 독점하려 하고 소녀들은 놀이터의 한 귀퉁이에서 그들의 시간을 보내곤 한다.

초등학교 저학년 놀이터에서의 놀이 유형

전형적으로 발달된 초등학교 저학년 연령의 아동은 구조화된 놀이를 수용하고 즐긴다. 그들은 취학 전 아동보다 좀더 오랜 시간 동안 놀이에 집중한다. 그리고 그들은 집단의 리더를 선택할 수 있다. 이 연령에서의 지배적 놀이는 게임과 탐구를 포함한다. 놀이터의 게임 상황에는 해적처럼 달리는 게임, 노래나 리듬에 따른 줄넘기 게임, 서로 다른 종류의 공게임, 오랏말 놀이, 술래잡기가 포함된다. 대부분의 성인은 아동들이 2시간 뒤에 기억하는 것처럼 아동들이 놀이한 게임을 회상한다. 성인들은 이 시간에 제외된 몇몇 아동들을 알아차려야 한다. 교사들은 게임에 포함되지 않은 아동에게 주의를 기울여야 한다. 아동을 놀이에 강제로 끌어들이는 것 없이 교사는 실외 놀이에 모든 아동이 참여할 수 있는 기회를 만드는 창조성이 있어야 한다.

안전 논쟁

안전 논쟁은 모든 연령에 중요하다. 초등학교 저학년 연령의 아동들은 자아개념이 형성된다. 그들의 기술에 시범을 보여 줄 때에는 때때로 위험에 놓이게 할 수도 있을 것이다. 아동들 또한 햇볕으로부터 보호가 필요하고 실외에서 적절한 신발과 옷을 입어야 한다. 초등학교 저학년 아동은 실외 놀이를 하는 동안 서로 다른 논쟁에 직면한다. 논쟁에 관한 부분은 다음 절에서 탐구하게 될 것이다.

휴식

> 휴식은 모든 아동의 권리이다. 아동의 권리 주장에 대한 미국국제총회의 31조(Article 31 of United Nations Convention on Children's Rights states)는 모든 아동은 여가 시간에 대한 권리를 가진다고 규정한다. 훈련의 수단이라든지 일이라는 이름 아래 폐지하거나 휴식을 줄이는 것은 권리를 뺏는 것이다.
>
> —Audrey Skrupskelis, 2000

휴식이라는 용어는 일반적으로 아동들이 제한된 놀이 영역에 가려 할 때와 특별 시간 동안 자신이 선택한 신체 놀이를 하려 할 때 구획 시간으로 응용되기도 한다. 10년 단위로 미국의 많은 학교에서 휴식이 사라지고 있다. 1989년 미국에 있는 지역의 교장 90% 이상이 그들 학교의 휴식에 대하여 보고하였다. 10년 후에는 40%만이 휴식을 가질 것이다(Kieff, 2001). 휴식 시간이 어디로 왜 없어지는가? 기초 학습에 대한 초점은 검사할 수 없는 특정 활동을 소거하는 상황을 만들었다. 음악, 미술, 운동은 표준화된 검사 안에 포함되어 있지 않아 그 계획에서 제외되는 첫 번째 영역이 되었다. 휴식은 검사 용어를 사용하지 않아서 많은 학교에서 제외되어 왔다. Olga Jarrett (2003)에 의해 이루어진 학교 구역에 관한 연구에서는 휴식은 뛰어나게 풍부한 근교 학교에서는 매일 있지만 아프리카계 미국인이 사는 도시 학교에서는 없어지고 있다고 보고되었다.

놀이에서 아동 권리를 위한 미국 협회(American Association for the Child's Right to Play)는 매일 실외 놀이에 대한 아동의 권리를 지지하려는 움직임을 시작하였다. 버지니아와 미시간 두 주는 학교에 놀이를 위한 휴식 시간을 아동들에게 부여하도록 하는 법적 요구를 통과시켰다. NAEYC는 휴식을 되돌려 놓을 것을 주장하면서 휴식은 다음과 같은 방법으로 수업에 도움이 된다고 지적한다.

1. 아동이 스트레스를 감소하기 위한 적절한 탈출구이다.
2. 아동에게 선택하고자 하는 계획, 그리고 창조성을 확장시킬 수 있는 기회를 제공한다.
3. 에너지를 소모할 수 있다.

실외 놀이 공간은 한 세대에 다른 세대로 놀이 관습과 문화의 전수를 촉진한다.

만약 이러한 부분을 좀더 알아보려면 2장에서 언급된 놀이의 전통적 이론 부분을 다시 한 번 보도록 하라. 놀이의 생득적 특성은 놀이에 대한 욕구로 생물학적 욕구와 없어지는 휴식으로 놀이에 대한 아동의 욕구가 없어지지 않아야 한다. 오로지 놀이를 위하여 충당되는 배경이 없어져야 한다. Bogden과 Vega-Matos(2000)는 규율 문제와 분열 행동이 휴식의 결과로서 최소화시킬 수 있다는 것을 발견하였다. 유아전문가국제협회(National Association of Early Childhood Specialists in State Departments)는 주교육부에 다음과 같은 옹호 활동을 권고한다(2003).

- 취학 전 그리고 초등학교 교육과정에 휴식 시간 부분을 요구하는 정책을 지지하라.
- 발달 영역에서 휴식의 효과(사회, 정서, 신체, 인지)와 기초 학업 성취에서 휴식의 효과에 대한 부가적 연구를 보장하고 지지하라.
- 유아의 발달에서 휴식, 활동, 자유 놀이의 중요성의 자각을 지지하는데 필요한 자원이나 정책을 발달시켜라.
- 휴식의 장점과 주의력 결핍 아동을 위한 가능한 회복의 역할로서 휴식에 대한 연구를 지지하라.
- 놀이 과정을 통한 아동의 발달적 성장에 대한 관찰과 사정에서 모든 교육가의 기술을 촉진하려는 연구와 전문적 발달을 지지하라.

방과 후 학교 프로그램

이러한 프로그램은 모든 교육가들에게 특별한 도전을 하게 한다. 방과 후 학교 프로그램은 집에서 돌보는 대안을 가지고 있지 않은 초등학교 연령의 아동을 위하여 고안되었다. 흥미로운 교육과정을 만드는 것은 장애물이 많이 뒤따른다. 아동은 매일 구조화된 프로그램 안에 있어 피곤해 한다. 모든 연령이 함께 있고 소수의 활동이 계획된다. 너무 많은 시간 아동은 시설, 매체 그리고 겨우 놀이만 있는 큰 공간에서 머물러 있어야 한다. 몇몇 아동은 쫓기와 같은 게임을 만들지만 말할 수 없고, 이런 것들이 종종 저하되기도 하고, 공격적이 되기도 하고 적개심이 분출되기도 한다. 담당을 맡는 성인은 아동들이 실외에서 놀지 못하게 하고 강제로 앉게 하여 수동적인 방법인 과자를 먹으면서 비디오를 보게 할 수 있다. 또 다른 한편으로는 이러한 프로그램을 적용할 수 없다면 많은 아동들은 자기 보호 혹은 "**맞벌이 부부의 아동**(latchkey children)"으로 남아 있을 수 있다. 맞벌이 부부의 아동은 한 시간 동안 혹은 직장에서 그들의 부모가 돌아오기 전까지 성인의 감독 없이 가정에 남아 있는 아동들을 일컫는 용어이다. 오늘날 다섯 명 아동 중에 한 명은 그들의 부모가 일하는 동안 자기 보호 안에 놓여 있고, 이 수는 점점 증가하고 있다. 이는 미국의 5만이 넘는 아동이 위험한 상황에 놓여 있다는 것이다(Lamorey, Robinson, Rowland, & Coleman, 1998). 방과 후 학교 프로그램은 좀더 좋은 대안이 있다. 적당한 성인 감독 아래 계획된 프로그램은 유아를 위하여 풍부한 경험을 제공한다. 실외 놀이는 이러한 경험의 일부이다.

실외 놀이 경험과 놀이는 방과 후에 세심하게 마련되어야 하며 학교 시간 동안 아동을 위하여 중복 연령 프로그램이 마련되어야 한다. 이 시간 동안 아동에게 제2의 교육 경험을 보장하고, 성인은 조기 영역으로 설명되는 학교생활 동안 기구 놀이를 활용하여 동일한 규칙을 따르게 하는 실외 경험을 계획해야 한다.

방과 후 학교 프로그램에서 실외 공간의 구안은 학교를 위한 놀이터에 세워진 사전의 영역에서 기술된 동일한 지침을 사용한다. 한 가지 주의할 것은 대부분의 놀이터가 너무 혼잡하다는 것이다. 이런 프로그램은 얼마나 많은 아동들이 한 시간에 운동장에서 놀 수 있는지에 대한 제한이 있어야 한다. 아마도 동일한 시간에 너무 많은 아동들이 놀이터에서 놀지 않도록 순환할 수 있다.

실외 놀이 사정

실외 환경은 놀이 사정과 아동 발달을 위하여 제2의 기회를 제공한다. 사정은 1장에서 논의된 것처럼 검토된 놀이 분류에 의해 신체적 · 사회적 · 인지적 발달을 평가하는데 사용될 수 있다. 이런 것들에는 신체적 발달(대근육과 소근육 운동 기술), 사회적 상호작용(단독 · 병행 · 연합 · 집단 놀이), 그리고 인지 발달(감각 운동, 기능적 · 구조적 · 가장 · 극 놀이, 규칙이 있는 게임)들이 포함된다. 이러한 검토는 아동의 놀이에 있어서 서로 다른 면을 검토하는 도구로서 제공된다. 결합 방법은 아동 놀이의 측면에서 제공할 수 있다.

사정을 위한 계획

첫 단계로 계획이 포함된다. 여러분은 정보를 어떻게 활용할지 결정하라. 적절한 사정은 목적을 위해 구성된다. 자료 수집은 유아를 위한 변화와 향상 프로그램으로 활용된다. 다음은 여러분이 관찰할 기술을 결정한다. 만약에 그렇게 했다면 사정 중심의 변화를 형성하려는 계획은 세웠는가? 여러분이 아동의 놀이 수준에 대한 관찰을 선택했다면 그 아동의 연령 집단을 위한 지배적인 놀이에 초점을 둔다. 예를 들어 여러분이 만약에 4살 아동을 관찰한다면 지배적 놀이는 몇몇 감각 운동을 통한 가장 놀이나 구조적 놀이가 일어날 것이다. 여러분은 격렬한 놀이를 볼 수도 있을 것이다. 만약에 여러분이 오로지 감각 운동 놀이만 본다면 그때 다시 놀이터를 살펴보기를 원할 것이다. 무슨 장애가 있는가?

실외 사정은 관찰 놀이를 위한 독특한 배경을 제공한다. 놀이터는 실내 교실과 다르다. 형식적 사정을 시작할 때 한 학급당 한 개 혹은 두 개의 행동으로 사정을 제한하거나 한 아동으로 관찰을 제한하라. 만약에 도약하기와 같은 기술 발달을 사정하려 할 때는 그 학급에서 모든 아동의 이름이 써내려간 검토 목록을 활용한다. 여러분의 주머니에는 노란 메모지와 연필이 1″× 2″ 주머니 안에 달려 있어야 한다. 여러분이 놀이터 주변을 걸을 때 누가 도약하는지에 대하여 주의를 기울여야 한다. 누군가가 도약했을 때 달려 있는 메모지에 이름을 써라. 그날 이후 그 아동의 이름을 검토하라. 몇몇 교사는 각 아동에 대한 자료집에 넣는 것을 선택하기도 하고 자료집에 붙일 수 있는 공책을 놓기도 한다. 몇몇 교사는 그 행동의 사진을 찍기도 한다. 어떤 방법의 작업이든 좋다. 이런 과정을 일정 기간 동안 철저히 한다면 전체적 학급은 단독 검사 상황 없이 도약 기술을 사정할 수 있다. 무엇을 그리고 어떻게 사정할 것인지 결정하는 것이 첫 단계이다. 그리고 나서 그 다음의 단계가 사정에 포함된다.

놀이 사정

만약에 여러분이 놀이 사정을 한다면, 5분 동안 놀이 행동을 기록하는 놀이 척도(표 9-3)를 활용하라. 2주 동안 이를 실시하여 평균을 내라. 이런 과정을 1년 동안 철저히 하였을 때 그 아동의 놀이에 좋은 점을 제시할 수 있다.

한 아동을 지켜보는 과정은 실외 놀이 동안 그의 움직임을 지켜보는 것을 포함한다. 이를 통해 또 다른 성인이 놀이터에서 다른 아동을 감독하는 것을 요구한다. 이는 몇몇 이유 때문에 가치로운 과정이 된다. 우선 오로지 관찰과 사정에 초점에 맞추어짐에 따라 성인은 놀이 경험의 전체적 모습에서 신체적 · 사회적 · 인지적 행동이 모두 결합되어 그 아동의 전체 놀이를 완벽하게 분석할 수 있다. 특히 놀이 문제를 가진 아동에게 더 가치로우며 부적응적 행동의 존재를 파악할 수 있다.

신체적 운동

우선 아동의 신체적 놀이를 검사해 보라. 모든 아동은 실외에서 운동을 한다. 아동의 운동 수준이 그의 연령, 발달 단계, 문화에 적합한가? 아동들이 이동하기, 오르기, 달리기, 가볍게 뛰기, 깡충거리며 뛰기, 도약하기, 지시에 따라 이동하기를 할 수 있는가? 아동이 균형 감각이 있는가? 침착하지 못하지는 않는가? 우아하고 부드러운 동작을 하거나 경련적이고 균형이 맞는 않

표 9-3 놀이 척도

	감각 운동 놀이	상징: 구조	상징: 극 놀이	게 임	기 타
놀지 않음					
방관자					
단독 놀이					
병행 놀이					
연합 놀이					
협동 놀이					

격렬한 놀이 ______

Piaget(1965), Parten(1932)과 Rubin(1989)에서 적용

는 동작을 하는가? 만약에 연령 또래에 맞지 않는 신호가 보이면 부가적인 검사를 요구하는 추가적 기록이 필요하게 된다.

사회적 상호작용

두 번째로 아동들의 사회적 상호작용을 고려해라. 실외 놀이는 사회적 상호작용을 사정하기 위하여 완벽한 장소로 제공된다. 다시 학급 관찰이나 개인 관찰을 하기 위한 체제를 만들지 않아도 된다. 만약에 하루에 두 아동을 선택한다면 그들의 또래와 함께 그들의 놀이를 살펴보라. 친구와 함께 놀고 있는지 아니면 혼자 놀고 있는지? 다른 아동과 함께 놀 수 있는지 혹은 끊임없이 성인의 관심을 얻으려 하는가? 다른 아동의 행동을 보고 있는 아동 혹은 수다쟁이라고 불리우는 아동들은 성인의 관심과 허락을 얻으려 한다. 왜 아동들이 성인과 함께 상호작용을 하려는지 찾아보라. 여러분은 아동이 놀이 친구를 찾을 수 있게 지원할 수 있는가? 몇몇 아동은 조직화된 게임에서 시범 보인 지도자 기술을 발휘하는가? 여러분은 학급에서 이러한 행동을 볼 수 있는가?

인지 발달

관찰이 어려운 점은 놀이터에서 놀이가 너무 풍부하다는 것이다. 영유아는 놀이터에서 기본적 연습과 기능적 놀이를 한다. 영아와 걸음마기 유아 놀이터는 비어 있는 모래 양동이를 채우든지, 오르기를 하든지, 낮은 경사로를 넘든지, 서로 다른 방법으로 반복적 이동을 하는 것과 같이 연습 놀이를 한다. 이는 이 연령에서 나타나는 전형적 행동이다. 취학 전 아동은 가장 놀이를 한다. 영아와 걸음마기 유아는 놀이터에서 비어 있는 큰 상자 공간에 재료로 가득 채우려 할 것이다. 그것은 곧 가득 채워지고, 또 다시 비게 될 것이다. 취학 전 아동의 놀이 영역에도 동일한 큰 상자를 놓는 공간이 있는데 여기에는 보트, 자동차, 우주선이 있다. 모방 놀이의 환경이 시작된 것이다. 초등학교 저학년의 놀이터에서도 동일한 상자가 주어지며, 이는 클럽 회관이 되고, 오로지 규칙을 따르는 사람만이 들어갈 수 있는 공간이 되기도 한다. 아동의 놀이를 살펴보라. 취학 전 연습 놀이는 좋지만 1학년 교실에서 이런 유형의 놀이가 아동들에게 여전히 남아 있으면 관계에 대한 추론이 나타날지도 모른다. 아동 놀이의 전체적 감각을 얻기 위해 놀이 척도(표 9-3)을 활용하라.

다양한 측정

또 다른 자료 수집 기술이 사용된다. 여기에는 연속 기록, 검사 목록, 이야기, 포트폴리오, 서류첩이 포함된다. 포트폴리오와 서류첩에 대해서는 6장에서 언급하였다. 이야기와 달리기 기록은 다음 절에서 설명된다. **연속 기록**은 명칭의 의미를 정확히 하고 관찰 행동에 대한 연속된 기록을 의미한다. 아동의 신체, 사회, 인지 놀이 수준의 발달 정도에 대하여 지켜본 후에 하나의 놀이 기간 동안 각각의 아동을 지켜본다. 앞서서 지적한 것처럼 이는 놀이 공간에서 또 다른 성인을 요구한다. 한 아동에 대한 연속 기록을 완성하라. 즉 놀이 기간 동안 아동이 하는 것을 본 모든 것을 써내려가라. 이는 그 아동이 또래와의 사회적 상호작용, 의사소통, 기술 수준에 대한 깊은 조망을 제공할 것이다. 이러한 기술에서 획득된 정보는 어떤 다른 방법을 활용하여 축적할 수 없다. 연속 기록은 아동의 놀이 경험에 대하여 쓰여진 이야기를 사용할 수 있다.

초등학교 저학년 놀이 사정

초등학교 1학년 놀이 사정은 취학 전 놀이 사정보다 더 어렵다. 관찰된 놀이를 위한 체제는 Humphries와 Smith(1987)의 연구를 기초로 하여 Anthony Pelligrini(1998)에 의해 발전되었다. 그는 모형으로 다음과 같은 행동을 활용하였다.

수동/비상호작용
수동/상호작용
성인-지시
성인-조직
공격적인
격렬한 놀이
활발한 행동
게임
대물 놀이
역할 놀이

이러한 행동은 관찰 기록과 학생 행동의 횟수에 활용할 수 있다. 이 기간 동안 행동을 관찰하는 것은 아동을 이해하는 데 강력한 도구로서 제공될 수 있다.

놀이 조망의 반추

Phillipi의 연령에 있는 여느 아동처럼 Phillipi는 실외에서 활발해진다. 놀이터는 매우 여러 가지의 적절한 선택을 제공한다. 해를 거듭하면서 놀이터에서 소녀는 소년보다 작은 공간을 차지하고 있다. Phillipi는 학급의 다른 아동들만큼 영어로 말을 잘 하지는 못하지만 놀이터에서의 게임 경쟁은 뛰어나다. 그는 학급에서 다른 아동들에 의해 수용되는 방법을 발견하였다. 아동들은 교실에 돌아갔을 때 좀더 잘 앉아 있고 집중을 하게 된다. 비록 Phillipi는 실내에서는 뛰어나지 않지만 실외에서는 뛰어나다. 아동들은 늘 실외 놀이에서 이점을 가지게 될 것이고 모든 아동은 매일 실외 놀이로부터의 혜택이 계속될 것이다.

요약

실외 놀이는 현재 좀더 중요해지고 있다. 많은 아동들이 역사적으로 그 어느 때보다 비만인 경우가 많다. 이 장에서는 실외 놀이, 즉 놀이터와 이러한 놀이 공간에서 일어날 수 있는 놀이의 개관을 제공하였다. 놀이터에서 안전의 중요성을 강조하였고 놀이터의 검사 목록을 학생들의 활용을 위하여 적용되었다. 특별한 제안들은 영아-걸음마기 유아, 취학 전 아동, 초등학교 저학년 연령 아동의 실외 놀이에 대하여 제공하였다. 방과 후 학교 프로그램을 위하여 양질의 놀이터가 요구된다. 놀이 사정의 중요성은 성인의 중요한 역할로서 검토되었다.

핵심용어

공공 놀이터	맞벌이 부부의 아동	연속 기록
자연적 놀이 공간	주제별 놀이터	통합 놀이터

현대 놀이터 휴식

유용한 웹사이트와 과학 기술 자원

◆ **방과 후 학교 프로그램**(After-School Programs)

http://www.afterschool.gov 이것은 방과 후 학교 프로그램에 있어서 매우 우수한 사이트이다. 연방 정부에 의해 지원되고 교육가들이 고안했으며, 아동을 위한 연결이 가능하다.

◆ **놀이의 아동 권리를 위한 미국협회**(American Association for the Child's Right to Play)

http://www.ipausa.org 모든 주에 USA 네트워크의 휴식협회(USA Network of Recess Associates)를 포함한다. 자유로운 주제를 이 사이트에서 응용할 수 있다.

◆ **무한 놀이터**(Boundless Playgrounds)

http://www.BoundlessPlaygrounds.org/ 무한 놀이터는 모든 능력 수준의 아동들이 함께 놀이를 할 수 있도록 보장해 주기 위해 구성된 비영리 집단이다. 이 웹사이트는 통합 놀이터에서 발달을 위한 단계적 지침을 제공한다.

◆ **캘리포니아 유아보호 교육과정**(California Early Childhood Protection Curriculum)

http://www.dhc.ca.gov 캘리포니아 유아보호 교육과정은 유아교육자들이 활용하기에 유효하다.

◆ **질병통제와 예방센터**(Center for Disease Control and Prevention)

http://www.cdc.gov 미국보건부의 질병 통제 및 예방 센터(U.S. Department of Health and Human Services, Center for Disease Control and Prevention).(2000, February). 신체 활동과 건강한 식사를 위한 학교 건강 색인(초등학교): 자기 평가와 계획 안내.[문서는 CDC 웹사이트에서 내려 받을 수 있다.]

◆ **국제놀이협회**(International Play Association)

http://erips.ed.uiuc.edu 초등학교에서 휴식을 지지하는 정보가 포함된다. 휴식에 관한 또 다른 정보에 대한 연결도 포함되어 있다.

http://www.ncsu.edu/ipa/ 국제놀이협회의 원래 사이트이다. 놀이에 관한 정보가 많다. 이것은 국제 사이트이고 세계의 놀이 상황에 관한 정보를 제공한다.

◆ **놀이터 안전을 위한 전국 프로그램**(National Program for Playground Safety)

http://www.uni.edu 놀이터 안전을 위한 전국 프로그램 웹사이트. 이 사이트는 놀이터 안전에 관하여 유효한 매우 많은 양의 정보를 가지고 있다.

◆ **놀이터 구안**(Playground Design)

http://www.ecdu.gov 이것은 유아를 위한 안전한 놀이 공간을 계획하고 발전하기 위하여 필요한 정보가 포함되어 있는 사이트로서 교육가에 의해 만들어진 우수한 사이트이다.

◆ **피부암소식**(Skin Cancer News)

http://www.aad.org 이 사이트는 미국피부학회에 의해 지원 받는다. 하나의 실제를 부모와 함께 공유할 수 있도록 하고 있다.

활동

1. 교실에서의 활동

A. 영아-걸음마기 유아, 취학 전 아동, 초등학교 저학년 놀이 영역을 위한 놀이 활동을 구안하라. 몇몇 예술과 물 활동이 포함되었는지 확인하라. 그 영역을 어떻게 배치할 것인가? 청소를 고려하라. 도구는 어떻게 할 것인가?

B. 여러분이 활동으로 계획된 활동을 생각하라. 놀이터에서 어떻게 매체를 보관하고 이동할 것인가?

2. 연구와 탐문

A. 휴식 동안 지역 초등학교를 방문하라. 표 9-3의 놀이 척도를 이용하여 3명의 소년과 소녀에 대하여 각각 1분의 시간 사례를 완성하라. 그들의 놀이를 비교하라.

B. 최소한 서로 다른 3개의 놀이터를 방문하라. 서로 다르게 만들어진 요인은 무엇인가?

3. 봉사 학습

A. 지역 놀이터를 방문하라. 안전에 대하여 놀이터를 조사하기 위해 검사 목록을 활용하라. 놀이터 관리자로서 어떤 안전을 고려해야 하는지 발표하라.

B. 공공 청소의 날에 놀이터 청소를 돕는 봉사를 하라.

C. 교사들이 놀이터에서 아전을 보장하려 할 때 지켜야 하는 안전 예방 목록을 만들어 보라. 태양 안전에 관한 정보를 포함해라. 놀이터 안전을 위한 전국프로그램(the National Program for Playground Safety: NPPS)으로부터 소책자와 규칙을 만들어 보라. 지역 PTAs에 대한 매체를 기술하라.

4. 가족 연계

A. 국제 놀이날에 대한 정보를 위하여 국제 놀이 협회와 연결하라.

B. 지역 부모 집단, 학생 집단, 그리고 공공 집단에 대한 정보를 수집하라. 공공 사회에서 특정 날 그들을 방문하여 지원하라.

5. 놀이 옹호

A. 여러분의 지역사회에서 휴식을 하고 있는 지역 학교를 조사하라. 만약에 여러분의 지역사회에서 휴식이 위험에 처해 있다면 학교의 휴식을 지지하기 위한 활동 집단과 연결하라.

참고문헌

American Academy of Child and Adolescent Psychiatry. (nd). Facts for Families. No. 79. *Obesity in children and teens.* Retrieved January 10, 2004 from www.aacap.org/publications/factsfam/79.html.

American Heart Association. (nd). *Overweight children:* AHA recommendations. Retrieved January 10, 2004 from www.americanheart.org/presenter.jhml?identifier=4670.

American Medical Association. (2003, Dec. 1). *AMA calls on physicians to help combat obesity.* Retrieved January 10, 2004 from www.ama-assn.org/ama/pub/article/1616-8203.html.

Bengtsson, A. (1974). *The child's right to play.* Sheffield, England: International Playground Association.

Bogden, J. F., & Vega-Matos, C. A. (2000, March). Fit, healthy, and ready to learn: A school health policy guide. Part I: *Physical activity, Healthy eating, and tobacco-use prevention.* Alexandria, VA: National Association of State Boards of Education.

Dewey, J. (1930). *Democracy and education.* New York: Macmillan.

Elkind, D. (1981). *The hurried child: Growing up too fast too soon.* Reading, MA: Addison-Wesley

Esbensen, S. (1990). Play environments for young children: Design perspectives. In S. Wortham & J. L. Frost (Eds.), *Playgrounds for young children: National survey and perspectives* (pp. 49-68). Reston, VA: American Alliance for Health, Physical Education, Recreation and Dance.

Frost, J. (1992). *Play and playscapes.* Clifton Park, NY: Thomson Delmar Learning.

Frost, J., & Klein, B. (1983). *Children's play and playgrounds.* Austin, TX: Playscapes International.

Frost, J., Wortham, S., & Reifel, S. (2001). *Play and child development.* Upper Saddle River, NJ: Merrill/Prentice Hall.

Geller, A., Colditz, G., Oliveria, S., Emmons, K., Jorgensen, C., Aweh, G., & Frazier, A. L. (2002). Use of sunscreen, sunburning rates, and tanning bed use among 10,000 US children and adolescents. *Pediatrics, 109,* 1009-1014.

Humphries, A., & Smith, P. K. (1987). Rough-and-tumble play, friendship, and dominance in school children. *Child Development, 58,* 201-212.

Hymes-Dusel, J. (1999). A closer look at playgrounds centered around a theme. In M. Guddemi, T. Jambor, and A. Swkrupskelis, *Play in a changing society* (pp. 51-52). Little Rock, AR: Southern Early Childhood Association.

Individuals with Disabilities Education Act P.L. 101-476. Stat. 1103 (1990) (codified as amended at 20 U.S.C. Secs. 1400-1485) (1997).

Jarrett, O. (2003). Urban school recess: The haves and have nots. *Play, Policy, & Practice Connections. Newsletter of the Play, Policy, and Practice Interest Forum of the National Association for the Education of Young Children, 7*(1), 2003.

Kieff, J. (2001). The silencing of the recess bells. *Childhood Education, 77*(5), 319-325.

Lamorey, S., Robinson, B., Rowland, B., & Coleman, M. (1998). *Unlocking doors for children and their families* (2nd ed.). Thousand Oaks, CA: Sage.

Maslow, A. (1959). Psychological data and human values. In A. H. Maslow (Ed.), *New knowledge in human values & Bros* (pp. 119-136). New York: Harper & Bros.

National Association of Early Childhood Specialists in State Departments of Education, Retrieved October 12, 2003 from http://ecap.crc.uiuc.edu/websites/naecs.html.

National Center for Health Statistics, *Prevalence of overweight among children and adolescents:*

United States, 1999-2000. Retrieved January 10, 2004 from www.cdc.gov/nchs/products/pubs/pubd/heStats/overwght99. htm.

National Program for Playground Safety. Retrieved October 23, 2003 from http://www.uni.edu/playground/home.html.

Olds, A. R. (2000). *Child care design guide.* New York: McGraw Hill.

Opie, I., & Opie, P. (1959). *The lore and language of schoolchildren.* Oxford, England: Claredon Press.

Parten, M. (1932). Social participation among pre-school children. *Journal of Abnormal Psychology, 27,* 243-269.

Pelligrini, A. (1998). Play and the assessment of young children. In O. Saracho and B. Spodek (Eds.) *Multiple perspectives on play in early childhood education* (pp. 220-239). Albany: SUNY Press.

Pelligrini, A., & Boyd, B. (1993). The role of play in early childhood development and education: Issues in definition and function. In B. Spodek's (Ed.) *Handbook of research on the education of young children* (pp. 105-121). New York: Macmillan.

Piaget, J. (1997). *The moral judgment of the child.* New York: Simon and Schuster. (Originally published in 1965).

Readdick, C., & Park, J. (1998). Achieving great heights: The climbing child. *Young Children, 53* (6), 14-19.

Rogers, C., & Sluss, D. J. (1992). Young children and play *ChildCare ActioNews, 9* (4), 1-3.

Rubin, K. (1989). *The Play Observation Scale.* Waterloo, Canada: University of Waterloo.

Schiller, F. (1954). *On the aesthetic education of man.* New Haven, CT: Yale University Press.

Seefeldt, C., & Barbour, N. (1998). *Early childhood education: An introduction.* Columbus, OH: Merrill.

Skrupskelis, A. (2000). An historical trend to eliminate recess. In Clements, R. L. (Ed.) (2000), *Elementary school recess: Selected readings, games, and activities for teachers and parents* (pp. 124-126). Boston: American Press.

Stephenson, A. (2002). Opening up the outdoors: Exploring the relationship between the indoor and outdoor environments of a centre. *European Early Childhood Education Research Journal; 10* (1), 29-38.

Wellhousen, K. (2002). *Outdoor play every day: Innovative concepts for early childhood.* Clifton Park, NY: Thomson Delmar Learning.

CHAPTER 10

최신 동향과 이슈

놀이란 삶을 향한 아동의 반응이다.

— 익명의

학습 개요

이 책을 통해서 그룹 상황에서의 놀이 지원이 검토되어 왔고, 이 장에서는 동향과 이슈의 영향이 검토된다. 동향은 세계, 국가, 지역사회, 가족 동향을 검토하는 생태학적 관점을 사용하여 고려된다. 최근에 놀이에 영향을 주는 네 가지 주요 이슈는 기술, 미디어 영향, 장난감, 폭력이다. 놀이와 놀이 정책들이 사회적 영향에 대한 반응으로 변화하면서, 연구는 옹호 노력을 위한 정보원으로 사용될 수 있다.

학습 목표

이 장을 읽은 후, 여러분은 아래와 같은 목표를 성취할 수 있다:

- 놀이에 영향을 미치고 있는 생태체계의 요인들을 학습한다.
- 최근에 놀이에 영향을 주는 주요 이슈들을 논의한다.
- 놀이 정책 계획을 개발한다.
- 놀이의 미래를 논의한다.

놀이 조망

교사가 걸어오자 Selma와 Harry는 블록 놀이를 하다가 올려다보았다. 그들은 방금 전에 자신들이 만든 블록 구조물의 마지막 손질을 끝냈다. 잔디를 상징하는 블록들은 빛나는 건물들과 대비되어 밝은 녹색으로 빛나고 있었다. Harry가 잔디를 나타내는 마지막 블록을 놓으면서, Selma에게 "금속 블록을 여기에 놓아, Selma."라고 말했다. Selma는 "좋아, 야광 말고 일광을 켜자."라고 응답했다. 교사는 바라보면서 그녀가 어느 정도 개입해야 하는가를 심사숙고했다. 천천히 그녀는 말했다. "너희들도 알겠지만, 도시에는 그렇게 많은 풀들이 보이지 않는단다. 보도와 고속도로가 더 많이 보이지. 만일 너희들이 환경 블록을 잔디에서 콘크리트로 바꾸고 싶다면, 이 단추를 누를 수 있단다. 몇 개의 기술적인 도시들의 샘플을 보고 싶니?" Harry와 Selma는 모두 머리를 가로저었다. "이것은 가상의 도시예요. 잔디 블록이 콘크리트이고 일광이 켜져 있고 야광이 꺼져 있다고 가장하는 것이지요." Harry는 웃으며 말했다, "우리는 그런 척하고 노는 거지요!" 그녀는 "그래, 알았다. 그러나 만일 너희들이 샘플들을 보고 싶다면 나에게 알려 주렴." 하고 응답했다. 교사가 사라지자, 그들은 웃으면서 놀이를 지속했다.

놀이 자극

아동들은 블록 놀이에 참여했다. 교사가 그들의 놀이 지도를 시도하지만, 블록이 놀이를 위한 자극의 역할을 제공한다. 이 시나리오에 기술된 블록들은 존재하지 않는다. 유아들과 교사들이 다음 5년 동안 만나게 될 이슈들을 생각해 보자면, 기술적 진보는 분명히 놀이에 영향을 줄 것이다. 아마도 새 블록은 아동들이 다른 환경 체계를 만들어내는 것을 허용하도록 고안될 것이다. 새로운 자료들과 장난감들은 능동적인 활동이나 수동성을 장려할 수 있다. 실제로, 이미 블록은 없지만 블록 컴퓨터 프로그램들은 갖추고 있는 교실들이 있다! 아동들은 항상 새로운 자료에 매료될 것이며 항상 가장 놀이에 참여할 것이다. 많은 사람들이 유아의 놀이에 미치는 오늘날의 문화 영향에 대하여 염려한다(Levin, 1998). 이 장은 21세기에 놀이에 영향을 줄 최근 동향과 이슈를 검토해 보기 위해 고안된 것이다.

최신 동향

놀이를 하고자 하는 충동은 매우 강력해서, 지금 당장 직면해 있는 협소함, 약함, 무시, 무력 상황의 한계를 넘어서서, 심지어 가장 혹독한 상황에서조차도 아동들은 놀이하기를 주장한다.

—June Factor, 1993

첫 번째 장에서는, 놀이의 배경이 생태학적 렌즈를 사용하여 검토되었다. 이 접근은 유아들과 그들의 놀이에 영향을 주는 정치적·경제적 힘을 바라보았다. 이 장은 세계, 국가, 지역, 지역사회의 동향과 그 동향이 놀이에 미치는 후속적인 영향에 대해 검토하는 이 관점으로 돌아온다.

세계적 동향

세계 도처의 전쟁, 가난, 질병의 영향은 놀이에 영향을 주는 요인들이다. 전쟁, 가난, 혹은 질병에 의해 황폐해지고 있는 나라들의 아동들은 한정된 놀이의 기회를 갖는다. 아동들은 놀이에 참여하기 위해 마지막 남은 에너지까지 사용할 것이라는 것을 우리는 안다. 피난민 수용소를 돌아본 후에, Liv Ulman은 "너무 아파 움직일 수 없어서, 그들의 집에서 들어 날라야만 하는 아동들조차도 흙에서 놀 것이다."라고 언급했다(Rogers, 1989). 에이즈는 아프리카에서 맹위를 떨치고 있으며, 아동들의 매일 매일의 활동에 영향을 미치고 있다. 많은 나라의 아동들은 아직도 놀이를 할 때 지뢰밭을 밟을 위험에 처해 있다. 유니세프(UNICEF) 같은 많은 국제 조직들은 지원을 제공하고 있다. 유네스코(UNESCO)는 저렴하고 효율적인 아동 보호를 제공하기 위해 함께 일하면서 가난해진 지역의 가족들을 격려한다(Allen, 2002).

좀더 풍요로운 나라의 아동들은 더 많은 놀이의 기회를 갖는다. 유동성과 의사소통은 지구촌을 창출해내면서 전례 없는 속도로 정보에 대한 접근을 제공한다. 세계 도처의 국가들의 유아교육자들은 유아들의 놀이를 연구하기 위해 다른 지역들을 여행한다. 44개 국가의 센터에서 온 교사들은 이탈리아에 있는 Reggio Emilia의 학교를 방문해 왔다. 다른 교사들은 영아 프로그램들을 연구하기 위해 노르웨이로 여행을 한다. 저자가 Constance Kami(1996)와 함께 참석했던 프로그램이 진행되는 동안 미국에서 온 교사들은 일본에서 온 교사들 옆에 앉아서 유아들이 게임을 이용한 놀이를 통해 어떻게 세상을 이해해하는가에 대한 이야기를 나누었다. 교사들은 그들 자신의 센터로 돌아가서 인터넷을 통해 의사소통을 한다. 교사들이 새로운 정보를 습득할 때, 그들의 센터와 그 안에서 발생하는 놀이를 바라보는 방식이 변한다. 우리가 지구촌의 실상을 경험해감에 따라, 나라와 문화 간의 공통 영역은 지속적으로 놀이를 발달시키고 영향을 줄 것이다.

국가적 동향

8세 이하 유아들의 인구 통계의 변천은 유아교육에 중요한 영향을 창출해 왔다. 지난 십년 간 유아원기의 유아들과 초등학교 저학년 아동의 인구 통계는 변했다. 더 많은 아동들이 다른 나라들로부터 다른 문화와 다른 놀이의 유형을 가지고 미국으로 들어오고 있다. 많은 아동들은 영어를 할 줄 모르며 영어가 제2 언어인 아동들을 위한 ESL 과정은 많은 교실들의 전형적인 과정이 되었다(Okagaki & Diamond, 2003). 교사들이 모든 유아들에게 적합한 환경을 완전하게 보장해 주기 위해서는 다양성과 다문화를 이해해야만 한다.

인터넷이 발전되면서 정보의 동향도 놀이에 영향을 미치고 있다. 전국유아교육협회(NAEYC), 국제아동놀이권리협회(International Association of th Child's Right to Play), 안전한 놀이터를 위한 전국 프로그램(National Program for Playground Safety)과 같은 조직들은 더 많은 정보를 제공할 수 있다. 정보를 구하는 사람이면 누구나 빠르게 관련 연구와 지원을 찾을 수 있고 책과 저널을 통한 정보가 풍부하다.

동시에, 국가적 위기가 가장 어린 시민들의 건강에서 발생하고 있다. 9장에서 언급했던 것처럼, 비만은 휴식과 놀이를 통한 신체 움직임의 필요성에 대한 국가적 논의를 만들어내고 있다. 놀이의 필요성에 관한 초점은 다음 10년 내에 가장 고조될 것 같다. 이 국가적 논의는 주 및 지역 프로그램들에 영향을 줄 것이다.

지역사회 동향

이 웃

이웃의 변화는 놀이를 변화시켜 왔다. 과거의 아동들은 방과 후에 성인들의 감독 없이 이웃에서 놀았다. 오늘날의 이웃은 항상 안전하지 않을 수도 있어서, 유아들은 항상 성인들의 감독을 받고 있다. 그들은 TV를 보거나, 컴퓨터 게임을 하거나, 조직된 활동에 참여한다. 이웃을 이리저리 돌아다니고, 나무를 오르고, 개울을 건너는 활동들은 미국의 모든 지역에서 사라져 갔다. 기어오르거나, 진흙을 갖고 놀거나, 이웃에 있는 장소들을 방문하는 아동들은 부모나 유아교육자의 주의 깊은 관찰하에 이루어진다. 영구적이지 않은 이웃의 성격으로 이 동향은 지속될 것이며, 따라서 무감독하의 놀이에 참여하기 위한 자유가 제한될 것이라는 것을 제안한다.

이 동향과 싸우기 위해서, 많은 이웃들은 유아들을 위한 놀이 장소들을 개발하고 있다. 전국 도처의 이웃 단체들은 놀이터를 짓는데 연루되어 있다. Kaboom과 Boundless Playgrounds는 특별한 요구가 있는 아동들이 전형적으로 발달하고 있는 아동들과 함께 놀 수 있는 모든 아동들을 위한 놀이터를 설립하기 위해 헌신하는 국가적으로 인정된 두 개의 그룹이다. 아동들의 게임, 노래의 전달에 미치는 끊임없는 성인 감독의 영향은 지금까지 알려져 있지 않다.

가 족

과거의 유아들은 가족 구성원이나 형제들과 놀이를 하였다. 앞에서 언급했던 것처럼 많은 가족들은 더 축소되고 있다. 가족의 구조는 지난 20년 동안 변해 왔다. 유아들은 핵가족, 편부모 가족, 확대 가족, 혼합 가족의 형태로 산다. 어느 다른 구조보다 편부모 가정에서 더 많은 아동들이 살며 편부모 가족들은 지원이 부족한 경향이 있다(Ramsey, 2003). 남자 역할 모델이 없는 가정에서 자란 아동들은 거친 놀이의 이점을 경험하지 못할 수도 있다. 부가적으로, 그들이 접하는 유일한 다른 유아들은 그룹 상황에서만 가능하다. 이 이유 때문에, 많은 부모들은 1주일에 두세 번 놀이 그룹을 만들고 있다. 가족 단위에서의 다른 변화로는 부모의 역할을 제공하고 있는 조부모들의 증가를 포함한다. 가족 구조가 지속적으로 변해감에 따라서, 놀이도 역시 변할 것이다.

현재 이슈들

유아들은 그들이 세상을 바라보는 방식에 영향을 미칠 그들 문화에서의 변화를 경험하고 있다. 그의 할머니가 간섭하지 않을 컴퓨터를 사용하고 있는 4세 유아를 주목하라. 휴대폰이나 바비 디지털 카메라를 사용하는 5세 유아를 지켜보라. 세계무역센터 붕괴를 근거로 한 예술로 채워진 전시장을 걸어 보라. 이런 변화들이 아동들의 놀이에 어떻게 영향을 미칠 것인가? 일부에서는 과학 기술의 변화와 모든 주제들을 끊임없이 취재하는 대중매체가 아동기 파괴를 위협하는 문화를 만들어내고 있음을 염려한다. 동시에, 과학 기술은 아동과 조부모 간의 연결을 제공하며 이전에는 절대로 상상할 수 없었던 가능성을 제안한다. 유아교육자들은 정보에 밝아야 하며 정보를 전해 주고 여과해 주는 모든 역할을 제공해야 한다.

지금 교육자들과 대중이 우려하고 있는 네 가지 이슈들은 다음과 같다: (1) 과학 기술, (2) 대중매체 영향, (3) 장난감, (4) 폭력. 이 이슈들은 다음 절에서 고려될 것이다.

과학 기술: 준비 여부

아마도 유아교육계에서 과학 기술보다 더 많은 대화와 경악을 일으켜 온 다른 영역은 없을 것이다. 관점으로는 완전한 회피에서부터 컴퓨터 중심 교육과정까지의 범위가 있다. 유아교육자들은 질문들에 직면해 있다: 나는 컴퓨터 사용을 장려할 것인가? 나는 내 교실에 컴퓨터를 배치하는 것을 거부할 것인가? 아동들은 컴퓨터와 놀이 중에서 선택하도록 강요되어야 할 것인가? 이 질문들은 현재 교사들이 답하기 위해 고심하고 있는 실제적인 이슈들이다. 놀이에 미치는 과학 기술의 영향은 주요 관심사이고 아동들의 놀이에서 이미 명백하게 나타난다. 한 동료는 다음과 같은 이야기를 나누었다.

> 한 할머니가, 최초의 전화 교환수들 중의 한 명이 헤드폰과 전화를 사용하는 것을 바라본 어렸을 때의 경험에 대하여 회상하며 이야기했다. 할머니는, 그 교환수가 아이였던 자신에게 헤드폰을 착용해 주고 번호를 돌리게 해 준 것을 회상했다. 그녀는 마술처럼 매력적이었던 그 순간을 절대로 잊지 못했다. 그녀는 그녀의 손자가 유사한 경험을 하길 원했다고 말했다. 그녀는 그녀의 아동기부터 기억했던 헤드폰처럼 생각되는 한 헤드폰을 발견했을 때 우쭐해졌다. 그녀의 손녀는 그 선물을 펴보았을 때 똑같이 기뻐했다. 할머니는 이후에 놀이를 하고 있는 손녀를 관찰했다. 손녀는 헤드폰을 착용하고 가장 놀이에 몰두해 있었다. 할머니가 손녀에게 더 가까이 다가갔을 때, 손녀가 "안녕하세요, 맥도날드에 오신 것을 환영합니다. 주문하시겠어요?"라고 말하는 것을 들었다.

유아들을 대상으로 일하는 사람들은 아동이 헤드폰을 사용하는 것을 이해한다. 그 아동은 현실에 대한 그녀의 지식을 반영하는 가장 놀이에 몰두하고 있었다. Piaget의 용어로는, 그녀는 현실을 그녀의 도식에 맞추게 한 것이다. Vygotsky를 추종하는 사람들은 그녀의 사회적 지식을 지적할 수도 있을 것이다. 헤드폰에 대한 그 아동의 경험은 패스트푸드 레스토랑에서 일어났었다. 할머니가 교환수와 헤드폰에 대한 그녀의 이야기를 나누었음에도 불구하고, 그 아동은 맥도날드의 레스토랑이 더 친숙해 있었던 것이다. 이 아동의 가장 놀이는 그녀의 세계에 대한 그녀의 이해를 반영한다.

20세기 초기와 말기의 과학 기술의 차이는 깜짝 놀랄 만한 것이다. 20세기 초기의 과학 기술은 아주 극소수의 부유층을 위해 보유되었던 전화, 자동차, 비행기와 같은 새로운 발명품들을 포함한다. 20세기 말기에, 과학 기술은 대다수의 미국인들이 일반적으로 사용하는 TV, 컴퓨터, 디지털 전화를 포함한다. 한 조사는 2~17세의 연령의 아동이 있는 미국 중산층 가정의 83%가 컴퓨터를 갖고 있다는 것을 발견했다. 저소득 가정에서는 69%가 컴퓨터를 소유하고 있었다(CPB, 2003). 모든 아동의 반 이상의 가정에 컴퓨터가 있으므로 과학 기술은 아동 삶의 일상적인 부분이 되었다. 과학 기술은 지난 세기 동안 급격하게 변해 왔고 미래에도 지속적으로 변해갈 것이다. 이 변화들은 의심할 여지없이 놀이에 영향을 미칠 것이다.

과학 기술의 현 상태

아동들에게 미치는 과학 기술의 영향은 긍정적이거나 부정적일 수 있다. 아동들이 위험한 사이트에 접근할 때나, 교사들이 사고를 요구하지 않는 훈련을 위해서 아동들을 컴퓨터 모니터 앞에 고립시켜 놓을 때 부정적인 영향이 일어날 것이다. 반대로, 아동들이 그들이 놀이하는 사진을 찍고, 그들의 놀이에 관하여 쓰고, 그들의 활동을 확장시켜 주는 부가적인 정보를 접근할 수 있을 때 매우 긍정적인 영향이 일어날 것이다. 전국유아교육협회(NAEYC)는 교실에서 과학 기술의 적절한 사용을 인정하고 유아교육자들이 효율적으로 활용하기 위해 반드시 필요한 지식을 갖도록 과학 기술의 영역에서의 전문성 발달을 지원한다(Hyson, 2003). "단순히 풍요롭게 하거나 교육과정에 첨가하기보다는 과학 기술은 단순히 교육과정을 풍요롭게 하거나 첨가되었다기보다는 유아교육 프로그램에서 중심적인 자리를 차지해 왔다. 교사 지이 아동들은 지구의 다른 쪽에 있는 교실들과 연결할 수 있다. 이것이 그들의 놀이에 어떻게 영향을 미칠 것인가?

원자들은 교수와 학습의 도구로서 과학 기술을 사용하는 적절한 지식과 기술들을 증명해 보인다."(p. 38)

과학 기술을 적절하게 사용하기 위한 기술들이 Douglas H. Clements와 Julie Sarama(2003)에 의해 제시되어 왔다. 그들은 다음의 사항들을 권장하였다.

계획

- 교육에서 컴퓨터 하드웨어와 소프트웨어의 적합한 사용에 관한 충분한 전문성 발달 후에만 과학 기술을 사용하라(10시간 이상).
- 전문성 발달과 함께 시작한 다음에 교육과정 수정, 소프트웨어, 하드웨어를 순서대로 결정하라. 이것은 시간과 돈의 낭비를 막는다.
- 우수한 질의 소프트웨어를 선택하라.
- 사려 깊게 천천히 채택하고 점진적 개선을 장려하라. 과학 기술이 할

수 있는 것과 전체 교육 환경의 중요성의 진가에 대한 합리적인 기대를 갖게 하라.

교실 환경 준비

- 컴퓨터 앞에 두 개의 아동 좌석을 준비하고 한 좌석은 성인을 위하여 옆에 준비하라. 이것은 사회적 상호작용을 장려할 것이다.
- 컴퓨터를 서로에게 가깝게 배치하여 아동들 간의 아이디어 공유를 장려하라.
- 망설이고 있는 다른 아동들을 끌어들여서 컴퓨터 활동에 참여하도록 하기 위하여 컴퓨터를 중앙에 배치하라.
- 컴퓨터 사용, 협동, 여아와 남아의 동등한 접근을 장려하기 위해서 컴퓨터와 아동의 비율을 10 : 1로 유지하기 위해 노력하라.

교수

- 능동적으로 되어라! 기초 과제에 관한 아동들의 학습을 안내하고, 개방적 문제들과의 실험을 장려하라. 적절한 때 격려하고, 질문하고, 자극을 주며, 시범을 보여라. 전략에 대한 전체 그룹의 논의를 실행하라.
- 개방된(open-ended) 소프트웨어를 사용하라. 단순히 아동들이 자유롭게 탐색하도록 요구하기보다는 프로젝트를 지정해 주도록 하라.
- 컴퓨터에서 특별한 요구가 있는 아동들이 수용되고 지원되는가를 확인하라. 그들이 다른 사람들에게 프로그램들을 설명해 줄 수 있도록 그들에게 초기 훈련을 제공하라(Cements & Sarama, 2003, p. 37).

과학 기술과 놀이

과학 기술은 놀이를 연장하고 확장하고 기록화하기 위해 사용될 수 있다. Reggio Emilia의 학교에서 만들어낸 기록 작업의 패널은 놀이의 진수를 포착하기 위해 과학 기술을 사용했다. 이 패널들도 역시 놀이에 포함되어 있는 기쁨을 표현하며 아동들이 놀이를 할 때 발생하는 학습의 증거를 제공한다. 미국의 많은 학교들은 이 개념을 사용하기 시작하고 있다. Reggio Emilia의 학교에서는 아동들이 사용하는 100가지 언어를 인식하고 과학 기술과 놀이 모두를 아동들이 사용하는 언어로 보았다. 과학 기술과 놀이를 함께 사용하게 하는 것은 아동들에게 표현의 강력한 모드를 제공한다(Fu, Stremmel, &

Hill, 2002).

놀이와 발달을 지원하기 위해서 과학 기술의 적절한 사용을 향상시키기 위한 전략들이 아래에 기재되어 있다.

1. 과학 기술을 교실에 통합시켜라. 컴퓨터를 쓰기 센터에 배치하여서 아동들이 의사전달의 수단으로 인식하게 하는 것이 바람직하다. 분리되어 있는 컴퓨터 센터도 만들어질 수 있다. 만일 컴퓨터 센터가 분리된 센터로 있다면, 한 개의 센터로 다루어라. 놀이와 학습을 포착하기 위해서 디지털 카메라들은 하루 종일 이용 가능해야 한다. 많은 아동들은 사진을 그들 활동의 자연스러운 부분으로 생각한다. 일부 학교들은 기금이 한정되어 있어서 1회용 카메라를 사용하고 있었다. 다른 학교들은 아동들에게 카메라를 집에 가져가서 그들이 집에서 하는 것을 기록하도록 장려해 왔다. 과학 기술을 이용할 때 아동들은 세상에 대한 그들의 관점을 더 쉽게 공유할 수 있다.

2. 적절한 하드웨어와 소프트웨어를 선택하라. 기금을 현명하게 사용하라. 많은 회사들은 중고 장비를 기증할 것이다. 적합한 소프트웨어의 목록이 교육에서의 과학기술을 위한 국제사회(International Society for Technology in Education; ISTE) 웹사이트에 포함되어 있다. 폭력적인 게임들은 절대로 적합할 수 없다. 어떤 프로그램들은 아동의 정신을 황폐화시킨다. 플래시 카드는 그것들이 다채롭고 번쩍임에도 불구하고 여전히 플래시 카드다! 컴퓨터 프로그램들은 숨 막히게 하는 것이 아니라, 도전적이고 풍요로워야 한다.

3. 컴퓨터를 적절하게 사용하라. 시간은 중요하다. 아동들에게 컴퓨터 장소에 머무르도록 강요하는 것은 적절하지 않다. 동시에, 컴퓨터를 이용하여 상호적인 놀이에 몰두하고 있는 아동들을 10분 후에 그만두게 해서는 안 된다. 컴퓨터나 TV 앞에서 보내는 시간을 흔히 **스크린 타임**(screen time)이라 칭하며 제한되어야 한다. 컴퓨터 스크린에 과잉 노출된 결과는 알려져 있지 않지만, 수동적 활동들의 결과들은 잘 증명되어 있다. 각 나이에 맞게 추천된 컴퓨터 사용이 아래에 기재되어 있다:

영아와 걸음마기 유아	영아와 걸음마기 유아는 책, 포스터, 포트폴리오를 통해 성장과 학습의 기록 작업을 만들기 위해 과학을 사용하는 어른을 통해 컴퓨터의 이점을 얻을 수

	있다. 영아와 걸음마기 유아는 컴퓨터를 사용해서는 안 된다.
유아원기 유아	영아와 걸음마기 유아처럼, 3~4세 유아들은 성인의 과학 기술 사용으로 이점을 얻을 수 있다. 책을 만들고, 포트폴리오를 위해 놀이와 학습을 기록화하는 것은 가치 있는 활동들이다. 부가적으로, 성인들은 그룹 활동의 기록을 만들 수 있다. 유아원기 유아들은 그들의 집 영역에서 카드 보드로 만들어진 모형을 사용할 수 있다. 만일 컴퓨터가 이용 가능하다면, 몇몇 게임들은 더 나이가 많은 4세 유아들을 대상으로 사용될 수 있다.
유치원/1학년	5~6세 유아들은 책을 만들고, 게임을 하고, 이야기를 쓰기 위해서 컴퓨터를 사용할 수 있다. 컴퓨터는 필요할 때 이용 가능한 센터가 되어야 한다.
2학년/3학년	7~8세 아동들은 책을 만들고, 수학 게임을 하고, 이야기를 쓰고, 간단한 연구를 행하기 위해서 일상적으로 컴퓨터를 사용할 준비가 되어 있다.

정보 과학 기술은 최선의 연습을 반영해야 한다는 것을 인식하는 것이 중요하다. 2세 영아가 컴퓨터를 사용하는 것은 적절하지 않지만, 유치원 아동들에게는 적절할 수 있다. 과학 기술이 사용될 때는 아동의 연령, 단계, 문화에 발달적으로 적합해야만 한다.

4. 과학 기술을 교육과정에 통합시켜라. 사진 상자들에 컴퓨터와 디지털 카메라의 사진들을 포함시켜라. 소품 상자와 집 영역에 과학 기술 소품을 포함시켜라. 어떤 프로그램들이 수학, 과학, 문식성 및 사회 연구의 기술들을 발달시키는가?

5. 부모들을 포함시켜라. 많은 교실들에는 웹사이트가 갖추어져 있어서 부모들에게 아동이 그 날 학교에서 했던 것을 보여드릴 수 있다. 이것은 가족을 교실로 연결시키는 훌륭한 방법이다. 같은 방식으로, 어떤 교실에는 카메라가 설치되어 있어서 부모들은 낮 동안 학교에서 무슨 일이 있었는지를 알게

된다.

6. 여러분의 지식을 지속적으로 새롭게 하라. 컴퓨터 문식성은 현재에 의존한다. 일시적인 유행이 지날 때까지 기다리겠다고 생각하는 사람들은 문제가 발생할 것이다. 컴퓨터는 일상생활의 부분이다. 현재의 흐름을 유지하기 위해서는 가장 최신의 정보를 읽고 훈련 워크숍에 참여하는 것을 포함한다. 컴퓨터를 하고 다양한 프로그램을 탐색하는 교사들은 더 많은 지식을 갖게 되어 학생들이 새로운 경험과 학습 기회를 편안해 할 수 있도록 도울 수 있다.

놀이에 미치는 과학 기술의 영향

놀이에 미치는 과학 기술의 영향은 매우 긍정적인 것이 될 잠재성을 갖고 있다. 그것은 또한 매우 부정적인 것이 될 가능성도 내포하고 있다. 과학 기술은 만일 적절하게 사용된다면 유아교육의 강력한 힘이 될 수 있다. 교실에 컴퓨터를 성급하게 도입하는 것을 염려하는 것은 당연한 것으로 여기는 연구가 질주되어 왔다. 지금, 우리는 교실 안에서 과학 기술의 장기적 영향과 유아와 그들의 놀이에 미치는 후속적인 영향을 알기 위한 충분한 증거를 갖고 있지 않다. 하지만, 아동에게 미치는 대중매체의 영향은 잘 기록되어 있어서 다음에 충분히 논의된다.

대중매체

처음 TV가 집에 설치된 이후로, TV와 대중매체의 영향은 우리의 문화를 변형시켜 왔다. 아동은 1주일에 평균 35시간을 TV 시청이나 비디오 게임을 하면서 지낸다(Levin, 1998). 유치원기 전에, 그들은 4,000시간 이상을 TV 시청에 소비하게 될 것이다(Levin, 1998). 그들은 더 많은 시간을 학교에서보다 TV 앞에서 보낼 것이다. 만화와 아동들의 프로그램이 방영되는 동안, 그들은 시간 당 20회 이상의 폭력 행위를 관찰할 것이다: 프라임 타임은 시간 당 5회의 폭력행위, 그리고 초등학교 말경에는 8,000 살인자들과 100,000 이상의 다른 폭력 행위들을 목격하게 될 것이다(Levin, 1998). 대중매체의 영향력은 부인할 수 없을 뿐만 아니라, 이 맹공격적인 폭력의 영향은 무시될 수 없다. 미국의학협회(American Medical Association, 1996)는 아동들에게 미치는 대중매체 폭력의 일곱 가지 영향을 인정하였다. 그것은

1. 잔인한 분위기를 지닌 공격적인 행동의 증가를 야기한다.
2. 다른 사람을 향한 두려움, 불신, 자기 방어 행동 수준의 증가를 야기한다.
3. 폭력의 영향과 다른 사람의 고통에 대해 둔감하고 무감각해지는데 기여한다.
4. 아동들이 모방하려고 노력하는 폭력적인 영웅들을 제공한다.
5. 아동들이 그들이 맞다고 생각할 때 폭력에 의존하는 정당성을 제공한다.
6. 더 폭력적이고 더 극도로 폭력적인 것을 보고자 하는 욕구가 증가한다.
7. 무례한 행동이 사람들이 서로를 대하는 합법적인 방법으로 간주되는 문화를 조장한다.

놀이에 미치는 대중매체의 영향

과잉 노출된 폭력의 영향은 아동들의 놀이 방법에 영향을 주고 있다. Diane Levin(1988)은 다음과 같은 점을 염려한다.

> 많은 아동들은 놀이 시간을, 그들 자신이 만들어내는 창의적인 상상 놀이를 발달시키기보다 그들이 스크린에서 본 폭력을 모방하기 위해 사용하는 것 같다. 더욱이 이 아동들은 흔히 이 폭력적인 내용과 행동을 다른 아동들의 놀이에 표출시킨다. 그런 상황에서 유아기 교실의 모든 아동들의 놀이의 질(그리고 그 결과 학습)은 약화된다(p. 15).

아동들은 놀이를 통해 그들의 도덕적 코드를 전한다(Piaget, 1965). 다른 사람들의 게임 행위를 바라보는 것은 항상 게임을 배우는 행위의 발생지 역할을 해왔다. 폭력에 과잉 노출되는 아동들은 대중매체로부터 도덕성을 발달시키고 있으며 그 도덕성은 폭력 문화를 토대로 한 것이다. 결과물은 교사들이 거의 통제할 수 없는 전체 맥락에서 발생하는 활동들로 귀착되는 사회와 문화의 변화이다.

문화 형성에 있어서 대중매체의 힘은 부인할 수 없다. 이것은 또한 긍정적인 영향이 될 수도 있다. TV에서 Fred Rogers는 세대들에게 영향을 주었다. 어떤 이야기는 반복할 가치가 있다. 어떤 유명한 교수가 아동이었을 때 그는 매일 저녁 빈 집에 왔다. 편부모 가정에서 자란 그는 매일 저녁 그의 어머니가 직장에서 돌아올 때까지 Mr. Rogers를 시청하고 있었다. Mr. Rogers는 그의 삶에서 남성 영향으로서의 역할을 제공해 왔다. 그가 2001년 9월 11일의 공격을 알았을 때, 그는 집으로 가서, 불신과 큰 슬픔을 극복한 후에, 아동기에 했던 것처럼 ≪Mr. Rogers의 이웃≫으로 채널을 돌렸다. 단지 Mr. Rogers의 달래는 듯한 목소리를 앉아서 듣는 것만으로도 폭력을 쉽게 극복할 수 있었다. 진정 효과와 Fred Rogers의 지혜는 TV라는 대중매체를 통해 전해졌다. 시청자들과 그를 개인적으로 알았던 사람들 모두에게 Mr. Rogers가 지녔던 영향력에 관한 유사한 이야기들이 공유되었다. 그의 지혜는 세대를 초월하여 미래 세대들을 위해서 지금 기록된다. 이것이 대중매체의 긍정적인 영향이다. 불행하게도 그것은 전체적인 대중매체 프로그램과 비교해 보면 빈약하다.

유아교육자들은 대중매체의 영향에 관하여 잘 알고 있어야 한다. Mr. Rogers는 대중매체를 적절한 방식으로 사용하는 방법들을 찾도록 교사들을 격려해 왔었다. 대중매체와 밀접하게 연결된 또 하나의 이슈는 장난감에 관한 것으로 다음 절에서 논의된다.

자료와 장난감

> 장난감은 아동의 물리적 · 사회적 환경에 존재하는 대상들의 축소된 모형이다.
>
> —James Christie, James Johnson, & Thomas Yawkey, 1999

자료와 장난감은 그 사회를 반영한다. 아동들의 자료와 장난감에 미치는 대중매체의 영향에 관한 관심이 최근에 표현되고 있다. 2002년에 인기 있는 열 개의 최고의 장난감 중에서 아홉 개는 TV 쇼나 영화와 관련이 있었다(Levin, 2003). 새로운 영화가 나오면, 새로운 장난감이 만들어지고, 패스트푸드 음식점에서 장난감들을 팔기 위한 새로운 선전 캠페인이 시작된다. 아동들은 집 영역에서 놀이를 하는 동안 이 현실을 끌어낸다. 패스트푸드 음식점에서 먹지 않고 이 장난감들을 사지 않는 지혜로운 부모를 지닌 아동들은 대화와 놀이를 하는 동안 제외된다. 이것은 가장 최근 영화와 선전을 토대로 한 소비주의 문화를 만들어낸다.

장난감을 제조할 때 내재되어 있는 또 다른 관심사는 장난감 자체의 성격이다. 오로지 하나의 초점만 지니고 있는 1차원적인 장난감들은 사전에 결정된 방식으로만 사용될 수 있다. 영화나 TV 쇼를 위해 특정하게 개발된 장난감

1차원적인 장난감은 오직 한 가지 유형의 놀이 선택권을 갖는다.

들은 한 가지 용도만을 지닌다. 활극 영웅의 상징물을 갖고 활극 영웅들이 포함된 시나리오를 풀어내는 것 외에 다른 많은 것을 한다는 것은 어렵다. 책에서는 주로, 블록, 집 용품들, 모래, 물, 예술 자료들과 같은 다차원의 장난감들이나 개방적인 장난감들이 논의되어 왔다(Christie, Johnson, & Yawkey, 1999). 개방된 자료들은 어떤 목적으로도 사용될 수 있다. 유일한 한계점은 아동의 상상력이다.

이 변화의 영향은 놀이에 사용되는 자료와 장난감의 목록을 보면서 검토될 수 있다. 이것들은 개방된 것에서 구조화된 것으로의 분류법으로 나누어질 수 있다.

1. 자연적인 혹은 실제적인 자료들은 실제적인 것으로 진흙, 물, 점토, 음식, 나무, 옷, 도구들 같이 성인들이 일상적으로 사용하는 자료들이다.
2. 구성 자료들은 짓고 창안해내기 위해 사용될 수 있는 자료들이다. 이 자료들은 유닛 블록, 스펀지 블록, 카드 보드 블록, 팅커토이, 상호 맞물리는 플라스틱 유닛, 나무, 못, 망치를 포함한다.
3. 장난감들은 놀이를 자극하는 자료들이며 사람과 동물, 운송수단 및 집과 장소들의 모형을 포함한다. 이것은 자전거와 바퀴 달린 운송 수단을 포함한다.
4. 교육적 자료들은 구슬 꿰기, 퍼즐, 차례로 끼워 넣는 자료들, 아동들에게 말하는 책들, 컴퓨터 프로그램들 및 로봇들과 같이 기술들을 촉진시켜 주는 자료들이다.

대중매체에 의해 영향을 받은 대부분의 장난감들은 좀더 구조화된 놀이를 위해 설계된다. 이것이 일부 교육자들이 염려하는 이유이다.

안전한 장난감

현재의 또 하나의 관심사는 장난감의 안전성이다. 전국어린이안전캠페인(National Safe Kids Campaign)은 2001년에 최소한 7세와 그 이하인 25명의 아동들이 장난감과 관련된 부상으로 사망했다는 것을 발견했다. 같은 해, 14세와 그 이하인 약 202,500으로 추정되는 아동들이 장난감과 관련된 부상으로 병원의 응급실에서 치료를 받았다. 3세 이하의 아동들에게 가장 위험한 것은 라텍스 풍선이다. 타는 장난감은 3～14세 아동의 가장 많은 부상의 원인이 된다.

폭 력

아마도 폭력보다 더 아동들에게 영향을 미치는 다른 이슈는 없을 것이다. 폭력은 정치적·국가적 경계를 초월한다. 그것은 마이애미, 뉴욕, 미국의 시골과 도시 모두의 이웃, 학교, 가족의 관심사이다. 2001년 9월 11일 일어난 세계무역센터 붕괴 이후로, 폭력의 실상과 그 후속된 영향으로부터 면제된 사람은 거의 없다.

폭력적인 이웃 사이에서 성장하고 위험한 학교에 다니며 학대하는 가정으로 귀가하는 아동은 학대하고 폭력적인 성인으로 성장할 위험이 있다. 그러나 안전한 이웃에서 살고 안전한 학교에 다니며 학대하지 않는 부모에게서 성장한 아동조차 위험할 수도 있다. 아동들이 TV의 폭력에 노출되고, 폭력을 장려하는 장난감을 가지고 놀며 컴퓨터 게임을 할 때, 그들은 James Garbarino가 **사회의 독성**이라 언급한 환경에 빠져들게 된다. 그가 사용했던 사회의 독성이라는 용어는 아동을 둘러싸고 있는 사회적 · 문화적 '독극물'을 언급하기 위한 것이다(Garbarino, 1999). 아동들에게 미치는 폭력의 영향과 싸우기 위해서, Levin(2003)은 폭력과 불온한 내용을 해결하기 위해 놀이를 사용하는 아동들을 돕기 위한 지침들을 제시한다.

- 그들이 아는 것, 그들을 걱정하게 하는 것, 그리고 그들이 이해하기 위해 고심하는 것에 관하여 더 잘 배우기 위해 놀이를 할 때, 아동들을 지켜보라.
- 많은 아동들이 보고 들어온 것의 생생한 측면들을 그들의 놀이에 가져오는 것은 정상적이고 도움이 되는 것이라는 것을 기억하라.
- 만일 놀이가 무섭거나 위험하게 되었다면, 부드럽게 중재하고 방향을 바꾸도록 하라. 예를 들어, 아동들에게 "사람들은 어떻게 서로 도울 수 있는가"라고 물어 보라. 혹은 구조차나 의료 설비와 같은 장난감을 제공하라.
- 아동들이 놀이를 확장하기 위한 방안을 제안하도록 도와라. 당신이 맡은 역할에서 아동들의 리드를 탈취하기보다 따르도록 노력하라.
- 놀이 후에, 그들이 놀았던 것에 대해 이야기하라. 그들의 안전성을 재보증하라. 질문에 간단히 답하라. 혼란을 해결해 주도록 하라.
- 아동들이 놀이에 가져온 폭력으로부터 배우고, 존재할 수 있는 해로운 레슨에 대한 대안들을 가르치도록 노력하라(p. 104).

어떤 아동들은 부가적인 중재가 필요할 것이고 놀이 치료로 도움을 얻을 수 있다.

놀이 연구

> 지금, 아동들이 상호간에 흥미 있는 주제(즉, 놀이) 에 참여함으로써 즐거운 만큼이나, 연구자들도 그들의 진지한 연구 노력으로부터 많은 즐거움을 얻을 수 있다.
>
> —Kenneth Tubin, Greta Fein, & Brian Vandenberg, 1983

20세기 초, 놀이 연구는 경험적인 연구의 강조에 의해 영향을 받았으며 놀이의 신체적 · 사회적 측면에 관심이 쏠렸다. 20세기 후반기 동안, 연구는 발달 측면에서 놀이의 이점을 조사했다. 이 기간 동안의 문헌에는 인지 발달과 사회적 가장 놀이가 우위를 독점하였다. 우리가 21세기로 이동해감에 따라 놀이에 관한 연구는 연구 방법, 인지 발달, 사회 정서 발달 및 신체 발달 영역에서 새로운 정보에 의해 영향을 받고 있다.

연구 방법

놀이 연구는 『아동심리 핸드북(Handbook of Child Psychology)』 제5판에서 누락됨으로서 큰 타격을 입었다(Eisenberg, 1998). 놀이가 『아동심리 핸드북』 제4판에서 두드러진 역할을 보유하였음에도 불구하고(Mussen, 1983), 제5판에서는 빠져 있었다. 놀이 이론에 관심이 있는 사람들은 주요 연구 서적에서 놀이에 관한 가장 최근 개요를 찾기 위해서는 『유아교육 연구 핸드북(Handbook of Research on the Education of Young Children』 (Spodek, 1993)을 이용해야만 하며 이 자료는 10년이 지난 것이다.

지난 10년 동안 실험실 연구에서 교실 중심 연구로 바뀌어 왔으며 지금도 지속되고 있다. 연구자들이 교사에게 집중하는 것은 일부 교사들이 교실에서 그들의 역할을 바라보는 방식에 지속적으로 영향을 줄 것이다. 자연적인 상황은 자료와 평판을 얻기 위한 풍부한 환경을 제공한다. 이 상황은 연구와 축적된 자료에 영향을 미친다.

연구에서의 또 다른 변화는 연구에서 놀이의 역할이다. 과거에, 많은 연구들은 놀이하는 동안 발생했던 행동들을 바라보았다. 좀더 최근 연구들은 사회적 상호작용, 수학, 문식성의 영역에서 수행 결과를 위한 중재로서 놀이를 활용하는 것이다.

인지 발달

마음의 이론(Theory of Mind; TOM)에 관한 연구는 개념 이해를 위한 아동의 능력에 대하여 이전에 품어 왔던 어떤 믿음들을 변화시키기 시작했다. 2장에서 논의된 것처럼, 마음의 이론은 의도성의 관점에서 다른 사람들이 의사소통하고 있는 것을 이해하기 위한 아동의 능력을 바라보는 연구를 언급하는 것이다. 이 영역의 연구는 인지 발달에 관한 문화의 역할을 강조한다.

흥미로운 또 하나의 연구는 뇌-중심 연구이다. 최근 결과들은 뇌의 유연성을 입증한다. 아동들은 8개월에 100조 개가 넘는 시냅스 연결을 지니고 있지만, 영아가 그의 문화와 상호작용하면서 이것들을 잃게 된다. 10세경에, 전형적인 아동은 5억 개의 시냅스 연결을 지닌다(Shornkoff & Phillips, 2000). 사용되지 않는 것은 제거되었다. 뇌에 대해 더 알수록 부가적인 정보는 신경 연결의 구축에서 놀이의 역할을 명료하게 하는 데 도움이 될 것이다.

사회 정서 발달

놀이의 관점에서 사회적 상호작용과 정서에 관한 정보는 변화되고 있다. 인지적 · 사회적 · 신체적으로 문제가 있거나 지체된 아동들을 지원하기 위한 한 방법으로서 놀이의 사용은 지속된다. Riihela(2002)는 사회적 활동의 기원으로서의 아동들의 놀이를 연구했다. 진행 중인 한 연구는 읽기 기술을 발달시키는 데 영향을 줄 수도 있는 놀이 기술들을 촉진시키기 위한 중재로서 놀이를 사용하는 Jerome과 Dorothy Singer 박사에 의해 Yale 대학교에서 수행되고 있다(5장 참조).

신체 발달

일찍이 건강 이슈들이 더 이상 중요해 본 적이 없다. 많은 조직들은 비만 아동들의 수를 감소시키기 위한 방안으로 놀이에 주의를 기울이고 있다. 다음 10년 동안의 놀이 연구는 유아교육자들보다는 의학계에 의해서 수행될 수도 있다. 발달에 영향을 미치는 또 다른 영역은 조부모와 살고 있는 아동들의 수효다. 80대 노인들과 사는 아동들은 그들의 신체적 한계로 인하여 분명히 영향을 받는다. 이것이 80대 노인들과 살고 있는 아동들의 신체 발달에 어떻게 영향을 미치는가? 일찍이 세대간 연구의 필요성이 더 이상 절실했던 적이 없다.

놀이 정책

> 놀이의 가치에 관한 연구 문헌이 기하학적으로 확대되고 있는 것으로 보이는 동시에, 유아기 교실에서 놀이의 존재는 급격하게 감소되어 왔다.
>
> —Doris Fromberg, 1990

유아교육 학자들이 놀이의 이점을 논의했을 때, 그들의 논평은 이전 연구와 개인적인 관찰에 관한 그들의 연구들을 토대로 했다. 21세기로 들어감에 따라, 우리는 다른 어느 때보다도 놀이의 이점에 대해 더 많이 알고 있다. 실제로 Brian Sutton-Smith는 일생을 놀이 연구에 헌신했고 놀이는 생존을 위해 필연적인 것이라고 진술해 왔다(1997). 최근의 쏟아져 나오는 연구는 놀이의 실질적인 이점을 입증해 왔다. 비록 우리가 유아들을 위한 놀이의 가치에 관하여 더 많은 것을 알고 있음에도 불구하고, 유아교육자들은 검사를 통해 측정될 수 있는 기술들에 집중하고 실외 놀이를 제외시키도록 도전 받고 있다. 놀이에 관하여 변화되고 있는 대중의 인식은 놀이를 옹호하기 위한 노력들을 안내하기 위해서 사용될 수 있는 건전한 놀이 정책 개발과 함께 시작된다(Seefeldt. 1995). 첫 번째 장에서 모방된 아이디어들은 놀이 정책을 발달시키는 초석으로 기여하며 다음과 같은 아이디어들이 포함된다:

- 놀이는 유아들의 삶에서 중요하다.
- 놀이와 발달은 상호적이고 진보적인 것이다. 놀이는 성장과 발달에 기여하고, 성장과 발달은 놀이를 향상시킨다. 모두 간단한 것에서부터 복합적인 것으로의 질서 정연한 진보를 따른다.
- 놀이는 신체적 · 정신적 건강을 향상시킨다.
- 모든 아동들에게는 안전하고 놀이를 지원하는 놀이 장소가 제공되어야 한다.
- 아동의 권리에 대한 UN협약(United Nations Convention on the

Rights of the Child)의 31조에 기술된 것처럼 모든 아동들은 놀이를 할 권리를 지닌다.

이 책의 독자들에게는 반복되는 것 같은 생각이 들지라도, 이 아이디어는 대중에게 정보를 주기 위해 사용될 수 있는 놀이 정책을 발달시키기 위해 사용될 수 있다. 기본적인 옹호 단계들은 인식, 연구, 행동을 포함한다(Kieff & Casbergue, 2000). James Garbarino(2000)는 제자들에게 "너희는 세상을 변화시킬 수 있다. … 그러나 만일 너희가 무엇을 하고 있는지 알지 못한다면 제발 하지 말아라."라고 말한다. 아래의 단계들은 놀이에 관한 대중의 인식을 변화시키도록 지원해 줄 정보를 제공한다.

1. 인식:

- **욕구와 이용 가능한 자원에 대한 인식을 발달시켜라.**
- **조사하라.** 여러분이 살고 있는 지역에서 놀이는 현재 어떤 상태인가?

2. 연구:

- **어떤 전문 조직들이 놀이를 향상시키는가?** 많은 조직들이 놀이 지원에 헌신해 왔다. 국제단체들은 전국유아교육협회(National Association

놀이 정책은 모든 아동들의 놀이를 지원한다.

for th Education of Young Children; NAEYC), 국제아동교육협회(Association for Childhood Education International; ACEI), 국제놀이협회(International Play Association; IPA), 놀이연구협회(Association for the Study of Play; TASP), 부모교사협회(Parent Teachers Association; PTA)를 포함한다.

- **다른 지역사회는 무엇을 하고 있는가?**

3. 행동:

- **변화시키기 위해서는 어떤 단계들이 요구되는지를 숙고하고 그 단계들을 이용하라.**

  여러분의 학급에서 할 수 있는 활동을 계획하라. 정보를 접한 부모들은 지지적이다. 부모들과 의사소통을 하기 위해서 다음의 활동을 계획하라:

  가정 방문. 가정 방문 동안 놀이의 가치를 논의하라.

  그룹 미팅. 연구에서 밝혀진 놀이의 이점을 제시하라.

  회보. 회보에 가정 놀이를 지원하는 논문과 진술을 보내라. 놀이를 통해 이루어진 아동들의 진보와 관련된 사진과 이야기를 포함시켜라.

  학급 웹 페이지. 많은 학급은 웹 페이지를 갖고 있다. 교사들은 놀이에 열중하고 있는 아동들의 사진을 찍고 그들이 이 경험에서 무엇을 얻고 있는지를 설명한다. 놀이 중심 교육과정을 지원하는 부모들의 인터넷 사이트와 연결시키는 링크들이 포함된다.

  지역별 놀이 날의 계획 또는 참여. AARP는 매년 국제적인 놀이의 날을 후원하고 많은 지역사회들은 놀이에 대한 아동의 욕구에 초점을 맞춘 유아들을 위한 활동을 주최한다.

  정치적으로 능동적으로 되기. 당신의 지역 대표자들을 알고 놀이에 대한 아동의 요구와 법률 제정 권한이 어린이에게 미치는 영향을 논의하라.

놀이 조망의 반추

이 장의 시작에서 Selma와 Harry는 블록을 이용하여 가장 놀이에 참여했고 성인이 연루되지 않았을 때 놀이를 가장 많이 즐겼다. 이것은 우리가 우리의 교실에서 매일 보는 것과 매우 유사하다; 그것은 자료들이 아직까지 만들어내지 못한 과학 기술의 변화들을 반영했다는 점에서 달랐다. 과학 기술과 대중매체의 변화가 미치는 영향에 대한 우리의 관심을 토대로, 아동들은 그들을 위해 구체적으로 설계된 자료들을 통해 세상에 대한 그들의 해석을 창안해내는 것이 허용되길 희망할 수 있을 뿐이다. 오늘날, 일부 제조업자들은 아기들을 자극하기 위해 아기들의 부모들에게 컴퓨터를 팔기 위한 방안을 찾기 위해서 노력하고 있다. 이러한 프로그램들은 비효율적일 뿐만 아니라, 되돌릴 수 없는 손상을 만들어낼 수도 있을 것이라는 실제적인 염려가 존재한다. 이것은 중국에서 부모(들)가(이) 준비되지 않은 영아들과 걸음마기 유아들을 걷고, 기게 하도록 강요했을 때 발생했다. 이 아동들은 영구적인 신경의 손상으로 고통을 겪었다. 우리가 21세기로 이동해감에 따라 도전은 성인들을 위해 설계된 과학 기술을 아동들에게 적합한 방식으로 사용하는 것이 될 것이다. 우리는 과학 기술을 채택하기 위해서 아동들을 무리하게 해서는 안 되며, 반대로 우리는 모든 과학 기술이 유아들에게 적절하게 사용되도록 해야 한다. 이런 방식으로 현대 과학 기술은 아동의 삶의 질을 높인다.

요약

놀이는 항상 그곳에 있는, 그러나 아동기 이후로는 닫혀버려서 다가가기 힘든 마음의 또 다른 부분을 열게 하는 것 같다. 우리가 아동의 놀이를 그 가치가 인정받아야 될 만큼 신중하게 취급할 때, 우리는 창의적인 정신에서 발견될 수 있는 기쁨을 아동들이 느끼도록 돕고 있는 것이다. 우리는 그 정신을 유지하도록 우리 자신을 돕고 있는 것이기도 하다. 우리의 삶에서 큰 차이를 만드는 것은 우리가 이용하여 노는 사물들과 우리가 놀이를 하도록 돕는 사람들이다.

—Fred Rogers, 2003

이 장에서는 놀이의 실제와 연구의 현 상태에 관한 개요가 제시되었다. 주요 이슈들에 대한 탐색은 과학 기술, 대중매체, 자료와 장난감, 폭력을 포함했다. 현재의 인구통계학적 · 사회적 변화의 영향이 세계, 국가, 지역사회 및 지역 수준에서 고려되었다. 놀이 연구의 개요는 놀이의 현재만이 아닌 미래의 상태를 이해하는 방안으로 제시되었다. 21세기의 도전은 놀이를 통한 아동의 자연스러운 학습 스타일을 보호하는 것과 유아교육자들이 놀이 옹호 노력에 종사하도록 장려하는 것이 될 것이다. 이 책은 교사들이 이 도전을 이루는 데 도움이 될 수 있을 것이다.

핵심 용어

스크린 타임　　사회의 독성

유용한 웹사이트와 과학기술자원

◆ **전국아동안전캠페인(National SAFE KIDS Campaign)**

http://www.safekids.org/　이 사이트는 전국 어린이 안전 캠페인에 의해 지원된다. 전국 어린이 안전 캠페인은 14세 이하 아동들의 사고로 인한 죽음을 예방하기 위해 헌신하는 국가 수준의 비영리 조직이다.

활동

1. 교실에서의 활동

A. 여러분의 지역사회에서 어떤 이슈들이 놀이에 영향을 미치고 있는가? 여러분은 이 이슈가 원인이라는 것을 어떻게 아는가? 만일 이 이슈가 놀이의 부정적인 변화에 책임이 있다면, 여러분의 그룹이 변화하도록 할 수 있는 세 가지 활동을 기술하라. 만약 이 이슈가 놀이의 긍정적인 변화에 책임이 있다면, 어떻게 여러분의 그룹은 부가적인 지원이나 장려를 제공할 수 있는가?

2. 연구와 탐구

A. 한 홍미 영역(예를 들어, 휴식, 가장 놀이, 또는 모래)을 선택하고 20세기 초에 그 영역을 다루었던 연구와 지금 다루는 연구를 찾아보라. 그

유사점은 무엇이며 차이점은 무엇인가?

B. 토요일 아침 지역의 장난감 가게 앞에서 네 시간을 보내라. 어떤 장난감들이 구입되었는가? 어떤 요인들이 구입에 영향을 주는 것으로 보이는가?

C. 다른 지역에 사는 아동들은 어떻게 놀고 있는지를 발견하기 위해서 인터넷을 이용하라.

3. 봉사 학습

A. 지역의 여성 수용소를 방문하라. 여러분이 그 수용소 여성들의 어린 자녀들에게 이용 가능한 장난감과 다른 자료들을 조사하고 수선해 주는 자원 봉사를 할 수 있는지 그 여부를 물어 보라.

B. 지역 경찰서와 유아들을 다루는 그들의 정책에 관하여 이야기해 보라. 일부 경찰서들은 유아들을 위하여 곰 인형을 지니고 다니며 더 많은 아동들에게 곰 인형을 줄 수 있도록 항상 대체품들을 갖고 있다. 여러분은 그들의 수집품에 어떤 것을 더해 줄 수 있는가? 만일 그들이 그런 정책을 갖고 있지 않다면 여러분은 그들이 프로그램을 시작하도록 도울 수 있는가?

4. 가족 연계

A. 부모에게 자녀의 장난감을 조사해 보도록 하고 원치 않는 장난감은 집 없는 사람의 보호소와 같은 지역 자선 조직에 기부하도록 요청해 보라.

5. 놀이 옹호

A. 여러분은 가까운 주변에서 유아교육에서의 놀이를 어떻게 지원할 수 있는지 찾아보라. '유아를 위한 주간(Week of the Young Child)' 동안 활동을 수행하는 지역 단체들이 있는가? 그들은 지역 학교에서 놀이와 휴식을 지원하기 위한 편지를 쓰는가? 여러분은 어떻게 지역, 주, 국가 수준에서 놀이를 위한 옹호자가 될 수 있는가?

참고문헌

Allen, J. (2002). *Day care in the community: Action research in family and early childhood.* UNESCO Education Sector Monograph. Paris, France: UNESCO.

AMA (1996). *American Medical Association. Physician guide to media violence.* Chicago: AMA.

Christie, J., Johnson, J., & Yawkey, T., (1999). *Play and early childhood development.* New York: Longman.

Clements, D., & Sarama, J. (2003). Young children and technology: What does the research say? *Young Children, 58* (6), 34-40.

Corporation for Public Broadcasting (CPB). (2003). Connected to the future: A report on children's Internet use from the Corporation for Public Broadcasting. Retrieved September 3, 2003 from www.cpb.org/pdfs/ed/resources/connected/

Eisenberg, N. (Ed.) (1998). Social, emotional, and personality development, Volume 3, In W. Damon (Series Ed.) *Handbook of child psychology* (5th ed.). New York: Wiley.

Factor, J. (1993). Enriching the play environment: Creativity, culture, and tradition. *World Play Summit '93: Environments for Play, Melbourne 14-19 Feb: Proceedings.* Melbourne, Australia: World Play Summit Management Association.

Fromberg, D. (1990). A review of research on play In C. Seefeldt (Ed.), *The early childhood curriculum: A review of current research* (pp. 42-85). New York: Teachers College Press.

Fu, V., Stremmel, A., & Hill, L. (2002). *Teaching and learning: Collaborative explorations of the Reggio Emilia approach.* Columbus, OH: Merrill.

Garbarino, J. (1999). *Lost boys: Why our sons turn violent & how we can save them.* New York: Free Press.

Garbarino, J. (2003). Introduction in Diane E. Levin. *Teaching young children in violent times: Building a peacable classroom.* Washington, DC: NAEYC.

Hyson, M. (2003). Professional Development: "Introducing NAEYC's Early Learning Standards: Creating conditions for success." *Young Children, 58* (1), 66-68.

Kami, C. (1996). Seminar on Piaget. University of Alabama, Birmingham. AL.

Kieff, J., & Casbergue, R. (2000). *Playful learning and teaching: Integrating play into preschool and primary programs.* Boston, Allyn & Bacon.

Levin, D. (1998). *Remote control childhood? Combating the hazards of media culture.* Washington, DC: NAEYC.

Levin, D. (2003). *Teaching young children in violent times.* Washington, DC: NAEYC.

Mussen, P. (Series Ed.), (1983). *Handbook of child psychology.* New York: Wiley.

Okagaki, L., & Diamond, K. (2003). Responding to cultural and linguistic differences in the beliefs and practices of families with young children. In C. Copple (Ed.) *A world of difference: Readings on teaching young children in a diverse society* (pp. 9-15). Washington, DC: NAEYC.

Piaget, J. (1965). *The moral judgement of the child.* New York: Free Press.

Ramsey, P. (2003). The stress of poverty In C. Copple (Ed.) *A world of difference: Readings on teaching young children in a diverse society* (pp. 86-88). Washington, DC: NAEYC.

Riihela, M. (2002). Children's play is the origin of social activity. *European Early Childhood Education Research Journal, 10* (1), 39-53.

Rogers, C. (1989). Personal Interview with Liv Ulman. Recorded for PBS pilot, *To Play.*

Rogers, F. (2003). *The world according to Mister Rogers: Important things to remember.* New York: Hyperion.

Rubin, K. H., Fein, G., & Vandenberg, B. (1983). Play In F. M. Hetherington (Ed.). P H.

Mussen (Series Ed.), *Handbook of child psychology: Vol. 4, Socialization, personality, and social development* (pp. 693-774). New York: Wiley.

Seefeldt, C. (1995). Playing with policy: A serious undertaking. In F. Klugman. *Play, policy and practice*. St. Paul, MN: Redleaf Press.

Shornkoff, J., & Phillips, D. (Eds.) (2000). *From neurons to neighborhoods: The science of early childhood development*. Publication of the National Research Council and Institute of Medicine. Washington, DC: National Academy Press.

Spodek, B. (Ed.) (1993). *Handbook of research on the education of young children*. New York: Macmillan.

Sutton-Smith, B. (1997). *The ambiguity of play*. Cambridge, MA: Harvard University Press.

용어해설

감각 운동기 놀이－감각 운동 도식 연습을 포함하여 영아들이 즐거움을 추구하는 행동을 할 때 발생하는 연습 놀이를 설명하기 위해 사용된 용어. 이러한 유형의 놀이는 생후 2년 동안에 발생한다.

개별화 가족서비스 계획(IFSP)－아동과 그 가정에 대한 목표를 설명하고 지원을 통해 이러한 것들이 어떻게 충족되는지를 나타낸 문서화된 계획.

거시 영역－Erikson은 이것을 놀이 발달의 두 번째 단계로 설명했다. 이것은 아동이 주 보호자 이외의 다른 사람들과 상호작용하는 사회적 영역으로 진입할 때 시작된다. 아동들은 사회극 놀이와 게임을 함으로써 세상에 대한 시각을 공유할 수 있는 능력을 발달시킨다.

거시 체계－생태학적 시스템 모델에서 아동이 속해있는 문화는 한 세대에서 다음 세대로 이어지는 신념이나 행동 및 다른 양식들을 포함한다. 아동들의 문화는 그들 놀이에 영향을 주는데, 더 나아가 아동들이 그들 문화를 가정(거시 체계)에서 아동 보호 센터(미시 체계)로 가져갈 때 더 큰 영향을 받게 된다.

격렬한 놀이－이 놀이는 대결, 달리기, 추격, 달아나기, 레슬링, 손바닥으로 치기 등이 포함된 동작들의 혼합을 의미한다.

계획된 결합－Piaget는 연습 놀이의 세 번째 단계를 설명할 때 이 용어를 사용했다. 이 기간 동안 아동들은 두 번째 단계에서보다 더 복잡한 행동을 반복하는 데 관여하고, 이러한 것들은 새로운 행동들이 의도적으로 결합된 새로운 놀이 경험을 촉진시킨다.

계획-실행-평가－아동들의 놀이 경험을 체계화하기 위해 High/Scope에서 사용한 접근. 아동들은 무엇을 하고 놀 것인지 계획을 세우고 논 다음에 그들이 했던 것을 의논하거나 검토하고 그것에 대해 이야기하거나 그림으로 그리거나 혹은 이야기를 받아쓰는 것으로 활동한 것을 표현한다. 이런 방법으로 아동들은 그들의 행동을 계획하고 의견을 교환하는 기술을 발달시킨다.

공동 놀이－성인들은 아동의 놀이를 더욱 지속시키고 확장시키기 위해 아동들의 놀이에 끼어든다. 이때의 공동 놀이자로서의 교사는 놀이를 주도하지 않으며 오히려 아동들의 지도를 따른다.

공동체 놀이터—제2차 세계대전 이후 유럽에서 시작되었으며 모험 놀이터로 알려져 있다. 미국에서는 흔히 공동체의 노력으로 만들어진 놀이터를 지칭하는 용어이다.

공휴일 교육과정—국가 공휴일을 기념하는 것을 기본으로 한 사회 연구 과정. 어떤 교사들은 다른 접근을 배제하기 위해 이것을 사용할 때 이를 캘린더 교육과정이라고 부른다. 만일 이 접근이 사용되면 종교적인 공휴일은 생략된다.

구성 놀이—아동들이 무엇인가를 만들어내거나 발명하거나 구성할 수 있는 재료들을 사용할 때 발생되는 놀이로서 다른 유형의 놀이보다 교실에서 많이 발생되고 기술과 창의성의 개발을 유도한다.

구성주의—아동들이 그들의 세계와 상호작용함으로써 지식을 구성한다는 개념에 기초한 교육적 접근을 의미한다.

구체적 조작기—Piaget는 이 용어를 아동들이 세상에 대해 더욱 조직적인 시각을 발달시키기 시작하는 단계를 언급하는데 사용했다. 보존개념과 논리적인 생각은 일반적으로 7~11세 사이에 발달된다.

규칙 있는 게임—Piaget에 따른 놀이의 세 번째 단계. 아동들은 놀이를 지도할 상징체계와 외부 규칙들을 사용할 수 있는 능력이 더해짐에 따라 규칙 있는 게임을 개발한다. 이러한 규칙들은 집단의 동의에 의해 변경될 수도 있고 다른 사람들에게 구두로 전달될 수도 있다.

그림 철—개인이 한 주제에 대하여 어떻게 생각하는지를 묘사하는 단어를 나타내는 그림을 그리게 함으로써 사고과정을 조직화하는 방법. 이것은 때로 마인드매핑으로 불린다.

극 놀이—한 가지 사실이나 사물을 다른 사물이나 사람으로 대체하는데 상징성을 포함하고 있는 놀이의 유형. 예를 들어 아동은 호텔을 나타내기 위해 블록 세트를 선택하거나 장난감 곰으로 돈을 표현할 수도 있다. 가작화는 극 놀이의 필수적인 요소이다.

기능 놀이—사람, 물건 및 장난감에 대한 지각 및 운동적 탐색 놀이로 영아기에 나타나며 특히 생후 2년에 걸쳐 분명하게 나타난다. Smilansky는 Piaget가 설명한 연습 놀이와 유사한 가장 낮은 단계의 놀이를 설명하는데 이 용어를 사용했다. 기능 놀이와 연습 놀이는 상호 교환적으로 사용되는 경향이 있다.

기록 판—아동들이 학습한 내용, 놀이 및 다른 행동에 대한 증거를 사진과 해설로 전시하기 위해 사용되는 커다란 판. 이 아이디어는 이탈리아의 Reggio Emilia 학교에서 처음 생겨났다. 이러한 판들은 수 년 동안 전시되어 아동들이 프로그램으로부터 무엇을 얻었는지를 다른 사람들이 알 수 있게 하며 프로그램의 내력을 이해할 수 있게 한다.

기본 동작 단계－이는 취학 전 시기 동안 일어나는 단계이다. 아동들은 그들의 삶을 통해 이루어질 동작의 기초가 될 기능을 발달시킨다.

기본 형태기－아동들이 조절된 난화기를 지나 종이에 부호를 반복하여 쓰는 발달 단계. 이 연령대의 아동들이 비슷한 부호들로 종이를 채우는 것은 흔히 있는 일이다.

기초 순환 반응(1～4개월)－영아가 기초 순환 반응을 개발하는 첫 단계. 이 기간 동안은 유아가 대상을 쥐거나 대상에 닿을 때 순환 동작을 하기 위한 능력을 개발하기 때문에 만지는 것이 중요하다. 유아가 원인과 결과를 발견하는 시기이다.

난화기－아동들이 연필을 쥐고 무작위의 흔적을 만드는 시기에 발생하는 예술적인 발달 단계.

논리-수학적 지식－아동이 두 가지 대상들 사이에 있는 추상적 관계를 구축할 때 발달되는 지식의 한 형태로, 이는 아동들이 밥상을 차리거나 블록들을 선반 위에 놓거나 혹은 퍼즐을 완성하는 것처럼 사물 사이의 관계를 개발하는 놀이를 통해 발달된다.

놀이 대본－대본은 행동이나 사건들에 대한 정신적인 구조를 언급하는 데 사용된다. 놀이 대본은 유아들의 기억 속에 있는 놀이 사건을 저장하는 구조들을 조직화한다. 유아들은 한 시간 이상을 놀아도 단지 짧은 놀이 대본만 저장하고 자신들의 활동들을 한 문장으로 설명할 것이다. 이것이 그들의 놀이 대본이다. 이 용어는 또한 교사들이 사회 극 놀이를 하는 동안의 대화와 상호작용을 설명하는 데도 사용된다.

놀이 선호성－즐거움, 유머 및 자발적인 행동에 의해 특징지어진 태도나 성향. 놀이와 놀이 선호성은 다르다는 것을 아는 것이 중요하다.

놀이 시기－놀이 시기는 놀이를 통해 세상에 대한 시각을 갖게 되고 놀이가 최고조에 달하는 2～6세까지의 시기를 의미한다. 이 시기에는 상상 놀이와 가장 놀이가 지배적이다.

놀이 의식－의식은 심미적으로 만족하는 행동을 통해 문화적 가치들을 전달하는 놀이를 하는 동안 일어난다. 예를 들어 아동들은 놀이터에서 줄넘기 /멜로디에 맞추어 두드리기 등을 성인들이 아닌 다른 아동들을 통해서 전달한다.

놀이 지도자－놀이 지도자는 놀이의 리더로서의 역할 또는 아동들을 더 높은 수준의 놀이로 이끌기 위해 비계를 설정해 주는 모델로서의 역할을 한다. 이 기술은 거의 대부분 치료적 환경이나 장애나 발달 지체 아동들을 위해 사용된다.

놀이 틀－놀이 틀이란 용어는 명확한 시작점과 명확하게 끝나는 점을 가진 놀이의 에피소드를 설명하기 위해 사용되어 왔다. 놀이 틀은 아동들이 현실로부터 가장 놀이로 들어갈 때 시작되고 다시 현실로 돌아올 때 끝난다. 아동들이 놀이의 시작과 끝을 표현하는 신호로 사용한다.

단독 놀이－단독 놀이 시에는 아동들이 단독으로 혹은 독립적으로 놀고 다른 사람과의 상호작용 없이 개별적인 놀이에만 집중한다. Parton은 이 놀이를 낮은 수준의 놀이로 보았지만 다른 학자들은 이 놀이를 매우 훌륭하고 동등한 가치가 있는 것으로 보았다.

단순 연습 놀이－이것은 연습 놀이의 첫 번째 단계이며 영아들이 즐기기 위해서 하는 단순하고 반복적인 모든 활동을 포함한다.

대근육 운동 기술－대근육의 공동작용을 발달시키는 운동 기술. 실외 놀이는 한발로 뛰기, 달리기, 줄넘기 및 세발자전거 타기 등을 통해 대근육 협응 작용을 발달시킬 수 있는 좋은 활동 무대를 제공한다.

대상 놀이－대상 놀이는 영아들의 관심이 자신으로부터 다른 사람이나 대상들과 함께 노는 것으로 이동할 때인 생후 4개월경에 시작된다. 성인과의 상호작용은 사회적 놀이라고 부르는 반면 대상과의 상호작용은 대상 놀이라고 부른다.

동화－아동들이 정보를 기존의 정신적 구조 혹은 도식에 흡수시킬 때 발생하는 과정을 설명하기 위해 Piaget가 사용한 용어. Piaget에 따르면 놀이는 순수한 동화이며, 동화는 신경의 연결을 강화시켜 굳건하게 해 준다.

마더즈 혹은 패런티즈－성인들이 영아들에게 말을 걸 때 흔히 사용하는 높은 음조의 소리.

맥락－행동에 영향을 주는 사회적 · 문화적 · 정치적 · 환경적 요인들. 정황은 놀이 행동에 영향을 미친다.

모험 놀이터－모험 놀이터는 아동들이 새로운 구조들을 설계하고 만들어냄으로써 개방적인 놀이 혹은 모험을 할 수 있도록 허용해 준다. 놀이 구조를 설계하기 위한 재료와 도구들이 제공된다.

무릎 위의 아기－아동을 돌보는 사람이 가끔 이동하지 못하는 영아를 설명할 때 쓰는 용어.

물리적 지식—대상의 물리적인 특성을 관찰함으로써 얻어지는 지식. 유아들은 세상을 이해할 때 물리적인 지식에 의존한다. 예를 들어 유아들은 1 페니 짜리가 1 다임 짜리보다 더 크기 때문에 더 값어치도 더 크다고 믿는다.

미시 영역—Erikson은 아동들이 그들의 장난감에 숙달됨에 따라 그들 세계에 대한 신비를 알아가는 단계로써 이것을 언급했다. 단독 놀이는 놀이의 초기 사회 모드이며 즐거움은 장난감을 가지고 놀거나 다루는 것으로부터 나온다.

미시 체계—생태학적 시스템 모델에서 아동들이 살고 있는 환경을 뜻한다; 이것은 아동들의 가정이나, 이웃, 학교, 또래 및 아동들에게 직접적으로 영향을 미치는 요인들로 구성된다.

반사적 단계(출생~1개월)—반사 작용이 이 연령대를 지배하므로 신생아들은 보고 관찰하고 본능적으로 반응하며 시간을 보낸다. 뇌 연구를 통해 이 시기에 신경세포의 연결부가 발달한다는 것이 알려졌다.

발달적-상호작용적 접근—Dewey의 진보교육에 대한 시각과 Erikson의 정서 발달에 대한 시각이 결합된 프로그램 모형. 목표는 사회적 상호작용을 통한 발달을 촉진시킴으로써 전체아동을 교육하는 것임. 뉴욕 Colombia 대학의 Bank Street가 원래의 모형이다.

방관자적 행동—아동이 다른 아동들을 지켜보고 질문을 하고 서로 말을 주고받지만 관찰만 할 뿐 함께 놀지는 않는 행동을 가리킨다. 비참여적 행동과 비교할 때 방관자적 행동이 놀이에 더 관여한다. 방관자적 행동은 정상적이지만 만일 이것이 지속적으로 발생한다면 개입이 필요하다.

병행 놀이—다른 아동들 옆에서 독립적으로 놀고 있지만 그들과 대화하거나 같이 놀지 않는 아동들에게서 Mildred Parten에 의해 확인된 사회적 놀이의 한 형태. 새로운 놀이 환경에 들어간 아동들은 이러한 종류의 놀이에 참여한다.

보조 공학—개인이 자신의 능력을 쉽게 사용할 수 있도록 도와주는 기술적 보조. 흔히 특별한 욕구를 갖고 있는 개인들에게 제공되는 컴퓨터 보조를 언급할 때 사용된다. 보조 공학은 퍼즐을 위한 보조 손잡이와 같은 낮은 기술로부터 의사소통을 도와주는 추가 스위치나 컴퓨터 사용과 같은 고도의 기술까지를 포함한다.

비계/비계 설정—아동들을 더 높은 발달 단계로 끌어올리기 위해 성인들이나 교사들에 의해 제공되는 언어적 지원. 예를 들어 비계 설정은 아동보다 유능한 사람이 아동을 지원해 주고 목적 달성을 위해 더 나은 전략을 개발하여 아동들을 이끌어줄 때 일어난다.

비차별적(혹은 진부한) 놀이—Piaget가 비차별적인 방법으로 사물을 사용할 때 발생하는 대상 놀이를 설명할 때 쓴 용어. 예를 들어 아동들이 컵을 탕 치거나 병을 던지는 놀이들이 이 놀이에 속한다.

비참여적 행동—아동들이 방이나 놀이터를 돌아다니지만 놀이에는 참여하지 않는 행동을 뜻함. 목표를 가진 행동은 일어나지 않는다.

사회 구성주의—더 유능한 다른 사람과의 사회적 상호작용을 통한 지식의 구성을 강조하는 구성주의의 한 형태. 사회 구성주의는 Vygotsky의 사회 문화적 조망에 크게 영향을 받았음.

사회 기술 커리큘럼—사회적 세계로 나아가기 위해 필요한 사회적 기술 발달에 기본을 둔 사회 연구 커리큘럼. 많은 사람들은 여전히 이것을 유치원이나 유아원의 기본 목표로 인식하고 있다.

사회 문화적 이론—다른 사람들과 상호작용하는 동안에 구성되는 지식에 미치는 사회, 문화 및 역사적 요인의 영향을 고려하는 인지 발달 이론.

사회극 놀이—아동들이 역할을 할당하고 맡음으로써 상징성과 상호성이 드러나는 상징 놀이의 가장 높은 단계임. 아동들은 사회극 놀이를 하는 동안에는 집단의 목표가 그들 자신의 개인적인 목표보다 우선시 된다는 것에 동의해야 한다.

사회적 독성—James Garbarino가 아동과 청소년들 세계에 존재하는 사회적·문화적인 독을 설명할 때 사용한 용어. 독은 텔레비전과 미디어에서 일상적으로 보여지는 신성모독, 성행위 및 폭력을 가리킨다.

사회적 임의적 지식—다른 사람과 사회적 상호작용을 하는 동안 개발되는 지식. 다른 세대와 다른 문화에서 전달된 지식도 포함된다. 숫자, 쓰기와 언어는 모두 사회적이며 임의적인 지식으로서 습득한 정보의 예이다.

상징 놀이—Piaget는 이 놀이를 놀이의 두 번째 단계로 설명하였다; 아동이 어떤 대상이나 행동을 다른 대상이나 행동으로 대체할 때 일어난다. 대개 생후 2년 내에 시작된다.

상징적 구성주의—언어와 부호를 통한 지식의 구성을 강조하는 구성주의의 한 형태. Bruner는 그의 연구를 통해 이러한 접근의 연구를 촉진시켰다.

선택 판—놀이 선택 배열을 알려주기 위해 교실에서 사용하는 판. 아동들은 자신들이 선택한 그날의 놀이를 나타내기 위해서 다음 놀이 장소로 이동할 때 빨래집게나 그림 혹은 상징/이름표 등을 놓아둘 수 있다. 선택 판은 서로 인정할 수 있는 공정한 순서를 나타낸다. 이것은 자율성으로 유도되는 독립심을 개발하기 위한 것이다.

소근육 운동 기술 – 소근육의 협응 작용을 발달시키는 운동 기술이다. 일반적으로 퍼즐, 정교한 놀이, 버튼 끼우기, 옷핀이나 구슬 떨어뜨리기 등의 놀이들이 소근육을 발달시킨다.

소품 상자 – 일정한 주제와 관련된 재료나 소품들을 보관하는 데 쓰는 상자나 플라스틱 용기. 예를 들어 인조 꽃, 리본, 화분 및 스티로폼은 꽃 가게를 만드는 데 사용될 수 있다. 상자 밖에 부착된 그림이나 단어들로 내용물을 알 수 있기 때문에 아동이나 교사 모두 놀이에 사용될 재료들을 쉽게 찾을 수 있다.

스위치 – 민첩성이 부족한 아동들이 장난감을 조종할 수 있도록 장난감에 붙어 있는 전자 장치. 스위치를 추가할 수 있는 조립 용품은 거의 대부분의 지역에서 쉽게 구할 수 있으며 인터넷을 통해 주문할 수도 있다.

스크린 타임 – 아동들이 컴퓨터, 게임 혹은 텔레비전 화면 앞에서 보내는 시간.

스탠더 앤드 무버(12 ~ 18개월) – 아동을 돌보는 사람들이 혼자 서있을 수 있지만 이동성이 낮은 걸음마기 유아를 설명할 때 사용함.

시간 체계(chronosystem) – Bronfenbrenner의 생태학 이론에서 크로노 시스템은 아동들에게 미치는 사회 문화적–사회 역사학적 요인들의 영향을 말한다. 일정한 시간 동안 요인들이 미친 영향에 대해 탐구하면 다른 방법에 사용할 수 있는 통찰력을 얻을 수 있다. 예를 들어 놀이에 대한 컴퓨터의 영향은 출생 이래로 컴퓨터를 접했던 아동들에게서 관찰될 수 있다.

신생아 – 태어나서 4개월까지의 영아를 언급하는데 사용되는 용어.

아동 연구 운동 – 20세기에 들어서 처음 30년 동안 일련의 학자들이 아동들을 연구하기 위해 과학적인 방법을 동시에 사용한 시기. 수많은 그들의 연구들이 오늘날까지도 영향을 끼치고 있다. 예를 들어 사회적 상호작용에 대한 Mildred Parten의 연구는 1932년 발간되었을 당시와 같이 오늘날에도 유익하다.

아동 우선적 언어 – 특별한 요구가 있는 아동을 먼저 이해하고 존중하기 위한 언어의 사용에 관련되는 것. 이를 의학적으로 문제가 있거나 장애로 진단 받은 아동과 관련시키는 것은 적절하지 않다. 아동은 항상 우선되어야 한다.

아동 중심 중재 – 아동 중심 중재는 모든 아동 교육 프로그램의 모든 측면, 즉 (1) 적절한 환경 설계, (2) 개별화되고 개조된 과목, (3) 최대한의 성과를 얻기 위한 체계적인 절차 사용 등이 포함된다.

앉아 있는 "무릎" 아기 – 이동성이 거의 없는 어린 영아들을 언급하는데 사용된 용어. 일반적으로 생후 1년까지의 기간으로 한정된다.

애착 – 영아나 유아와 그들의 일상생활의 일부인 그들을 돌보는 성인 사이에 존재하는 강한 정서적인 결합. 성인들에 대한 아동들의 애착은 놀이에도 영향을 미친다. 성인이 반드시 돌아올 거라고 확신하는 아동들은 더 복잡한 놀이에 참여하는 반면, 성인이 돌아오지 않을 것이라고 염려하는 아동들은 놀이에 전혀 참여하지 못한다.

어머니 놀이터 – 아프리카 몇몇 지역에서 아동들이 놀 수 있도록 어머니 가까이에 마련된 일정한 공간을 지칭할 때 사용되는 용어.

연속 기록 – 연속 기록은 관찰된 행동들에 대한 기록으로, 성인이 아동이나 관찰목표 행동을 일정 시간(5, 10, 15분 혹은 이전에 설정한 어떤 시간) 동안 관찰하고 관찰된 모든 것을 기록한다. 객관적인 관찰만을 서술하며 따라서 주관적인 관찰이나 임의적인 해석은 배제된다.

연습 놀이 – 이 용어는 Piaget에 의해 생후 첫 2년 동안 지배적인 놀이의 첫 단계를 설명하기 위해 사용되었다. 아동은 무엇인가 하는 것에 대한 순수한 즐거움을 위해 반복적으로 경험한다. 이것이 놀이의 첫 단계이지만 추후에 일어날 수도 있다.

연합 놀이 – 아동이 다른 아동과 함께 놀 때 일어나는 놀이. 그들은 서로 말을 주고받을 수도 있고 장난감을 교환할 수도 있고 서로 가까이서 놀 수도 있지만 역할 분담을 하거나 목표를 공유하지는 않는다.

열쇠 아동 – 한 시간 정도 혹은 부모들이 직장에서 돌아올 때까지 성인 보호자 없이 홀로 집에 있는 아동. 이러한 아동들은 보통 그들이 키를 가지고 있어 방과 후에 문을 열고 들어올 수 있다. 여기에서 열쇠 아동이란 용어가 나오게 되었다.

영아 중심 화법(IDS) – 영아들이 성인들이나 다른 사람들과 접촉할 때 사용하는 말을 설명할 때 쓰이는 용어.

영아-걸음마기 유아 환경 평가 척도(ITERS) – 영아-걸음마기 유아센터의 환경을 평가하기 위해 Thelma Harms에 의해 개발된 척도.

영웅 놀이 – 가장 놀이와 격렬한 놀이가 혼합된 놀이. 이 놀이에서 아동들은 그들이 텔레비전이나 영화에서 본 영웅들의 역할을 선택한다. 때로는 집단이 공통적인 영웅을 둘러싼 주제를 개발하기 위해 함께 노력한다.

온스 척도 – 온스 척도는 위험에 처해 있거나 혹은 특별한 욕구 또는 장애를 가진 아동들 그리고 지역사회의 아동 보호 등을 포함한 조기 헤드 스타트 프로그램, 조기 중재 프로그램 발달의 문서화, 감시 및 평가에 대한 상호작용 시스템을 제공한다.

외(外)체계 – Bronfenbrenner의 생태학적 모델에서 아동을 둘러싼 더 큰 사회적 시스템을 말한다. 비록 아동이 직접 영향을 받지는 않지만 아동은 간접적으로 영향을 받는다. 지방정부에 의해 아동 보호 규정이 바뀌거나 부모가 실직하면 미시 체계에 영향을 줌으로써 아동의 삶에 영향을 줄 수 있다. 예를 들어 국가가 휴가를 없애면 아동은 시스템과 직접적인 접촉이나 조정이 없더라도 간접적으로 영향을 받을 것이다.

우연한 결합－Piaget는 이것을 연습 놀이의 두 번째 단계로 보았다. 이 단계에서 아동들은 새로운 조합을 하기 시작한다. 예를 들어 아동들은 장난감을 바구니에서 꺼내고 집어넣을 수 있다.

유료 놀이－상업적 놀이터는 대중 문화시설 주위의 사무실이나 놀이 공원 근처에 위치한다.

이동 기술－달리기, 높이뛰기, 깡충깡충 뛰기, 오르기, 건너뛰기, 구르기, 기기, 딛고 오르내리기, 질주하기 등과 같은 동작을 포함하는 기술을 뜻함. 열거는 무한대로 할 수 있다.

이차 도식의 조정(8～12개월)－생후 1년 동안에 일어나는 인지 발달 수준을 설명할 때 사용되는 Piaget 학설의 용어. 아동들이 새로운 환경에서는 알고 있는 행동을 시도한다. 왜냐하면 이동성이 향상되기 때문에 아동은 한 동작에서 다른 동작으로 빠르게 움직인다. 즉, 아동은 새로운 환경에서 이전에 배운 행동을 더 빨리 사용할 수 있다. 사물을 밀거나 당기는 것, 머리에 모자나 장난감을 얹는 것, 장난감을 채우거나 비우는 것은 그 결과로 생겨나는 놀이의 예다.

인지 구성주의－아동들의 내적인 지식 구조를 정보의 원천으로서 강조하는 구성주의의 한 형태. Piaget는 이러한 접근을 착상한 주된 학자이다.

자기 세계 놀이－유아들이 다른 사람으로부터 자신이 분리된 존재라는 것을 알게 됨에 따라 자신의 몸을 탐험하고 경험하며 조사하는 생후 첫 해에 일어나는 놀이의 첫 번째 단계로 Erikson에 의해 관찰된 것을 설명하기 위해 만들어진 용어. 여러 가지 형태의 반복 놀이, 예를 들어 손 흔들기, 발 흔들기, 머리카락 잡아당기기 등을 포함한다.

자아 정복－놀이의 이점을 설명하는 데 쓰이는 용어로, 놀이를 통해 감정이 소진되고 불안이 감소될 때 발생한다.

자연적 놀이 공간－담장이 있거나 성인들에 의해 제한된 곳이 아닌 아동들이 자유롭게 놀고 달릴 수 있는 공간을 의미한다.

자연적 환경－아동들이 마치 장애가 없을 때를 가정하여 있는 장소를 말한다. 장애인교육헌장(IDEA)의 아동에 대한 수정 목적은 장애나 발달 지체 아동들을 위한 자연스런 환경을 장려하는 것이다.

자율성－일반적으로 개체의 독립성과 자신을 신뢰하는 능력을 가리킨다. 즉, 또래들의 영향은 최소로 받으며 행동은 대중의 의견에 무조건 따라하지 않고 이성을 근거로 한다. Piaget는 자율성의 발달을 도와주는 것이 교육의 목표라고 믿었다.

적격 심사 도구－추가시험이 필요한 아동들을 선별하기 위하여 그들의 발달에 대한 빠른 심사를 할 수 있도록 설계된 평가 도구. 일반적인 심사도구는 Lapp, Brigance와 McCarthy의 심사 테스트를 포함한다.

전 조작기적 사고－Piaget의 인지 발달의 두 번째 단계. 아동들은 이 시기에 감각 운동 동작을 내적으로 표현하기 위한 능력을 개발한다. 조작적인 혹은 논리적인 사고는 아직 할 수 없는 단계이다.

전도식기－4～7세 사이에 발생하는 예술적 발달 단계로 아이디어, 생각, 경험 혹은 느낌을 표현하기 위해 상징을 사용하는 단계이다.

전이－1. 특수교육 분야에서 한 정부 기관의 보호 하에 있는 아동이 다른 시스템에 의해 운행되는 프로그램으로 이동할 때 일어나는 과정을 설명하기 위해 사용되는 용어. 일반적으로 3세 미만의 아동을 위한 프로그램에서 3세 이상을 위한 프로그램으로의 이동을 가리킨다. 2. 아동들을 한 활동에서 다른 활동으로 혹은 한 장소에서 다른 장소로 자연스럽게 이동시킬 때 교사들이 사용하는 활동들을 가리킨다.

전자 서류 첩/이-폴리오－이-폴리오는 일반적인 포트폴리오와 유사하게 파워포인트와 같은 컴퓨터 프로그램을 사용하여 아동들이 학교에서 경험한 것의 기록과 해석을 제공한다.

정신 이론－다른 사람의 내적 정신 상태에 대한 그들의 지식과 그들 자신의 내적인 정신 상태를 동시에 이해할 수 있도록 유아들을 어떻게 발달시킬 수 있는지를 탐구하는 일련의 연구.

제3차 순환 반응(12～18개월)－영아들이 사물의 새로운 용도를 발견할 수 있도록 활동적인 실험을 가능하게 하는 행동들의 조합. 예로 전기 콘센트에 열쇠를 꽂는 것을 들 수 있다.

조기 중재－장애가 있거나 발달이 늦는 아동(생후～3세까지) 및 그들의 가족들에게 제공되는 서비스이다. 조기 중재의 목적은 아동에게 가장 자연스런 환경을 제공하는 것이다. 즉, 그들이 장애가 없다고 가정할 때 있게 될 장소나 환경을 제공하는 것이다. 경중 장애를 가진 아동에게는 지방 아동보호센터에서 이러한 서비스를 제공해 준다. 의학적 도움이 필요한 아동들은 병원에서 이 서비스를 받을 수 있다.

조절—유아들이 새로운 지식을 받아들이기 위해 그들의 도식이나 정신적 구조를 조정할 때 발생되는 과정을 설명하기 위해 Piaget가 사용한 용어. 이것은 보통 유아가 새로운 정보를 받아들이는 연습을 할 때 나타난다.

조절되지 않은 난화기—아동들이 처음으로 연필을 잡고 긁적거리기 시작할 때 일어나는 예술적 발달 단계: 아동들은 아직 연필의 방향을 조절하지 못한다.

조절된 난화기—유아들이 연필이나 크레용의 방향을 조절할 수 있을 때에 그려지는 그림의 한 형태. 이는 다양한 환경에서 노는 동안 관찰될 수 있다.

주제 중심 놀이터—특정한 학습 성과를 염두에 두고 한 가지 주제를 가지고 개발된 놀이터. 이 아이디어는 아동들이 실외 놀이 활동을 즐기고 또한 주제 내용도 더불어 학습할 수 있도록 개발되었다.

중간 체계—생태학적 시스템 모델에서의 가족과 학교 같은 두 체계 사이의 관계를 말한다.

중요 시기— 학습의 특정한 유형에 대해 두뇌가 특히 효과적인 시기이다.

질식 관(choke tube)—장난감의 크기를 확인하는 데 쓰는 관. 만일 장난감이 관 안쪽에 맞는 크기이면 영아-걸음마기 유아들의 기도로 들어가 질식시켜 숨지게 할 수 있다. 초크 튜브를 통과하지 못할 만큼 훨씬 큰 장난감이 안전한 것으로 여겨진다. 초크 튜브의 크기는 유아들의 연령에 따라 다르다.

참 평가—진행 중인 연속적인 과정에서 아동들을 평가하는 것. 일반적으로 교실이나 놀이터에서 매일 수행되며 아동들의 발달에 관한 정보를 제공하는데, 학습을 촉진하기 위한 협력적인 과정에 참여하는 아동, 부모 및 교사들과 관련되어 있다.

총괄 평가—아동들이 일정 기간 동안 얼마나 많은 것을 배웠는지에 관한 정보를 제공하기 위해 사용되는 평가 절차; 이것은 그 기간의 마지막에 실시하며 일반적으로 아동들이 어떤 목표를 충족시켰는지 그리고 특정한 내용의 분야에서 얼마나 지식을 습득했는지를 알아보기 위해 사용된다.

추격—한 아동이 다른 아동을 쫓아가는 것을 의미한다.

쾌락의 법칙—아동들이 쾌락을 추구하고 고통을 피하기 위한 동기 때문에 놀이를 한다는 이론. 놀이의 주된 동기 요인으로 Freud에 의해 관찰되었으며 다른 학자들에게는 놀이의 결과로 인식되었다.

크리퍼-크롤러—기기 시작하는 조금 더 큰 영아들을 설명하기 위해 가끔 사용되는 비공식적 용어.

탈 맥락화 – 사물과 행동을 상징적으로 다른 사물과 행동으로 표현 하는 것 을 의미함. Piaget는 이것을 상징 놀이의 두 번째 단계로 보았다. 예를 들어 큰 영아들은 마치 자려고 할 때처럼 베개를 베고 누울 수 있다. 그는 자신이 자지 않으리란 걸 알고 있고 그것이 진짜가 아니라는 것을 알기 때문에 성인들을 관찰하고 미소 지을 것이다.

탈 중심화 – 자기 자신에 대한 집중에서 벗어나 다른 사람들의 존재를 인식하는 것으로의 이동을 뜻한다. 이는 일반적으로 생후 2년 이내에 일어난다. Piaget는 이것을 상징 놀이 발달의 첫 번째 단계로 보았다.

탐색 – 탐색은 정보를 획득하는 것과 관련이 있다: 즉, 아동들은 진부하고 집중을 필요로 하고 중립적인 영향을 갖고 있는 활동에 관여한다. 질문 중심 학습과 프로젝트 접근은 탐색을 기본으로 한다.

탐색 놀이 – 순수주의자들은 이 용어를 거부함에도 불구하고 어떤 사람들은 놀이와 탐색 사이에서 빠르게 움직이는 유아들의 놀이를 설명하기 위해 이 용어를 사용한다. 탐색적 행동은 생후 2년 동안에 놀이와 연합되어 나타나는데 이 과정을 탐색 놀이라고 부르기도 한다.

통합 놀이터 – 장애나 발달 지체 아동들이 모든 아동들과 함께 놀이할 수 있도록 모든 장소에 접근하는 것이 허용되도록 설계된 놀이터를 말한다.

통합(inclusion) – 장애나 발달 지체 아동들을 그렇지 않은 아동들이 있는 환경에 배치시키는 것. 통합은 아동들이 장애나 특별한 욕구를 가지고 있지 않았을 때 배치되었을 자연스런 환경에서 이루어져야 한다.

통합(integration) – Piaget는 아동들이 복합적 도식 놀이에 여러 가지 단일 도식들이 조합된 것을 사용하는 단계를 설명하는 데 이 용어를 사용한다. 예를 들어 아동들은 인형을 침대에 눕히는 체한다.

특수한 권한 – 특별한 욕구를 가진 것으로 미국에서 표현되는 아동의 상태를 설명하기 위해 이탈리아의 Reggio Emilia 학교에서 사용하는 용어.

포토 에세이 – 설명이 있거나 혹은 없는 사진첩을 통하여 아동들의 놀이를 파악할 수 있는 기술. 포토 에세이는 시각적인 영상으로 메시지를 표현한다.

포트폴리오 – 이 용어는 예술가들이 그들의 가장 훌륭한 프로젝트들을 보관하고 전시하기 위해 사용한 폴더나 저장한 곳을 언급하기 위해 처음 사용되었다. 현재는 교실에서 아동들의 작품을 보관하고 전시하는 시스템을 설명하는데 사용된다. 대부분의 교사들은 노트를 사용하지만 때로는 상자도 사용된다. 어떤 학교에서는 심지어 전자 포트폴리오(이 폴리오)를 저장하기 위해 컴퓨터를 사용한다. 포트폴리오는 아동들이 만든 최고의 작품 샘플이나 가장 흥미로운 놀이를 오랜 시간 동안 보존할 수 있는 장소를 제공한다.

프로젝트 접근－교육과정을 조직화하는 방법으로 프로젝트를 이용하는 커리큘럼 접근. 프로젝트는 1단계(도입), 2단계(탐구), 3단계(의사소통)의 세 개의 단계로 나누어진다. 모든 연령의 아동들에게 이러한 접근법을 사용하는 이탈리아의 Reggio Emilia 학교에 대한 근래의 관심이 높아지면서 이 접근법이 대중화되었다.

현 시점 교육과정－21세기 초 무엇이 아동들과 밀접하고 관련된 것인지에 초점을 맞추어 Bank Street에서 개발된 사회 연구 교육과정. 이는 아동들이 그들의 세계를 이해하는 데 도움이 되도록 설계되었다.

현대적인 놀이터－다양한 지면 덮개와 다양한 연령과 수준을 위해 계획된 설비가 갖추어진 장소. 현대적인 놀이터는 일반적으로 타이어 그네를 갖춘 목조 구조물과 꼭대기에 편편한 장소를 갖춘 미끄럼틀 및 다양한 신체적인 도전을 제공하는 등산 밧줄들을 구비하고 있다. 더하여 세발자전거를 탈 수 있는 영역, 수레나 유모차를 끌 수 있는 영역 및 그늘진 장소도 놀이터의 일부이다.

현실 대변인－놀이를 지속시키고 확장시킴으로써 놀이의 깊이를 더하기 위해 성인들이 맡은 역할. 역설적으로 이것은 또한 놀이를 중지시킬 수도 있다.

협동 놀이－공동의 목표를 가진 두 명 이상의 아동들이 참여하는 상호 놀이를 설명하기 위해 Parten이 사용한 용어. 이는 아동들이 역할이나 대본을 할당 받는 사회적 놀이의 복잡한 단계이다.

형성 평가－1년 혹은 정해진 기간에 걸쳐 실시되는 평가로 행동이나 교육과정을 지도할 때 사용되는 피드백을 제공하기 위해 도구나 방법을 사용한다.

휴식 시간－아동들이 지정된 놀이 영역에서 스스로 선택한 신체적인 놀이를 하도록 허용된 시간. 이것은 체육과는 다른 것으로 모든 아동들은 매일 이 놀이를 할 수 있다.

2차 순환 반응 단계－영아들이 손을 내뻗고 사물을 잡는 기술을 발달시킬 시기인 4～8개월 사이의 시기. 결과를 창출하는 즐거움은 웃음소리에서 명백하게 드러난다. 이 연령에는 즐거움을 얻기 위한 목적으로 무엇인가를 한다.

DAP－발달적으로 적합한 실제의 약어. DAP은 전문가들의 의견이 기준이 된다. 이 관점은 아동들의 선택을 장려하고 아동들의 흥미에 가치를 두며 아동을 위한 가장 좋은 실제로서 놀이와 즐거움을 강조한다.

DEC－유아분과(Division of Early Childhood; DEC)는 전문 기구인 특수아동협회(Council of Exceptional Children; CEC)의 한 부서이다. CEC가 장애인들과 함께 일하는 것에 전념하는 반면 DEC는 특히 특별한 욕구가 있는 유아와 그들의 가족들에게 초점을 맞추어 일하고 있다.

KWL 차트－프로젝트 작업이나 다른 교실 활동을 하는 동안 아동들의 사고를 조직화하는데 사용된 차트. 이것은 아동들이 무엇을 알고 싶은지, 무엇을 배우기 원하는지, 무엇을 배웠는지를 도식화하여 보여 준다. 이 도표는 보통 아동들의 활동을 조직화하는 프로젝트 작업에서 사용된다.

ZPD－Vygotsky가 근접 발달 영역(Zone of Proximal Development)을 가리킬 때 사용한 용어. 근접 발달 영역에서 아동들은 다른 사람들의 도움을 받아 알게 되는 것으로부터 도움 없이 알게 되는 것으로 발전한다. Vygotsky는 교수와 놀이가 ZPD를 만들어내며 놀이를 통해 아동들이 그들의 최대 가능성까지 도달 할 수 있다고 믿었다.

찾아보기

〈ㅍ〉

〈ㅎ〉

〈기타〉

역자 소개

김미숙 (katakim@bu.ac.kr)
백석대학교 특수교육과 교수
♣ 주요 논문
- 특수교육에 있어서 총체주의의 의미와 총체적 학습원리와 방법
- 완전통합환경에서 놀이활동이 발달지체유아의 사회적 상호작용 촉진과 유지에 미치는 효과

박숙영
백석대학교 유아교육학과 교수
♣ 주요 논문
- Logo 컴퓨터 프로그래밍과 아동의 공간 지식
- 유아의 컴퓨터 교육에서 성평등을 실현하기 위한 방안

최민숙 (choi2018@bu.ac.kr)
백석대학교 유아특수교육과 교수
♣ 주요 논문
- 지역사회 중심의 장애영유아 가족지원 실행을 위한 가족의 요구와 자원 실태분석
- 발달지체아동의 조기발견 및 중재를 위한 국내외 대중인식 프로그램 개발 사례비교

최은미 (emchoi@bu.ac.kr)
백석대학교 유아교육과 교수
♣ 주요 논문
- 유치원 교육과정에 따른 전통문화교육 프로그램 개발
- 야뇨증과 따돌림에 의한 부적응행동의 미술치료 효과

놀이의 이해와 지도: 출생에서부터 8세까지

인 쇄 일 2006년 4월 5일 초판발행
발 행 일 2006년 4월 10일 초판발행
저 자 Dorothy Justus Sluss 지음
역 자 김미숙 · 박숙영 · 최민숙 · 최은미 옮김
발 행 인 구본하
발 행 처 도서출판 박학사
주 소 서울시 마포구 서교동 476-53 세화회관
전 화 (02)3142-3765
팩 스 (02)3142-3766
E-mail pakhaksa@kornet.net
웹사이트 www.pakhaksa.co.kr
등록번호 제10-2230호

정가 18,000원 ISBN 89-91633-19-6